国家社科基金
GUOJIA SHEKE JIJIN HOUQI ZIZHU XIANGMU
后期资助项目

# 近代天津银号与华北区域金融市场化研究（1900—1937）

左海军　著

科学出版社
北　京

## 内 容 简 介

中国内生金融制度的创新与发展是近代中国社会转型的重要内容之一。本书以近代天津银号为研究对象，在系统分析中国内生钱业的阶段性发展基础上，揭示近代开埠以后中国内生金融制度的机构形态、业务体系、资金运作、社会网络及其与金融市场关系的发展与演变，具体探讨了银号的组织方式、运作方式、社会金融网络以及资本与资力的关系，并尝试对钱庄、银号在近代金融格局中的定位、作用以及发挥作用的核心机制做出解释。本书的出版有助于拓展近代中国金融细分市场、金融需求与差异性化金融供给关系等方面的研究。

本书适合对中国近代史、金融史、天津发展历史感兴趣的读者阅读。

**图书在版编目（CIP）数据**

近代天津银号与华北区域金融市场化研究：1900—1937/左海军著. -- 北京：科学出版社，2024.7. -- ISBN 978-7-03-078704-0

Ⅰ.F832.97

中国国家版本馆 CIP 数据核字第 2024BU0595 号

责任编辑：李春伶　李秉乾 / 责任校对：张亚丹
责任印制：肖　兴 / 封面设计：润一文化

**科学出版社** 出版
北京东黄城根北街 16 号
邮政编码：100717
http://www.sciencep.com

天津市新科印刷有限公司印刷
科学出版社发行　各地新华书店经销

\*

2024 年 7 月第 一 版　开本：720×1000　1/16
2024 年 7 月第一次印刷　印张：23 3/4
字数：407 000
**定价：118.00 元**
（如有印装质量问题，我社负责调换）

# 国家社科基金后期资助项目
# 出版说明

后期资助项目是国家社科基金设立的一类重要项目，旨在鼓励广大社科研究者潜心治学，支持基础研究多出优秀成果。它是经过严格评审，从接近完成的科研成果中遴选立项的。为扩大后期资助项目的影响，更好地推动学术发展，促进成果转化，全国哲学社会科学工作办公室按照"统一设计、统一标识、统一版式、形成系列"的总体要求，组织出版国家社科基金后期资助项目成果。

全国哲学社会科学工作办公室

# 序　言

光阴蓬转，如白驹过隙。左海军博士毕业已经是十年前了。如今他已成家立业，并走上高校教师岗位，教学与科研都仍需付出更多的努力，可谓任重道远。其以博士论文为基础修改后申报的国家社科基金后期资助项目，目前已经顺利结项，并即将出版。作为其博士生导师，我见证了他的成长和进步，深感欣慰，也非常高兴为其出版的第一本学术著作作序。

海军的博士论文以近代天津银号为研究对象，主要是对银号的业务、资本、金融网络、行业组织等基本问题进行了分析论证。目前经过修改和完善，该书的书名定为《近代天津银号与华北区域金融市场化研究（1900—1937）》，研究内容侧重讨论中国本土商业金融机构的功能与结构的发展，这也是他工作几年后逐步思考取得的一点成绩。

除了导论和结语外，全书分为七章。第一章回顾了中国金融的早期发展，特别是对明清中国钱业的形成与发展做了较为详细的梳理，将近代天津银号纳入中国钱业发展的谱系中加以考察；第二章专门探讨了近代天津的商业发展，从近代贸易发展视角探讨银号演进的动力；第三章集中讨论了银号的业务体系，除存、放、汇等主要业务外，还考察了银号的信用发行及投机业务；第四章较为详细地考察了近代天津银号的资本来源、合伙制、资本运行，并对20世纪30年代中期天津银号的资本、资力进行了估算；第五章则重点考察了近代天津银号的社会网络，论述了帮派、"靠家"、"川换家"在资金运转中的重要性，从银号分号、联号网络的角度考察了银号的行业结构与结算机制，并从商会、钱业公会的行业监管入手论述了银号对金融安全的制度安排；第六章专门考察了近代天津银号在金融细分市场中的结构与功能，并据此提出银号、钱庄属于商业金融的定位；第七章从宏观视角讨论了钱业与近代中国金融转型的关系，提出了中国本土钱业的发展是近代金融发展的重要组成部分，同时政府主导下的金融变革给钱业发展造成压力与困境的观点。

近代天津的银号，其性质、功能、结构、作用等与上海钱庄类似。明清时期中国商品经济发展水平进一步提高，推动了本土金融制度的发展。在商业往来实践中，商人根据不同需求开设了一些具有鲜明特征的以资金融通为业务的店号，其中以晋帮的账局、票号最为突出。钱庄的出现略晚于账局和票号，但是其数量众多，分布地域较广，其中最有代表性的当属近代上海钱庄，学界对此已多有研究。此外，诸如汉口、天津等区域金融中心，以及部分商业枢纽城市，钱庄一业都比较发达。因此，如何认识近代钱庄的发展，以及不同区域、不同层级钱庄之间的关系，成为开展近代中国本土金融研究的重要问题。海军博士的研究在这个问题上做出了新的尝试。

整体来看，该书在以下两个方面具有一定的创新性。

第一，将近代天津银号纳入中国本土钱业发展的谱系，考察了明清以来中国本土金融机构的发展脉络，从中寻找钱业演进的内在动力。该书认为，明清至近代，中国金融发展具有较为明显的阶段性，金融机构的性质、形态，以及行业结构的演变本质上是金融功能的不断优化。例如，封建社会条件下流通中的货币数量有限，资金融通必然以抵押借贷的形式出现，因此典当是中国封建经济条件下最重要的金融行业之一。账局存在于北京、山西、张家口等特定区域，其业务主要是用自有资本经营放款业务，具有一定的局限性。明清时期，长途贩运贸易中商人普遍使用会票完成异地结算。因此，道光初年，山西票号的出现是汇兑功能不断深化的结果。到了清中后期，钱庄的核心功能转变为通过发行私帖扩大商业信用，为社会提供更多的交易媒介，同时创造更多的商业资本。从长时段去观察，钱铺、账局、票号、近代钱庄是中国本土钱业兑换、存放款、汇兑、信用发行等金融功能的外化。

第二，该书认为与账局、票号相较，近代钱庄的行业结构与金融功能更加完善。近代钱庄的金融功能包括兑换、存放、汇兑、信用发行、贸易结算、资金清算等。贸易发展形成多元化的金融需求，必然推动金融业相应的制度创新，在金融机构、金融工具、金融市场等方面均有体现。金融结构进一步复杂化，各类规模不等、形态各异、业务纷杂的金融机构在细分市场发挥作用，形成行业性的金融网络，为商品流通提供多层次的金融服务。

从长时段来考察近代中国本土金融业的发展，这些观点的提出对钱庄性质的讨论具有一定的价值。当然，该书也存在不足，有待在后续的研究中不断完善。虽然存在这样或那样的缺陷，但是可以看得出来，海军在进行此项研究时付出了大量的心血和努力，这些探索和实践也赋予了该书一定的学术价值。希望海军在以后的学习工作中继续努力和坚持，树立远大目标，在学术道路上走得更高、更远，期待他在未来的学术研究中取得更加优异的成绩。

朱　英

2024 年 6 月

# 目　　录

# 表 目 录

# 导　　论

## 一、问题的提出

金融是现代经济的核心，货币化、信用化与金融化是商品经济发展的内在要求。商品经济是金融发展的基础，金融通过货币、储蓄、投资对资源进行配置，维持资金的效率与稳定，影响经济增长。现代金融体系由多样化的金融机构和多层次的金融市场构成，并且伴随经济发展不断演进。从世界范围来看，19 世纪末 20 世纪初，世界领先的市场经济国家根据各自需要相继建立起门类齐全的银行与非银行机构，面向政府、企业、投资者的证券市场，以及实施货币政策调节并维护本国银行体系稳定的中央银行。虽然各国金融体系的基本框架存在诸多相似之处，但金融发展的模式与路径实则存在许多差异。例如，英国具有典型的中央银行制度，以拥有在全国设立分行的合股银行，以及专长于贸易融资和大宗资金交易的商人银行为特征；美国的金融体系以不设分行、不跨州经营的商业银行与专长于证券融资的华尔街投资银行为特色；德国的金融体系以全国性全能银行和遍布各地的多功能储蓄银行及合作银行为特征。上述不同特点与各个国家的历史传统、经济制度、金融政策有关，同时又与各国经济结构相互影响，并在此后长久地融会在这些国家的经济和金融发展过程之中。[①]

19 世纪到 20 世纪初，中国的金融业获得了长足发展。例如，1823 年，日升昌票号的创办使异地汇兑成为中国金融发展中的重要创新。1845 年，英国人开办的丽如银行在中国香港和广州设立分行，新式银行制度被引入中国。1897 年，中国通商银行成立，这是中国人自办的第一家新式银行。1905 年，清政府创办了户部银行，这是中国第一家中央银行。1908 年，清政府颁布了《大清银行则例》，成为中国银行立法的开端。清政府将户部银行改为大清银行，开始履行国家银行职能，发行纸币，准许经理国库事务及公家一切款项，并代国家发行国债及各种证券。通过移植银行制度确立国家的垄断发行权和公共信用是近代中国金融发展的大趋势。

与此同时，中国的金融发展还包括本土金融的存续与演进。明清以后，

---

① 贺力平：《世界金融史：从起源到现代市场体系的形成》，北京，中国金融出版社，2022 年。

钱业的演进是中国金融发展的另一条线索，而且一定程度上代表了在商品经济条件下中国本土金融发展的新特征。明代中叶以后，中国商品经济呈现分工扩大、商品增多、市场扩张、市镇增加、货币普遍使用等特征。中国经济的市场化转向，特别是全国范围内的长途贩运和全国性市场的初步形成促进了中国金融制度的发展。明清至近代，中国商品经济发展持续推动钱业金融制度创新，主要表现为借贷市场化、货币信用化、金融机构多样化，以及各类金融要素之间的结构化、体系化。这一阶段，中国金融发展具有内生性、阶段性、延续性，金融的内涵与外延，金融的功能、地位与作用，金融与经济的关系均发生了历史性的赓续与变迁。金融制度与商品经济发展水平内在统一，金融工具、金融商品多样化，金融制度、金融结构复杂化，金融发展出现了虚拟化和独立化的新趋势，而且金融创新在不断提高效率的同时也在酝酿风险。金融与经济之间的关系更加紧密，既相互推动也相互制约。因此，对中国钱业的考察有助于理解中国长时段的金融发展与制度变迁。

明代以后，中国钱业中各类金融机构形态多样，如钱桌、钱铺、钱局、钱号、钱肆、银号、炉房、账局、钱庄、汇兑庄、票号、银炉等。这些金融组织的起源各异，一般而言，早期的钱桌、钱铺等机构的业务主要为货币兑换。这一点和世界上其他国家的早期金融活动是一致的。明代中后期，钱业从货币兑换衍生出放贷，但是当时的放款业务有较大的局限性，钱商更愿意放款给具有特殊身份的个人（如新任官员）。另外，早期放款具有高利贷倾向，部分小钱铺直接放"印子钱"。炉房的功能为熔炼和铸造（称"倾销"）白银。明清时期，由于政府在货币供给中的缺位，作为货币的白银由民间自由熔铸，各地白银规格、成色各异，为方便流通及向政府缴税，通过炉房倾销白银成为一种金融需求。明清时期，伴随商品经济的不断发展，在长途贩运贸易中商人普遍使用会票完成异地结算。道光初年山西票号的出现是汇兑功能不断深化的结果。账局主要集中在北京、张家口和山西的部分地区，业务主要是放京债和对旅蒙商人放款，特殊的金融需求和地域性商业周转推动了账局的产生。钱庄则较为复杂，明代文献已有"钱庄"的记载，但是明代钱庄的金融功能尚较为简单，主要经营货币兑换及初步的放款业务；而晚清与民国时期，各主要商埠钱庄的进步则体现在信用发行、转账汇划、同业清算等复杂金融功能的出现。晚清至民国时期，钱庄在金融功能上所具有的"进步性"足以使其与明清时期的各类金融组织区别开来。1947 年，国民政府财政部办理钱业登记时将各类钱业组织一律改称"钱庄"，也间接说明钱业在这一阶段获得了较大发展，金融功能的完善削弱了钱业内部的差异。

从时间维度来看，商品经济的复杂程度决定了金融功能的发展。从空间维度来看，多层次的金融需求决定了多元化的金融供给。当然，国家的金融政策、商业的模式与特征、近代社会转型等因素也对近代中国金融发展产生了重要影响。必须要承认的是，长期以来中国的金融需求与金融供给是具有层次性的，在以自然经济为主的社会条件下更多的是金融需求决定金融供给，金融供给对金融需求的刺激则较为有限。例如，白银虽然从明代就占据了中国货币体系中的重要位置，但主要是在大宗交易时使用，日常零星买卖及民众生活中很少能接触到白银。商业性借贷和民众借贷也属于不同金融范畴。中国历史上素来缺少公共金融供给，民众的个人借款往往要寻求亲友的帮助或者通过高利贷来解决；票号的放款对象则为大商业或者金融体系内处于中下游的钱庄。从信用组织方式来看，钱业放款多以信用方式进行，其往来对象的铺底、声誉、股东身家等均构成信用的组成要素。以抵押借贷为主要经营方式的典当，其运行逻辑则完全不同。典当一般不被归为钱业，但却是中国历史上金融生态中的重要角色。封建经济条件下，流通中的货币数量有限，资金融通必然以抵押借贷的形式出现，因此典当是中国封建经济条件下与基层民众生活最接近的金融行业之一。①汇兑功能也存在层次性，票号的汇兑业务是专业性的商业汇兑，其往来对象也是大商号，并建立了长期稳定的交往关系；而规模较小的汇兑庄则承接私人业务，如近代冀东一带乐亭、滦县、昌黎等处小商人闯关东，年底需要汇兑银钱回籍以资养赡，此类小额汇兑多由汇兑庄承接。再如，同样是银钱兑换业务，市场也存在细分。日常银钱零兑业务一般由街头巷尾的钱桌、钱铺或者兼营纸烟、布袜、奖券的小铺户经营，而同为兑换业的钱店则经营铜元等货币的批发业务。钱店每日与电车公司等货币大户对接批买铜元，再以收兑的铜元转售于钱桌及小铺户。

近代中国能为社会提供金融服务的机构包括但不限于上述所谈及的专业金融组织。例如，普通商号广泛存在吸纳存款的活动；金银铺与首饰楼等也提供熔铸金银、兑换货币、银钱称量与鉴定等金融服务。此外，商业信用在金融活动中也占有重要地位，商人通过商品赊销和预付款等形式支持商品交易。

晚清至民国时期，中国钱业已经形成了较为完备的金融功能，包括货

---

① 汪崇筼：《徽州典当业研究中三个可能的误区》，《安徽师范大学学报（人文社会科学版）》2006 年第 2 期。

币兑换、存款、放款、汇兑、信用发行、转账汇划、资金清算及组织并运转各类金融市场等。其中，近代钱庄最重要的金融创新是信用创造，即钱庄通过信用方式发行银钱帖及庄票，为商业发展提供资金来源，扩大社会货币供给。由于没有中央银行制度和兑现准备金制度，钱庄实现信用创造的主要方式不是派生存款，而是私人信用的货币化。钱庄与典当铺、钱铺、账局、票号等金融机构之间的根本区别，不是组织方式的不同，而是金融功能、融资方式、融资效率的差异。晚清至民国时期，钱业成为具备多层次金融功能与诸多细分市场的完善体系，不但能够为市场提供货币、资金、金融产品，还能为商业往来提供结算、清算及会计服务，多角度、多层次地满足了商业经营中借贷、汇兑、投机套利、套期保值等多元化的金融需求。从金融功能的角度来看，晚清至民国时期，中国钱庄业所能提供的金融功能已经具有相当程度的"进步性"，而且这种"进步性"不是从西方引入的，而是在中国商品经济实践中自然萌生的。

当然，近代中国钱业亦有不足，其局限表现为与近代中国社会经济转型趋势不甚匹配。从明清到民国，钱庄的定位始终是商业金融，而不是为国家财政与产业经济服务的金融体系。近代中国经济社会转型的大趋势是逐步建设完整的工业体系、建立国家公共信用、发展中央银行、确定货币本位、发行信用货币、加强政府对经济的干预，即走国家干预下的工业化发展之路。近代中国金融结构的完善与优化超出了钱业的承载能力。清末袁世凯、鹿钟麟、李宏龄等多次尝试将票号改组为银行，均以失败告终；同样，20世纪30年代，学界与社会舆论一致呼吁钱庄改组银行，亦鲜有实质性的进展。这绝非仅仅由于钱业墨守成规，而是钱业的商业定位与政府构建财政金融体系的目标之间存在巨大差距。但要肯定的是，钱业在商业领域发挥的金融功能所闪现的"进步性"，是近代中国金融发展中的重要组成部分。

## 二、概念界定

### （一）银号

近代天津银号与上海钱庄的性质、组织、功能与行业结构基本一致，但在具体起源、规模、业务及所处商业环境方面则略有区别。20世纪30年代以后，各主要商埠钱庄、银号的差异几乎可以忽略不计。近代天津银号经营的主要业务有货币兑换、存放款、汇兑、信用发行等，具有转账结算、汇划清算等金融功能，组织并运转天津的各类专业钱业市场。天津银号行业内部不同类型的钱业组织在市场定位与业务经营上存在显著差异，不同类型的银号之间存在细分市场，以满足不同层级的金融需求。从概念上来说，一般而言，"钱庄"之名出现较早，资本额略小，业务较为简单，发行的纸币以钱为本位，称为"钱票"，以吊计算；"银号"之名出现较晚，资本规模略大，发行纸币多以银两为本位，称为"银票"，以两计算。庚子事变之后，天津受政局影响金融风潮不断，钱商经营屡遭重创，遂增资改组壮大实力。民国以后，天津各钱号、钱局、钱铺多改称"银号"，以壮声势。时人评价："津地商业向来以美名为风尚，例如小洋货铺名曰洋货庄，小铁铺名曰铁厂，小五金铺名曰五金行，小换钱屋名曰银钱号。"①此外，在地域上银号与钱庄也有区别。长江流域称钱庄居多，如上海、南京、杭州、宁波等地；华北、华南、东北称银号居多，如天津、北京、郑州、广州、香港、沈阳等地，而在汉口、四川等地钱庄和银号的名称并用。进入 20 世纪以后，天津银号按照业务侧重，可分为门市银号、存放银号和"现事"银号。②

（二）钱业

钱业是对明中期以后在不同历史阶段经营货币兑换、存放款、汇兑、信用发行、转账汇划、资金清算，以及组织并维持各类钱业市场运转的中国本土金融机构的统称。本书意在将中国本土金融机构置于商品经济发展进程中进行考察，通过对金融功能的比较分析，寻找中国本土金融组织之间的共性与发展逻辑。本书认为，明代中期以后钱桌、钱铺、钱肆开始经营货币兑换业务，以货币兑换为起点，中国商业金融开启了持续发展的序幕。大致到明末清初，从货币兑换业务中开始衍生出存放款业务。清中期，北京、张家口和山西等地账局的业务主要是放京债和对旅蒙商人放款。道

---

① 《天津钱商公会为裕津银行援照钱商惯例缴纳营业牌照税事给天津总商会的函件》（1928 年 4 月 23 日），见天津市档案馆：《天津商会档案·钱业卷》（9），天津，天津古籍出版社，2010 年，第 7559—7560 页。按：《天津商会档案·钱业卷》系影印，原文没有标题，此处标题为笔者根据档案内容自拟。另，标题后括注的时间中涉及的月日均为阴历，用阿拉伯数字是为了便于书写。全书同此处理，下不再注。

② "现事"，亦称浮事，指凡是有利可图的副业都可着手进行，不限于钱庄原来的行业范围。"现事"的经营范围主要是银号利用丰厚的资金自行买卖羌贴（卢布）、老头票（日金）、证券（公债为主）、足金、标金等期货，部分特定时期也买卖银行钞票。但这些生意均不是银号真正意义上的正规业务，盈亏的浮动比较大，极端的情况下成则瞬间获利，败则顷刻倒闭。由于投机业务的存在，并在天津形成初步市场，故也吸引了一些外地银行来津设庄，北京帮以春华茂、敦泰永、永增合经营范围较广。本书为行文便利，在后文中统一称之为"现事"银号。

光初年，大规模的商品贩运贸易为票号的出现提供了物质基础。票号的设立标志着中国商业金融发展进入新的阶段，票号经营的汇兑业务引领了清中期中国的金融发展。晚清至民国时期，各地钱庄发展进入新的阶段。各类细分市场中的钱庄在货币兑换、存放款、汇兑等业务的基础上，通过制度创新逐步具备转账结算、汇划清算等金融功能。"钱庄"的名称虽然见于明代文献，但是晚清至民国时期普遍意义上的"钱庄"，其行业结构更为复杂，金融功能更加完善，二者在结构和功能上有根本区别。钱业指代上述各阶段具有不同金融功能的商业金融组织整体。

（三）钱庄

本书除特殊交代，"钱庄"一词专门用于指代晚清至民国时期主要经营存放款、汇兑等核心业务，具有转账汇划、资金清算功能，组织并维持金融市场运转的正式钱庄。在概念上着重区别于明代文献中经营货币兑换、简单放款业务的早期钱铺、钱肆，也区别于晚清至民国时期规模较小的门市钱庄、汇兑庄。钱庄具有较为完善的金融功能，在制度上具有显著的"进步性"，既能满足市场主体资金融通的需要，也能满足其套利、投机、套期保值等金融需求。由于钱庄内部业务定位、金融功能、市场细分仍存在差异，在行文中会进一步区分。

三、学术史

中国钱业是在漫长的商品经济发展过程中逐渐成熟起来的。近代开埠以后，中国被卷入世界市场，为了适应商品生产和流通的快速变化，钱业逐渐形成了符合自身发展逻辑的近代特征。晚清至民国时期是近代中国政治、经济、文化与社会制度发生显著变动的时期，频繁的政局更迭与经济波动给近代中国社会的转型带来了压力，但同时也为社会经济发展提供了难得的发展机遇。钱业在货币兑换、存放款项、汇兑等业务的基础上，不断进行制度创新。钱业机构形态不断发展，金融功能渐趋齐备，金融市场发展逐渐完善。

改革开放以后，学界对中国金融发展问题持续关注，对典当铺、票号、账局、钱庄、银行等金融组织的研究先后成为中国金融史研究的热点问题。学界对钱庄的研究广泛涉及钱庄的组织结构、业务体系、运作方式、与银行关系及兴衰更替等问题。研究视角与方法不断创新，史料挖掘不断取得新进展，专题研究成效显著，所关注的问题渐成体系，多角度地将钱庄研究向纵深推进。

学界关于钱庄的研究起步较早。20 世纪二三十年代，中国经济经历了短期繁荣，同时社会面临着深层次的近代转型，特别是 20 世纪 30 年代南京国民政府"统制经济"政策实施以后，无论是对金融领域的直接改革还是对国家经济的宏观干预，都使钱庄的生存环境发生了变化。钱庄能否适应新的经济形势，引起时人热议。在这个背景下，学界开始注意并研究钱庄。此阶段主要是对清中期以来钱庄的组织、资本、功能进行考察，并对当时钱庄的不足，以及应如何应对社会变局进行反思。这一阶段涌现了一些关于钱庄的研究成果，如李权时、赵渭人的《上海之钱庄》（东南书店，1929 年）；杨荫溥的《上海金融组织概要》（商务印书馆，1930 年）；潘子豪的《中国钱庄概要》（华通书局，1931 年）；施伯珩的《钱庄学》（上海商业珠算学社，1931 年）；杨荫溥的《杨著中国金融论》（黎明书局，1931 年）；郎仙洲的《银钱业撮要》（漪澜社，1933 年）；王承志的《中国金融资本论》（光明书局，1936 年）；王子建和赵履谦的《天津之银号》（河北省立法商学院研究室，1936 年）；朱斯煌的《银行经营论》（商务印书馆，1936 年）；等等。除专著外，学界也发表了一系列讨论钱庄问题的学术文章，如吴石城的《天津之银号》（《银行周报》1935 年第 19 卷第 16 期）等。此外，还有社会调查，如沙秋的《上海钱业业调查》（《上海总商会月报》1926 年第 6 卷第 8 期）、《天津钱业之调查》（《工商半月刊》1929 年第 1 卷第 12 期）等。当时学界逐渐认识到钱庄面临的困境主要来自政府政策导向与银行业务拓展的双重影响。学界研究钱庄以现实关怀为指向，希望介绍、了解和研究钱庄问题，从而推动钱庄改革，以适应社会经济发展的需要，因此在研究的内容上主要侧重论述钱庄的组织、结构、业务、运作方式及其与银行、商业的关系，并呼吁钱庄业的整体改良。这是当时学界研究钱庄问题普遍的逻辑理路，其不足是对钱庄与经济社会发展的内在联系缺少深入解读，对区域间的金融体系也缺乏深入的比较研究。

抗日战争全面爆发后到改革开放之前，钱庄研究处于低谷。一方面，受历史环境的影响，学界开展学术研究普遍面临困难；另一方面，学界对金融问题的重视程度不够，导致成果不多。1960 年上海人民出版社出版的《上海钱庄史料》，史料丰富、内容翔实，体例具有开创性的意义，成为国内外学界研究上海金融史的重要参考。[①]麦克埃尔德里（Andrea Lee

---

① 中国人民银行上海市分行编：《上海钱庄史料》，上海，上海人民出版社，1960 年。

McElderry）的《上海传统银行（钱庄），1800—1935》[1]是国外较早研究中国钱庄的成果，但该书使用的中文史料较为有限，且在钱庄相关问题的讨论中经济学的方法略显不足。20世纪80年代以后，伴随中国市场经济改革的深入，人们重新审视金融与经济发展的关系，因此，金融史研究的重要地位日益突显。当时有学人评价金融史研究"前景喜人，起步维艰，千里之行，始于足下"，认为金融史的研究虽然还不是热门，但其重要性也应被重新审视。[2]在这样的趋势下，关于中国本土钱业的研究逐渐成为金融史研究的重要组成部分。张国辉的《晚清钱庄和票号研究》是学界研究钱庄的早期代表性著作，该书尝试回答晚清旧式金融业——钱庄、票号的信用活动达到了怎样的水平，以及中国内生金融机构同外国资本主义金融势力渗透之间的关系问题。[3]郑亦芳的《上海钱庄（一八四三——一九三七）——中国传统金融业的蜕变》关注了上海钱庄的历史演变并分析了钱庄的组织结构，探讨了上海钱庄的性质、结构、演进与影响，在内容上侧重讨论了上海钱庄的组织结构、资本积累、行业体系，在国际贸易中的作用及与新式工业的关系等问题。[4]在视角与方法上，学界从批判钱庄的"封建落后性质"转向客观考察其与区域经济发展的关系，对钱庄的评价也逐渐转向正面。例如，王居庆等在谈及编写天津金融史志的经验时，认为天津银号在天津这样一座多层次、多功能的经济城市中，利用其业务经营的灵活性，重信用、讲乡谊，多与中小型企业发生联系，形成了融通城镇资金的初级金融市场，为天津发展为华北金融中心做出了贡献。[5]这时期的一些思考已经开始触及金融市场分级、金融中心与经济腹地关系等关键问题。此类问题的提出，对当下学界的研究仍具有一定的指导意义。经过40多年的发展，学界关于钱庄的研究取得了丰硕的成果，涉及钱庄的性质、钱庄与经济的关系、钱庄资本、钱庄资金清算制度、银钱业关系、区域钱

① McElderry A L. *Shanghai Old-Style Banks(Ch'ien-Chuang),1800-1935*. Ann Arbor: University of Michigan Press，1976.

② 孙及民：《对金融史研究工作的几点意见》，见山西省金融学会、人民银行山西省分行金融研究所：《中国近代金融史研究——华北五省市区金融学会金融史研究交流会文集》，1985年，第11页。

③ 张国辉：《晚清钱庄和票号研究》，北京，中华书局，1989年。

④ 郑亦芳：《上海钱庄（一八四三——一九三七）——中国传统金融业的蜕变》，《"中央研究院"三民主义研究所丛刊》（7），台北，台湾"中央研究院"三民主义研究所，1981年。

⑤ 王居庆、王绍华、沈大年：《编写天津金融史志的作法和经验》，见山西省金融学会、人民银行山西省分行金融研究所：《中国近代金融史研究——华北五省市区金融学会金融史研究交流会文集》，1985年，第104页。

庄及钱庄衰落等方面的研究。

（一）钱庄的性质

20 世纪 80 年代以后学界对钱庄的认识首先是从分析钱庄的性质开始的。当时学界已经不能满足将钱庄定性为"封建主义金融事业"或者笼统地称为"旧式金融机构"，从而开始对钱庄进行定性研究。1982 年，洪葭管首先撰文指出，钱庄资本是货币经营资本而非借贷资本，其依据主要是当时中国整个社会的资本主义经济发展不足，钱庄作为金融机构正试图从货币经营资本向借贷资本转化，但由于产业资本还没有形成，缺乏借贷资本形成的外在环境，所以认为钱庄基本上还是货币经营资本。[①]洪葭管的观点随即引起学界的注意，黄鉴晖专门撰文商榷。黄鉴晖承认早期的钱庄是货币经营资本，但在钱庄发展的后期，其性质发生了变化。如果仅考察上海钱庄的发展过程，黄鉴晖将这一分界线大致划在咸丰初年。因为钱庄在经营货币兑换之外开始经营抵押或信用放款，迟期庄票的借贷方式已经在一般商业活动中较为常见。黄鉴晖认为钱庄的借贷活动在清晚期迅速发展可以证明它的性质已完全转化为借贷资本。[②]2016 年，黄鉴晖又一次撰文指出，中国传统金融机构有货币经营资本，但更多的是属于生息资本中的高利贷资本和借贷资本。[③]张国辉深入探讨了钱庄资本性质的变化，指出 19 世纪六七十年代，钱庄资本和票号资本已经成为从职能资本的运动中独立出来的货币资本，且具备借贷资本的性能。[④]在货币经营资本与借贷资本两种资本性质的争论之外，学界还从钱庄与洋行、外资银行与华资银行的关系角度讨论了钱庄的"买办性"与"民族资本主义"等社会属性。学界对钱庄的"买办"性质认识提出较早。张国辉从买办经营钱庄和钱庄协助洋货销售与土产出口贸易两方面论述了钱庄的买办性质，从而进一步讨论了近代钱庄、票号的资本主义性质转化。[⑤]姚会元通过对汉口钱庄不同发展阶段的考察，认为汉口的钱庄存在从封建性的简单银钱兑换向为中外商品流通担任中介的买办性转化的过程。华资银行

---

① 洪葭管：《山西票号、上海钱庄的性质和历史地位》，《金融研究》1982 年第 8 期。

② 黄鉴晖：《也谈山西票号和上海钱庄的性质——与洪葭管同志讨论》，《金融研究》1983 年第 1 期。

③ 黄鉴晖：《"当铺、印局、账局、钱庄、票号"都是货币经营资本吗——与孔祥毅教授讨论》，《高等财经教育研究》2016 年第 19 卷第 3 期。

④ 张国辉：《二十世纪初期的中国钱庄和票号》，《中国经济史研究》1986 年第 1 期。

⑤ 张国辉：《十九世纪后半期中国钱庄的买办化》，《历史研究》1963 年第 6 期。

兴起以后，钱庄和华资银行紧密合作，参与对民族资本主义企业的投资及借贷，多种因素共同影响着钱庄的民族资本主义性质。①黄逸平和袁燮铭从钱庄与工商业的紧密联系，钱庄资本与工商资本的结合，钱庄与票号、中外银行资本拆借，钱庄汇划作用与票据等金融工具的应用诸方面，论述了钱庄的资本主义性质，认为用买办性来形容近代钱庄的性质是一种不科学的表述。19 世纪下半叶以后钱庄经营对象逐渐转向工商业，钱庄有了近代借贷资本的功能，具有了资本主义的性质。②刘佛丁认识到钱庄在经营活动中的种种变化逐渐对钱庄的性质造成了影响，他并不认同当时部分学者所主张的钱庄是封建性与买办性的结合的观点，他认为"这种所谓的'买办性'实际上应是它的资本主义性质的表现。正是由于钱庄中融入了这种崭新的资本主义因素，使它的性质有了变化，部分地完成了自我改造。由于受到当时社会经济发展水平的制限，钱庄并未完成由传统金融机构向新式金融企业的过渡"③。以上讨论对于研究钱庄与社会经济发展的关系，以及钱庄自身在近代的演变过程具有重要意义，但同时也具有局限性。货币经营资本与借贷资本的争论本质上探讨的是钱庄资本与产业资本、商业资本的关系；钱庄"资本主义性质"的相关研究侧重讨论钱庄在近代以后新增的资本主义因素。虽然都是"性质"研究，但更侧重钱庄的社会属性，而非钱庄作为金融机构的本质属性，且未能从钱庄所发挥的金融功能角度回答"钱庄是什么"的问题。目前，学界对钱庄性质的研究仍有待深入，该项研究的本质是在长时段中考察中国的金融发展，打破现代化研究范式下将钱庄作为传统金融组织的整体定位。纵观世界各国金融发展，金融结构与发展路径均存在较大差异，中国的长期金融发展亦受历史传统、经济环境，以及国家金融政策的深入影响而存在独特的发展逻辑。显然，"传统金融业""传统银行""封建社会后期金融组织"等都不能准确描述近代钱庄的性质、功能和地位，以及钱业多样化、多层次的发展样态。笔者认为钱庄性质问题的讨论更多应该侧重中国经济发展与金融结构的关系，商业活动中金融需求与金融供给关系，近代中国社会变迁中货币、信用与金融市场的阶段性比较的研究。钱庄性质研究有助于厘清近代银钱关系，使我们更清晰地认识近代中国社会的金融结构。

---

① 姚会元：《近代汉口钱庄性质的转变》，《武汉师范学院学报（哲学社会科学版）》1984 年第 2 期。

② 黄逸平、袁燮铭：《晚清中国钱庄的资本主义化》，《学术月刊》1988 年第 1 期。

③ 刘佛丁主编：《中国近代经济发展史》，北京，高等教育出版社，1999 年，第 177 页。

（二）钱庄与经济的关系

钱庄在商品贸易中的资金融通作用较早为学界所关注。由于地理区位得天独厚，上海在开埠之前商品经济就获得了显著的发展。上海钱庄在乾隆年间已经具有一定规模并成立了钱业组织，以发行庄票为核心的信用制度在流通领域促进了商品交换。①张国辉考察了近代上海钱庄与外国金融势力的关系。20世纪初，伴随工商业的进一步发展，钱庄的业务不断扩大，同时钱庄在业务上日益受到外国金融势力的控制。②樊继福认为鸦片战争以后钱庄的发展日益完善，在金融功能上与现代银行更接近，在当时社会经济生活中发挥着重要作用。钱庄的作用具有双重性，在外国势力对中国进行经济侵略的过程中具有消极作用，但同时也加速了沿海和内地的商品流转，扩大了国内市场，促进了商品经济的发展。③王恭敏认为19世纪中后期钱庄为土产批发商提供了资金，支持批发商在丝、茶、渔等领域拓展商业信用。钱庄的支持推动了商业信用的发展，大批小生产者能够获得更多的资金，使江浙地区丝绸、茶叶等农土特产交易量在这一时期迅猛增长。④戴鞍钢考察了上海钱庄和口岸贸易之间的互动关系，认为以钱庄为代表的传统金融机构在农村商品经济发展及增强国内外市场联系的过程中起到了推动作用，并且钱庄自身也从中获益。⑤马俊亚则从农产品贸易流通的角度探讨了中国传统金融网络的作用，重点考察了金融中心对经济腹地的金融支持。⑥此外，马俊亚还考察了以上海为中心，通过天津、汉口、香港等次级市场形成的覆盖全国的金字塔形的金融网络，认为钱业在该网络的搭建和运作中居于重要地位；在各地的农副产品贸易过程中，钱庄具有明显的优势。⑦张徐乐从长时段考察了上海钱庄在埠际贸易中的作用，认为民国时期上海钱庄的出色表现得益于晚清时期奠定的基础，经济发展推动钱

---

① 洪葭管：《略论山西票号、上海钱庄的性质和历史地位》，《近代史研究》1983年第2期。
② 张国辉：《二十世纪初期的中国钱庄和票号》，《中国经济史研究》1986年第1期。
③ 樊继福：《鸦片战争后的清代钱庄》，《陕西师范大学学报（哲学社会科学版）》2002年第3期。
④ 王恭敏：《浙江的商业信用与钱庄业》，《浙江金融》1986年第7期。
⑤ 戴鞍钢：《近代中国民间金融业与农产品出口的互动》，《云南大学学报（社会科学版）》2012年第11卷第5期。
⑥ Ma J Y. Traditional finance and China's agricultural trade, 1920-1933. *Modern China*, 2008, 34(3): 344-371.
⑦ 马俊亚：《近代国内钱业市场的运营与农副产品贸易》，《近代史研究》2001年第2期。

庄提供日益增多且带有创新意义的信用服务。①

学界探讨钱庄与近代中国经济发展的关系，主要着眼于钱庄对商业活动的金融支持，而对钱庄与近代新式工业之间的联系关注不够。钱庄经营的特点为资本额较小，不注重资本积累，每年或每个账期将盈利中的大部分作为红利向股东分配，因此学界对钱庄的融资能力一直评价不高，对钱庄支持近代新式工业发展的作用关注不够。近年来，学界对这一问题有所关注。刘云柏探讨了晚清商业资本、产业资本、金融资本的发展水平，认识到晚清钱庄在工业、航运业等新式行业融资中发挥的作用。②朱荫贵指出钱庄作为近代重要的民间资本组织形式很早就对近代新式工业的发轫予以支持。近代中国的新式工业的发展缺少必要的资金积累过程，并且由于国家投资能力不足，难以指望政府予以援助，钱庄对新式工业的投资和企业吸收社会储蓄、企业内部积累共同构成了早期新式工业发轫的资金来源。③汪敬虞在研究上海轮船招商局时，分析了钱庄在工矿、航运业资金融通中的重要作用。④此外，朱荫贵还专门撰文考察了钱庄在近代资本市场中的地位和作用。清末，钱庄在资本市场上基本上占据垄断地位并且发挥重要作用，在华资银行兴起之后，钱庄的地位有所下降，但仍不可低估，钱庄为了保持在资金市场上的地位对其原有的规章和制度进行了调适，以积极应对金融发展的结构性变化。⑤朱荫贵的研究回应了学界长期以来所认为的钱庄业务局限于商业领域，对新式工业的投资很少或者基本没有的观点。朱荫贵的研究代表了近年学界对钱庄在近代资本市场上地位与作用的新思考，研究视野获得了较大拓展。

（三）钱庄资本研究

目前，对钱庄资本问题的研究大致有两个方向：一是探讨钱庄资本的来源问题。近代钱庄资本的主要来源有城市商业资本分化、农村土地经营资本转化、官僚资本投资、城市高利贷资本积累等主要形式。二是对钱庄

---

① 张徐乐：《晚清上海钱庄历史作用之考察——以埠际贸易为中心》，《历史教学》2017 年第 24 期。

② 刘云柏：《近代江南工业资本流向》，上海，上海人民出版社，2003 年，第 183 页。

③ 朱荫贵：《论近代中国民间金融资本的地位和作用》，《北京大学学报（哲学社会科学版）》2012 年第 3 期。

④ 汪敬虞主编：《中国近代经济史（1895—1927）》（下册），北京，人民出版社，2000 年，第 2182—2183 页。

⑤ 朱荫贵：《论钱庄在近代中国资本市场上的地位和作用》，《社会科学》2011 年第 8 期。

资本规模与银行进行比较，探讨钱庄与工商业融资的关系。对钱庄资本来源的考察，学界已经产生了一些重要的成果。例如，《上海钱庄史料》第十一章专门对投资钱庄经营的家族集团进行了介绍。[①]《上海钱庄（一八四三——一九三七）——中国传统金融业的蜕变》一文对上海钱庄投资人的身份背景予以研究。[②]天津银号资本问题也是该项研究中的一个重要问题。《天津文史资料选辑》中保存了部分关于天津银号投资人家庭背景的资料，如《解放前天津钱业析述》一文对新中国成立前天津钱业的回忆，《天津文史资料选辑》对天津"八大家"的记述中均提到了几大家族经营银号或投资银号的情况。[③]钱庄资本来源问题的重要性体现在该项研究有助于考察金融资本和商业资本、产业资本之间的转化，便于考察中国近代金融业的发展水平。再有，钱庄资本研究有助于考察近代金融中心与经济腹地之间资本流动。但是按照钱业习惯，资本属于商业秘密，合同、账簿等文字记载不易保存，造成史料获取存在局限，另外钱庄的分散性特点也造成资料保存、整理的困难。

钱庄的资本规模问题，从民国时期开始即为学界所关注。长期以来，学界在讨论钱庄资本规模时多以银行为参照，从现代化的视角审视钱庄与银行的关系，进而讨论钱庄的资本规模与组织方式，认为钱庄的近代发展长期受到资本规模的限制，未能像银行一样为近代工商业发展提供金融支持，甚至批评钱庄未能向银行转化。此种观点反映出"现代化"研究范式的局限性，即基于西方经济理论的宏观分析未能深入中国经济发展的实际。新式银行制度也并非解决中国经济发展局限的万能钥匙。1932 年，章乃器在谈到银行界与一般商业的关系时痛心疾首，他表示商业银行在业务上"还往往是逃不出地产和证券的投机。放款的抵押品，投资的标的物，钞票的保证准备，除了公债票，就是道契。我曾经说一句痛心的话，以为我们银行界对于经济社会的贡献，实在是远不如钱庄。钱庄倘使全体停了业，的确可能使上海的商业完全停顿，而银行全体停了业，恐怕倒没有多大影响。我们银行界平时和一般商业实在太隔膜了"[④]。钱业存续与阶段性繁荣的

---

① 中国人民银行上海市分行编：《上海钱庄史料》，上海，上海人民出版社，1960 年，第 728 页。

② 郑亦芳：《上海钱庄（一八四三——一九三七）——中国传统金融业的蜕变》，《"中央研究院"三民主义研究所丛刊》（7），台北，台湾"中央研究院"三民主义研究所，1981 年，第 30 页。

③ 刘嘉琛：《解放前天津钱业析述》，见中国人民政治协商会议天津市委员会文史资料研究委员会编：《天津文史资料选辑》（第二十辑），天津，天津人民出版社，1982 年，第 159 页。

④ 章乃器：《金融业之惩前毖后》，《银行周报》1932 年第 16 卷第 19 期。

秘密隐藏在中国经济发展的内生需求中。钱庄的资本规模维持在 2 万—5 万两白银，资本数千两的小钱庄及资本十余万两的大钱庄数量均不占多数，和银行动辄数百万、上千万的资本相比确实存在差距。有学者认为钱庄由于本身资力不够雄厚，无法长期以低利贷款的方式大量投资新式工业，以促进国家的工业化，而且钱庄过分注重人际关系，未形成制度化的经营方式，以致放款范围受到局限，未能全面资助中小工商业，这是钱庄的缺点之一。[①]还有学者认为，钱庄在组织方面，传统的合伙制及无限责任经营方式无法使其吸收大批投资人，有碍钱庄扩大股份以形成上规模的股份有限公司的形态。[②]学界对钱庄资本规模及钱庄与近代工商业之间关系的认识基本符合历史事实，但就此得出钱庄资本额狭小，不注重资本积累，在近代工商业发展中作用有限的结论是值得商榷的。钱庄内生于中国商业需求，其经营范围主要是为商业往来提供信用支持。近代中国社会转型中金融是重要内容之一。产业经济发展需要更完善的金融系统，以便最大限度地将社会储蓄转化为企业发展所需的资金，这也正是近代中国银行资本发展的根本原因。从这个角度来看，钱庄的商业金融定位始终与产业经济发展存在差异。从清末到民国，钱庄体系基本上始终定位于商业资金的融通，未出现规模化地向银行资本转型的趋势。钱庄的盈利方式是多元化的，而非主要通过存贷利息差获利；钱庄资本整体上还是属于商业资本的一部分，而不是从产业资本中分离出来。因此，民国以来对钱庄资本规模、组织方式及融资局限的批评是否能够成立仍有进一步讨论的空间。与此对应，学界对于钱庄是否有增资能力、钱庄经营者是否有增资意愿、钱庄经营是否有必要增资等问题缺乏深入探讨。根据史料记载，钱商兼营其他商业，或在多家钱庄同时入股，或由同一股东开设多家钱庄的情况均较为常见，所以依据单个钱庄资金规模统计，就得出钱庄资金薄弱的结论显然不够严谨，钱庄的资金动员能力一定程度上还要从行业整体角度进行考察。钱庄之所以没有选择收拢资金扩大资本规模，根本上还是经济理性问题，因此，归因于钱商"因循守旧"，其解释力是非常有限的。一般而言，经济发展水平决定了金融的规模与结构。单个钱庄的资本规模和钱业的资金总量都是由市场决定的，即钱商在决定钱庄的投资规模时要考虑资金的盈利性、安全性、流动性，钱商确定钱庄资金规模的过程就是在各种影响要素中寻求平衡的过程，是由市场经营实践决定的。钱庄资本的独特运作方式也影响

---

① 〔韩〕林地焕：《论 20 世纪前期天津钱庄业的繁荣》，《史学月刊》2000 年第 1 期。
② 苗润雨：《浅析近代钱庄未能蜕变为新式银行的内在因素》，《生产力研究》2011 年第 2 期。

其资金规模。一般来说，钱庄不大量发行纸币，因此不需要大量准备金应对挤兑、挤提问题；钱庄的运营资金主要来自富户大额存款和商人的浮存，而不是社会零散储蓄，一定程度上避免了挤提问题，存取有计划，可控性强；票据的使用及过账制度、汇划制度等又使钱庄具备一定的信用创造能力，因此也减少了现金需求；同业拆借制度在很大程度上缓解了钱庄临时用款的压力。整体而言，钱庄的资金动员能力远大于自有资本的规模。关于以上问题的研究仍有待进一步加深。近代中国经济发展趋于繁复，"多元化的经济结构需要多层次的金融服务……金融机构并不是越大越好，业态越新越好"①，沈祖炜的认识对重新探讨近代学界呼吁"钱庄银行化"问题具有启发意义。

与钱庄资本问题相关，学界关注了钱庄信用与金融风潮的关系。钱庄的资金运用追求较高的利用率与周转率，因此，比普通商业经营更容易遭遇"周转不灵"，而搁浅清理与破产倒闭对钱庄的经营稳定性都会造成影响，甚至牵动市场引发金融风潮。但是，是否能够就此得出钱庄的信用与稳定性弱于银行的结论还需要进一步探讨。在南京国民政府"统制经济"政策实施之前，银行与钱庄同样都处于自由发展的市场环境，银行也难免出现搁浅、停业、破产清理等问题，特别是一些中小银行也是旋开旋停，与钱庄一样面临着清理、破产等问题，经济发展水平与市场环境不会因为金融机构的组织方式而有所区别。学界对于钱庄资金的运转方式、周转效率、搁浅清理程序，以及破产退出机制等问题的研究还相对薄弱。此外，学界还进一步对影响金融稳定的因素有所探讨，认为制度创新一定程度上弥补了钱庄资本的不足。龚关研究了20世纪初天津的金融风潮，认为天津经济腹地落后的经济结构造成了天津的巨额贸易逆差，这个逆差需要用通货去弥补；金银外流直接造成的天津银根趋紧是金融风潮兴起的重要原因，其研究尝试解析近代钱庄与金融稳定之间关系的问题。②为了应对金融风潮，维护行业稳定，钱庄的行业性制度处于不断调整之中，并且在钱业内部形成了约束机制，努力维护钱业信用。刘兰兮探讨了北京传统银钱业组织由独资到合伙，再到公司制的演变。③刘梅英探讨了近代上海钱庄对原有制度、习惯的继承和创新，进而形成了合乎时宜的制度安排，钱庄的发

---

① 沈祖炜：《近代钱庄盛衰之启示》，《世纪》2012年第4期。
② 龚关：《20世纪初天津的金融风潮及其应对机制》，《史学月刊》2005年第2期。
③ 刘兰兮：《近代北京传统银钱组织的变迁》，《北京社会科学》2005年第2期。

展繁荣也因此才得以延续。①孟祥霞充分肯定了钱业公会在行业监管和信用维护中的地位和作用。通过对上海钱业公会的分析，她认为上海钱业公会在信用制度建设与监管中的活动卓有成效，在较长时间内保持了钱庄的信用不低于银行。②刘梅英重点研究了钱庄内部的控制机制，探讨了钱庄的资本控制、大合同与保证人制度在规避经营风险中的积极作用；钱庄的内部激励机制、约束机制、红利分配、软约束机制及"泛家庭主义"的制度安排，共同维护了钱庄运行的稳定。③杜恂诚运用新制度经济的理论考察了近代上海钱庄的习惯法，认为近代上海钱业的高度行业信用来自钱业习惯法的维护，以各种行业规则为主体的钱业习惯法向外扩散，成为规范市场秩序的有机环节；在国家制度供给不足的情况下，上海钱业公会以习惯法进行自我治理，体现了西方学界所谓的"第三方实施机制"的制度特征。④魏忠则主要探讨了上海钱业制度的内生性，引入了博弈论的均衡分析方法，探讨了在近代百余年的时间里由于国家规范的缺失，以钱业公会为核心的钱业制度逐渐完善，能够制定行业规范、进行自我管理及实施惩戒。⑤钱庄资本问题研究取得了众多成果，但是很多问题仍有待进一步挖掘。

（四）钱庄清算制度研究

19 世纪末 20 世纪初，近代中国工商业发展加速了钱业的制度创新，钱庄在社会金融往来中发挥的作用越发明显。以钱业网络为载体的资金清算活动，有效地降低了社会经济往来中资金清算的复杂程度，提高了资金的运作效率。钱庄清算制度中较为典型的有上海的汇划制度、宁波的过账制度、天津的拨码制度等。各地早期的资金清算活动大多数都由钱庄来组织，主要是因为钱庄与本埠商业的经济关系较为密切。目前学界对钱庄清算制度的研究已经取得了较为显著的成果，但仍有待深入，特别是对各地清算制度缺少比较研究。林地焕考察了 20 世纪初中国钱庄汇划制度和汇划

---

① 刘梅英：《继承与创新：上海钱庄制度的演化及启示（1840—1927）》，《广西师范大学学报（哲学社会科学版）》2011 年第 3 期。

② 孟祥霞：《论近代上海钱业公会的行业信用监管地位及启示》，《财会通讯（学术版）》2008 年第 7 期。

③ 刘梅英：《上海钱庄内部控制制度及其控制机制研究》，《商业研究》2011 年第 5 期。

④ 杜恂诚：《近代上海钱业习惯法初探》，《历史研究》2006 年第 1 期。

⑤ 魏忠：《近代上海钱业制度的内生性研究》，《山东经济》2011 年第 2 期；魏忠：《近代中国钱业制度内生性的进化博弈分析——以上海钱业公会为视角》，《重庆工商大学学报（社会科学版）》2010 年第 4 期。

公单收付情形。[①]石涛和张军从公单形式、执行机构、票现基金、汇划业务范围等方面探讨了上海汇划制度的近代演变,特别注意到了汇划制度与钱庄兴衰之间的关系。[②]程尚瑞详细考察了民国时期宁波依靠过账制度进行同城、异地之间清算的方法和程序,并剖析了过账制度的优缺点。[③]王苏英注意到了宁波钱庄过账制度不用票据而用簿折的特点,并认识到过账制度的主要功能是提高资金的使用效率,更重要的是当市场发生金融恐慌时,过账制度具有明显的缓冲作用。[④]郑备军和陈铨亚对宁波的过账制度评价很高,他们认为这一制度创新使一定数量的货币退出流通领域,为宁波商人进军上海准备了最初的资本,成为宁波帮崛起的逻辑起点。郑备军和陈铨亚的研究在理论上引进了部分制度经济学的分析方法,认为正是制度的创新为宁波钱庄乃至宁波帮的纵深发展创造了条件。[⑤]张跃和孙善根通过对宁波钱庄过账制度的分析认为宁波钱庄的过账制度扩大了市场上的货币供应量,彰显了信用创造货币的功能,进一步说明实行过账制度的宁波钱庄已经具备近代商业银行的特点。[⑥]郑备军和陈铨亚对宁波钱庄的商业银行性质也表示肯定,认为19世纪下半期实施过账制度以后宁波钱庄就是本土商业银行,特别是对宁波钱庄“空盘交易”的考察更加强了这一认识。[⑦]孙睿以天津银号的川换、拨码为核心考察了天津银号的资金清算,但其着重探讨的问题是商业习惯在近代商业秩序形成中的重要意义。[⑧]过账制度和汇划制度都有效地降低了社会资金清算的繁复程度,不同之处在于过账主要是在钱庄、客户之间划转,汇划则是体现了金融机构之间的结算关系。1890年,上海、汉口等地相继建立了汇划总会等机关,极大地提升了商业资金清算的速度,对促进商业往来具有明显的意义。

---

① 〔韩〕林地焕:《20世纪初中国钱庄汇划制度和汇划公单收付情形考察》,《历史教学》2002年第3期。

② 石涛、张军:《上海钱庄汇划制度探析》,《人文杂志》2004年第2期。

③ 程尚瑞:《解放前宁波钱庄业的过帐制度》,《浙江金融研究》1983年第Z2期。

④ 王苏英:《近代宁波钱庄业的发展历程及其经营特色》,《浙江万里学院学报》2006年第3期。

⑤ 郑备军、陈铨亚:《宁波钱庄的制度创新与宁波帮的崛起》,《浙江学刊》2011年第5期。

⑥ 张跃、孙善根:《论中国本土商业银行的发轫——宁波钱庄过帐制度研究》,《宁波教育学院学报》2009年第3期。

⑦ 郑备军、陈铨亚:《中国最早的金融投资市场:宁波钱庄的空盘交易(1860—1920)》,《浙江大学学报(人文社会科学版)》2011年第3期。

⑧ 孙睿:《市场力量与行业组织:对近代天津钱业清算习惯的研究》,《中国经济史研究》2016年第5期。

各地资金清算的方式不同，也从侧面反映出各埠金融发展水平的不同。

（五）钱庄与银行关系研究

钱业内生于中国的商品经济发展，而银行制度则更多受到西方的影响。近代开埠以后，西方国家开始在中国分设银行，早期业务主要是为商品进出口提供汇兑。清末，中国开启了自办银行进程。西方银行理论与银行制度开始在中国传播，社会上逐步认识到中央银行、地方银行、商业银行、政策性银行的区分，中国自办银行中商办、官办和官商合办成为重要方式，组织形式多采用股份有限公司。中国金融逐渐发展成为外商银行、本国银行与钱业共存的基本结构。早期外商银行为了控制中国金融，积极与中国钱庄合作，一方面利用钱庄的庄票扩大进出口贸易，另一方面对钱庄进行拆款。对于外商银行而言，钱庄成为其资金运用的重要渠道；对于钱庄来说，则可以借助外商银行的资金扩大资金动员能力。对早期外商银行与中国钱庄的合作关系，学界早有认识。例如，张国辉指出，外国在华银行继洋行之后，接受钱庄庄票，提供短期信用贷款，既有助于贸易的开展，又符合钱庄的需要。[1]与此同时，学界也关注了外商银行势力扩大对钱庄的消极影响。例如，张国辉注意到外商银行通过控制市面拆息，从而逐渐掌握中国金融市场的主动权。[2]高海燕认为，19世纪50—70年代，钱庄和外资银行的接触从无到有，并且建立起来以外资银行为支配主体的金融结构，因为与外资银行之间拆款关系的存在，钱庄沦为被操纵控制的地位。[3]20世纪初，华资银行逐渐兴起以后，钱庄与华资银行的往来成为银钱两业关系的主体。19世纪末至20世纪20年代，华资银行与钱庄之间基本保持着良性互动。李一翔认为本阶段银行和钱庄始终作为一个利益共同体而存在，它们互相利用，取长补短，合作多于竞争，支持大于排斥，有时甚至还竭力维护对方。[4]何益忠探讨了银行和钱庄在传统与现代的差异之外，还保留着在人才、资本方面的支持和在业务方面的合作。[5]

伴随银行业的发展，钱业的市场份额与生存空间受到挤压。王业键认

---

① 张国辉：《晚清钱庄和票号研究》，北京，中华书局，1989年，第120页。

② 张国辉：《晚清钱庄和票号研究》，北京，中华书局，1989年，第120页。

③ 高海燕：《近代外国在华洋行、银行与中国钱庄》，《社会科学辑刊》2003年第2期。

④ 李一翔：《传统与现代的柔性博弈——中国经济转型过程中的银行与钱庄关系》，《上海经济研究》2003年第1期。

⑤ 何益忠：《变革社会中的传统与现代——1897—1937年的上海钱庄与华资银行》，《复旦大学学报（社会科学版）》1998年第3期。

为外国银行是助长而并不是阻碍了钱庄的成长。对钱庄的生存危害最大的是中国近代银行业力量的日益加强。[①]李一翔综合考察了银行与钱庄既相互排斥、竞争，又相互合作、支持的双向关系且称这种关系为传统与现代之间的柔性博弈。就二者关系的整体发展来看，银行只是略占上风，双方一直没能完全战胜对方，二者合作的结果是出现了双赢的局面。在日益严峻的金融环境面前，钱庄一方面适宜地调整了制度结构，另一方面对钱庄固有的优势予以了保留和发挥。[②]不难看出，学界对钱庄与银行关系的研究大多是从二者的合作与竞争角度出发，而对于银行与钱庄两业关系的形成、发展、演变的深层逻辑分析不足。

（六）区域钱庄研究

目前学界对钱庄的研究在区域上表现出了明显的不平衡。学界对钱庄的关注集中在上海、汉口、天津等通商大埠，而像重庆、宁波、郑州、太原、营口等次级金融中心钱庄的研究成果较少；对城市钱庄的研究较多，而关于中小城镇、乡村钱业的研究较少；另外，各区域之间钱庄的比较研究相对薄弱。

上海钱庄的研究最为集中。例如，《上海钱庄史料》一书的价值不仅仅是资料的汇集，更是奠定了学界至今仍然延续的研究模式。[③]郑亦芳较早地从多方面分析了上海钱庄的近代发展。[④]吴景平从与国民政府的关系角度探讨了上海金融业的发展。[⑤]虽然在近代中国的金融发展中上海最重要、最典型，但上海的金融发展却不能完全代表中国金融的整体发展。除上海外，天津、汉口等核心商埠的金融发展也颇具特色，在近代金融史上具有显著地位。姚会元较早地对汉口钱庄进行了研究，他详细考察了钱庄的业务、经营方式、钱业组织等问题，并分阶段地考察了汉口钱庄的兴衰

① 〔美〕王业键：《上海钱庄的兴衰》，程麟荪译，张仲礼校，见张仲礼主编：《中国近代经济史论著选译》，上海，上海社会科学院出版社，1987年，第435页。
② 李一翔：《近代中国银行与钱庄关系研究》，上海，学林出版社，2005年，第57页；李一翔：《传统与现代的柔性博弈——中国经济转型过程中的银行与钱庄关系》，《上海经济研究》2003年第1期。
③ 中国人民银行上海市分行编：《上海钱庄史料》，上海，上海人民出版社，1960年。
④ 郑亦芳：《上海钱庄（一八四三——一九三七）——中国传统金融业的蜕变》，《"中央研究院"三民主义研究所丛刊》（7），台北，台湾"中央研究院"三民主义研究所，1981年。
⑤ 吴景平主编：《上海金融业与国民政府关系研究（1927—1937）》，上海，上海财经大学出版社，2002年。

过程。①马秀玲考察了天津银号的兴衰，另外对于天津银号的特色予以了介绍。②林地焕探讨了 20 世纪前期天津钱庄的繁荣，详细考察了该阶段天津钱庄数目的增加和规模的扩大，并在探讨天津工商业发展的基础之上分析了钱庄的繁荣。③近年来，学界将研究视角下沉，关注了基层社会的金融发展问题。例如，南阳市《金融志》编写组对宛城（今河南南阳）钱庄（银号）的概况进行了介绍，关注了自乾隆年间到 1949 年新中国成立前宛城钱庄的兴衰变革。其文《宛城钱庄（银号）业的盛衰简况》剖析了宛城钱庄的兴衰与经济环境变迁之间的关系，探讨了宛城钱庄和京、津、汉等通商大埠，以及新乡、许昌、漯河等区域商业枢纽之间的银钱往来。该文认识到钱庄的组建和活动与教堂、洋行、南洋烟草公司、军政当局都存在复杂的业务与人事关系。④冯正为对萧山县（今杭州市萧山区）钱庄进行了考察，着重探讨了钱庄的资本问题。⑤孙继亮对民国时期杭州钱庄的业务与兴衰进行了研究。⑥王信成对嘉兴钱庄的近代发展进程进行了梳理。⑦王恭敏考察了绍兴钱庄的兴起，探讨了其早期与官府的关系。⑧陈敏考察了重庆钱庄的历史、经营方式、特点和作用。⑨学界对宁波的钱庄及其过账制度亦有关注。例如，陈铨亚详细论证了宁波钱庄已经发展到商业银行阶段，进一步厘清了学界对过账制度产生于鸦片战争前后的分歧，认为过账制度对于宁波商业金融发轫起到了重要作用。⑩张峥嵘分析了镇江钱庄的兴衰。⑪张晓辉研究了民国初年广州的银钱业及其组织，认为由于新式银行业务发展尚未成熟，故银钱业仍执广州商贸之牛耳，银业同

---

① 参见姚会元：《近代汉口钱庄性质的转变》，《武汉师范学院学报（哲学社会科学版）》1984 年第 2 期；姚会元：《国民党统治时期汉口钱庄的衰败》，《中南民族学院学报》1986 年第 4 期；姚会元：《近代汉口钱庄研究》，《历史研究》1990 年第 2 期。

② 马秀玲：《天津银号浅析》，《南开经济研究》1985 年第 2 期。

③ 〔韩〕林地焕：《30 年代的金融环境变化与中国钱庄业的更生》，《贵州社会科学》1999 年第 1 期。

④ 南阳市《金融志》编写组：《宛城钱庄（银号）业的盛衰简况》，《河南金融研究》1984 年第 6 期。

⑤ 冯正为：《萧山县钱庄业始末》，《浙江金融研究》1984 年第 12 期。

⑥ 孙继亮：《民国时期杭州钱庄业述论（1912—1936 年）》，《浙江万里学院学报》2005 年第 1 期。

⑦ 王信成：《嘉兴的钱庄业概况》，《浙江金融》1986 年第 3 期。

⑧ 王恭敏：《关于绍兴钱庄业兴起的几则史实》，《浙江金融》1986 年第 12 期。

⑨ 陈敏：《民国时期的重庆钱庄业》，《中华文化论坛》2002 年第 3 期。

⑩ 陈铨亚：《中国本土商业银行的截面：宁波钱庄》，杭州，浙江大学出版社，2010 年。

⑪ 张峥嵘：《浅析近代镇江钱庄业的兴衰》，《金融经济》2009 年第 8 期。

业公会的成立与活动促进了本地域内金融资本家由分化走向整合，因银钱业经营追求和平有序，故成为近代乱世中之稳健因素。①任放考察了近代两湖地区金融业，认为与外国银行相对应，近代两湖地区形成了中国人自己的官私共存的多层次金融体制。既有官方的银元局、铜币局，也有新式银行，更有众多民间金融机构，包括钱庄、票号、钱铺、当铺银炉房、公估局等，尤其是传统金融业对社会经济的影响力相当强大。②刘克祥考察了全国范围内农村钱庄的发展轨迹，指出农村和城市的钱庄经历了大致相同的兴衰发展轨迹，只是在时间上农村要相对滞后及程度上较城市钱庄要缓和。在此基础之上，刘克祥更深入地探讨了农村钱庄的经营与特点，认为近代农村的钱庄主要有官办、官商合办、商办三种主要形式，与城市钱庄相比，农村钱庄的资本相对薄弱，经营规模狭小，且投机氛围浓厚，部分钱庄的经营具有封建高利贷的色彩。但是在调剂农村金融，促进乡村的农业、手工业发展和商业流通方面发挥了一定的作用。③

目前学界对不同区域间钱庄的比较研究成果较少。陈东对比分析了江浙和福建钱庄的兴起与发展，认为正是由于两地商品经济发展水平和模式的不同，直接影响到了两地钱庄的特征和业务倾向，进而探讨了外资银行的介入导致福建钱庄走向衰落，而江浙一带的钱庄由于投靠政府和外国势力而走向两极分化。④整体而言，学界对不同区域间钱业发展的比较研究略显薄弱。

（七）钱庄衰落问题研究

20 世纪 80 年代以后，学界开始关注钱庄衰落问题。整体来说，学界多从政府金融政策的转变、银行业务的扩张、20 世纪 30 年代中国经济形势的变化等方面分析钱庄衰落的原因。例如，姚会元分阶段地研究了 20 世纪 20 年代以后到新中国成立前的汉口钱庄，认为在国民政府统治时期汉口钱庄频遭打击，特别是在官僚资本垄断的金融结构下，钱庄主要受到国

---

① 张晓辉：《乱世中的稳健势力：民初广州的银钱业及其组织》，《暨南学报（人文科学与社会科学版）》2004 年第 6 期。

② 任放：《近代两湖地区的金融业》，《学习与实践》2012 年第 10 期。

③ 刘克祥：《近代农村地区钱庄业的起源和兴衰——近代农村钱庄业探索之一》，《中国经济史研究》2008 年第 2 期；刘克祥：《近代农村钱庄的资本经营及其特点——近代农村钱庄业探索之二》，《中国经济史研究》2009 年第 3 期。

④ 陈东：《近代福建与江浙钱庄发展比较》，《闽江学院学报》2003 年第 6 期。

民政府的控制与打压而走向衰落。①近年来，学界对钱庄发展轨迹问题的探讨逐渐增多。例如，杜恂诚将制度经济学理论引入到对金融制度的分析，他指出，以 1927 年为界，中国的金融制度模式由自由市场型转向政府垄断型，二者在制度和功能特征上的区别体现在政府干预程度、有无中央银行制度等方面。②张福运认为以 1931 年为分水岭，南京钱庄经历了先兴后衰的发展路径。其主要从社会的外部环境着眼，考察了钱庄的发展与社会经济总体发展之间的关系，特别对 1931 年之后南京钱庄的衰落进行了多方面的考量和阐释。③朱荫贵明确指出 1927—1937 年中国钱庄迅速而全面的衰落，而钱庄在新金融结构中角色定位的转变是该业衰落的决定性因素。正是南京国民政府把钱庄视为"改造收编"纳入银行体系的角色定位，才导致在金融政策实施及银行法律法规的制定过程中钱庄始终处于不利地位。④孙建华认为钱庄随着新式银行业的创新发展而出现了整体性的衰落趋势，钱庄的整体衰落表明，公司制银行是中国银行业发展的方向，政府主导的强制性制度变迁是民族银行业稳定发展的重要推动力量。⑤吴景平探讨了 20 世纪 30 年代钱庄在应对外部金融环境变化时的具体态度，以及银钱两业与政府之间的关系，认为南京国民政府的既定方针导致在废两改元的争论中银行日益占据主动地位；钱庄企图消极拖延废两改元的举措并没能起到实质性的作用。⑥

　　学界在注意到钱庄衰落外部环境因素的同时也开始从钱庄自身内部找原因。王方中认为"钱庄老板因循守旧，墨守陈（成）规思想根深蒂固。他们重传统不重改进，重个人出资或几个人合资而不重股份公司形式能集合更多的资本。他们拒绝按银行的模式进行改组。在经营上，重拆票，轻存户，而拆款是随时可以回收的，就是存款，也注重活期，轻定期"⑦。该项研究将钱庄发展纳入近代中国金融现代化的进程中进行考察，对探讨中国金融长期发展的趋势及路径具有重要意义，但没有对钱庄"因循守旧"的原因进行深入的经济分析，钱庄经营者"墨守成规"的解释力

---

① 姚会元：《国民党统治时期汉口钱庄的衰败》，《中南民族学院学报》1986 年第 4 期。

② 杜恂诚：《中国近代两种金融制度的比较》，《中国社会科学》2000 年第 2 期。

③ 张福运：《1927—1937 年南京钱庄业的兴衰》，《民国档案》2000 年第 1 期。

④ 朱荫贵：《抗战前钱庄业的衰落与南京国民政府》，《中国经济史研究》2003 年第 1 期。

⑤ 孙建华：《抗战前十年传统银行业进一步衰落的原因及启示》，《黑龙江史志》2009 年第 10 期。

⑥ 吴景平：《评上海银钱业之间关于废两改元的争辩》，《近代史研究》2001 年第 5 期。

⑦ 王方中：《中国经济通史》（第九卷），长沙，湖南人民出版社，2002 年，第 331 页。

略显不足。

中国近代经济转型使钱庄生存所依赖的经济环境不断变化，钱庄要面临因金融结构变动、国家政策调整，以及经济环境变化带来的各种挑战。从整体来看，虽然在不同的历史时期钱庄发展几经沉浮，但还是展现了相对较好的适应性，在自由市场环境彻底消失之前大体维持了正常运转。

此外，学界对 20 世纪 30 年代钱庄发展是否存在衰落趋势的问题存在争议。例如，以美国学者托马斯·罗斯基（Thomas G. Rawski）为代表的一些学者的研究否定了 20 世纪 30 年代钱庄的衰落趋势。罗斯基通过对第二次世界大战全面爆发前中国金融结构与整体经济发展水平进行考察，认为在上海和天津这两座新式银行业发展水平最高和众多金融机构云集的城市，直到 20 世纪 30 年代钱庄仍旧保持着繁荣和扩大的态势。罗斯基对上海钱庄的研究注意到上海钱庄在数量减少的同时，存在一个钱庄实力渐趋巩固的过程。[1]20 世纪 30 年代，钱庄和大多数行业一样面临着社会经济危机，但是钱庄也能保持盈利。在第二次世界大战全面爆发前，钱庄继续维持甚至扩大其与各类中介机构的金融业务，几乎没有多少材料能证实这段时期钱庄处于"崩溃"或"自然死亡"状态，甚至连"逐渐衰落"的说法也很难成立。[2]林地焕认为 20 世纪 30 年代法币改革后的钱庄并非完全走向衰落，而是尝试克服因为金融环境变化而产生的困难，努力加强钱庄运行所需要的外部条件和内部经营管理制度，为其后的继续生存和发展巩固了基础。[3]黄正林从近代河南农村的"二元经济"结构入手，讨论了区域金融结构的"二元性"，正是近代河南农业商品经济的纵深发展为钱庄创造了生存空间。[4]尹振涛用计量的方法探讨了上海钱庄的证券投资与投机行为，希望以钱庄的证券投资行为为视角，找出钱庄兴衰历程背后的原因。尹振涛的研究尝试突破"内外因分析"模式，从钱庄的投资经

---

①　〔美〕罗斯基：《战前中国经济的增长》，唐巧天、毛立坤、姜修宪译，杭州，浙江大学出版社，2009 年，第 145 页。

②　Frank M. *Tamagna, Banking and Finance in China*. New York: International Secretariat, Institute of Pacific Relations, 1942: 94；McElderry A L. *Shanghai Old-Style Banks(Ch'ien-Chuang),1800-1935*. Ann Arbor: University of Michigan Press, 1976: 191；〔美〕罗斯基：《战前中国经济的增长》，唐巧天、毛立坤、姜修宪译，杭州，浙江大学出版社，2009 年，第 147 页。

③　〔韩〕林地焕：《30 年代的金融环境变化与中国钱庄业的更生》，《贵州社会科学》1999 年第 1 期。

④　黄正林：《二元经济：社会转型时期的地方金融体制研究——以 1912—1937 年的河南省为例》，《史学月刊》2009 年第 9 期。

营方面寻求新的视角，但略显遗憾的是，他的研究止步于钱庄因债券投资能力不足而导致"被国民政府金融体系强制改造和边缘化"的结论，最终又回到钱庄的发展受到国民政府金融政策打击的旧有研究路径。[①]沈祖炜认为国民政府扩张垄断性的金融机构，打压钱庄业，是与打压民营经济的错误战略相配套的。[②]虽然把 20 世纪 30 年代中国战时经济状态下的"统制经济"称为是对"民营经济的打压"在今天看来难免失之偏颇，但基本上还是能反映 20 世纪 30 年代以后国民政府对贸易、金融实施统制政策对钱庄发展产生的直接影响。新中国成立之后对钱庄进行了社会主义改造，以往学界普遍认为社会主义改造过程是在国家强制力的干预下，钱庄被迫整改。但是，有学者考察了社会转型背景下钱庄制度约束的深层原因。例如，冯正为指出新中国成立后，政府执行的新金融政策在票据管理、准备金率、禁止买卖黄金和囤积商品、取缔暗账等制度上改变了钱庄原有的运作机制；钱庄原有制度结构难以为继才是 1950 年萧山县钱庄行业歇业的根本原因。[③]综上，学界对于新中国成立之后钱庄的活动，以及社会主义改造过程中钱庄的表现等问题的研究仍有待进一步加深。

## 四、章节结构

晚清至民国时期，中国钱庄加速发展，货币兑换、存放款、汇兑、信用发行、汇划结算等金融功能相继发展完善，在钱庄运转下的各类金融市场获得了迅速发展，推动各类金融资源初步实现了市场化配置。信用发行与转账汇划机制是近代中国钱业最重要的金融创新，前者为贸易往来提供了交易媒介和社会财富，后者是保障社会储蓄转向投资并减少金融风险的核心制度设计。钱庄取代票号是近代中国本土金融业内部的新陈代谢与代际更迭，本质是商业资金动员机制的革命性转变。以钱庄为主体的中国本土金融业在近代获得了极大的发展，有效地提高了商业资金筹集能力、周转速度与结算效率。近代天津作为华北最重要的商业金融中心，天津银号的行业发展、组织方式、业务体系、社会网络、金融功能及发展趋势等颇具特色，可以作为探讨明清至近代中国钱业发展的切入点。本书关注的问题主要集中在以下七个方面。

---

① 尹振涛：《从历史数据看上海钱业的发展与证券投资行为》，《西北师范大学学报（社会科学版）》2009 年第 2 期。

② 沈祖炜：《近代钱庄盛衰之启示》，《世纪》2012 年第 4 期。

③ 冯正为：《萧山县钱庄业始末》，《浙江金融研究》1984 年第 12 期。

第一，中国金融发展与钱业的谱系关系。

从现有研究来看，中国钱业很难找出一家字号能够在较长的历史时期内实现跨形态的有序传承。但是，作为一个行业，钱业伴随商品经济发展必然处于不断的发展演进之中。商业活动的金融需求不断丰富和发展是推动中国钱业演进的逻辑内核。中国金融借贷发展较早，西周时期私人借贷就已出现，放贷取息、订立契约等已见于史籍。秦汉时期中央政府开始管理货币，借贷市场初步形成，这一时期确定的钱币形制影响后世 2000 余年。唐宋时期出现了柜坊、质库等新式金融机构，飞钱作为汇兑的鼻祖也出现在这一时期。宋以后，交子、关子、会子代表了中国金融发展前所未有的高峰。明清以后，商品经济进一步发展，钱业开启持续发展的序幕；白银与铜钱的共同使用催生了货币兑换商的出现，商用会票继承了唐代飞钱的遗意；钱业的机构形态先后出现钱桌、钱铺、印局、账局、票号、钱庄等形式；钱业发展的背后是商业金融功能的不断演进。

第二，近代天津银号发展的背景，以及清末民初银号行业的新发展。

天津交通便利，区位优势明显，为中国北方的经济重镇。明清以来，漕运、海运、盐务成为推动天津商业发展的重要动力，优越的地理位置使天津成为中国北方最重要的商贸枢纽。近代开埠以后，天津成为洋务的"风口"，一方面是商业中枢，另一方面是工业发展的重镇。天津的经济腹地宽广，华北、西北、东北的大量土产集中到天津出口，同时进口洋货由天津向内陆分销，因此，天津形成了种类繁多的批发商业。批发商业的存在是银号发展的基础。清末民初，社会经济转型给钱业发展带来了挑战，同时也提供了难得的发展机遇。19 世纪末 20 世纪初，天津频发的金融风潮为银号发展提供了重要的契机。票号由于资金运作模式滞后而渐趋衰落，各埠新兴的本土钱庄趁势而起，代替票号成为中国钱业的中流砥柱。在 20 世纪初金融风潮的影响下，天津银号扩大资本，改革组织方式，转变经营业务，积极拓展对商品贸易的信用支持，逐渐形成与商业发展相适应的金融模式。

第三，近代天津银号的业务体系与金融功能。

晚清至民国时期，天津银号的业务范围涉及广泛，一般来说主要有兑换、存款、放款、汇兑、信用发行，以及带有投机性质的"现事"业务，部分银号还兼营普通商业。值得注意的是，具体到每家银号，其业务侧重多有不同。总的来说可以分为三类：一是门市银号以货币兑换为主要业务，部分门市银号还兼营纸烟、棉袜等日用杂货；二是主要经营存放款业务的存放银号，亦称"做架子"[①]；三是主要经营"现事"即投机业务的"现事"银号，以买卖有价证券、生金银、标金、羌帖、老头票等为业。不同业务侧重本质上是受市场调节而自发形成的行业结构与功能配置，商业利益是根本驱动力。除此之外，近代天津银号在业务上还存在很多特性，比如吸收存款以定期大额存款为主，而不办理小额储蓄，资金应用对市场临时拆款依赖性很大；发放贷款以信用贷款为主，较少经营抵押放款，尤其是很少经营不动产抵押；汇兑业务除了常见的信汇、票汇、电汇等形式外，银号还通过申汇市场买卖申汇，完成资金的调拨与清算。在这样的制度安排下，银号资金周转的效率较高，本地清算和异地结算都十分灵便。

第四，近代天津银号的资本组织方式与资金动员能力。

近代钱庄作为中国钱业的最新发展形态，其资本组织方式与以往的账局、票号具有明显区别。钱庄的组织实现了本地化，传统商帮（如晋商）资本失去显著优势。这一点在上海、天津、汉口等商埠都可以找到依据。本地帮钱庄的实力超过外帮，甚至超越外帮的总和。近代天津银号的资本来源，早期主要由钱商积累、地主富户投资、军政界投资、高利贷资本转化构成。晚清至民国时期，钱庄资本最显著的变化是来自商业的投资份额明显增大。庚子事变之后，天津银号的资本组织方式由钱商独资向合伙经营转变，单个钱庄的资本额与银号行业的投资总额都有增长。这种变化当然反映了商业总量扩大推动金融业发展的自然趋势，但又与产业资本与银行资本运行的一般规律有所不同。银号的资本来源与服务对象仍主要定位于商业领域。银号合伙制的发展，其意义主要不是通过扩大资本额来彰显信誉，而更多的是形成利润分配依据、分担风险，并扩大社会网络，构建信用平台。银号通过合伙制打造了信用内核，股东、经理人等的社会网络关系都成为银号潜在的业务资源，合股组织银号是商人建立融资互信的重要渠道。也正因如此，银号资金的灵活运用以适应市场需求为根基，以较小的资金基础形成了较大的资金动员力，以1935年前后的天津银号进行考察，其资力为资本的10倍以上。

第五，近代天津银号的社会网络与资金清算。

庚子事变到辛亥革命的十数年间，政局变动与金融风潮推动了中国本土金融格局加速发展。关于票号的衰落问题，学界给出了多种解释，但从中国钱业内部有序发展角度做出探讨的成果还相对较少。新的金融功能与

---

① 所谓"架子"，亦称作"收付"或"折交"，是银钱业的习惯用语，其本义是指一家银行或钱庄的全部资产和负债。本书在专指这一类银号时，统一称之为"折交银号"。

制度优势是钱庄替代票号的必要条件。从全国来看，钱庄发展兴盛的时间略迟于票号，道光初年至清末是票号发展的黄金时期，而钱庄则主要在晚清到民国时期为商业往来提供资金支持与结算服务。清中期以后，长途贩运贸易和全国市场的形成，使异地结算与跨区域资金平衡成为汇兑业务的现实基础。晚清至民国时期，贸易总量的扩大在货币供给、结算服务、资金效率与安全等方面对金融机构提出了更高的要求。各埠钱业体系发展呈现本地化、网络化、结构化的特征。钱业内部、钱业与商业、本埠钱业与外埠钱业之间通过特定的制度安排构建了较为复杂的社会关系。通过对近代天津银号的整体分析可以看到：首先，银号之间存在明显的业务侧重。门市银号、正式银号的业务存在较大差异，倾向"做架子"的银号与侧重经营"现事"的银号在业务上也存在显著差异。其次，根据银号经营者的籍贯不同，天津银号分为本地帮、山西帮、北京帮、河南帮等，本地帮实力占有绝对优势，外帮银号主要辅助同乡开展业务，以及经营天津与原籍之间的汇兑。再次，以帮派为基础，银号之间及银号与商号之间建立了较为稳固的"靠家"与"川换家"关系。银号经营所用数额巨大之款项往往依赖有此关系之同业拆借川换，往来接济，互相支持。最后，天津银号与外埠的联系主要是通过分号与联号实现的，彼此汇兑款项，资金调拨畅通无阻。银号通过复杂的社会网络关系进行资金动员，并为贸易往来提供结算、清算服务。信用票据的使用与资金清算的功能定位是民国时期天津银号兴盛繁荣的制度基础。

第六，近代天津银号的行业结构与商业金融供给。

经济发展水平决定了金融体系的规模与结构。近代开埠以后，天津银号与商业之间长期形成的共生关系，决定了银号的商业金融属性。晚清至民国时期，受市场自发调整银号的资金更多地集中在商业领域，对工业、矿业、交通业的投资与放款都比较少。从整体来看，天津钱业内部结构优化整合，各类银号依据不同的业务侧重实现了深度的金融市场细分。精准的市场定位使各类银号都能获得相应的业务空间及获利途径，从而使钱业内部结构体现为各项金融功能的良性互补。天津银号作为本土金融业，既能为商业往来提供所需要的货币、票据、存款、放款、汇兑、金融市场等基本金融服务，还能满足市场交易主体对支付结算、财富配置、套利与套期保值、资金避险等深层次的金融需求。与银号相联系的货币市场、资金市场、汇兑市场、期货市场等虽不够完善，但基本上能够满足内外贸易发展与城市经济运行的需要。钱业的金融制度创新有所发展，具有现代意义的金融工具和金融衍生工具在商业融资中发挥了更大的作用。从整体来看，天津银号的发展朝着功能健全、机构协调、分工明确、业务互补的方向迈进。

第七，近代中国金融转型与钱业困境。

晚清至民国时期是中国近代社会经济转型的关键时期，政府逐渐加强对社会经济的干预成为趋势。清政府将筹设银行作为解决财政问题的途径，因此中国新式银行从诞生之日起，就带有强烈的财政色彩。1905年，清政府在北京设立"户部银行"，这是我国最早由官方开办的国家银行。中国中央银行制度的诞生并非如西方国家那样，是银行业发展而自然演进之结果。从晚清到民国前期，在近30年的争论中，国人对银行的认识才日渐深刻全面，银行制度才缓慢发展并取得一些成就。晚清至民国时期，政府长期将金融与政府的财税、公债、军政垫款联系在一起，并且以高于一般商业金融的存储利率吸引银行投资公债和财政垫款，政府以政策主导银行资金走向的意图非常明显。为了达到这一目的，清政府开始颁布和修订各类银行法律法规，使钱业附属于银行体系并加大监管力度。20世纪30年代以后，世界性的经济危机造成国内外局势日益复杂。九一八事变之后，国民政府为了应对战争风险，逐渐加大对国民经济的整体管控，商业金融逐渐偏离自由发展的轨道。晚清至民国时期，完善中央银行制度、构建政府主导的金融体系、建立国家信用等成为中国金融发展的趋势。因此，推进钱庄"银行化"是政府掌控经济，实施国家主导型经济发展的隐性要求。20世纪30年代，政府及社会各界对金融发展问题的关注使钱庄面临"银行化"的压力。南京国民政府通过银行立法、币制改革，以及构建政府主导型银行体系的系列举措使钱庄发展逐渐失去自由发展的市场环境。"统制经济"政策的实施，自由市场的发展被限制，是钱业逐渐式微并最终退出历史舞台的根本原因。钱庄被银行替代是其在近代中国社会转型中的历史宿命。

# 第一章　中国金融的发展与演进

世界上没有无根之木，无源之水。近代中国金融的快速发展建立在深厚的历史传统与制度传承的基础之上。许多近代金融制度创新在历史上可以追寻到踪迹。金融活动几乎与商业同时产生，而且随着商业发展水平的提高，人类的金融活动也更加复杂。社会经济往来中需要货币作为交换媒介，民众在资金短缺时要产生借贷，当货币运动与信用活动结合在一起时金融就产生了。商品经济发展水平决定了金融的规模与结构。在漫长的封建经济体制下，中国的金融演进难以呈现均衡的发展态势，反而经常伴随王朝更迭、经济兴衰而出现发展进程的阻断。在不同的历史周期中，金融发展的时链可能被反复开启。唐代的飞钱、宋代的交子、明代的会票，背后均体现了汇兑原理。金融制度创新的关键不在于时人是否意识到此类融通资金的方法，而是社会经济发展水平是否具备充足的承载能力。明清时期中国金融加速发展，根本原因还是该阶段商品经济发展水平取得了明显进步。近代中国金融发展取得的所有成绩，可以说是中国长期金融发展中所有智慧不断累积的结果。

## 第一节　中国金融的早期发展

中国的金融活动起源较早，西周时期便出现了私人借贷，并且普遍存在放贷取息、订立契约等现象。秦汉时期，影响中国 2000 余年的货币形制开始出现，货币管理权逐渐被收归国有，借贷市场初步形成。隋唐时期，由于商品经济较为发达，长安等商业都市开始出现柜坊、质库等新式金融机构，飞钱在货币供给不足时对促进商品往来发挥着重要作用。宋代，交子、关子、会子的出现说明中国金融发展取得了显著进步。明清以后，伴随商品经济的发展，商业金融出现了空前的繁荣。账局、票号、钱庄等代表着金融制度创新的各色机构先后在商贸往来中发挥重要作用。

### 一、先秦至秦汉时期中国借贷关系的萌芽与发展

金融是现代经济的核心，在市场经济条件下，金融发展对于扩大社会生产具有特殊意义。在遥远的中国古代，金融活动则是另一番图景。私人借贷关系产生的时间可以追溯到商周时期，私人借贷活动基于私有制及私有制条件下出现的贫富分化而产生，作为人类社会最早的经济关系之一，其发展贯穿了中国社会发展的多个阶段。夏商时期虽然私有制已经出现，但该时期的金融活动很难考证，主要是因为现存记载殷商以前的历史文献稀少且可信度较低，考古资料也很难证实该时期的借贷活动。从现有史料记载来看，中国古代借贷取息的经济活动最早出现在西周，如《周礼》云："泉府，掌以市之征布，敛市之不售，货之滞于民用者，以其贾买之……凡赊者，祭祀无过旬日，丧纪无过三月。凡民之贷者，与其有司辨而授之，以国服为之息。"[①]泉府是西周时政府设立的掌管财政金融的机关，其主要职责是负责市场税收，在市场出现货物滞销时买入并平价向百姓出售，因祭祀、丧纪等特殊原因，民众还可以采取"赊"的交易方式，不过这种因实物借贷祭祀不能超过旬日，丧纪不能超过三个月。如果民众想直接借贷，则会同地方管理者核验借贷者身份、借贷数量及偿还能力，根据不同情况予以放贷，利息可通过为国家服劳役的方式抵偿。在借贷关系的产生与发展中，私有制和商品经济发展是关键因素，并对借贷关系的发展演变产生了深刻影响。

西周末年，中国商品经济的初步发展是借贷关系出现的直接原因。春秋时期，商人地位进一步提高，商业范围扩展，各地先后开始流通铜质铸币。战国时期，铁制工具与牛耕的技术革新使农业、手工业生产力大幅提高，进一步增加了社会上剩余产品的数量，推动了商品经济进入新的发展阶段。当时，不但铜质铸币的数量急剧增加，黄金在全国性的商品货币流通中也被普遍使用。由于商品经济繁盛，在交通要道上形成了很多颇有影响的都市，各地出现了许多有名的富商大贾，他们手中积累了大量的货币资本。大量的货币资本累积与商业经营的货币需求构成了借贷关系发展的两个核心要素。自此以后，借贷关系广泛存在于各个阶层的社会经济生活中，对农业、手工业领域的社会再生产，以及商品贸易往来均产生重要影响。

从借贷关系的形式来看，抵押借贷在先秦时期的记载较少，而不以财产、人身为抵押的信用借贷在历史文献中则较为常见。早期借贷活动的发

---

① （清）孙诒让撰：《周礼正义》，王文锦、陈玉霞点校，北京，中华书局，1987年，第1095—1098页。

生主要出于应对天灾人祸、家庭变故和缴纳政府的赋税。《管子·治国》记载："凡农者,月不足而岁有余者也。而上征暴急无时,则民倍贷以给上之征矣。耕耨者有时,而泽不必足,则民倍贷以取庸矣。秋籴以五,春粜以束,是又倍贷也。……关市之租,府库之征,粟什一,厮舆之事,此四时亦当一倍贷矣。"[1]上述史料说明民众在以下四种情形下需要借贷:一是官府临时派征徭役时;二是气候条件不能满足农业耕作时;三是饥荒或者青黄不接时;四是农民身负各种繁重的赋税时。可见,在先秦时期生产力低下、社会物资匮乏、货币流通不足的情况下,社会生活中的任何波动都会造成民众的经常性借贷。引发民众发生借贷行为的原因不仅众多,当时的借贷利息负担也很重,所谓"倍贷"即借一还二。《汉书·食货志上》中称之为"倍称之息"[2]。当时的借贷利息负担之重往往使民众生活沦于破产的边缘,如《孟子·滕文公上》云:"为民父母,使民盼盼然,将终岁勤动不得以养其父母,又称贷而益之,使老稚转乎沟壑。"[3]可见当时民间借贷的普遍性已为统治者所关注。《管子·问》记载:"邑之贫人,债而食者几何家……问人之贷粟米有别券者几何家?"[4]这也说明当时齐鲁地区的借贷关系较为普遍,以至于管子认为国君治国理应详细掌握这些情况。除了民众因各种原因产生借贷需求外,当时的权贵、富商还主动将货币放贷于人借以取息获利,如《史记·孟尝君列传》载:"孟尝君时相齐,封万户于薛。其食客三千人,邑入不足以奉客,使人出钱于薛。岁余不入,贷钱者多不能与其息,客奉将不给。孟尝君忧之。问左右:'何人可使收债于薛者?'……冯谖曰:'诺。'辞行,至薛,召取孟尝君钱者皆会,得息钱十万。"[5]又如《史记·货殖列传》记载鲁人曹邴氏"以铁冶起,富至巨万……贳贷行贾遍郡国"[6]。

早期的借贷关系虽然以私人借贷为主,但也开始出现由国家和政府主办的公益性质借贷。例如,宋国所在地区在宋平公时发生饥荒,宋平公除了"出公粟以贷"之外,还要求"大夫皆贷",结果宋虽饥荒而没有饥饿之人。[7]在经济思想上,主张用国家借贷来取代私人放贷,如《管子·国

---

① 黎翔凤撰:《管子校注》卷一五,梁运华整理,北京,中华书局,2004年,第925页。
② 《汉书》卷二四上,北京,中华书局,1962年,第1132页。
③ 金良年撰:《孟子译注》卷五,上海,上海古籍出版社,2004年,第106页。
④ 黎翔凤撰:《管子校注》卷九,梁运华整理,北京,中华书局,2004年,第486—487页。
⑤ 《史记》卷七五,北京,中华书局,1959年,第2359—2360页。
⑥ 《史记》卷一二九,北京,中华书局,1959年,第3279页。
⑦ (春秋)左丘明:《左传》,蒋冀骋点校,长沙,岳麓书社,2006年,第218页。

蓄》记载：国家要用贮藏的粮食和货币，"春以奉耕，夏以奉芸，耒耜械器，种饷粮食，毕取赡于君。故大贾蓄家不得豪夺吾民矣"。又载："无食者予之陈，无种者贷之新，故无什倍之贾，无倍称之民。"①认为通过国家借贷可以防止大商人和高利贷者兼并农民。

西周时期，借贷关系中已经普遍存在订立契约的情况。据《周礼》记载，西周时期市场上已经存在专门的"质人"掌管商品买卖契约的发放及管理。②前引宋国发生饥荒，宋平公及各大夫都出粟以贷，其中"司城氏贷而不书"③，将不订立契约视为特例载入史籍，正好说明当时借贷活动中订立契约才是常态。战国时期，齐国孟尝君"出息钱于薛。薛岁不入，民颇不与其息"，为此，请门客冯驩"收债于薛"。冯驩受命后，"至薛，召取孟尝君钱者皆会，得息钱十万。乃多酿酒，买肥牛，召诸取钱者，能与息者皆来，不能与息者亦来，皆持取钱之券书合之。齐为会，日杀牛置酒。酒酣，乃持券如前合之，能与息者，与为期；贫不能与息者，取其券而烧之"。④可见，孟尝君与众多债务人之间的每笔债务都订立了契约，契约的形式是债主与债务人各持一份。烧掉这些债权凭证，就等于免除了债务人的债务。

秦汉时期，中国金融业取得了较大的发展。钱币的广泛使用，国家货币管理制度的确立，借贷市场的初步形成，以及金融机构与金融行业的出现，推动了货币与信用初步融合，奠定了中国金融业产生的雏形。秦汉时期货币被广泛使用，成为支付官员薪俸以及在贸易中用于支付的主要形式，初步具备现代意义上的货币基本职能。在国家干预下，货币开始统一，圆形方孔钱成为之后中国2000多年长期使用的货币形制。铸币权法定化，国家设立铸币机构开始统一铸造、发行货币，王公贵族与民间的私铸权逐步收归国家，国家开始着力打击钱币的私铸和盗铸活动。国家设立管理机构，通过货币对经济实施干预。国家开始铸造大钱，发行新的货币形态，并通过矿山的国有化垄断币材，根据经济管理需要不时调整货币供应以安定社会秩序。

秦汉时期，借贷已成为社会经济生活中的常见现象，借贷和债务都被写入了国家法律。例如，在湖北睡虎地出土的战国末期的《秦律》中规定：

① 黎翔凤撰：《管子校注》卷二三，梁运华整理，北京，中华书局，2004年，第1269、1388页。
② 徐正英、常佩雨译注：《周礼》，北京，中华书局，2014年，第313页。
③ （春秋）左丘明：《左传》，蒋冀骋点校，长沙，岳麓书社，2006年，第218页。
④ 《史记》卷七五，北京，中华书局，1959年，第2360页。

"有责（债）于公及赀、赎者居它县，辄移居县责（债）之。公有责（债）百姓未赏（偿），亦移其县，县赏（偿）"①可以看出，百姓和官家之间存在频繁的双向借贷，而且借贷的发生不局限于本地，此外在法律上规定了百姓和官家之间的债务均可在异地偿还。到了汉代，更多的文献记载了权贵、富商等拥有货币财富的人普遍将放贷作为谋利手段。例如，西汉初年的《二年律令》规定："吏六百石以上及宦皇帝，而敢字贷钱财者，免之。"②政府的律令中明确了凡六百石以上的官吏及内侍官，敢以高利贷谋取钱财者，给予免官的处罚。从侧面也可以看出，汉代的借贷活动已经发展到国家不得不通过律令予以限制的程度了。

秦汉时期，借贷中的偿还期限与收息周期因借贷目的不同而进行较为清晰的划分。一般而言，秦汉时期借贷期限大致可以分为超出或等于一年、不满一年、以出行返归为限三种。超出或等于一年的放贷，债权方主要是官府（或封君），面向初置产业的民众，有较强的扶助和劝勉意图。超过一年的放贷，在民间借贷中很少见。不满一年的放贷，在秦汉时最流行。以出行返归为限的情况，可能存在于小吏上计等因公差旅中。关于收息周期，同样能归纳为逐年、逐月和期满收息三种。逐年收息，针对约期超出或等于一年的长期借贷，源于农耕生产的周期性。逐月收息，以工商投资性借贷为对象。期满收息，约期内无债务往来，是秦汉时最寻常的收息方法。③

## 二、唐宋时期商业金融活动的发展

唐代以后，商业发展推动金融进步的作用日益突出。唐朝是中国古代商业史上的又一个高峰，其发展水平远超前代。当时长安是全国的商业中心，也是世界上最繁华的城市之一。唐代诗人元稹《估客乐》中记载当时的商人，"求珠驾沧海，采玉上荆衡。北买党项马，西擒吐蕃鹦。炎洲布火浣，蜀地锦织成……经营天下遍，却到长安城"④。从这首唐诗可以看出，唐朝南北货物流通、商业经济繁荣，商人经营活动异常活跃。唐代政局稳定，国家统一，政策开放，社会开化，在发达的商业基础上才出现了

① 张政烺、日知编：《秦律十八种·金布律》，长春，吉林文史出版社，1990年，第36页。

② 张家山二四七号汉墓竹简整理小组编著：《张家山汉墓竹简（二四七号墓）·二年律令》（释文修订本），北京，文物出版社，2006年，第33页。

③ 石洋：《秦汉时期借贷的期限与收息周期》，《中国经济史研究》2018年第5期。

④ （唐）元稹：《估客乐》，见彭黎明、彭勃主编：《全乐府3》，上海，上海交通大学出版社，2011年，第360页。

长安这样的国际化大都市。长安是中国乃至当时世界上首个人口达到百万的城市。《论今年权停举选状》载："今京师之人，不啻百万。"①作为都城的长安，其贸易往来繁荣异常。长安之外，商业发达的城市遍布全国，长安通往这些城市的商路四通八达。沿着商道，唐代商人的足迹遍布全国，在各大城市均可见到外商和胡商。车船码头，经济繁荣，在交通要道上还专门出现了"邸店"。邸店是在商道上专门接待往来客商的私家店肆，其经营不仅仅局限于食宿、店家及当地牙人作为中间人将客人货物介绍卖出，亦可相约买进。邸店为商业活动提供了最简单的交易场所，兼具仓库、旅社、商店等职能。从城市的布局来看，唐代逐渐打破了早期坊、市分开的格局，政府默认越发明显的商业活动需求，特别是夜市和草市的出现更加证实了这种开放的态度。

隋唐时期，中国的商业金融活动开始出现新的特征。隋朝以前混乱的币制在隋文帝时期得到统一。唐代社会经济进一步发展，出现了繁荣的商业与较为完善的市场管理制度，商业活动中频繁的资金往来自然催生出各种形式的金融需求，当时长安的市场中开设着形形色色的金融机构。例如，经营存款和放款业务的柜坊、提供抵押借贷的质库、同样办理存款和放款业务的金银铺。柜坊在唐代经营存放款业务及代客保管财物。唐代外商和胡商经营的长途贩运贸易使他们更能意识到柜坊的重要性。西域来的毛毯、黄铜、乐器，福建来的木材、药材，山东、四川来的丝绸，江西、安徽来的茶叶，湖南来的陶瓷等大宗商品都集中在长安的东西两市，对货币流通量提出了严苛的考验。商人为了便于交易，将货币事先存放在柜坊。柜坊的出现，使当时的长安生意人不必携带大量的铜钱，方便了远方客商的贸易活动。质库起源于魏晋南北朝时期寺院经营的寺库。唐代的质库以经营抵押放款为主，服务对象多为工农业小生产者和城市贫民。唐代质库多为私营，开设质库的主要是官僚、贵族、富商大贾，寺院中也有质库经营，至五代时开始出现官营质库。在信用借贷方面，唐代存在大量的私人信用借贷活动，也有各级政府经营的公廨本钱。唐代各类金融机构的开设与各种形式资金供给，反映出当时商品经济繁荣，以及借贷活动颇为普遍的状况。

唐代的另一项重要金融创新是使用了世界上最早的汇票——飞钱。飞钱，亦称便换、便钱，是中国历史上早期的汇兑业务形式。《新唐书·食

---

① 转引自（清）张伯行选编：《唐宋八大家文钞·论今年权停举选状》，肖瑞峰点校，上海，上海古籍出版社，2019年，第3页。

货志》这样表述："时商贾至京师，委钱诸道进奏院及诸军、诸使富家，以轻装趋四方，合券乃取之，号'飞钱'。"①其性质类似于现代的银行汇款单。飞钱的出现解决了商业长途贩运的需要，避免了铜钱携带不便和遭人盗劫的风险。理论上也减少了社会商业发展对铜币的需求量，缓和了货币供给的不足。

宋元以后伴随社会经济的进一步繁荣，不但经营抵押放款的质库进一步发展，而且产生了较为普遍的商业信用。赊销这种经营习惯在宋代非常盛行。商人之间交易，购买者在若干期限内偿还货款，并且支付相应的利息，这样就避免了在商品交易中因缺乏现款导致的商品流通不畅。元祐七年（1092 年）苏轼记载："商贾贩卖，例无现钱，若用现钱，则无利息。须今年索去年所卖，明年索今年所赊，然后计算得行，彼此通济。"②由上可见，宋代商业信用的发展具有一定的普遍性。商业信用的发展也一定程度上刺激了金融的进步，但由于中国古代社会经济发展环境的变化，商品经济的发展并非一直处于较高的水平。

宋朝的商业比之唐朝更为发达，信用当然也随之发展。值得注意的是，宋代较早地出现了类似于现代概念的纸币和有价证券。宋代的金银铺、金银交引铺、金银钞引交易铺、金银盐钞引交易铺等较唐代更为发展，在市场上买卖盐引③，这是唐以前所未见的经营形式。宋代由于商业繁盛，金银与钱币的互换成为社会经济中的常见现象，因此出现了很多经营银钱互换业务的金银铺。金银铺早在唐朝宣宗时就已出现在长安、扬州、苏州等地，其发展水平较高，甚至已经出现了同业公会性质的商人组织。到宋代这种经营银钱兑换的店铺业务有所发展，从名称来看经营类似业务的商号有金银铺、金银盐钞引交易铺、金银交引铺、金肆、银肆等。业务上除金银器饰买卖、金银锭买卖、金银鉴定、金银器饰及金银锭铸造外，至南宋时又新增了茶盐证券的买卖。④按照南宋政府的要求，持有茶盐证券的商人需由交引铺作保，才能到政府榷货务兑钱或到茶盐产地领取茶盐。如非茶盐商人，可以把茶盐钞引直接售卖给钞引铺，再由钞引铺转售给经营茶

---

①　《新唐书·食货志》卷五四，北京，中华书局，1975 年，第 1388—1389 页。

②　（宋）苏轼：《苏轼文集》卷三四，孔凡礼点校，北京，中华书局，1986 年，第 958 页。

③　盐引，也叫交引、钞引、盐钞引，是买盐的凭证。"引"是指有价证券，还可以作为"代币"流通，据《宋史·食货志下四》载，"如解盐钞每纸六千，今可直三千"（北京，中华书局，1977 年，第 4447 页）。

④　《中国经济发展史》编写组：《中国经济发展史（公元前 16 世纪—1840）》（第 3 卷），上海，上海财经大学出版社，2019 年，第 1288 页。

盐的商人。宋人的著作中，多有对北宋汴京及南宋临安金银铺、钞引铺的具体描述，如《梦粱录》载临安"自五闲楼北至官巷南街，两行多是金银、盐钞引交易铺，前列金银器皿及现钱，谓之'看垛钱'"①。此类记载正反映了两宋银钱及茶盐钞引兑换业务的发达。盐钞引之所以具有价值并通过市场进行交易，主要是因为政府的专卖制度使盐钞引成为有价证券。南宋初年因政府在边地屯兵，军费运送交通不便且费用高昂，于是政府援引"入中"先例，招募商人向屯兵区域运送粮草，除关子外，给以一定数量的盐钞引用以支付商人报酬。商人将盐钞持至临安，但是往往兑现困难，因此发生将盐钞引折价卖给金银铺的现象。金银铺再将盐钞转卖从中赚取差价，商人则获得一定资金以便周转。这些金银铺的业务在本质上已经发展为证券交易。宋代的金融发展水平可以说是空前的，金银交引铺无论是银钱兑换还是有价证券的买卖都给后世金融机构的业务发展奠定了基础。

此外，宋代的汇兑业务初具规模，唐代的飞钱在宋初得到进一步发展。便钱类似后来的"汇兑"，关子与会子则是官方或民间发行的"汇票"。南宋初年，政府允许民众携便钱入京师在各处变换，如开宝三年（970年）在两京置便钱务，作为兑换便钱的机构。天禧末，官营便钱的年额达280余万贯。②值得注意的是，宋代还出现了有证据的、最早的发钞业务。北宋时期诞生于四川的交子是世界上最早的纸币。最初的时候交子是铺户收存现款而开出的相应数额的楮纸券，由于铺户坚守信用，随到随取，故而信用卓著。伴随社会经济的进一步发展，交子逐渐过渡为固定的面额和格式，而且铺户发出交子的数量逐渐超过铺存现款，并自发地控制在一定的限度之内，以维持交子与铺户的信誉。也就是说，在兑现准备金率下降的情况下，交子逐渐具备了信用货币的特征。毫无疑问，这些经营习惯的积累无一不对后世中国商业金融活动产生重要影响。当然也不宜过高估计，毕竟在宋元时期还很难看到这些内生于中国商业的金融活动呈现系统化发展的趋势。唐宋时期的飞钱与宋代的纸币虽然展现了一些令人惊奇的相似特征，但与真正意义上的汇兑和发钞业务仍有较大的差距，具有一定的偶然性，而且缺少连贯发展的动力。

### 三、明清时期商业金融发展的新趋势

明清时期，中国的农业、手工业和商业均获得了较大发展，商品货币

---

① （宋）吴自牧：《梦粱录》卷一三《铺席》，文渊阁四库全书本。
② （元）脱脱等撰：《宋史》卷一八〇《食货志下二》，北京，中华书局，1977年，第4385页。

经济空前活跃。这一时期，农业中的商品性生产显著扩大，许多农产品转变为商品，出现了很多专门化的经济作物种植区。例如，明清时期棉花种植的商品化程度较高，"地无南北皆宜之，人无贫富皆赖之，其利视丝、枲盖百倍焉"[①]。棉花的大规模种植不是为了满足农户自给，而是专为供应市场。与此类似，丝、麻等也作为重要的经济作物存在广泛的市场需求。清代，在部分养蚕专业地区，为了调剂桑叶的供需，出现了"青桑行""叶市"，可见当时植桑养蚕专业化程度之高。明清时期，甘蔗的种植遍及今福建、广东、浙江、四川、广西、台湾等地。18 世纪以后，受出口贸易扩大的影响，茶叶种植遍及四川、陕西、浙江、福建、安徽、江西、广东、直隶等地。其他如商业性的种菜业、园艺业及粮食作物的商品化都有不同程度的提高。粮食除了异地贩运供给民食外，还有一部分用来酿酒、榨油和加工豆制品等，这些都是专门为市场交易进行的商品性生产。

在农业生产商品化的基础上，当时农村手工业也获得了明显的进步。在中国历史上，农业与手工业相结合是封建经济的特点。明中叶以后，虽然大部分地区手工业仍与农业相联系，但在一些植棉事业比较发达的地区，已有一部分农民专门从事棉纺织业了。例如，江苏无锡的怀仁、宅仁、胶山、上福等乡，地瘠民淳，不分男女，舍织布纺花别无他务。[②]松江府从事专业纺织的情况已不局限于村落，城市中也广泛存在。手工业的发达为市场提供了更多用于交换的商品。清乾隆时期，无锡地区每年有数以万计的布匹被商人收购并运销至其他地区。

商品生产与商品流通范围的扩大促使一些新的工商业市镇兴起。汉口镇、朱仙镇、佛山镇、景德镇等都是因工商业发达而兴起的重要城镇。其中汉口镇和朱仙镇是因商品流通的扩大而发展起来的；佛山镇和景德镇则属于因手工业而兴起的市镇（佛山镇因手工冶铁而兴盛，景德镇因瓷器名扬天下）。景德镇从唐以后逐渐兴盛，明清时期已成为四方商贾云集的商业重镇。

商业的兴盛推动了地域性商帮的发展。随着市场的扩大和商业的繁荣，城乡市场网络体系逐渐形成，这使商人通过长途贩运贸易扩大商品销售并积累货币资本成为可能。16 世纪早期开始出现地域性商帮。在著名的

---

① （明）徐光启：《农政全书》卷 35，陈焕良、罗文华校注，长沙，岳麓书社，2002 年，第565 页。

② （清）黄卬：《锡金识小录》卷 1，转引自谢国桢：《明代社会经济史料选编》上，福州，福建人民出版社，1980 年，第 113 页。

十大商帮中，徽商、晋商、陕商实力最强，它们大致形成于 16 世纪早期，广东、福建两个海外贸易商帮形成于 16 世纪中期，其余地域性商帮最晚形成于 17 世纪前叶。陕西、甘肃商人多经营山货皮毛；安徽商人多经营典当业和茶叶；福建商人多经营米、糖。大商人经营的主要商品是盐、茶、布、丝织品和木材等大宗商品，他们大都是专业的长途贩运商人，有自己的营销网络，本省商人多从事服务性行业，如经营酒馆、饭店等。

明清时期，虽然中国的社会经济发展仍建立在封建农业经济的基础上，但却出现了资本主义生产关系萌芽。商品生产的扩大、生产技术的革新、雇佣关系的出现，以及商业贸易网络的发展，都促进了明清商品经济的发展。因此，明代中叶以后，中国的社会经济开始发生了一些显著的变动。例如，农业生产商品化程度有了明显提高；传统手工业生产中开始出现资本主义萌芽；长途贩运贸易范围扩大，形成全国性的商品市场；海外贸易的规模进一步扩大。在金融领域，明代以后形成了以白银为核心的货币体系，"大数用银，小数用钱"成为明清两代货币的基本格局；商业借贷的规模逐步发展，私人开设的金融机构为商业活动提供了金融支持，而政府在社会经济生活中少有干预；商业性借贷的发展促使借贷利率下降。

商品经济是货币信用关系存在和发展的前提。商品经济的每一次阶段性发展，必然要求货币金融业与其相适应，金融发展反过来又成为推动商品经济发展的重要支撑。明代中叶以后，中国的商品经济和货币金融业发展鲜明地体现了这一规律。货币兑换是明代中叶前后商品流通对金融业提出的首要要求。在银两与制钱共用的货币制度条件下，商品流通中必然产生两种货币的频繁兑换，由此而产生了货币兑换商。明代，中国早期的货币兑换商主要是钱铺、钱肆、钱号等。这些机构最早见于明正德、嘉靖年间的史料记载。同西欧相比，中国的货币兑换商出现大致晚了两个世纪，但兑换业务的出现都是为了满足商品流通的需要。在中国的商品流通中，不仅存在由"大数用银，小数用钱"而产生的银钱兑换需要，制钱中也存在历代铜钱的不同版别及民间私铸铜钱。此外，来自海外的银元也在明朝大量涌入中国，这些货币想要在市场流通就必须以大家认可的价格平等兑换。于是，银两、银元与铜钱，制钱与私钱之间的兑换活动，在商人贸易往来及百姓的日常生活中频繁发生，如果没有兑换商来承担货币兑换的功能，那么社会经济运转必然要受到影响。

货币兑换业务虽然较为简单，但却是明清时期钱业发展的滥觞。到清中期，钱业已经发展为具有相当规模的独立行业，具有明确稳定的业务范围，在商业活动中的影响力获得了较大提升。据上海钱业公所的"内园"

碑记载，从乾隆四年（1739 年）到嘉庆元年（1796 年），承办上海钱业公所事务的钱庄共有 106 家之多。作为商人自行发起的商人组织，钱业公所是钱商发展壮大的有力证明。清朝中叶，各地商业发展水平不一，各埠钱业的规模与运营方式可能存在或多或少的差异，但乾隆、嘉庆年间以后，各地钱庄大致都逐渐突破了银钱兑换的业务局限，即从对货币的出纳、兑换、汇兑、保管等货币经营活动，逐渐转向经营存放款等业务。[①]清中期钱业的发展具有里程碑意义，孔祥毅以山西商人在金融领域的突出表现为例，认为 17 世纪末到 18 世纪中国的金融行业与西方世界同步发生了金融革命，因为金融工具、金融业务、金融机构、金融市场，包括各种票据、商业银行、清算制度、证券市场迅速发展起来，开始出现了近代金融制度。[②]虽然这些内容是在明清以后数百年时间内逐渐发展成熟的，但无疑自明代以后这些体现金融变革的内容路径慢慢变得清晰起来。明朝以后的经济繁荣开启了中国钱庄、银号发展的序幕，较为雄厚的商业基础及逐渐发展完善的金融体系，使社会金融的周转速度加快，社会借贷利率开始逐渐降低。

## 第二节　明清钱业的形成与进步

据现有研究，明代正德、嘉靖年间的历史文献记载中开始出现钱铺、钱肆的名称。货币兑换的活动早就存在，但到了明代中叶，商人开始设立专门的商号来经营此种业务并从中获利。明中后期，在一些重要都市中钱商数量众多，并且基于共同利益开始垄断并操纵钱价。货币经营业务是明代钱业发展的起点，范围包括鉴别白银的成色、重量，倾销白银，白银与铜钱的兑换，以及将零散铜钱整理成串，等等。明后期，在货币经营业务的基础上钱业还发展出放款业务，但当时的放款带有高利贷性质，而且放款对象多局限于官吏等一些特殊群体，对商业活动的放款还有待发展。清中期前后，钱业中银、钱业务出现了分化，在清中期的文献记载中开始出现银铺、钱铺并存的情况，说明金融发展使货币经营性业务出现了细分市场。此外，按照市场供需情况的变化，银钱价格开始出现市场化的波动，借贷利率也逐渐降低。上述情况说明，明清时期钱业逐步形成并有所发展。

---

①　刘秋根、李潇：《清代前期钱铺银号的放款研究》，《河北大学学报（哲学社会科学版）》2013 年第 6 期。

②　孔祥毅：《山西票号与中国商业革命》，《金融研究》2002 年第 8 期。

## 一、明清钱铺与货币经营业务

中国钱业起源于明代在学界基本达成共识，最早提出明代已产生钱庄的是彭信威[①]，叶世昌的《中国经济思想简史》[②]与石毓符的《中国货币金融史略》[③]延续了这一观点。据彭信威考证，"钱铺"一词最早出现在明隆庆至万历年间成书的《金瓶梅》中。叶世昌将钱铺出现的时间推至明正德年间。[④]在钱铺产生之前，货币兑换的行为早就存在，但具有一定的偶然性。[⑤]而到了明中期，这项业务的专业化和民间化趋势越来越明显。经常性的货币兑换在明中期成为社会经济发展的切实需要。明中期以后逐渐开放用银，加之当时铜钱私铸猖獗，造成钱的重量成色杂乱不一，制钱和私钱对白银的价格存在差异且时常变动，银钱兑换成为社会经济发展的刚性需求。这一点在产生于明末清初的文学作品中存在广泛的反映，此不赘述。基于货币兑换的钱业在明中后期取得了较快发展，钱铺的发达便利了社会的货币供给，如《风月梦》记载：荡子陆书在外嫖荡，银钱缺乏，"陆书因袁猷的银子未曾借得到手，回到怡昌号客寓，吃了午饭，将几件衣服叫小喜子拿到当典内，当了十几两银子，在钱店内换了几千钱，叫小喜子将房饭钱留些零用"[⑥]。这则材料生动地反映了社会生活中银与钱的使用情况，明代虽然开放用银，但日常生活中仍主要用铜钱进行流通。此外，货币的供给体系已趋于专业化，这一点体现在典当区区几件衣物，当铺都用白银进行结算，而不是用铜钱，白银换钱的任务则由钱铺来承担，可见这一过程在当时一定是非常便利，才能形成这样默契的配合。同时也反映了当时的货币供给体系不是由一个机构来完成的，当铺和钱铺在白银与铜钱上已经有了分工。

明朝中后期钱业的发展颇具规模，而且与商品流通的关系更加紧密。

---

① 彭信威：《中国货币史》，上海，上海人民出版社，1958年。
② 叶世昌：《中国经济思想简史》，上海，上海人民出版社，1980年。
③ 石毓符：《中国货币金融史略》，天津，天津人民出版社，1984年。
④ 叶世昌：《明至清乾隆年间的钱铺和民间纸币》，见云南大学历史系编：《纪念李埏教授从事学术活动五十周年史学论文集》，昆明，云南大学出版社，1992年，第296页。其依据是成书于正德五年至十四年（1510—1519年）陆粲的《庚巳编》，该书最早提到钱肆。
⑤ 如唐宋时期就已经存在的金银铺亦兼营金银买卖，但当时金银的商品属性较浓厚；宋以后，贩卖铜钱的记载亦不乏见，太平兴国时因两川铜钱作价高，商贾争以铜钱入川界换易铁钱；淳化年间荆湖岭南要用大钱纳税，商民用小钱二三枚换大钱一枚，官吏也用俸禄钱来做兑换生意，并从中取利。
⑥ （清）邗上蒙人：《风月梦》，苗壮、石星校点，济南，齐鲁书社，1991年，第161页。

嘉靖十五年（1536 年）有人再提严禁豪商巨贾私贩铜钱，导致当时奸党私相结约，"各闭钱市，以致物货翔踊"①。即为了对抗官府的不利政策，钱业有意识地操控市面银根松紧，操纵物价，借以要挟。可见，在明代钱业规模已不能被轻视。钱业的货币兑换业务得到了较大发展，官方也肯定了货币兑换业的积极作用。万历五年（1577 年），福建抚按庞尚鹏提出 14 条整顿福建钱法的办法，其中有一条说："设立铺户，举市镇殷实之家充之，随其资本多寡，赴官买钱以通交易。"②可以推断的是，在万历年间商贾经营银钱兑换应已成规模，官府没有办法严禁，遂因势利导。"赴官买钱以通交易"体现了铜钱的商品属性，钱业的经营以简单的货币兑换为主，可以推断的是，早期钱业的发展自身存在不规范的问题，需要政府的管理与推动，市场化的水平不高，没有形成稳定的市场机制，这些内容在明末清初以后逐渐完善。明朝末年，钱业的发展更进一步，钱业影响了城市的货币供应，为政府所重视。在北京，钱铺、钱庄在明末即有相当大的力量，因为它们操纵钱币市场而引起了统治者的注意，如天启六年（1626 年）九月丁丑，工部尚书薛凤翔覆言："其余外京棍徒潜住京城，开兑钱铺，于货物中夹带私铸来京，搀和混杂，而又潜带废铜出京，以为私铸之资，皆为钱法之害。"③明朝中后期钱业的进步为后世中国内生金融体系的发展奠定了坚实的基础。

明末清初，钱业的主营业务应为银钱兑换，同时兼营其他货币经营性业务，如白银成色、重量的鉴定及铜钱整理，而银号则兼营白银倾销等。在明末清初的文学作品展现的社会生活中，此类钱铺业务已十分常见。反映明末社会背景的《醒世姻缘传》载：晁源（晁大舍）在京师用 50 两买了一只能辟邪的猫，"晁大舍从扶手内拿出一锭大银来递与那人。那人说：'这银虽是一锭元宝，不知够五十两不够？咱们寻个去处兑兑去。'"④由此可见，当时钱铺以银兑钱业务发达，对白银重量的称量具有权威地位。再如，《红楼梦》记载：贾芸跟倪二借了 15 两银子，担心重量不对，便拿着银子去一家钱铺称重，"十五两三钱四分二厘。贾芸见倪二不撒谎，

---

① 《明世宗实录》卷一九一，"嘉靖十五年九月甲子"条，台北，台湾"中央研究院"历史语言研究所校印本，1962 年，第 4030 页。

② 《明神宗实录》卷六六，"万历五年闰八月辛卯"条，台北，台湾"中央研究院"历史语言研究所校印本，1962 年，第 1447 页。

③ 《明熹宗实录》卷七六，"天启六年九月丁丑"条，台北，台湾"中央研究院"历史语言研究所校印本，1962 年，第 3676 页。

④ （清）西周生辑著：《醒世姻缘传》（上册），济南，齐鲁书社，1980 年，第 74 页。

心下越发欢喜"。①林岱鬟妻于胡监生处后措银赎回，交上价银之后，"胡监生蹲在地下，打开都细细的看了，说道：'你这银子成色，也还将就去得。我原是十足纹银，上库又是库秤，除本银三百六十五两外，通行加算，你还该找我五十二两五钱，方得完结，还得同到钱铺中秤兑。'"②可见，钱铺也为人称兑银两重量、辨别银两成色。

除了称兑银两重量、辨别银两成色外，钱铺也按照客人需要，将零散的铜钱整理成串，而且发明了专用工具——钱比子。《风月梦》记载：贾铭与妓女凤林相好，凤林却要与卢老爷从良，身价400千钱。次日卢姓着家人送了银子到凤林家里，"凤林向她丈夫蓝二说道：'你去喊一个测字先生来家，将卖纸写成，我将银子合成钱与你。'蓝二答应去了。凤林将银子交与贾铭，附耳说了几句。贾铭点点头，将那银子拿到钱店里，央柜内伙计比成一笔三百千钱，一笔四十千钱，拿回家内，摆在桌上，将那比过剩余的银两，仍交与凤林收起"。③《乡言解颐》记载钱比子的形制言："用长方木板，刓如破竹形，准容制钱壹百文，计十行，谓之钱板子，又曰钱比子。钱店以铁丝系绳，串就而穿之，甚为捷便。某为之赞曰：'沟儿深，沟儿浅，不过一百老官板。找零儿，补底子，不如问问钱比子。'"④可见，专业工具的使用也反映了货币经营的繁盛。

除了钱铺，明中期以后银铺也日趋发达。银铺起源于金银首饰加工及零售。从明中叶开始，银铺承担为官府倾销税银的任务开始见于记载。"（弘治）八年二月令解京银两皆倾销成锭。户部尚书李瓒奏：各处解到库银率多细碎，易起盗端，乞行各府州县，今后务将成锭起解，并记年月及官吏、银匠姓名。至神宗万历十年六月，户部议准给事中傅来鹏等条奏，州县起解银两，将官吏银匠姓名凿于每锭之上。"⑤清代以后此项惯例得以延续并进一步发展。雍正二年（1724年）"禁直省收纳钱粮银匠估色之弊，刑部尚书励廷仪奏言：完缴钱粮，例易银上纳，民间买卖色银，未必即系足

---

① （清）曹雪芹：《红楼梦》第二十四回，长春，吉林人民出版社，2006年，第74页。

② （清）李百川：《绿野仙踪》第十八回，长沙，岳麓书社，1993年，第101页。

③ （清）邗上蒙人：《风月梦》，苗壮、石星校点，济南，齐鲁书社，1991年，第227页。

④ （清）李光庭：《乡言解颐》卷四《物部》上，北京，中华书局，1982年，第70页。如史料记载，钱铺、钱庄还提供一项服务，即用钱比子为顾客整理散钱，将它按成色整理成顾客所需要的贯数。另外，可参见清代邗上蒙人的《风月梦》第二十四回《贿禁卒私松刑具　嘱经承翻改口供》：有人"先到钱店里，将银子比过分开，合了个七十千钱九二串，用皮纸包好，余多的银子收在腰内"（苗壮、石星校点，济南，齐鲁书社，1991年，第190页）。

⑤ （清）嵇璜等纂修：《钦定续文献通考》卷一〇《钱币考·明·钞附银》，乾隆四十九年武英殿刻本，天津图书馆藏。

纹，必投银铺倾镕而后入柜。官银匠当倾镕之时，每苛估成色，横加勒索，各有戳字为认。逮州县拆封后，再发匠另镕大锭，方始解布政司"①。雍正十三年（1735 年）十二月"御史蒋炳奏州县征粮三弊……州县设立官匠倾销银两，凡花户纳银，无官匠名字印记，即不准投柜，各匠勒索包完，侵渔重利。请嗣后花户纳银，不拘何处银铺，听便倾销。止令镕（熔）化足纹投柜，应如所请。将官匠勒索、私用印记之处，永行禁止。从之"②。清代存在由官匠人向民间银铺开放倾销银两的政策。一方面可能由于政府税银倾销量增大；另一方面也说明民间银铺经营的正规化，得到了政府的信任。

### 二、明末清初银钱铺放款业务及其特点

钱业的存放款业务是建立在兑换业务基础之上的，兑换业的充分发展，为借贷的出现奠定了基础。存放款业务日趋成熟的意义重大，彭信威将其视为产生一种新的、进步的、金融机构的基础。钱铺、钱局、钱桌的放款业务起源于何时已无法考证，大致时间是在明末清初，对这一问题学界已有研究。彭信威认为明代中后期钱铺已经开始经营存放款业务，刘秋根的研究支持了这一观点。此外，成书于明末清初的《醒世姻缘传》也有明确记载：山东武城县秀才晁思孝选中华亭县令，城中"开钱桌的说道：'如宅上要用钱时，不拘多少，发帖来小桌支取。等头比别家不敢重，钱数比别家每两多二十文。使下低钱任凭拣换'"。其子晁源"原是挥霍的人……想起昔日向钱铺赊一二百文，千难万难，向人借一二金，百计推脱，如今自己将银钱上门送来……送来的就收，许借的就借。""晁秀才选了这等美缺，那些放京债的人每日不离门缠扰，指望他使银子，只要一分利钱，本银足色纹银，广法大秤称兑。晁秀才一来新选了官，况且又是极大的县，见部堂，接乡宦，竟无片刻工夫做到借债的事。日用杂费也有一班开钱铺的愿来供给，所以不甚着急"③。可见，明末清初钱铺已经开始积极拓展放款业务。但值得注意的是，与清中期以后不同，明末清初的钱铺放款仍有较大的局限性，如高利贷的性质较为明显，在放款对象的选择上，官员的身份及京债的属性受到钱铺的青睐。

---

① （清）乾隆敕修：《皇朝文献通考》卷一五《钱币考三》，《景印文渊阁四库全书》史部，第 632 册，台北，台湾商务印书馆，1986 年，第 305 页。

② 《清高宗实录》卷八，"雍正十三年十二月丁丑"条，北京，中华书局，2008 年，第 8267 页。

③ （清）西周生辑著：《醒世姻缘传》（上册），济南，齐鲁书社，1980 年，第 4—5 页。

除了放款给特定人群外，清代早期钱铺的放款业务还存在高利贷倾向。例如，反映康雍时期社会经济状况的《姑妄言》就有所体现，如有名竹清者，"手中原有五六百金之蓄，他的一个宗叔也是江西人，名叫竹者，是看守孝陵的太监。他倚着这个声势，开了一个钱铺，放印子钱"。经过数年经营资本达到两三千金。另外一处记载：竹思宽开的小钱铺，"放印子钱。每月放出大钱一千文，要每日活打，一日收四十文，一月满，足收钱一千二百文。有人要借死的一千钱，每月加利三百。若这个月没得还他，下月这三百文又加利九十。你想这样重利，谁敢去借？都是那挑葱卖菜、穷得没饭吃的人，只得借来做本"。①除此之外，早期钱铺的资本来源也与高利贷有关，如反映嘉道时期社会经济状况的《续红楼梦新编》记载：有叶焙铭者，"前岁在坐粮厅衙门内派过几回税口，又受过一次漕，积蓄了有二百多银子，这两年放给人，使得些利钱，约有三百余金。向替李贵好，遂与李贵第三个儿子叫李白新的，李贵也备出三百头，同焙铭合了伙，请下两个伙计，开个小钱铺"②。除了钱庄以外，清早期的银号在白银倾销、兑换业务的基础之上逐渐发展出放款业务，但也具有高利贷倾向。康熙年间，北京银钱业比较发达，形成了行业组织——银号会馆"正乙祠"，当时北京的银号在"京师正阳门左右列肆而居。""操奇赢，权子母，以博三倍之利"。③虽然史料受限，但北京正阳门外前门大街在明清两代都属于商业繁华之处，除了应对官府白银倾销的需求之外，钱业进一步深入发展与商人的金融联系是符合历史发展规律的。

除了放款的利息较高外，早期钱铺还多与政府接近，一定程度上围绕官府的需求开展业务，这也是早期钱业发展的重要特点。前文已述，明朝末年钱铺放款于外放官员的情况率先载于史料。无论是放款还是货币经营性的业务，早期钱铺、银号的业务重点都多与政府接近，这在清中期以前较为明显。例如，京师所谓"四大恒"银号兴起于康熙年间，"迨乾隆间，征金川，曾司京兵养家饷。恒垫资逾百万，自是见重于户部及内务府，贸易日盛"④。至义和团时，八国联军攻入北京，"四大恒"大受冲击，京师工商业经营及市民生活大受影响。清政府曾拨银百万救济。可见，"四

---

① （清）曹去晶：《姑妄言》（上），北京，中国文联出版公司，1999年，第56页。
② （清）海圃主人撰：《续红楼梦新编》第八回，于世明点校，北京，北京大学出版社，1990年，第81页。
③ 《正乙祠碑记》，见李华编：《明清以来北京工商会馆碑刻选编·前言》，北京，文物出版社，1980年，第10页。
④ 沃丘仲子：《近代名人小传·货殖·京师四恒》，北京，中国书店，1988年，第119页。

大恒"与清政府的紧密关系维持了百余年。

除此之外,清代地方政府为了便利钱粮赋税的收缴,和钱商结成利益共同体。例如,乾隆末年清查伍拉纳一案。周经在伍拉纳任藩司时担任库吏,伍拉纳及其后任伊辙布均"任其(周经)开张银店,每年州县报解库银,必由伊处倾镕"①。可见,周经开设的银号最初主要业务就是倾销白银以便报解藩库。但是,其后周经侵用库项银两,"在外违例开设银号,并开盐店、当铺"②,利用官帑投资牟利。据店伙陈懋芳等所供言:"那周经盐埕并当铺本钱是向钱铺挪来应用,所有钱铺本钱系挪领倾销银两凑本。"③周经利用库银进行的投资经营行为,在前后两位官员任内得以延续,说明商人借用官款扩大经营在当时已经较为常见。

放款除了高利贷倾向外,还产生了对官员放款及经理官款的倾向,这在以后账局放京债和票号经理的官款方面都有体现,即使到了近代仍然有大量钱庄、银号兼营代人报捐业务。直到户部银行及大清银行的设立,清政府才逐步意识到官款的集中管理对解决财务问题颇有益处,晚清政局的转变,迫使清政府尝试通过金融改革寻求解决财政危机的途径。

除官款外,清中期以后钱铺也逐步扩大了对一般商人的放款业务。嘉庆二十二年(1817年)正月何朝钰等"在(广东)南海县佛山地方开张中泰银店,请梁泽昌为店伙,在店管理放借出入银两,每年工银五十两,与何朝钰等平等相称,并无主仆名分。梁泽昌因工银不敷家用,又历年花费,生理折本,私将何朝钰等店存银两陆续挪用一万零八百两"④。"生理折本"说明梁泽昌除了在中泰银号担任经理外,自己还有另外的生意,但因经营不善,才会"折本",陆续挪用中泰银号的款项属于借贷,不管梁泽昌合伙经营银号是否主观上存在为本业寻求金融便利的目的,但实际上达到了这样的效果,这种为本业寻求金融便利而伙开银号的现象在晚清近代是较为普遍的现象。

---

① 《清高宗实录》卷一四八二,"乾隆六十年七月甲寅"条,北京,中华书局,2008年,第28822页。

② 《清高宗实录》卷一四八四,"乾隆六十年八月甲申"条,北京,中华书局,2008年,第28851页。

③ 《清乾隆朝福建总督伍拉纳浦霖受贿被诛案·长麟、魁伦折六》(乾隆六十年七月十七日),见故宫博物院编:《史料旬刊》(第四册),北京,北京图书馆出版社,2008年,第53页。

④ 转引自广东省社会科学院历史研究所中国古代史研究室、中山大学历史系中国古代史教研室、广东省佛山市博物馆编:《明清佛山碑刻文献经济资料》,广州,广东人民出版社,1987年,第371页。

### 三、清中期钱业的分化及其影响

清初商业发展进一步扩大，钱业亦随之发达，对于货币经营开始注重银、钱的业务区分。这一点在清早期的表现还比较模糊，如康熙三十三年（1694 年）山西阳城县著名商业市镇——郭谷镇设有各种商铺、行店，其中钱行、银匠行较为发达，银匠行有 15 家。[①]山西右玉县杀虎口是著名的商贸重镇，康熙四十四年（1705 年）便有绸布行 20 家，杂货行 38 家，钱行 20 家。[②]可以看到，当时的钱铺较为发达，已经形成一定规模的"行业"，而对于"银"与"钱"经营的侧重初现端倪，但对于此时钱业的发展形态不宜估计过高，银匠行的业务可能仍局限在金银首饰的打造和白银倾销上，而钱行则以银钱兑换为主。

清前期钱业的放款业务发展到何种水平整体上不好界定，但也有证据显示清前期很有可能已经出现了以放款业务为主的钱庄。比如乾隆十年（1745 年）正月，福建巡抚周学健奏称："但铺户奸良不一，应饬各州县查明该处钱庄若干，钱铺若干，造册，即令派查铜铺委员，稽查有无抬价。"[③]可见，钱铺和钱庄在官方看来俨然已经是两种不同的经营性质，逻辑上最有可能出现的就是放款业务的正规化。清中期这种变化不局限于一时一地，在其他商业发达地区亦不乏其例。佛山在清中期成为全国著名的工商业市镇，乾隆时人龙敬轩记载：在南海"大镇为省城、佛山、石湾。其行店为当商、放账铺、换银铺、洋货铺、珠宝铺、参茸行、布行、木行、生铁行、铁器行、绸缎棉花行"[④]等。其余不论，仅从放账铺、换银铺即可看出此时的兑换业务和放款业务已经是界限清晰的两种业务，分别由不同的店铺经营。另外，上述两业和珠宝铺并列提及，说明有可能作为金融机构的放账铺和换银铺与金银首饰加工业务进一步分离。

清中期以后部分商业繁盛地区，钱业也有突出表现。据《嘉庆十八年

---

① 《县主夷老爷体恤里民行户永免一应杂派德政碑》，见山西省政协《晋商史料全览》编辑委员会、晋城市政协《晋商史料全览·晋城卷》编辑委员会编：《晋商史料全览·晋城卷》，太原，山西人民出版社，2006 年，第 642 页。

② 《钦差督理杀虎口兼理河保等处税务碑记》，见山西省政协《晋商史料全览》编辑委员会、朔州市政协《晋商史料全览·朔州卷》编辑委员会编：《晋商史料全览·朔州卷》，太原，山西人民出版社，2006 年，第 298 页。

③ 《清高宗实录》卷二三二，"乾隆十年正月辛巳"条，北京，中华书局，2008 年，第 11185 页。

④ 转引自广东省社会科学院历史研究所中国古代史研究室、中山大学历史系中国古代史教研室、广东省佛山市博物馆编：《明清佛山碑刻文献经济资料》，广州，广东人民出版社，1987 年，第 341 页。

四月二十八日紫金坊、灵璧坊社会职业构成表》记载，嘉庆十八年（1813年）四月十八日，重庆地区紫金坊、灵璧坊人口的社会职业构成中共有钱铺 41 家、当铺 2 家、银铺 1 家、钱桌 5 家。可以见到，嘉庆年间重庆地区的钱业是非常发达的，不但规模很大，而且在金融业务上各有侧重，不同钱业商号形成了相互配合的金融体系，经营放款业务为主的钱铺数量最多达到 41 家，有可能已经开始通过开发钱票对商业往来给予信用支持，而兑换业务的地位则有所下降，钱桌仅有 5 家；银铺 1 家仍然承担白银倾销的需要。①这些金融活动在紫金坊和灵璧坊这两个商业繁盛的社区共同支撑着当地的商业信用，同时承担货币供给。

到道光时期，经营放款规模较大的钱庄、银号与规模较小的钱铺之间的界限已经非常清晰。汉口作为当时全国四大名镇之一，商贸发达，与之相适应的金融活动亦颇为兴盛。据叶调元《汉口竹枝词》记载，汉口同时存在规模较大的银号和规模较小的钱桌。关于银号，有竹枝词载："银号声声众中传，朱提十万簿头悬。个中利害谁能识，血本纹银仅六千。"可见，道光年间汉口较大规模的银号已经具备通过较小的资本投入获得较大资金的动员能力。当时，银号扩大资力的途径主要是吸收商业存款，充当信用媒介。资本与账面放款的巨大差距说明当时银号的性质已经接近近代商业银行。"六千"的资本与"十万"的营业额之间的比例关系，与清末民初时上海钱庄、天津银号的资本资力比已经非常接近。而关于后者，亦有竹枝词云："银钱生意一毫争，钱店尤居虿子名。本小利轻偏稳当，江西老表是钱精。"此首竹枝词有原注曰："钱店百有余家，惟江西人最得法。"②百余家的数量仅是侧重经营银钱兑换的小型钱铺，中大型银号、钱铺应尚未计算在内。当时汉口钱业的发达程度可见一斑。

清中期，随着钱业市场的进一步发展，部分地区出现钱价依据市场需要而产生波动的情况。例如，乾隆四年（1739 年）九月，台湾各地"民间使用小钱，从前番银一两换钱一千五六百文，后渐减至一千有零。本年六月间，每两仅换小钱八百一十二文，兵民力不能支，因与钱铺较论钱价，欲令稍减，开铺之人，竟至闭歇。该镇、府等婉为劝谕，并禁兵民不许强

---

① 四川省档案馆、四川大学历史系主编：《清代乾嘉道巴县档案选编》（下），成都，四川大学出版社，1996 年，第 318 页。

② （清）叶调元原著，徐明庭、马昌松校注：《汉口竹枝词校注》，武汉，湖北人民出版社，1985 年，第 20、22 页。

行勒换，始复开张"①。在封建官府口中常将市面钱价低昂归咎于奸商操控，但实际上货币兑换一般情况下还是由市场决定的，在本例即看到钱商宁肯关闭店铺，也不能稍减钱价，而且还得到了政府的支持。再如，乾隆三十四年（1769 年）八月，在广东"现在钱铺易换钱文，每千文有唐宋元明古钱一百余文，行用已久"②。这种模式的形成，等同于铜钱的价格形成一定的商事惯例。反映清中期社会背景的《子不语》记载了一起骗人事件："骗术之巧者，愈出愈奇。金陵有老翁持数金至北门桥钱店易钱，故意较论银色，哓哓不休。一少年从外入，礼貌甚恭，呼翁为老伯，曰：'令郎贸易常州，与侄同事，有银信一封托侄寄老伯。将往尊府，不意侄之路遇也。'将银信交毕，一揖而去。"骗子即以此银兑钱，"主人接其银称之，十一两零三钱，疑其子发信时匆匆未检，故信上只言十两；老人又不能自称，可将错就错，获此余利，遽以九千钱与之。时价纹银十两，例兑钱九千。翁负钱去"。③可见，银钱之比价已有相对稳定的比例。到稍晚的道光年间，银钱比价由市场决定的特征则更为明显。重庆府雷甘祥在二圣场开春和钱铺，道光二年（1822 年）"有五渡场客长钟永发大张钱铺，收租二百余石，河放园木，家开烧房囤谷八百余石。于七月二十八日换去生钱一百八十千文，照市合银一百五十两，当兑银二十二两，下欠生银一百二十八两，伊亲笔书立账据"④。此则案例，不但明显看到银钱兑换的价格形成中体现了较为明确的市场机制，同时钱铺间还存在彼此存放款项的活动。清中期钱业有较大发展，对于"银"与"钱"业务的经营更趋专业化，业务上出现明显的区分，这说明社会经济繁荣要求金融机构不断进行制度调适，以降低交易成本。

中国本土钱业的发展与金融制度的创新，使清中期以后商业金融的利率逐渐降低。明末清初，中国的商业金融逐渐活跃，市场在资金流通中开始发挥作用，商业资金的周转速度加快，相应地，社会借贷的利率逐渐开始降低。关于利率问题学界早有研究。据熊正文研究，"就私贷利息而言。自周以至清代中叶，其息皆甚高，约为年利百分之一百，甚或过之。中叶

① 《清高宗实录》卷一〇〇，"乾隆四年九月己酉"条，北京，中华书局，2008 年，第 9440—9441 页。
② 《清高宗实录》卷八四一，"乾隆三十四年八月戊寅"条，北京，中华书局，2008 年，第 19308 页。
③ （清）袁枚著，杨名标点：《子不语》卷二一《奇骗》，重庆，重庆出版社，1996 年，第 261 页。
④ 四川省档案馆、四川大学历史系主编：《清代乾嘉道巴县档案选编》（下），成都，四川大学出版社，1996 年，第 99 页。

以后，渐减至年利百分之五十乃至二十余（24%—48%），较诸前代，可谓甚低矣。以上所言之利率，大率为乡间借贷之情形"。而就城市方面而言，"自汉以来，就史考之，未见城市利率与乡村利率之不同。惟至清朝建业，则因票号之存在……外国银行之开设……城市金融较乡村为活动，而城市之贷利亦减低。故在道光以后……城市贷利（城市贷款利率——笔者注）已低至年利百分之二十四至六十。嗣至清末……其贷利乃渐减至年利百分之十二至六。其利率之低，已达今日（20世纪30年代——笔者注）之银行贷利水准"。熊正文认为形成这样的利率变动，其原因有三："①自道光以来……中国与世界金融市场发生联系。②同时，中国金融机关自此有显然之进步，钱庄、银行相继组织成功。③借贷利息率乃忽然下降（尤以城市为然）。"①综上所述，可以看到这样的历史事实：一是清中期道光后利率大幅降低；二是利率降低和票号的出现大致时间吻合；三是清中期以后城市金融活动频繁，城市利率开始低于乡村。利率发展的新特征和明清以后中国钱业的系统发展不无关系。清中期以后的跨区域贸易促进了票号汇兑业务的蓬勃发展。道光以后，票号业务发展方兴未艾；钱庄、银号在各埠逐渐兴起；借助票号、银行的雄厚资金发行在区域内具有较好流通性的票据；以信用方式支持商业往来的同城结算与埠际结算，逐渐形成了具有更高效率的清算体系，较票号的汇兑网络具有明显的进步。较为合理的金融机构、不断创新的金融制度使道光以后的利率进一步降低，为近代以后的金融发展奠定了良好的基础。

## 第三节　钱业谱系及其内在逻辑

明中叶以后，钱业的主要机构是钱桌、钱铺、钱肆，内容主要是货币兑换与货币经营性业务。明末清初，主要经营货币兑换的钱铺中开始出现放款业务，到清中期专门侧重放款的账局出现在北京、张家口及山西的一些地区，这反映了兑换业务与放款业务的进一步分离。明代会票与唐代飞钱及宋代交子、关子、会子的本质均为使用金融工具完成异地支付或债权让与，以减少现金流动。汇兑的活动虽然自汉唐以后即可见于文献记载，但清道光初年山西商人开办的票号才使汇兑变成一种商人经营的专门领域。晚清至民国时期，各地钱庄获得了极大发展。此时的钱庄不同于明代的钱铺，其业务范围包含但不限于货币兑换、存放、汇兑等商业金融业务，

---

① 熊正文：《中国历代利息问题考》，孙家红校注，北京，北京大学出版社，2012年，第155、157页。

其金融功能还体现在信用发行、代理结算、同业清算，以及组织并运行各类金融市场。从长时段来考察钱业，不难发现钱铺、账局、票号、钱庄等彼此间存在谱系关系，背后是中国金融业中货币兑换、存放款、汇兑、信用发行、结算清算、金融投机等功能的外化。

## 一、账局与放款业务

清代康乾时期，商品经济发展对金融提出了更高的要求。商人的自有资本不能满足商品的生产与交易，城市中开始出现针对商业借贷的专门机构。账局最早发生在中国北方，与北京的城市经济及中俄长途贸易相联系。张家口市场是隆庆五年（1571 年）开设马市、汉蒙通商之后兴起的。山西商人将山西泽潞地区的丝绸、铁器，南方的茶叶等杂货贩运到张家口，交换蒙古族的马牛和其他畜产品。清王朝统一蒙古地区后，山西商人又将商路延伸到库伦。雍正五年（1727 年）中俄恰克图互市，山西商人又到恰克图经商。恰克图通商以来，中俄贸易增长很快，1796 年为 510 万卢布，比 1760 年的 135.8 万卢布增长了约 2.76 倍。[①]随着国内和国际贸易的发展，特别是远距离的商品贩运，垫支资本增加，工商业自有资本不足，普遍要求融通资本，遂于康熙、乾隆之交有了账局的发生。乾隆元年（1736 年）在张家口开设的祥发永账局是现有账局资料最早的记载。乾嘉时期户部右侍郎兼钱法堂事务王茂荫分析："盖各行店铺自本者，十不一二，全恃借贷流通。若竟借贷不通，即成束手，必致纷纷歇业，实为可虑……即如各行帐局之帮伙，统计不下万人……各店铺中帮伙，小者数人，多者数十人。"[②]到 1853 年，据不完全统计，在京城的账局有 268 家，其中山西籍商人开设 210 家，占 78.36%，顺天府商人开设 47 家，占 17.54%，山东、江苏商人各 4 家，浙江、陕西、安徽商人各 1 家，5 省合计占 4.10%。到清末，账局分布已经扩展到京师、张家口、天津、保定、赤峰、安东、营口、多伦、归化、祁县、太谷、上海、烟台、汉口、成都等城镇，也在库伦、恰克图以至莫斯科等边疆和国外设立分支机构。[③]虽然账局在总号之外设立分号的情况较少，但部分账局已经开始依靠分号兼营汇兑业务和签发银票。除此之外，账局还开创了信用放款的先河。但从商业金融发展的角度来看，账

① 黄鉴晖：《黄鉴晖选集·从商品经济发展中考察山西票号的起源》，太原，山西经济出版社，2018 年，第 127 页。

② （清）王茂荫：《王侍郎奏议·请筹通商以安民业折》，张新旭、张成权、殷君伯点校，合肥，黄山书社，1991 年，第 49 页。

③ 孔祥毅：《中国银行业的先驱：账局、账庄、京钱庄》，《中国金融》2010 年第 18 期。

局仍属于区域性商业借贷机构。账局的活动范围较为有限。清中期，北京、张家口等地成为内地茶叶与口外皮张的交易中枢。账局对此类商业贩运贸易进行放款，并逐渐形成标期标利制度。所谓的满加利，就是在市场的支配下产生的浮动利率。该种计息方式将一年分为四标，"按标公开利率，春标开夏标，夏标开秋标，秋标开冬标，冬标复开次年春标，依次循环，决定由此标至下标归还期内之满加利率，但每标期之前半月，钱业即行预开下标之利率，以衔接下标。其利率大致每千元满加利二十元上下"[①]。除了反映市面银根松紧之外，满加利还成为钱业的一种专门业务，于满加利低之时买进，用以放贷取息，到标期日归还赚取差价；亦可在满加利较低时买进而在价高时卖出，赚取差额。不难看出，账局以存放款为主营业务，利息收入是其主要收入，而且其活动主要局限在山西、北京、张家口及内蒙古地区。其经营形式与票号、钱庄相比则较为简单。

## 二、票号与汇兑业务

票号是清中后期中国金融发展中又一项重要的制度创新。票号以经营汇兑为主，同时兼营存放款业务，其发展基础是清中期跨区域长途贩运贸易的扩大。学界主流观点认为，道光三年（1823 年）创设的日升昌是中国第一家正式以汇兑为专营业务的山西票号。从整体来说，票号的出现在时间上要晚于账局。日升昌前身是西裕成颜料庄，它在平遥西大街和北京崇文门外草厂十条设立店铺，在平遥西达蒲村设立制作颜料的作坊。晋商由于经营颜料，时常需要在北京、天津、沈阳、四川、湖北等地各分号之间调拨款项，当时已经开始在内部使用汇兑方式处理钱款往来。例如，西裕成颜料庄最早在北京与山西之间试行汇兑。汇兑的原理并不复杂，关键是作为一种专门业务，其能够长期存续需要以一定的社会经济发展作为基础。嘉道年间，社会商品经济发展，贸易的异地结算需要大量的货币流通，而此前的起镖运现缺陷越发明显，风险大、成本高、效率低，已经不能适应新形势的需要。当异地间的贸易结算总量扩大到足以支撑汇兑单独为业时，票号就产生了。票号一经创立就获得了迅速发展，汇票的使用改变了贸易往来中钱款的结算方式。江苏巡抚陶澍在道光八年（1828 年）四月初八日奏章中说："苏城为百货聚集之区，银钱交易全借商贾流通。向来山东、山西、河南、陕甘等处，每年来苏置货，约可到银数百万两，与市廛钱价相平，商民称便。近年，各省商货未能流通，来者日少，银

---

① 蒋学楷：《山西省之金融业》，《银行周报》1936 年第 21 期。

价增长，然每银一两亦不过值钱一千一百六十七文至（一千）二百余文不等。自上年秋冬至今，各省商贾俱系汇票往来，并无现银运到。因此银价顿长，钱价愈贱。"①可见，道光八年（1828 年），苏州正经历汇兑业务发展带来的变化，各地商人汇兑货款影响了苏州白银的流入，造成银贵钱贱的波动。

1853 年，全国性的票号已发展到 19 家，分号可以覆盖全国近 30 座城市。仅就日升昌一家来看，1850 年前就有 18 个分号。②道光初十数年间票号曾一度兴盛，但因咸丰年间时局混乱，票号的发展曾经停顿将近 20 年。直到光绪初年大局已定，各省工商业发展，票号才获得了发展机遇。当时，票号所收汇水拆兑利益极丰，另外，票号又招揽了大量官绅私人存款，以及各省的丁赋租税多由票号向北京办理汇兑，票号获得了难得的发展机遇。因此，到 19 世纪中期以后票号的业务逐渐发展到极盛。例如，1867 年左宗棠向上海外国商人借到的 120 万两巨款，就是交由上海的票号汇到山西运城，然后再转汇至甘肃充足军饷的。官款频繁汇兑且数额巨大，在兑取之前票号手中就会集中一大笔资金，而且部分官款在兑取之后，转手仍存于票号。正是因为资金来源广泛，故而票号获得较大发展。晚清至民国时期，全国票号数量及业务总量的变化情况详见表 1-1。

表 1-1  晚清至民国时期全国票号数量及业务总量的变化情况

| 时间 | 总、分号总数/家 | 汇票发行量/万两 | 存款总量/万两 | 放款总量/万两 |
|---|---|---|---|---|
| 19 世纪 50 年代 | 150 | 4 662 | 640 | 775 |
| 19 世纪七八十年代 | 446 | 11 881 | 11 396 | 4 859 |
| 1900—1911 年 | 500 | 58 866 | 17 350 | 12 842 |
| 1913 年 | 320 | — | 3 617 | 4 542 |
| 1917 年前后 | 120 | — | 2757 | 442 |
| 1933 年 | 29 | — | 419 | 204 |

资料来源：刘建生：《山西票号业务总量之估计》，《山西大学学报（哲学社会科学版）》2007 年第 3 期

票号与钱庄关系密切，票号经营者多为晋商，其对各埠的商业情况不甚了解。各埠钱庄则与商业往来密切，信用卓著，票号将富余资金拆放给钱庄使用较为稳妥。钱庄得到票号的资金支持，业务开展较为便利，这也

① （清）陶澍：《陶澍全集·奏疏 2》，长沙，岳麓书社，2010 年，第 81 页。
② 刘建生：《山西票号业务总量之估计》，《山西大学学报（哲学社会科学版）》2007 年第 3 期。

进一步促进了内外贸易的兴盛。对于当时的资金流通，票号属于"批发商"，而各埠钱庄则属于"零售商"。票号经营重点仍旧在汇兑业务上，大量内外贸易所用款项通过票号的汇兑往来于口岸城市和内陆之间，贸易发展迅速，资金周转的速率也不断提高。总的来说，无论从规模还是从资金周转的灵活程度来看，中国封建社会两千年来的发展都未曾出现过如此景象。

商品经济发展水平决定了金融的规模与形式。票号是商品经济发展的产物，同时也被商品经济的进一步发展所淘汰。近代银行的发展确实影响了票号的业务经营，但从根本上讲，票号衰落的主要原因还是钱业内部出现了金融制度的新旧交替，即钱庄对票号的替代，背后反映了中国钱业功能与制度的创新。晚清至民国时期，中国经济整体发展水平又上升到了一个新的阶段，金融需求进一步提高导致金融供给必须与之协调发展。票号汇兑业务的门槛逐渐降低，各地钱业都获得了一定发展，银行、邮局的分支网络逐渐拓展，金融市场的灵便也使商民调拨资金有了更多的选择。与票号相比较，近代钱庄制度更加完善，与市场的关系更为密切，具有更完善的金融功能。钱庄不但能发出信用票据，还服务于商贸结算、同业清算，以及运营汇兑市场、货币市场、证券市场，这些内容无疑都彰显了钱庄作为新式金融组织的进步性。钱庄体系所展现出来的金融效率远超票号。虽然汇兑业务的重要性降低，但票号并没有马上退出市场。协同庆于1913年，蔚盛长于1916年，百川通于1918年，蔚长厚于1920年，蔚泰厚、新泰厚、天成亨、宝丰隆等于1921年相继倒闭或歇业。蔚丰厚票号在1916年添招新股改组为蔚丰商业银行，遗憾的是仍于1920年停业倒闭。1923年日升昌清理结束，保留牌号继续营业，但营业规模却今非昔比，仅保留北京、天津等地分号，其余分支店一律裁撤。1932年日升昌改营钱庄，票号正式走向历史的终点。20世纪二三十年代，中国的金融格局是钱庄与华资银行共同主导的历史时期。钱庄与银行的关系，类似于此前与票号的关系，钱庄在资金上依赖银行，银行利用钱庄网络运用过剩资金。金融制度的创新一定程度上也改变了中国的金融结构。

**三、钱庄业务的综合性**

"钱庄"的名称从明代一直延续到新中国成立之后，但其性质、业务、形态、功能均发生了深刻的阶段性变化。明代大画家仇英所绘《南都繁会图》中所载南京街市店铺招幌有109种，其中就包括"钱庄""当""银铺"。①明代钱庄的职能主要是货币经营性业务，而晚清至民国时期，各地的钱业基本上均发展为具备货币兑换、存放款、汇兑、信用发行、结算清算、金融投机等功能的金融体系，二者的差异是明清数百年间逐步发展形成的。

从金融功能的角度来看，钱庄替代票号是中国钱业内部具有革命性的变化。晚清至民国时期，中国金融结构加速变动，形成了中国近代金融转型的关键转折点。清末，清政府为了缓解财政危机创设国家银行，并在各省设立官银钱号，加强对财政金融的管理，这严重影响了票号的经营。从19世纪50年代开始，票号代清政府汇解京饷和协饷，并收存中央及各省官款，发挥代理国库、省库的作用，同时吸收官僚的存款，与清政府的关系极为紧密。清政府设立银行体系之后，票号曾经所依赖的这些优势不复存在。

汇兑曾经是票号起家的核心业务，但在晚清至民国时期汇兑的门槛进一步降低。当时的银行、钱庄、邮政、民信局乃至普通商号等都可以办理汇兑，尤其是电报技术被引入中国以后，利用电报这种新型通信技术办理汇兑业务的需求渐增，传统的汇兑方式被迅速改变。光绪初年，票号也开始接触电汇，但整体上对于电汇的使用表现出迟疑的态度。光绪末年，伴随票号影响力的下降，票号的电汇业务也由盛转衰。钱庄与银行代之而起，成为电汇业务最主要的经营主体。②

晚清至民国时期，时局动荡也对票号发展造成影响。庚子事变，北方各地票号遭受重大冲击。"迨庚子时事变，迁京津东省一带（指蔚泰厚、蔚丰厚、天成亨、新泰厚、蔚盛长票号），失款之状，更令人毛发森竖。"③辛亥革命突然爆发，各埠市面动摇，商家人人自危，各地银根奇紧，致使票号在毫无准备的情况下所放出的款项大部分难以收回，而存款纷纷挤兑，票号难以支撑，不得不逐渐走向倒闭。

票号的衰落固然是受到多种因素的影响，但根本上还是因为近代中国本土钱业内部出现了金融功能与金融制度的创新。功能金融理论认为金融功能的扩展与提升即金融演进，金融功能的演进即金融发展。④票号衰落

---

① 范金民：《科第冠海内，人文甲天下：明清江南文化研究》，南京，江苏人民出版社，2018年，第261页。

② 夏维奇、夏青：《电汇的演进与近代中国金融生态的变迁》，《学术研究》2016年第3期。

③ 《蔚泰厚资本家侯从杰控诉号伙张石麟的呈文》（1905年），转引自黄鉴晖等编：《山西票号史料》，太原，山西经济出版社，2002年，第227—228页。

④ 白钦先：《金融结构、金融功能演进与金融发展理论的研究历程》，《经济评论》2005年第3期。

的根本原因是中国钱业内部金融功能与金融结构发生了革命性的代际更迭，即钱庄的汇划体系代替了票号的汇兑体系。商品交易需求决定了金融的结构与制度，创新与竞争的本质体现为融资效率。

晚清至民国时期，中国整体经济发展水平又进入了一个新的发展阶段。进出口贸易的进一步发展使社会商品交易总体规模上升，大量的本地结算和异地清算活动需要复杂而合理的制度支持。票号的汇兑业务难以应对日益复杂的金融需求，在埠际结算效率上捉襟见肘，社会经济往来结算的方式需要进一步升级。在这样的情况下，各埠钱庄、银号获得了发展机会，成为中国钱业在新阶段的突出代表。钱庄遍布城市主要商业区域及大小市镇，钱庄虽然较少设立分号，但钱业同业之间通过信用票据在彼此之间建立了复杂的往来关系。钱庄的业务较为复杂，不但传承了明末清初的银钱兑换，也开展存放款业务，为商品交易提供了稳定的资金支持。部分钱庄、银号广设分支店、联号，或者通过同业代理各项业务，金融市场的活跃使各类金融工具非常便利地流通，汇兑业务门槛的进一步降低使埠际资金往来变得容易。可以看出，钱庄、银号的金融功能更为全面。钱庄、银号向上联系票号、银行，代其运用过剩的资金，向下联系各行商业及腹地乡村经济，使社会上的金融往来更加高效。具有创新意义的是，各埠的钱庄、银号相继开始通过信用票据来支持客户的交易活动，各类票据在市场上代替货币在交易结算中发挥更加重要的作用。与之配套，各埠的钱庄相继形成了极具特色的票据清算制度，如上海钱庄的庄票、天津银号的拨码、宁波的过账制度等。通过信用方式支持贸易结算是近代钱业发展的一项重要创新，与票号、账局相比具有明显的进步性。在近代中国社会资金较为贫乏的状态下，钱庄信用的发展对推动商业发展意义重大。钱庄、银号作为中国本土钱业的最新形态，其价值与业务侧重逐渐由资金供需中介，转变为商品贸易的资金清算中枢。可以说，钱庄的发展对近代金融中心的塑造起了重要作用。上海钱庄的发展使上海的进出口贸易沿长江逐步影响内地；近代天津是仅次于上海的区域金融中心，东三省的粮食、西北的皮货及中原地区的棉花在很大程度上要依靠天津的银号提供资金支持。天津的银号还主持了各类金融市场，钱商通过市场进行黄金、白银、洋厘、货币，以及有价证券的买卖来平衡埠际之间的资金调配。

## 四、钱庄与典当、银行的业务差异

与典当业不同，钱庄和商业活动联系更为紧密。包括当铺、质铺、小押等不同规模的典当铺是中国更为古老的一种金融机构，钱庄的出现要远远晚于典当。虽然典当也可以为商业活动融资，但钱庄和典当在性质上却是完全不同的两个范畴。二者的主要区别是典当经营抵押放款；放款对象主要是城乡居民；放款用途主要是倾向生活消费，与社会生产相联系的典当活动相对较少；典当在整体上是适应封建经济生产生活的金融形式。在封建社会经济中，典当融资的周转时间长、利率高，学界多将典当视作高利贷范畴。钱庄则完全不同，钱庄的存、放业务皆建立在信用的基础上。学界对二者的区别已有研究，刘秋根对抵押、信用借贷两种方式进行比较时指出，"从生息资本的发展历史来看，某一时期生息资本对前一时期的进步并不在于其抵押、信用的形式区别，而在于它所代表、反映的生产方式的变革"①。典当与封建社会生产方式相联系，在小农经济基础上，商业不甚发达，社会流通中的货币数量有限，资金融通必然以抵押借贷的形式出现，因此，典当铺是中国封建经济条件下最重要的金融机构之一。近代开埠以后，中国社会经济整体上发生了显著变化，但下层民众的社会生活仍未完全脱离封建经济的运作方式，典当在城乡社会生活中仍长期发挥作用。而钱庄作为专业的商业金融机构，它的发生与发展是建立在社会生产力进步的基础上的，同时钱庄的发展完善也代表了社会经济发展水平的提高。钱庄的发展丰富了中国金融业的整体结构，信用借贷作为商业领域一种主要的借贷形式体现了社会金融的进步。钱铺、钱店经营货币的存、贷、保管等功能，票号经营的异地汇兑，钱庄的信用发行活动与资金清算体系使钱业具备较为完善的商业金融功能，与典当相比具有明显的进步性。因此，将典当、钱庄、票号等笼统地视为"传统金融机构"，反映了学界对钱庄性质的认识尚有待进一步深入。

钱庄与银行也存在显著差异。钱庄的资本来源与业务范围主要限定在商业范畴。银行制度则是中国近代从西方引入，二者的组织体系与运行方式全然不同。虽然银行也广泛经营商业金融业务，但银行属于金融资本，是从产业资本中分离出来的，其放款利息来自产业资本家的利润让渡，银行的发展应该以产业的发达为前提。虽然近代中国产业经济发展程度有限，但自清政府筹设中国通商银行、户部银行开始，国家就赋予银行推动产业发展，解决财政危机的历史使命。中国近代产业发展欠完善及银行资本与国家财政之间的特殊关系，使近代中国银行在业务上多经营政府公债、垫款等，为钱业的生存留下了空间。银行与钱庄长期并存的格局是中国近代客观经济条件造成的。第一次世界大战以后，中国的经济飞速发展，钱庄、

---

① 刘秋根：《中国传统金融借贷研究》，北京，中国社会科学出版社，2017年，第8页。

银号和华资银行都取得了较大进步。20 世纪 30 年代，南京国民政府开始加大对国民经济的干预，逐渐加强对社会经济的控制，但在一定时期内，钱庄银号仍能适应社会经济发展的需要。"银号的势力虽然有逐渐减退的倾向，但是在中国的经济状态还没有完全脱去前期资本主义的状态，各种产业部门尚未发达，没有大规模的商品流通，对于产业资本没有大量的要求以前，银号是仍然能够与我国银行、外国银行为伍，维持其商业资本中枢的金融机关地位的。"①其中的根本原因是钱业发展中包含金融功能与制度的不断创新，钱庄代替票号成为钱业发展的新方向，适应了近代中国商业贸易对金融效率与安全的需求。

---

① 李洛之、聂汤谷编著：《天津的经济地位》，天津，南开大学出版社，1994 年，第 124 页。

# 第二章　近代天津的商业与银号

　　近代天津银号的发展建立在商业繁荣的基础之上，特别是批发商业的发展对金融制度创新提出了更高的要求。明清时期，北方地区的社会经济发展取得新的进步，华北与江南、闽粤等地区的商品流通进一步扩大。近代开埠以后，天津的进出口贸易发展很快。1861年，天津进出口贸易总值为520余万两，1865年达到1290万两，1866年达到1835余万两。1885年，进出口值2620余万两，1895年则达到了5017余万两，10年间增长了近1倍。1899年更是高达7760余万两，比1885年增长了近2倍。[①]1894年，经天津口岸进口的洋货进口总额居全国第二位，天津成为仅次于上海的第二大洋货进口港。由于商贸规模不断扩大，商人在交易过程中产生了更大的融资与结算需求，这是推动近代天津银号发展的根本因素。清末民初，天津经济发展中繁荣与危机并存，天津银号通过增加资本、改善组织方式、加强行业约束等措施推动了行业的新发展。

## 第一节　近代天津商业概况

　　天津交通便利，区位优势明显，为中国北方的经济重镇。明清以来，漕运、海运、盐务成为推动天津商业发展的重要动力，优越的地理位置使天津成为中国北方最重要的商贸枢纽。批发商业的形成加强了天津与经济腹地之间的联系，天津逐渐成为仅次于上海的进出口贸易中心，数量庞大的商贸流通是近代天津银号发展的基础。

### 一、天津的区位与交通

　　天津地处东经117度，北纬39度，距离北京约130千米，距离上海约1700千米。天津地处华北平原，北依燕山，东临渤海，是经由海上抵达北京的必经之路，自古以来就是京师门户，畿辅重镇。明朝天津分属武清、

---

① 龚关：《近代天津金融业研究（1861—1936）》，天津，天津人民出版社，2007年，第27—28页。

沧州、静海三县管辖，永乐二年（1404 年）在直沽设天津卫。明代迁都北京之后，伴随从南方迁徙富户入京，天津逐渐发展成为具有经济功能的城市。顺治九年（1652 年）在天津卫设立民政、盐运、军事等建制，雍正三年（1725 年）升天津卫为天津州，雍正九年（1731 年）升天津州为天津府，下领一州六县。1860 年，天津港对外开埠成为通商口岸，三口通商大臣被裁撤之后，北洋通商大臣由直隶总督兼任，天津又成为直隶总督驻地。

　　明清两代，天津凭借其优越的交通条件与区位优势，逐渐发展成为华北地区最大的商业中心和港口城市。据光绪《畿辅通志》载：天津"地当九河津要，路通七省舟车，九州万国贡赋之艘，仕宦出入、商旅往来之帆樯，莫不栖泊于其境。江淮贡赋由此达，燕赵鱼盐由此给。当河海之要冲，为畿辅之门户，俨然一大都会也"①。天津附近有便利的水陆交通，这是支撑天津成为商业活动枢纽的重要自然条件。海河从天津穿城而过，由三岔河口流向东南 50 千米后由大沽口注入渤海。海河水系发达，上游包括五大支流，即潮白河、南运河、子牙河、永定河、大清河。海河流域东临渤海，南界黄河，西起太行山，北倚内蒙古高原南缘，地跨北京、天津、河北、山西、山东、河南、辽宁、内蒙古等地区。海河及其支流在华北形成了密集的运输网，每年数以万计的贸易额与海河运输发生联系。

　　天津市的陆路交通也很发达。据载，在 1909 年天津市通向各地的道路有 11 条，即马厂道、山东道、保定道、北京道（共 2 条）、山海关道、塘沽道（共 2 条）、大沽道、赛马场道、唐店子道，以天津外城廓的十门作为起点。在陆路交通上主要通行"载重汽车及马车，均用于轮轨不通之地，在运输上亦占有一部分之势力"。铁路方面，近代开埠以后天津成为洋务的"风口"，1881 年，清政府修建了中国第一条自建铁路——唐胥铁路。1886 年唐胥铁路从胥各庄延展至芦台附近的阎庄，称唐芦铁路。1887 年又从芦台延展至天津，全长 130 余千米，称津沽铁路，这是中国近代历史上第一条自建铁路。作为北京乃至华北的门户，近代天津一直被作为铁路枢纽重镇。以京津为中心的铁路网发展很快，从 1903 年到 1912 年，北宁铁路、京汉铁路、正太铁路、道清铁路、津浦铁路相继通车。天津是北宁、津浦两条铁路的交会点，这些铁路的完成，使华北铁路网初具规模。到 20 世纪 30 年代，天津已经形成四通八达的铁路网，据记载："（津浦线）自天津至浦口，越长江达东南各省，中经济南，与胶济相接，经徐州与陇海

---

① 　（清）李鸿章修，（清）黄彭年等纂：光绪《畿辅通志》卷六八《舆地二十三》，光绪十二年刻本。

相接；（北宁线）自北平经天津而达辽宁，与东三省各线相接；（平汉线）自天津至北宁线之丰台站，即与平汉线衔接，南下直达抵汉口，中经石家庄与正太线相接，以通山西，入河南境与道清、陇海等线相接，以通豫陕等省；（平绥线）亦由北宁线联络，自北平出张家口，达归绥、包头北与内外蒙古相接，西溯黄河而上，以通宁夏，复由陆路以通甘肃、新疆。"①铁路运输比起水路的船只或传统的大车、骆驼等陆运交通工具具有安全、迅速、载运量大、运价低、受气候影响小等特点，很快被广泛使用，便利的铁路交通也为天津成为北方最大的商贸中心奠定了基础。天津作为交通枢纽连接华北、西北、东北，在经济上具有独特的地理区位优势和重要的战略地位。

## 二、天津商业的早期发展

近代开埠以前，天津就已经发展成为一座繁荣的商业城市。开埠以后，天津城市性质发生了变化，由内贸城市变成北方地区进出口贸易的枢纽。天津商业的早期发展离不开漕运、海运、盐务。汉唐以后，特别是大运河的开凿，奠定了天津作为南北运输枢纽的地位。唐代为巩固幽燕边防，为数众多的军需粮饷由南方征集转运到天津，进而供给渔阳（北京）及附近地区。天津遂成为唐代向幽燕地区转运粮饷的必经之路，具有船舶、装卸、仓储、中转的功能。金、元、明、清时期北京相继被确立为首都，城市功能逐渐由军事重镇和贸易中心转变为政治中心，伴随而来的是庞大的人口基数和消费需求，直沽一带更是长期作为漕粮转运的内河港。明代迁都北京之后，为了满足北京城市消费和北部边防的需求，南粮北运更加频繁，促使直沽的漕粮运输又有了新的发展。清初仅用于向北京转运漕粮的红驳船就有 600 只，随后改为"官备驳船一千二百只，交附近沿河之天津、静海、青县、沧州、南皮……通州、武清等十八州县"。嘉庆六年（1801 年）驳船数量进一步增加到 1500 只。嘉庆十六年（1811 年）又添造 1000 只，主要用于天津向北京和通州转运漕粮。清代的内河漕运中，天津始终是转运中心，以服务漕运为生的民众数量常保持在万人以上。漕运对天津的社会经济发展起到了很大的促进作用。清政府规定，漕船载米不许超过 500 石，但可以"就粮艘之便，顺带货物至京贸易，以获利益"，其中就包括带土特产 60 石。漕船往来促进了南方手工业品与北方梨、枣、棉花等土货的交易。除冬季海河封冻以外，每年春、夏、秋三季天津南运河靠近三岔

---

① 天津中国银行：《天津商业调查概略》，《东三省官银号经济月刊》1930 年第 2 卷第 9 期。

河口的沿岸南北商品贸易不绝，时人赞誉："繁华热闹胜两江，沿路码头买卖广。"①由于大量的商货往来，在天津城内逐渐形成了集市贸易和商业区，天后宫和北门外沿河地带既是南北货物的装运集散地，又是天津商业的繁华区，针市街和洋货街呈现一片繁盛景象。

　　长芦盐务是推动天津商业发展的又一动力。长芦盐区是近代中国最重要的产盐区之一，所产之盐主要销往北京、天津、河北、河南等地。长芦盐务的管理与经营几乎都集中在天津，这也推动了天津商业的发展。长芦盐区的规模较大，元代有盐场 22 个，明初达 24 个，明末合并之后剩余 20 个盐场。清代几经裁撤，到乾隆年间长芦只保留了 10 个盐场②，仅在天津县境（兴国、富国、丰财三场）就有灶户 443 户，灶丁 2475 人，灶地 1266 顷 13 亩，天津成为长芦盐商的大本营。长芦盐的销售主要覆盖直隶、河南两省 180 余府厅州县引岸。③据嘉庆五年（1800 年）统计，长芦盐销量为966 064 引。清中期以后，长期经营长芦盐务的盐商积累了巨额财富，这些财富一部分转入商业经营，如开设典当铺、钱铺及购买土地。盐商振德号黄兴桥、黄铁珊先后开设当铺、钱号和绸缎庄等，如永利钱庄，其早期还涉及高利贷经营。此外，比较著名的还有盐商"益德王"开设的益德钱庄。天津八大家之一的盐商"李善人"先后开设了瑞恒、瑞甡等 5 家银号。1914年几家有名的盐商又合股开设了规模更大的殖业银行。盐商开设典当铺的情况亦复不少，光绪年间长源杨家在天津开当铺德裕当、德兴当、德庆当等 20 余处，在外县开当铺 10 余处。当时天津共有当铺 40 余处，长源杨家占一半，成为典当业的巨头。盐商还用经营所得大量投资土地，道光年间益照临号张锦文在天津购置房产，并在胜芳等地大量购置水田。此外，盐商由于资本雄厚，在本业之外，还兼营粮行、木行、布庄、洋货店、金店、珠宝店、药店、茶庄、烧锅等各种商业。部分盐商还投资近代工商业，如盐商"李善人"曾向斋堂煤矿、启新洋灰公司、开滦煤矿、耀华玻璃公司等近代工矿投资。④

　　天津早期的商业发展和海运也密不可分。天津的海运活动可追溯到元

① 转引自孙德常、周祖常主编：《天津近代经济史》，天津，天津社会科学院出版社，1990 年，第 9—11 页。

② 即兴国场、富国场、丰财场、利民场、阜民场、利国场、海丰场、富民场、阜财场、严镇场。

③ 孙德常、周祖常主编：《天津近代经济史》，天津，天津社会科学院出版社，1990 年，第 12 页。

④ 徐景星：《长芦盐务与天津盐商》，见刘志强、张利民主编：《天津史研究论文选辑》（上编），天津，天津古籍出版社，2009 年，第 390—391 页。

朝，受军事活动与黄河淤塞影响，元代至元年间开始从江苏沿海运送粮食到京津地区。明初，海运活动更多集中在渤海之内的海运。清初，海运的发展始于从奉天贩运粮食。到康熙年间，清政府允准发给龙票进行贩运。乾隆四年（1739 年）直隶米价昂贵，命商贾赴奉天贩运粮食，以解畿辅之需。从天津往返奉天的海运得到了清政府的支持，"嗣后奉天海洋运米赴天津等处之商船，听其流通"。此后，贩运粮食者越来越多，从开始的几十只船，发展到乾隆时期的 300 余只，嘉道年间的 600 余只，每船往返各四五次或五六次不等。不但船户借以养生，"沿海贫民，以搬海粮石生活者，不下数万人"。清中期以后，天津附近地区及河间、保定、正定等均仰赖奉天粮食供给，辽东地区成为畿辅地区的重要粮食来源。清中期以后，南北洋贸易也有了一定程度的发展，"由福建厦门开驾，顺风十余日，即至天津"。嘉庆《澄海县志》载："邑之富商巨贾当糖盛熟时，持重资往各乡买糖，或先放帐糖寮，至期收之。""候三四月好南风，租舶漕船装所货糖包，由海道上苏州、天津。至秋，东北风起，贩棉花色布回邑……一往一来，获息几倍，以此起家者甚多。"①贸易使南北方的商品流通进一步加强，天津逐渐成为北方重要的商品集散地。在天津的市场上可以见到福建的纸张、浙江的丝绸和布匹、江西景德镇的瓷器等，洋广杂货均由天津转口销往华北腹地。同样，华北的物产，如清梭布、栀黄布、紫花布、白市布等也经天津运销东北各地。其繁华程度正如《天津卫志》所载的："天津去神京二百余里，当南北往来之冲，南运数万之漕悉道经于此，舟楫之所式临，商贾之所萃集，五方之民所杂处……实在一大都会所莫能过也。"②海运的发展进一步加强了南北沿海商埠的联系，商人懋迁有无，从而构建了国内商品经济所需要的广阔市场。

　　漕运、盐务、海运推动了天津早期的商业发展，使天津城市的经济功能逐渐完善。近代天津北门外大街一带逐渐成为天津早期的商业中心，包括南北向的北门内大街、北门外大街、河北大街，东西向的估衣街、锅店街、侯家后大街、洋货街、竹竿巷、针市街。据不完全统计，当时居住在天津县附近的商户约占总户数的 20%③，加上城郭内外及东北城角、西北城角的商户，形成了庞大的商业群体。近代开埠以后，天津经营各类商品

---

① 转引自孙德常、周祖常主编：《天津近代经济史》，天津，天津社会科学院出版社，1990 年，第 16—18 页。

② 来新夏主编：《天津近代史》，天津，南开大学出版社，1987 年，第 8 页。

③ 孙德常、周祖常主编：《天津近代经济史》，天津，天津社会科学院出版社，1990 年，第 19 页。

的店铺集群发展，逐渐形成了具有一定规模的专业批发市场，比如北门大街附近集中了天宝、物华楼、凤祥、恒利等金店；而钱庄、银号主要集中在针市街、估衣街、锅店街等处；天津的棉纱批发业则集中在北门外竹竿巷一带，初步形成了棉布、洋纱的专业批发市场。河北大街主要经营日常生活用品，特别是瓷器店铺鳞次栉比。近代天津经营瓷器的瓷庄、瓷器店大部分属于零售业务，各店号分布在城市各区，并兼营日用土产及杂货。经营瓷器批发业务的瓷庄则有 20 余家，集中开设在河北大街东西两侧。商业的发达及专业批发商业区域的出现，使天津吸引了华北、东北、西北各地客商来津批趸输运内地销售。近代以后，天津作为北方贸易金融中心的地位进一步加强。

### 三、近代天津的批发商业

开埠之前，天津的传统埠际贸易已经获得了较大发展。据 1846 年刊印的《津门保甲图说》，当时城厢一带的市区，共有居民户 32 761 户，总人口达到 198 716 人。其中盐商 372 户、铺户 11 626 户、负贩 5609 户、船户 673 户，占总户数的 56%，天津的商业发展已经初具规模。[①] 此时，天津的商业发展是建立在国内埠际贸易的基础上的，仍属封建经济范畴。第二次鸦片战争之后，天津被辟为通商口岸，其商业发展开始逐步建立在华北物资集散的基础上，天津成为沟通华北物产与国际市场的重要桥梁。从 1860 年到 1895 年，天津进出口贸易额翻了两番，人口增长一倍。这一定程度上得益于华北地区商品化水平的提高，城市经济腹地的拓宽，以及腹地商品经济水平的进一步提高。[②] 时人评价："天津为华北通商口岸，以言交通，则濒临海口，并扼铁路河运之中心，沟通华北各省，外则远与世界各国和接；以言贸易，则商贾辐辏，货物云集，诚华北最大之市场也。"[③] 土产外销和洋货进口规模的扩大使天津成为中外商人麇集之地。《津门杂记》记载：在天津城厢周边及沿海河一带，英国、法国、美国、日本、俄罗斯、意大利等国家先后设立租界并开办洋行。到光绪初年，天津知名的洋行有英商的怡和、太古；俄商的阜通、丰顺；德商的世昌、信远；

① 孙德常、周祖常主编：《天津近代经济史》，天津，天津社会科学院出版社，1990 年，第 80 页。
② 陈克：《近代天津商业腹地的变迁》，见刘志强、张利民主编：《天津史研究论文选辑》（下编），天津，天津古籍出版社，2009 年，第 860 页。
③ 天津中国银行：《天津商业调查概略》，《东三省官银号经济月刊》1930 年第 2 卷第 9 期。

法商的启昌；美商的丰昌等共约 30 家。①当时海河两岸码头货栈林立，外国商船沿海河驶入天津，形成了以三岔河口为中心的内河贸易港。中国本土各帮货商亦多来天津从事批发业务。当时，影响力较大的有粤潮帮、宁波帮、江西帮、安徽帮、山西帮、山东帮、河南帮等。各货帮将原籍土产运送天津出口，同时将天津的进口洋货转运回内地销售。到 1894 年，通过天津口岸进口的洋货总额在全国港口中位列第二，天津成为仅次于上海的第二大洋货进口港。

从 19 世纪 80 年代到清末，天津的进口洋货中最主要的商品是棉织品，棉布、棉线、棉纱三项合计，平均占洋货进口的 1/3。此外，铁路器材、煤油的进口也保持了明显的增长。出口商品中，发展最快的是畜产品，如绵羊毛、驼毛、猪鬃、棉花、各种皮货等；清末 20 余年间，天津进出口贸易稳步增长，其中尤以出口增长较为迅速，这也反映了北方区域经济的某些发展。1903 年，畜产品的直接出口值占天津直接出口总值的 40%，而 1898 年这一数据只有 20%。从进出口结构来看，进口商品中消费资料占有绝大比重，如 20 世纪 30 年代天津进口商品中米、小麦、面粉、糖、煤油、纸张、染料、颜料、纸烟等即占进口货物总量的 60% 以上。不过，生产资料的进口数量也在不断地增加，1903 年进口的生产资料仅有木材、棉纱、机器、铁路材料四种，进口值为 590 余万两，到了 1919 年，除上述几种外，进口的生产资料还有动物原料、小麦、烟草、煤、其他矿物、化工器材、医药器材、人造丝、棉花、钢铁类金属、交通工具等，进口值则达到 2980 余万两，1931 年更达到 3740 余万两。②出口商品主要是农畜产品，诸如棉花、羊毛、猪鬃、皮革、蛋产品、花生等，农畜产品占全部出口商品的七成以上，这些商品主要来源于华北、西北、内蒙古和东北的广大农村。例如，1938 年天津的棉花收集率占华北的 94%。③而畜毛类商品，天津较其他出口城市则更具优势。1937 年以前，全国羊毛类收集总量约 100 万担，其中约 40%，即 40 万担是由天津收集的。④到 20 世纪 30 年代，天津的对外贸易进一步发展，进出口商品的结构趋于合理化，增强了北方商品经济与世界市场的联系，在一定程度上推动了北方经济的发展。20 世纪 30 年

①　天津社会科学院历史研究所《天津简史》编写组编著：《天津简史》，天津，天津人民出版社，1987 年，第 122 页。

②　龚关：《近代天津金融业研究（1861—1936）》，天津，天津人民出版社，2007 年，第 29—30 页。

③　李洛之、聂汤谷编著：《天津的经济地位》，天津，南开大学出版社，1994 年，第 33 页。

④　李洛之、聂汤谷编著：《天津的经济地位》，天津，南开大学出版社，1994 年，第 36 页。

代天津出口货物种类及产销地情况详见表 2-1。

表 2-1　20 世纪 30 年代天津出口货物种类及产销地情况

| 种类 | 产地 | 销地 |
| --- | --- | --- |
| 牛皮、马皮、驴皮、骡皮、羊皮、狐皮、鼠皮、獾皮、鼬皮、狼皮等 | 山西、甘肃、内蒙古等 | 销往欧美 |
| 羊毛、猪毛、猪鬃、马鬃、驼毛等 | 河北、陕西、甘肃、内蒙古等 | 销往欧美 |
| 棉花 | 河北、河南、山西、陕西等 | 销往日本 |
| 草帽辫 | 河北、河南、山东等 | 销往欧美 |
| 蛋黄、蛋白、麻、胡桃、杏仁、桃仁、红枣、花生 | 河北、河南、山东等 | 销往欧美 |
| 麸皮、玉米皮 | 河北、河南 | 销往日本 |
| 酒 | 河北、山西 | 销往南洋 |
| 吉豆 | 河北、河南、山东等 | 销往欧美 |
| 药材,如甘草、大黄、羚羊角 | 陕西、甘肃等 | 销往欧美 |
| 羊肠 | 陕西、甘肃、内蒙古 | 销往欧美 |

资料来源:天津中国银行:《天津商业调查概略》,《东三省官银号经济月刊》1930 年第 2 卷第 9 期

天津的进口商品主要是棉织品、粮食、煤油、糖、纸类、染料、织布机械、钢铁等,其中大多是轻工消费品。20 世纪 30 年代天津进口货物种类及来源情况见表 2-2。

表 2-2　20 世纪 30 年代天津进口货物种类及来源情况

| 种类 | 来源 |
| --- | --- |
| 洋布、棉纱 | 来自日本为最多,英美次之 |
| 呢绒、哔叽、麻纱 | 由英德两国输入者为大宗 |
| 人造丝 | 来自德国者为最多,意国次之 |
| 五金、颜料、电料 | 来自德国为最多,英美日荷等国次之 |
| 糖、海味、杂货(杂货即玻璃、瓷器、纸张、玩物等类) | 来自日本为最多,荷属爪哇来糖亦不少 |
| 洋米 | 来自西贡、兰贡、暹罗等处 |
| 面粉 | 除自本埠粉厂出品外,输入者为美日等国 |

资料来源:天津中国银行:《天津商业调查概略》,《东三省官银号经济月刊》1930 年第 2 卷第 9 期

由于华北、西北、东北的大量土产集中到天津出口或进行转口贸易,

因此在天津形成了大大小小种类繁多的各行批发商业。据载："本埠商人贸易，各有专业，在天津总商会注册者，其类别即有七十余种之多。"①其中占主要地位且具有一定规模的批发商业就有 20 余个，其经营主要以进出口或向各经济腹地次级市场批发为主。此外，进口洋货的急剧增长促使以推销洋货为业的批发行大为兴盛。近代天津进口货物中以棉织品最多，天津进口洋布净值 1893 年为 8474 千关两，1903 年为 12 784 千关两，1913 年为 18 341 千关两。②在此基础上，19 世纪末 20 世纪初，天津逐渐形成了洋布业。在营业形态上，经营批发业务的为洋布庄，经营零售业务的为洋布店，在规模上洋布庄较洋布店为大。当时在天津的洋布庄有 30 余家，其中就包括山东帮"祥"字联号，如瑞林祥、瑞蚨祥等 5 家，还有天津本地人经营的隆顺、元隆、敦庆隆等 26 家。③规模较大的瑞林祥、瑞蚨祥等号与英商怡和、泰和、普丰、安利等洋行建立了较为稳固的业务往来，并包销怡和、普丰的某几种牌号的洋布和洋纱。天津洋布庄的行业规模较大，据估计，1908 年天津洋布庄向洋行订货总值为 1400 万两。除洋布外，天津洋纱批发业的发展也很快，1898 年前后天津的洋纱进口达到了 30 万担的水平。洋纱的大量进口进一步推动了天津周边以棉纱为原料的织带子、织"爱国布"等手工工业的发展。特别是高阳地区的织布业发展起来以后，原料棉纱主要依靠天津棉纱来供应，这一系列变化催生了天津棉纱批发行业的发展。早期天津市场上的进口棉纱主要在上海转口，由经营杂货的姜厂子从上海用船捎带贩运来津，在天津北大关附近批发给小商贩零售。随着棉纱销路的扩大和利润的增加，从 19 世纪末开始形成专业批发棉纱的店铺。这些棉纱庄一部分是绸布呢绒商店增设专营批发的后柜，如敦庆隆后柜、元隆后柜；有的则是从他业转行经营棉纱批发，如镜子铺的隆聚、鼻烟铺的隆顺都先后转入棉纱行业；还有的原先是经营棉纱的摊贩，后来扩大规模经营棉纱庄，如瑞兴益等。民国初年，天津的棉纱批发庄有 10 余家，开设地点集中在北门外竹竿巷一带，初步形成了一个专业的新市场。④天津的棉纱庄大部分在上海设有外庄，并且做期货交易，但也有的以经营日本纱为主，如万德成、瑞兴益等棉纱庄则在

---

① 天津中国银行：《天津商业调查概略》，《东三省官银号经济月刊》1930 年第 2 卷第 9 期。

② 孙德常、周祖常主编：《天津近代经济史》，天津，天津社会科学院出版社，1990 年，第 156 页。

③ 〔日〕中国驻屯军司令部编：《二十世纪初的天津概况》，侯振彤译，天津，天津市地方史志编修委员会总编辑室，1986 年，第 377 页。

④ 孙德常、周祖常主编：《天津近代经济史》，天津，天津社会科学院出版社，1990 年，第 157—158 页。

日本的大阪开设外庄。

除洋布庄、棉纱庄外，进口洋货较多的如五金、颜料等行业也都形成了专门经营批发业务的商号。随着城市人口的逐年增加，天津需要从南方运进粮食。1900 年以后出现了经营粮食批发业的大米庄，比较著名的有义生源、仁和义、公信存等。大米庄从上海采购粳米后交由英商怡和、太古轮船公司运卸天津英租界河坝的怡和、太古的码头仓库，天津粮食零售商和外地客商每天早晨派人到河坝向大米庄洽购，露天讲价，成交过秤。1912年津浦铁路通车后，大米庄有时也到沿线的蚌埠、南京等地购米运津。大米庄是粮食批发业的统称，也经营面粉和杂粮。天津作为推销洋货的重要基地和各种货物的集散中心，使批发业务成为天津商业的主导，并以此作为纽带，成为华北的商业中心。天津作为经济辐射华北、西北、东北的中心市场，商品流转的种类和数量都颇为可观，到 20 世纪 30 年代，各类商品批发行业的基本情况见表 2-3。

表 2-3　20 世纪 30 年代天津重要批发行业的基本情况

| 行业名称 | 基本情况 |
| --- | --- |
| 华商贸易公司 | 华商投资的贸易公司有 20 余家，在组织形态上与洋行相似，购买货物大都向银行做押汇或短期借款 |
| 棉纱、洋布庄（通称洋货帮） | 洋货帮为纯粹之进口商，多在中国上海及日本大阪设有寄庄，直接采办各国洋布、棉纱、呢绒等货来津；或从本埠各洋行及纱厂订购货物。此项货物行销于河北、河南、山西、陕西、察哈尔、绥远、热河等处，由各处外客来津，向各洋货帮批购，每月还款一次或还一部分，至年终即全数清账 |
| 棉花行 | 华北为著名产棉区，棉花主要产自冀、晋、陕等地，各处棉花集中于石家庄、唐山等处；由棉花行收买，转运来津，除售予本埠各纺织工厂外，多数销往日本，亦有贩运印度花及美国花来津转卖者，全年交易以冬春两季新花上市时最为繁盛 |
| 皮毛行 | 皮毛作为大宗出口货物，主要产自东三省、内蒙古及陕西、甘肃、新疆等地，种类有马、牛、羊、驴、狗等动物皮张，以及狐、狼、獾、狸、猞、貂、水獭、江獭、灰鼠等动物细毛。毛皮商人主要经营羊毛、驼毛、马鬃、猪鬃、猪毛等，每年多赴西北一带及河北各县收买运津转售，亦有将羊毛制成地毯羊毡及用驼毛制成衣帽等类物品行销国外者 |
| 木行 | 多由安东、吉林、珲春、福建等处贩运来津，再将原料制成板片，或以原料转销各处，其由日本美国所来之木料，亦颇不少 |
| 颜料行 | 专办各色颜料，行销内地，生意亦广，如靛水等来自德国为最多，美国次之 |
| 五金行 | 专办五金杂货来津，转销内地 |
| 粮行 | 粮行营业，依据区域粮食丰歉为转移。常规业务经营主要有中国、美国、日本的面粉；芜湖、西贡的米；东三省的玉米、红粮；西河、御河及河南、山东等处的小麦、吉豆、小米、玉米、芝麻；等等。每至登场，即运津转销各埠，如吉豆一种，每年销于上海、香港等处为数尤多 |

续表

| 行业名称 | 基本情况 |
|---|---|
| 斗店、米面商 | 斗店为集市性质，内地粮商，运粮来津后，即托斗店介绍买主销货，每成交杂粮一石，斗店平均可得佣金洋一角；斗店代外客所售之货，均以二十天为付款之期，在未到期以前，外客如欲提前用款，斗店亦可短期垫借，利率按每日四钱（即月息一分二厘）或五钱（即月息一分五厘）计算。米面商多做门市分销粉厂之面粉及斗店之杂粮，并自磨玉米面粉发售 |
| 糖纸行 | 糖商多由福建、潮州、广州，以及日本、爪哇等处批买运津转销内地；纸商则自汉口、上海，以及日本贩纸来津销售 |
| 山货行 | 专办胡桃、桃仁、杏仁、花生、红枣等山产，每年运津转销国内国外 |
| 海味行 | 专办海产食品运津，转销内地及各处，外客生意甚广，由日本来货尤多 |
| 姜商 | 兼贩杂货，尤以桐油为大宗，每年由汉口运来转销内地 |
| 煤商 | 由山西、山东、河南、河北等省运煤来津，售于天津、北平等处，其开滦、井陉、北票、柳江、长城等矿所产之煤均运销上海，开滦煤并销广东，以及南洋和日本 |
| 绸缎、布匹商 | 此行系批发庄兼做门市，绸缎以购自江苏、浙江两省为多，河南、山东来货较少，布匹除销洋货外，兼销高阳土布，四川、江西的葛织夏布，每年转销各地，为数亦多 |
| 洋广杂货商 | 此行货品种类繁多，未能细载，要之所贩之货，奢侈品较必需品为多，如钟表、化妆品、玩物等类是也，余如橡皮、玻璃品，为数亦复不少 |
| 煤油卷烟商 | 此项生意多由粮行兼办，因粮行赴内地采购粮食，如汇兑款项，即须担负汇水之损失，故批运卷烟煤油行销各处，即以得价贩粮运津转售，既省汇水，又可获利 |
| 药商 | 分内地药铺及外国药房两种，外国药房专办进口，内地药铺兼营出口，出口货如甘草、大黄、羚羊角等，运销各国，为数甚多 |
| 盐商 | 天津沿海如塘沽、汉沽、邓沽、石牌、丰财等处，统称长芦 |

资料来源：天津中国银行：《天津商业调查概略》，《东三省官银号经济月刊》1930 年第 2 卷第 9 期

商业的发达使天津在外埠构建了广泛的商业代理关系。天津商人由于办货需要，在外埠广设寄庄。"本埠商人，在外埠收卖货物，均设有寄庄办理，如棉布、棉纱等多在上海及大阪设庄，海味、五金、杂货多在长崎、神户、横滨设庄，棉花行多在石家庄、辛集、唐山胥各庄等处设庄，药行存（在）祁县（祁州，今安国）设庄，皮毛行多在西北一带设庄，代其总店采购货物。"同时，外埠商人也在天津设有寄庄，从而便利从天津采购货物。"内地商人，来津采办货物而寄庄者，本埠商人称之曰外客，此项外客，虽资本大小不等，然为分散货物行销内地之枢纽，故商人重视之。"①天津除了作为商品的中转地外，还是农畜产品的加工地。部分商

---

① 天津中国银行：《天津商业调查概略》，《东三省官银号经济月刊》1930 年第 2 卷第 9 期。

品在天津进一步加工后向外埠转卖，构成天津商品出口的重要组成部分。例如天津草帽业，草帽业大都为帽业中之一种副业存在。"津市帽业兼织草帽者有盛锡福、恒升长、同馨和、同升和、同春和等十余家……销路除本市外，河北、山西、河南、陕西、山东、东三省、察哈尔、热河、绥远均有销场。以河北、东三省销路为最广。每年各省商人，在津收进运往各地出售，所获利益，较津市为大……草帽分为草帽辫皮草、原草两种，产于山东、河南、陕西等省，价值皮草每箱由三四十两至百两左右，原草每包由三十上下两至二百余两。"①批发商业的出现使大宗货物在南北各重要商埠，以及国内外市场之间产生频繁且规律的商业流动，商品流通的背后是频繁的商业信用活动，这是天津银号获得发展的物质基础。

## 第二节　清末民初天津银号的新发展

明清时期，天津的区域经济发展持续推动钱业的制度创新。历史上，天津存在过钱桌、钱铺、钱局、钱庄、票号、银号、汇兑庄、官银号、银行、官钱局、公估局、造币厂、金融交易所等各类金融机构，金融活动较为发达。道光年间，票号诞生于天津，在中国钱业发展史上具有划时代意义。清末民初，天津爆发了多次金融风潮，票号在金融风潮的打击下逐渐式微，银号继之而起，通过行业整合为商业发展提供货币兑换、存放款、汇兑、过账结算、汇划清算、信用发行服务，组织并运转各类专业金融市场，以满足商业发展中的各类金融需求。

### 一、天津钱业发展与金融概况

天津的传统金融业起源较早，明末清初天津的钱局、钱铺、炉房和典当业等均有所发展。明朝以银钱兑换为主营业务的金融行业已经存在，无论其形式是钱桌、换钱摊还是小规模的钱铺、钱局，其本质都是货币兑换业，适应明代中后期商品经济的初步发展，成为近代天津银号的雏形。从目前的资料来看，天津钱业的确切起始年份难以考证。据《天津通志》记载，天津钱业产生于明永乐年间。②永乐二年（1404 年）明成祖朱棣在直沽设卫，赐名"天津"，意为"天子车驾渡河之处"。永乐三年（1405 年）

① 《天津草帽业之概况》，《东三省官银号经济月刊》1929 年第 1 卷第 7 期。
② 天津市地方志编修委员会编著：《天津通志·金融志》，天津，天津社会科学院出版社，1995 年，第 89 页。

设左卫，永乐四年（1406 年）设右卫，此后天津城市才逐渐发展起来。因此，对明永乐年间天津的钱业活动不宜估计过高，大体是以钱桌、换钱摊形式经营货币兑换业务。此外，早期涉及金融活动的还有首饰楼，经营少量银钱兑换、熔铸元宝及存放款等。清代以后，天津钱业有所发展。天津作为京畿门户，北方最重要的港口城市，南北商货往来为钱业的发展提供了客观条件。据记载，乾隆四十年（1775 年），天津设立了最早的钱局，当时的钱局多集中在估衣街、宫南、宫北大街一带。①清中期前后，天津逐渐成为北方最重要商业枢纽，年出口额达 2 亿元以上，当时没有银行组织，银号较为发达。正式银号有五六十家，而经营银钱兑换的小钱铺并没有统计资料留存。②道光三年（1823 年），天津诞生了历史上最早的经营汇兑业务的票号——日升昌。咸丰年间，全国最早的银号之一——义恒银号在天津开业。③咸丰十年（1860 年）天津辟为商埠，商业勃兴，对外贸易发达，经营异地汇兑的票号和本地的钱铺、银号实力均得到进一步发展。"商家往来，于本地经营则以银号为外库，于埠际贸易则恃票号为调节。票号与银号之营业因之特盛，而其势力亦因之特大。"④咸丰年间，天津还成立了专门办理同业公共事务的钱号公所，这是天津第一个钱业的行业组织。⑤

开埠以后，天津的金融业加速发展，增添了之前所不具备的很多近代因素。外资银行在天津开设分行较早。光绪年间，外商银行、华商银行和内外保险公司相继在天津设立。"1918 年 7 月天津试办邮政储蓄业务，成为全国最早试办邮政储蓄业务的城市。"⑥光绪八年（1882 年）英商汇丰银行首先来津设立分行，继之德华、道胜、麦加利、花旗、正金、华比、汇理、朝鲜等银行先后来津设立分行。各洋行的进口业务更加活跃，进口洋货运销内地，内地土产运津出口。此外，清政府自行筹建的中国通商银行、户部银行都将天津视为重要的分设地点。中国通商银行是中国人自行开办的第一家新式银行，庚子事变时中国通商银行天津分行被撤销。1902

① 沈大年主编：《天津金融简史》，天津，南开大学出版社，1988 年，第 2 页。
② 《天津钱业之调查》，《工商半月刊》1929 年第 1 卷第 12 期。
③ 天津市地方志编修委员会编著：《天津通志·金融志》，天津，天津社会科学院出版社，1995 年，第 13 页。
④ 《天津市金融调查》，《中央银行月报》1934 年第 3 卷第 9 期。
⑤ 天津市地方志编修委员会编著：《天津通志·金融志》，天津，天津社会科学院出版社，1995 年，第 89 页。
⑥ 天津市地方志编修委员会编著：《天津通志·金融志》，天津，天津社会科学院出版社，1995 年，第 17 页。

年袁世凯在天津设立直隶官银号，其目的是应对庚子年的银色危机。1905年，清政府在北京设立的"户部银行"在天津设立了分行，目的在于整顿币制、推行纸币，以利财政，这是我国最早由官方开办的国家银行。民国以后，中国银行、交通银行、中央银行、河北省银行、中国农工银行、垦业银行、边业银行、殖业银行、中国实业银行、浙江兴业银行、中国国货银行、中国盐业银行等相继在天津开设，储蓄银行、信托公司等新式的金融机构也入驻天津。伴随本国银行业的逐步发展，天津的金融结构逐渐发展成为华资银行、外资银行、银号三足鼎立的格局，各占有一部分金融市场。外资银行在天津设立分行主要是辅助本国商人的出口贸易。华资银行在相当长的时间内对本国产业的投资相当有限，其主要的获利方式是投资政府垫款和公债，以及一部分商业性放款。清末民初，天津本土钱业遭受巨大冲击，票号和银号在历次金融风潮中严重受挫，但伴随商业环境的逐步恢复很快重新获得恢复与发展。近代天津银号与新式银行之间在业务上更多地表现为良性互动。李洛之、聂汤谷在《天津的经济地位》中评价："由本质上看，银号、银行是演着同一样的职务，如果勉强的区别起来，银行就是扩大其机能的银号，银号假比是零卖商，那么银行就处于批发商的地位。"①

## 二、清末民初金融风潮与天津银号更生

清末民初，社会经济转型给钱业发展带来挑战的同时也为钱业发展提供了难得的机遇。政局动荡、货币超发、商业垄断、盲目投机都可能在商业城市引发资本主义生产方式下的金融危机。金融风潮在近代中国各重要商埠都有所表现。19世纪末20世纪初，天津频发的金融风潮为银号的新发展提供了重要的契机。票号由于资金运作模式滞后而渐趋衰落，各埠新兴的本土钱庄趁势而起，代替票号成为中国钱业的中流砥柱。在20世纪初金融风潮的影响下，天津银号扩大资本，改革组织方式，转变经营业务，积极拓展对商品流通的信用支持，逐渐形成了与商业发展相适应的金融模式。

（一）20世纪初天津的金融风潮

近代中国金融风潮形成的具体原因有多种，但究其根本，不外有三：一是违约风险，即借款者到期不能偿还，造成债务违约；二是投资风险，

---

① 李洛之、聂汤谷编著：《天津的经济地位》，天津，南开大学出版社，1994年，第116页。

即市场本身的不确定性造成的投资收益波动；三是购买力风险，包括通胀和通缩造成的借贷本金及利息与预期之间的差异。[①]纵观近代各埠金融风潮几乎无出其右。

庚子事变之后，"断银色"风潮就是社会信用膨胀引发的债务违约连锁反应。由于清政府对商业及金融活动缺乏有效的管理，钱庄私发银钱票由来已久。银钱票本质上是可兑现纸币，依靠各殷实商号的信用发行。钱庄、银号发行银钱票成为货币兑换和存放款之外的一项重要业务。到乾隆、嘉庆、道光三朝，天津东西街钱局绝大部分都出钱帖和银帖，所以又有"出帖铺"的别名。庚子事变之前，仅天津一埠各商开写银钱票数额就高达2000万两，其后到1902年这个数字猛增到3000万两。[②]伴随天津作为商业中心地位的上升，天津银帖、钱帖的流通甚广，南至上海，北到东三省皆有流通。由于缺少政府及社会制度的相关约束，滥发问题在咸丰、同治两朝已经甚为棘手，也曾出现过较为严重的钱庄、银号挤兑倒闭事件，但是清政府无力从制度层面加以解决。1900年庚子事变，天津是重灾区，商业金融秩序遭到严重破坏。银钱号相继倒闭达百余家，市面银根奇紧，现银匮乏。流通领域多数为各商号、银号、钱铺及当铺开写的银钱票，钱业迫于压力不得不对现银进行贴水。此举引发恶性循环，造成持帖人对钱帖、银帖的信任大减。持银钱票者怕受损失，均加色换取现银，每千两银票吃亏三四百两之多，当时称为"闹银色"。袁世凯深感事态严重，在给清政府的奏折中称："天津……虽然贸易繁盛，而实非银钱积聚之区，平时业钱行者，仅百余家。自经庚子之变，地面久未归还，官吏无从过问，于是奸者恃无限制，乘便逐利，作伪售欺，一时钱业骤增，几及三百家之多。而资本不充，徒用拨条以相诳骗，凭条借银则赚以虚利，凭条取款则骤予减成，贴水之名缘是而起。"[③]次年，袁世凯召集钱业公所董事筹设平市官钱局，筹集现银，协济市面，又令天津县严厉取缔银色和私铸制钱，市面才日渐稳定，当时称为"断银色"。袁世凯采取强制手段，取缔现银贴水，民众持票往兑，一时难以周全，造成大批钱铺倒闭。

在地方政府和商会的积极维持之下，断银色风潮之后数年，天津市面虽整体渐趋于平静，但较小规模的金融风潮几乎一刻未息，铜元风潮、银

---

①　洪葭管：《从中国近代的金融风潮看当代的金融危机》，《浙江金融》1998年第9期。

②　吴弘明等整理：《津海关年报档案汇编（一八八九——一九一一年）》（下册）（内部资料），天津，天津社会科学院历史所、天津市档案馆，1993年，第120页。

③　天津市档案馆、天津社会科学院历史研究所、天津市工商业联合会：《天津商会档案汇编（1903—1911）》（上册），天津，天津人民出版社，1989年，第328页。

色风潮、布商盐商债务危机等接踵而至。贴水风潮持续到 1904 年才逐渐平息；1905—1908 年前后天津金融市场爆发了铜元风潮；1910 年，上海爆发了橡皮股票风潮，源丰润等数家钱庄倒闭，亏空天津商号 200 余万之多，牵动天津市面大局，[①]受此影响天津有多家银号相继倒闭。1911 年，又发生天津盐商的洋债风潮，又有多家银号牵连倒闭。武昌起义爆发后，全国各大商埠金融局面均起恐慌，到九月初七日天津金融紧迫已经到了"街市尽行停止交易"[②]的程度，各银号内欠之款难以索回，而欠外之款又急如星火，天津的金融风潮在庚子事变之后又一次达到高潮。橡皮股票风潮是投机亏损所致，辛亥年武昌起义是政局动荡引发的经济恐慌。两次金融风潮叠加，给天津带来的灾难难以名状。

（二）政府、商会、钱业公会与金融风潮之应对

庚子年前后，天津"闹银色"对市面稳定冲击很大。为了应对现银贴水及快速的物价上涨，袁世凯采取强制手段平抑物价，设平市官钱局，取缔现银贴水，酿成天津钱业史上著名的断银色风潮，银号发行的银帖纷纷要求兑现，大量的钱庄因此破产。钱庄由庚子事变之前的 300 余家，骤减为 30 多家，对整个钱业的打击非常大。庚子事变之后，随着市面渐趋稳定，钱业恢复运行。袁世凯为了掌控天津金融，于光绪二十八年（1902 年）创立了官办天津官银号，主要经营兑换和调节银钱比价，并吸收小额存款，提倡储蓄。天津官银号的设立很大程度上是为了稳定天津的金融局势，给天津各银号直接的资金支持。天津官银号为了挽救市面，先后借给天津各钱行 70 多万两白银，"仅取五厘薄息，冀以周转流通，订明分期本利归缴"[③]。当时参与借款的银号有敦庆长、和盛益、永顺成、公裕厚、中裕厚、瑞林祥、德信厚、洪源号、裕源达、德馀厚、宝丰源、汇源号、信泰成、胜大号、德昌厚、立泰成、德义厚、裕盛成、敦瑞合、义成乾、裕丰成、同聚号、新泰号、嘉惠号、天吉厚、嘉瑞号、恒隆号、桐达号、永利号、桐华号、厚记号、天聚成、仁兴茂、瑞兴泰、瑞承泰等。天津官银号的救济范围几乎包括天津全部规模较大的银号。除天津官银号之外，各银号欠

① 天津市档案馆、天津社会科学院历史研究所、天津市工商业联合会：《天津商会档案汇编（1903—1911）》（上册），天津，天津人民出版社，1989 年，第 635 页。

② 天津市档案馆、天津社会科学院历史研究所、天津市工商业联合会：《天津商会档案汇编（1903—1911）》（上册），天津，天津人民出版社，1989 年，第 607 页。

③ 《督理天津银号为催还借款事致各商号的谕文（附商号还款日期的清单）》（1902 年 10 月 25 日），天津市档案馆馆藏，档案号：J0128-3-000082-001。

河工局、海防支应局、赈抚局等机关公款均呈请按年分期归还。直隶总督除呈请清政府拨款予以接济之外，对于殷实银号，还鼓励其发行银钱各票，用以周转流通，"银钱各票拟择上中等殷实钱商数十家开写，周行市面，以期虚实相济，应责成该公所（天津商务公所）公同选举，严定限制，不得任意虚架以昭信实而便行使"[①]。断银色风潮对天津银号的整体冲击非常大，但也使近代天津银号第一次经历了较大规模金融危机的洗礼。

宣统二年（1910年）八九月间，受上海橡皮股票风潮的影响，天津源丰润、新泰号受总号牵连倒闭，市面摇动。由天津商会出面维持金融稳定，政府方面予以配合，从银行方面筹款接济。上海发生金融风潮后，天津市面随之动荡，各司道约集银行、银号、津埠各钱商妥筹补救善策，维持市面，具体措施尚未实施，上海又倒闭钱庄3家，烟台倒闭13家。对此天津商务总会首先提出"照票明付息换票办法，无论内外各行一律付息换票，约期半年，照票清付，庶商力舒缓，自能转危为安，市面自必镇定……职会前禀声请大清、交通、志成、直隶各银行速为筹款接济"[②]。但情况紧急，银根过紧，银元行市陡涨，九月初八日以前每圆合银六钱八分有奇，二三日内竟涨至七钱二分九厘，市面传言仍有七钱四分的说法。天津商务总会拟订办法，请"大帅俯赐檄行府县，命衔赏出简明告示，粘贴各银号门首，暂准足付外票，俟市面平定仍照向章一律付现"[③]。商会及政府机关除予以维持外，还筹设铸造新币，发行纸币等重要措施，但难以一蹴而就。银行方面，直隶省银行遵令维持市面，"议拟由大清、交通、志成、直隶省四银行先行合筹银一百万两，为津埠维持市面""如各该商号果因周转不灵，以切实产业或通行货物抵押"即可借款通融，并同时拟订核办押款章程八条、规则六条。[④]经各方维持，宣统二年（1910年）金融风潮得以逐渐平息。

宣统三年（1911年），受武昌起义的影响，天津金融风潮陡然而起。"因湖北风潮银元价值飞涨，内外各行生意窘滞，以致人心惶恐，市面摇动，

① 《绅商宁世福等禀拟挽救市面大纲四条请核事》（1903年5月10日），见天津市档案馆编：《天津商会档案·钱业卷》（20），天津，天津古籍出版社，2010年，第17755页。
② 《天津商务总会呈请大帅批复付息换票办法事》（1910年9月8日），见天津市档案馆编：《天津商会档案·钱业卷》（12），天津，天津古籍出版社，2010年，第10504—10505页。
③ 《天津商务总会请大帅出示晓谕停市付现事（节略）》（1910年9月11日），见天津市档案馆编：《天津商会档案·钱业卷》（12），天津，天津古籍出版社，2010年，第10514页。
④ 《直隶省银行筹款一百万元救济市面的移文》（1910年9月18日），见天津市档案馆编：《天津商会档案·钱业卷》（12），天津，天津古籍出版社，2010年，第10525页。

势有互相倾挤之虞。"①天津银号经营立转困顿,据钱业呈报,"窃商等均系钱商,专以银钱周转流通市面为宗旨。自湖北一乱,北京街市恐慌,上海业经停市,加以银根奇绌,欠内者债难归付,而欠外者纷纷提取,有去路无来路。商等实系无法支持,势迫形逼,不得不速筹办法。除银洋票、银条钱帖照旧取付外,所有票存、折存一律暂停提取,一俟市面大局稍定,再为照章取付"②。八月二十四日,天津钱商公会又呈请督促造币厂加紧开铸并由官方出面限定银元价格,"商等再四筹思,不得不再乞会宪大人移会巡警道宪出示晓谕,所有街市商家行运洋元,暂按七钱三分作价,不准任意妄哄致乱市面银根而碍全局,查洋元价正格应按库平七钱二分作合,兹作七钱三分不过权便一时,较与现下行市尚属公平,嗣市面稍获平定仍以成盘作价"③。由于市面银元不能自行流通,各银号银元短缺,皆呈文请求造币厂予以调拨银元以便营业。金融危机的发生固然有受时局影响的外在因素,但根本上还是中国钱业的功能、制度与经济快速发展之间存在矛盾,解决危机从根本上还是需要钱业自身做出制度性的调适,在提高效率的同时增进安全。

(三)天津银号行业的适应性调整

20 世纪初历次金融风潮后,天津银号从行业自身做出相应的适应性调整,包括行业性规范的建立、银号的增资改组、合伙制的普遍采用等。20世纪最初的十年,天津银号基本是在各类风潮中度过的,在应对金融风潮的过程中,天津银号行业实现了发展壮大。金融风潮给银号带来的最大启示是行业信用的重要性。风潮过后自动淘汰了一些不正规的小钱号,投机业务开始受到一些限制,商人自发要求形成行业性制度约束以维持市面稳定。在应对风潮的过程中,天津钱商采取积极措施来稳固信用,钱商公会积极发挥作用,在市场配置和人为干预下,天津钱业完成了一次历史的洗礼,票号由盛转衰并退出历史舞台,银号作为本地金融势力代替晋商资本继续为商业发展提供金融支持。

首先,银号行业结构进一步分化。金融风潮中一些规模较小或侧重投机

①　《天津商务总会呈请度支部转饬造币厂赶铸银元事》(1911 年 8 月 3 日),见天津市档案馆编:《天津商会档案·钱业卷》(20),天津,天津古籍出版社,2010 年,第 17832 页。
②　《天津众钱商为暂停提取票存事禀天津商务总会》(1911 年 9 月 6 日),天津市档案馆馆藏,档案号:J0128-2-000802-034。
③　《钱商公会为赶铸银元禀天津商务总会》(1911 年 8 月 24 日),天津市档案馆馆藏,档案号:J0128-3-002306-005。

业务的钱庄及银号被淘汰。1900 年庚子事变发生前，天津大小钱庄达 300 余家，炉房达 40 余家。①庚子事变爆发后，天津钱业字号倒闭达百余家。随后，断银色风潮又给天津的金融稳定带来了持续性的影响。从 1903 年初到 1904 年 4 月，天津 200 多家钱商直接歇业荒闭的达百余家；一部分通过要账还账勉强维持的有五六十家。当时，"南北巨富在津开设钱行者，有一二十家；素行一家川换数十万或百万，至今行运不过十成之一二"②。银号素具各业银钱周转的核心地位，但在庚子事变及断银色风潮中，银号的资力大打折扣。断银色风潮给天津银号带来的是结构性的变动，正式银号损失过半，临时经营投机贴水的银号几乎全部荒闭。据《天津通志·金融志》记载，清末天津炉房最兴旺时达 400 余家，光绪二十六年（1900 年）以后仅余 10 家。③庚子金融风潮是一场市场自发的优胜劣汰。至光绪三十二年（1906 年），仅剩宝丰源、永顺长、公裕厚、同益号、中裕厚、瑞源号、同春号、天德恒、和盛益、嘉惠号、瑞隆号、胜大号、兴泰合、裕源达、桐达号、同茂永、新泰号、天吉厚、永利号等 19 家。④庚子金融风潮之后，天津钱业元气大伤，至宣统年间才又有 10 余家新开业者，新旧共计 52 家。⑤

民国以后，随着工商业的发展天津银号也发展到了一个新的水平，规模较大的正式银号数量逐渐上升。20 世纪 30 年代，天津正式银号维持在百余家。《天津钱业之调查》一文中估计在会银号有百余家，不在公会有一二百家。在其估计的在会银号中，宫北一带有四五十家；针市街一带有五六十家；租界内之各号有五六十家。⑥1930 年，天津的银号已经发展到

---

① 杨固之、谈在唐、张章翔：《天津钱业史略》，见中国人民政治协商会议天津市委员会文史资料研究委员会编：《天津文史资料选辑》（第二十辑），天津，天津人民出版社，1982 年，第 110 页。

② 天津市档案馆、天津社会科学院历史研究所、天津市工商业联合会：《天津商会档案汇编（1903—1911）》（上册），天津，天津人民出版社，1989 年，第 333 页。

③ 天津市地方志编修委员会编著：《天津通志·金融志》，天津，天津社会科学院出版社，1995 年，第 45 页。按：此处炉房泛指银号。

④ 天津市地方志编修委员会编著：《天津通志·金融志》，天津，天津社会科学院出版社，1995 年，第 89 页。

⑤ 刘嘉琛：《解放前天津钱业析述》，见中国人民政治协商会议天津市委员会文史资料研究委员会编：《天津文史资料选辑》（第二十辑），天津，天津人民出版社，1982 年，第 156 页。此数字似系正式银号家数，主营兑换银钱的门市银号似未计算在内，因《天津金融通志》记载"宣统年间，先后开办的钱庄、银号达 256 家"（天津市地方志编修委员会编著：《天津通志·金融志》，天津，天津社会科学院出版社，1995 年，第 89 页）。

⑥ 《天津钱业之调查》，《工商半月刊》1929 年第 1 卷第 12 期。按：此不在公会银号大多指经营简单银钱兑换之小规模"门市银号"而言。

了 231 家。[1]1934 年底天津有银号 269 家。[2]1937 年前，南京国民政府的历次金融改革和经济环境的破坏给银号经营造成压力，整体规模略有缩减。1936年，天津银号共计七八十家之多。[3]1937 年，北宁铁路沿线经济调查显示："本市（天津）银号总计七八十家之多，永信、宝生、馀大亨、万宝源等其最著者也。"[4]据《平津金融业概览》载，到 1937 年前，天津加入钱业同业公会之银号、钱庄有 53 家，未加入者亦有此数，正式银号仍在百余家之外，亦相去不远。[5]晚清至民国时期天津银号数量变化的趋势详见表 2-4。

表 2-4　晚清至民国时期天津银号的数量变化

| 年份 | 1900 | 1901 | 1903 | 1906 | 1909 | 1917 | 1920 | 1929 | 1930 | 1934 | 1935 | 1936 | 1937 |
|---|---|---|---|---|---|---|---|---|---|---|---|---|---|
| 正式银号家数 | — | 30余家 | — | 19家 | 52家 | 46家 | 46家 | 百余家 | — | — | 一百二十家 | 七八十家 | 53家 |
| 银号总家数 | 300余家 | — | 五六十家 | — | 256家 | — | — | 300余家 | 231家 | 269家 | — | — | 百余家 |

资料来源：天津市地方志编修委员会编著：《天津通志·金融志·序》，天津，天津社会科学院出版社，1995 年，第 4、19、89 页；《天津钱业之调查》，《工商半月刊》1929 年第 1 卷第 12 期；中国人民政治协商会议天津市委员会文史资料研究委员会编：《天津文史资料选辑》（第二十辑），天津，天津人民出版社，1982 年，第 110、156 页；天津市档案馆、天津社会科学院历史研究所、天津市工商业联合会：《天津商会档案汇编（1903—1911）》（上册），天津，天津人民出版社，1989 年，第 333 页；郑会欣主编：《战前及沦陷期间华北经济调查》，天津，天津古籍出版社，2010 年，第 497 页；联合征信所平津分所调查组编辑：《平津金融业概览》，见张研、孙燕京主编：《民国史料丛刊·经济·金融》（460），郑州，大象出版社，2009 年，第 250 页；北宁铁路经济调查队编：《北宁铁路沿线经济调查报告书》（二），北宁铁路管理局，1937 年，第 980—983 页

清末民初，天津银号实现了一次跨越式发展。民国以后，天津银号行业步入了新的稳定发展时期，正式银号维持在 100 余家，门市钱庄主营货币兑换，数量众多难以精确考察。重要的是，庚子事变之后，正式银号在业务上逐渐脱离了货币兑换的业态，与门市钱庄在业务倾向上出现明显区分。这是晚清至民国时期中国钱业结构变动中较为显著的特点。

① 天津市地方志编修委员会编著：《天津通志·金融志》，天津，天津社会科学院出版社，1995 年，第 89 页。按：该统计也是正式银号和门市银号的总数量。

② 《大事记略》，见天津市地方志编修委员会编著：《天津通志·金融志》，天津，天津社会科学院出版社，1995 年，第 19 页。

③ 郑会欣主编：《战前及沦陷期间华北经济调查》，天津，天津古籍出版社，2010 年，第 497 页。

④ 北宁铁路经济调查队编：《北宁铁路沿线经济调查报告书》（二），北宁铁路管理局，1937 年，第 980—983 页。

⑤ 联合征信所平津分所调查组编辑：《平津金融业概览》，见张研、孙燕京主编：《民国史料丛刊·经济·金融》（460），郑州，大象出版社，2009 年，第 250 页。

其次，为了增强抵御风险的能力，民国以后银号资本规模略有上升。光绪以前，天津经营兑换和存放款的钱铺的组织形式以独资经营者居多，资本可分为三级：一级为制钱一万千文、二万千文；二级为三千千文、五千千文；三级为一千千文、五百千文，且多数为一些独资（自东自伙）的小型钱铺。除了货币兑换与少量存放款外，这些钱铺还发行一定数量的银钱帖。这些钱铺一般多在庚子年陆续倒闭或改组。《辛丑条约》签订以后，市面恢复平静，华洋贸易进一步发展。天津的商业资本和内地地主资金向城市转移投资钱业，银号借机增加资本，资本定额多以银元或银两计算。另外，各钱业字号在社会上的称谓多由钱铺、钱号改称银号。光绪三十三年、三十四年《天津钱庄银号资本营业统计表》中计列：38 家中除洽源银号资本为洋银 10 万元外，义成、裕恒、庆隆各 1 万元，桐达制钱 10 万吊、德庆恒 3 万吊、启盛 1 万吊外，其余 31 家共为 60.3 万两。①资本计算单位由"吊"变成"两"，这反映出了经济发展水平的自然提高及钱业资金规模的上涨。民国以后新设银号资本规模均有所扩大，合伙者居多，独资者极少，但不论是合伙还是独资，都是无限组织，股东负无限责任并且彼此间负连带责任。从光绪末年到 20 世纪 30 年代天津银号资本经历了一个缓慢的增长过程。资本绝对值的增加反映了商品交易的扩大，增加资本一定程度上起到了稳定银号信用的作用。

再次，钱庄组织方式采用合伙制度，增加行业的稳定性。中国的合伙制起源较早，到明代已经明确出现了标准的合伙契约格式，如明代《士民便读通考-合约格式》中详细规范了书写合伙制经营合约的形制。②晚清至民国时期，天津银号采取合伙制经营的情况非常普遍，其优势是可以增强银号的资金实力，并分担经营风险，另外也便于银号借助股东的社会关系开展经营。从整体来看，天津银号从独资转向合伙经营的情况集中发生在庚子事变以后，这既反映了银号实力的自然增长，也符合银号应对复杂的市场环境，抵御经营风险的实际需要。清末民初，钱庄分散风险的偏好在其他地区也有类似表现。例如，宁波钱庄大多开在江夏街，有的大家族可能会同时开办多家独立结算的钱庄，而非将其合并为一家，这是为了增强抵抗风险能力。③

---

① 天津市地方志编修委员会编著：《天津通志·金融志》，天津，天津社会科学院出版社，1995 年，第 91 页。

② 转引自谢国桢：《明代社会经济史料选编》下，福州，福建人民出版社，1981 年，第 275 页。

③ 郑备军、陈铨亚：《宁波钱庄的制度创新与宁波帮的崛起》，《浙江学刊》2011 年第 5 期。

除上述增加实力、分担风险、便于经营的作用外，银号采用合伙制还隐含着增进互信的机制。晚清至民国时期，天津银号多由不同行业的商人共同出资入股聘用经理开展经营。这种方式不仅仅是商人资本的结合，更是商人信用的维系。商人入股银号，等同于将自身征信通过银号网络向商业社会进行公开展示，银号网络发挥着类似征信平台的作用。此举对商人来说意义重大，一方面方便了商人的资金融通与业务往来，另一方面无异于给行业之间的互信增添了筹码。银号的经营融通了行业间的金融需求与金融供给，各类金融资源可以通过市场机制进行余缺配置。当整体性金融风险发生时，不同行业间的利益联系在一起，风险共担使解决金融冲突的成本显著降低。

最后，天津银号重新调整了市场定位与核心功能。自明代以后，钱业先后经历了以货币兑换、存放款、汇兑为主要金融功能的发展阶段，与之相对应，产生了明代的钱铺，明末清初的印局、账局，清中期的票号等金融机构。近代钱庄与前述各机构都不同，其核心功能是信用发行与结算清算，比前述各阶段的金融机构都具有更明显的进步性。近代，商品交易总量急剧扩大，而商品货币的供给则不能无限扩大，两者的矛盾难以调和，信用货币是近代经济发展的共性问题。晚清至民国时期，以上海钱庄为代表的商业金融组织发行了大量以自身信用为保证的庄票，以满足商贸结算中对交易媒介的需求，同时扩大了商人的财富，进而转化为商业资本。此为其一。其二，商品交易的规模、范围及效率都要求金融体系能够为其提供安全、高效的资金结算方式。因此，钱庄一方面发行庄票作为交易筹码，另一方面通过过账制度、汇划制度完成贸易的结算与资金的清算。正是这两方面的机制，使钱庄的功能形成了以信用为基础的闭环。在各埠钱庄的支持下，商人之间的买卖多数变为信用交易，现金不足带来的困境在很大程度上得以缓解。这是钱庄制度明显优于票号的关键点，也是钱庄取代票号的根本原因。

## 第三节　银号的组织与管理、账簿及钱商群体

经过明清两代的长期发展，到清中期以后中国本土钱业蜕变形成了较为成熟的金融体系。其中既包含较为完备的金融机构，也包含更为合理的金融制度与新型金融工具，为近代以后的金融发展奠定了一定的基础。晚清至民国时期，天津银号经历了频繁的政局更迭及经济波动，在多次金融风潮的影响下完成了行业的重塑，进入民国以后天津银号的面貌为之一新。

### 一、组织与管理

庚子事变之前，天津银号多由钱商独资经营。庚子事变中，天津银号的正常经营遭遇重创，这些损失虽然有些来自事变时遭遇的直接掠夺，但更多的是来自商业秩序混乱而频繁造成的金融风潮，钱商不得不重新审视业务需要与资金安全。这种情况一直持续到民国以后，伴随经济发展，天津银号的业务迅速铺开，资金需求增多，对资力的要求进一步提高，因此银号在组织上多采取合伙制。在合伙经营中，各股东共同出资，对银号的债务承担连带无限责任。主持银号经营具体事务的是经理（铺掌），大多由股东聘任，也有部分银号由股东兼任。股东与经理的关系沿袭了中国传统商业中的"东伙关系"，经理的权力很大，凡号中一切经营方针的厘定与任事人员的进退、升黜，皆由经理全权掌握，经理直接对股东负责。与票号的"东伙关系"类似，近代天津银号的经理除每月固定薪俸之外，还顶有身股。经理之外，规模较大的银号还设有副理、襄理、协理，协助经理处理日常事务，监督银号的业务运行，这些职位除薪金外，也多设置了身股，但在数量上要略少于经理。

银号的组织架构大致分为七个部门，分别负责处理银号的日常事务，七个部门所任职司涵盖了银号全部的功能，具体如下。

第一，营业。号中一切存放款项、代客交易、汇兑、证券交易等项均由该部门负责，在以经营"现事"业务为主的银号中，营业部门特别受到重视，而以经营存放款项为主的银号之中，由于营业平稳，该部门形成了明晰的办事流程。

第二，会计。会计部门一般设会计主任一人，另外有司账十数人，分别处理号中各类账目。该部门每月需做月报一次，每年年终要进行年终总结，做成年终总账，报股东、副理及监察人员查阅。

第三，出纳。出纳负责号内一切银钱收支，每笔交易做成单票，交由会计部做账，每日晚间做日清一纸，与会计部门核对当日收支款项。

第四，交际，又名"走街"，也称"跑街"。该部门专门负责银号对外业务的开展，兜揽生意，具体负责"折交"业务及买卖生金银等。

第五，文书。该部门负责银号日常的往来收发信件、电报等。由于银号经营汇兑业务，信汇、票汇、电汇占有很大的比重，故而文书的日常工作亦非常烦冗。

第六，庶务。该部门负责料理银号的日常杂项事务，如有客户登门，司务员负责接待，在银号业务中稍显次要。

第七，外庄。该部门主要负责与外庄的往来，以及汇兑、调拨款项等。

在上述七个部门之外，每家银号都有学徒数人，受各部门之指挥，跑送拨码、番纸、拨条等事，这个过程也是学徒"学生意"不可逾越的阶段。

银号职员按照工作年限及待遇的不同可分为学徒、"小同事"、"大同事"三类。最初级的职员为学徒，学徒属于练习生性质，从事助理工作，在实践中学习钱庄业务，与社会上一般的工作相比，钱庄学徒算是一个比较有前途的事业。学徒工作两三年后对于钱业业务较为熟悉，可以独当一面，在得到掌柜的认可之后，即可升为"小同事"。"大同事"则均为经验丰富、在钱业沉浮多年、专负一部分要责之人。所有职员与学徒的管理权都掌握在经理手中。入银号学徒手续严格，一般由经理或财东熟识的中间人介绍后，银号方肯录用。学徒进号后需要经过试用期的考核，经理认为合格者才能成为正式的学徒。20 世纪 30 年代以后，部分银号招收学徒尝试考试制度，但为数不多，不甚普遍。"小同事"大多由本号学徒期满后升任，很少向外招聘。由于银号在经营中非常重视自身的信用，因此对职员的忠诚度要求比较高。"大同事"多由经理在商号组建之始重金延聘，部分则由本号自行培养。

银号中各部门人员薪资待遇差异较大。一年以下的学徒没有薪金，银号只负责他们的生活吃住。普通职员薪金多者十数元，普通者四五元，薪资在三元以上者可以参与分红，并且可以预支薪金。没有薪金者，银号经理会在中秋、年关时酌情予以少量馈赠，特殊表现出色者经理会暗中给予其嘉奖，俗称"脖子拐"，这种额外的收入一般秘而不宣。解雇方法照例：每逢旧历年关以前由经理通知离号。天津银号作为内生的金融机构，在经营习惯上与普通商业没有明显区别，其"所最重视者，为废历三节，内中尤以年节为更紧要，凡一切之账目均须结算清楚，一年之营业方针，职员之进退，完全决于此时"[1]。其他，如每三年结算大账、按股分红等与中国传统的商业习惯一致。银号职员人数和其规模的大小、业务的倾向有明显关联，据 20 世纪 30 年代王子建和赵履谦调查天津 30 家主要银号的结果：银号的正式店员最多有 40 人的，最少的银号仅有 8 人，平均为 22 人；学徒数量一般较正式职员为少，使用学徒最多的达到 12 人，最少的仅 2 人，平均为 8 人；就总人数而言，最多的达到 46 人，最少的为 11 人，平均为 29 人。[2]由上，天津银号的用人规模可以窥见。

---

① 吉惠：《天津之银号》，《益世报（天津）》（增刊）1936 年 4 月 26 日，第 5 版。
② 王子建、赵履谦：《天津之银号》，河北省立法商学院研究室，1936 年，第 50 页。

## 二、账簿

天津银号使用的账簿为旧式账簿。民国以后商品交易扩大，银号业务随之增长，常感旧式账簿对于账务核查审计非常不便，但历史沿袭既久，一时难以变革。天津银号最常见的账簿结构大致如下。

第一，股本账，或称"根深"。记载股东人等投入之资本，股本账和日常业务联系不大。

第二，票存账，或称"定期存款账"。按照近代天津银号习惯，定期存款成为银号资金运用的主要来源。票存账以人名、堂号或其他名称将客户的定期存款详细记录，这部分款项非到期不能支取。定期存款是最稳定的资金来源之一，一些富家大户的存款常有数十年不动，仅支取利息的。银号非常乐意收存票项存款。

第三，票欠账，即定期放款账（定期放款顾名思义，不到期则不能收回）。该部分放款银号多放给熟识的商号，银号先对商号进行较为详细的征信调查，包括股东背景、商业规模、历年局势、性格人品等。

第四，往来账。记载与银号有往来的商号的活期存款，亦称"浮存"，即商号的经营日常收支，有进项便存于银号，用款时则随时支取，部分信用素著的商号，银号允许它们在一定的限度内透支。

第五，抵押放款账。记载银号放出的抵押借款，但一般来说银号经营不倾向收受抵押放款，这一点在很多银号的章程中可以找到明确规定。不过商品经济发达也意味着经营风险加大，银号难免对一些不太把握的放款收受抵押品，一般以股票等有价证券及金银实物居多，而接受房屋等不动产抵押的情况则较为少见，因为不动产变现困难，且与银号的灵活资金调动相矛盾。

第六，川换账，也称同业账。天津习惯同业之间往来向不存款，彼此之间的资金往来大多依拨码、拨条、汇条等加以灵活应用。川换账与拨码的结合使用，最核心的价值是进行资金清算，这和宁波的过账制度及上海的汇划制度的基本功能在本质上是一致的。

第七，银行账。记载银行之存款、取款。银号资本构成中，股东存款和定期票存两项是银号自有资金的主要来源，在实际业务运行中银号所需资金多依赖拆借。票号发达之时，票号常以巨额资本贷放给银号运用，进入到民国以后银号拆款主要来自内外银行，尤以华资银行为最多。

第八，外客账。记载在津常驻的各省、县、镇等外客往来账。按照近代钱业的习惯，频繁的商业往来需要在津派驻庄客。以天津为例，秋冬两季是棉花、土产杂货、粮食大宗商品上市之时，华北各埠及辐射村镇往往指派专员驻津，一方面联络商品销路，另一方面在资金紧张时，从天津调拨资金回籍应用。除了一般商业，外埠的钱业同业也多有派员驻津，其间往来均属外客存款部分记载。

第九，暂记账。临时记账的一种方式，临时资金往来属于一般营业部分的则计入暂记账。另外，经理、店伙的临时支用及股东的用款均属暂记账记载。

第十，进息出息账，凡存放款收付之利息，皆计入此账。

除上述与银号业务紧密相关的账目外，还有一些次要账目。例如，记载货币兑换的"易换账"；记载号内各部分职员薪水、馈赠、花红的"辛金账"；记载日常伙食、房租及临时杂项开支的"杂项账"及类似的"应酬账""家具账""股利账"。主要业务经营汇兑的银号还要增添"迟期账"、"外汇账"、"电力账"（即收交电汇的汇水和手续费收入）。经营"现事"业务的还要对专门的买卖营业设账，一般有"债券账""债券色""足金账""足金色""现头票""头票色""头票浮记""标金色""补色账"等。除去业务分类账，银号还有原始账，如"现洋溜"记载一切现款之收付；"拨洋溜"记载同业或外行家以票据收付之款。原始账的意义是记载一切现款及票据的收付，之后再分类登入各业务分类账，原始账也是一切核查的依据。除此以外，银号为了便于业务核查及呈报股东便利起见，以账目的形式记载营业状况。账目上则体现为"水牌""便查""日清"等，每月还要汇总"月清"及每年年末要整理"年总"，以备号东查核稽考。账目的管理是极为重要的一项工作，特别是将主要业务重点放在"折交"的银号更重视账目的管理。

### 三、钱商群体

钱庄和银号是晚清至民国时期中国本土钱业的代表性机构。中国钱业发展到近代，不但形成了相对稳定的经营习惯，也培养了专门的金融人才，传承了中国本土钱业经营的金融知识，钱商的早期经营形成了钱业资本的初步积累。晚清至民国时期，天津的钱商群体已经初具规模。天津钱商的行业组织成立于嘉庆年间，当时称为"钱号公所"，1905 年更名为天津钱业公会，1930 年改称"天津市钱业同业公会"，其章程规定该会以维持同业利益，纠正同业弊害为宗旨。其主要职能有上传下达与商会及政府进行沟通维护行业利益；巩固公共信用应对行业危机；仲裁同业纠纷维护行业内关系；附设公估局维持银钱流通；附设市场议定申汇、银元、有价证券、足金等行市。行业组织对于市场秩序的贡献在于降低了交易成本。①

明清以来钱业有序发展，培养了一批善于经营金融业务的钱商，这一点比钱业资本的积累意义更为重大。银号经营金融业务素称"百业之首"，但说到底也只是商业行号的一种，无论资本是否雄厚，业务是否稳健，伴随时局变化，其兴衰难料。钱业作为一个行业，其资本更是聚散不定。但长期从事钱业经营的钱商群体却在"父子相传、师徒相授"的模式中得以有序传承。在这个专门经营钱业的商人群体中，钱业经营的"知识"得以传承，稳定的钱业经营习惯得以延续，并且在金融制度上还能形成一定程度的创新。与资本相比，钱商群体才是决定钱业存续并得以生生不息的核心要素。

近代以后，钱商已经成为一个较为稳定的行业群体，在各行商人中具有较大的影响力。钱商或独资或合伙开设钱庄，或出资为股东或担任经理操持业务，虽然形式与身份不同，但在业务上都围绕钱业业务开展。血缘关系、地缘关系在钱业的传承中扮演着重要角色。在长期经营钱业的家族中，父子相传，叔侄相协共同经营银号的情形十分常见，地缘关系则主要影响人员的聘任与业务的开展。一些钱业耆旧在行业中的影响力巨大。

家族式的经营与传承是近代天津银号的特点之一。例如，光绪二十九年（1903 年），周永年、周少圃叔侄出资本 1 万两，护本银 1 万两，以"承晖堂"出名设立永顺长银号。②董月樵是近代天津钱业非常活跃的人物，庚子事变以前，董月樵的叔叔在天津开设振丰恒、荣丰恒、聚丰恒三家钱铺。受庚子事变影响，振丰恒等三号经营状况不佳，至光绪三十年（1904年）董氏所开钱铺周转不开，但在经过清理之后，董氏子侄董金如、董月樵继续经营钱业，承担庚子事变之后该董氏钱铺的债务。1917 年董月樵与徐子谦、黄秋舫共同担任震源银号经理，同时董月樵参与出资，身兼震源银号股东，1920 年 8 月因周转不开自行投商会清理歇业。③天津义兴银号经理门育斋同时担任花旗银行华账房买办，门育斋的叔叔为门杰臣，门杰臣是馀大昌的股东，同时又入股利康银号、蚨生祥银号。此外，门杰臣还开设了同丰泰斗店（粮栈业）。1929 年义兴银号倒闭之后，馀大昌银号、

①　孙睿：《市场秩序与行业组织：近代天津钱业同业公会研究》，《中国经济史研究》2015 年第 5 期。

②　《永顺长银号顾士俊为备案事致天津商务总会函》（1909 年 2 月 9 日），见天津市档案馆编：《天津商会档案·钱业卷》（23），天津，天津古籍出版社，2010 年，第 20207 页。

③　《震源银号徐子谦为交图章账本等呈天津商务总会请议书》（1920 年 8 月 13 日），天津市档案馆馆藏，档案号：J0128-3-005065-002。

蚨生祥银号、利康银号、同丰泰斗店皆受到影响。①

　　钱商先后投机经营多家银号，或长期担任银号经理，或在积累了一定资本之后独立投资银号的情况也较为常见。光绪二十年（1894 年）翁林溪与人合伙投资恒昌银号，光绪二十九年（1903 年）又经营恒升钱铺。张泽湘于 1918 年担任永丰银号经理，1929 年为中和银号股东，同时担任中和银号经理。1914 年天津志通银号成立时杜勋铭任总理，1928—1933 年前后又担任永谦银号经理。王文骏 1918 年担任永孚银号经理，1924 年永孚银号歇业后转而担任永豫银号经理。阮寿岩（堂名"怀远堂阮"）曾担任金城银行经理并投资肇华银号、永豫银号，1914 年投资志通银号成为股东，1918 年为永孚银号股东。王郅卿（堂名"世兴堂王"）为盐业银行经理，1918 年为永孚银号股东，1929 年又投资中和银号成为股东。王晓岩和王凤鸣长期担任钱商公会董事，1929 年为馀大亨银号股东。郑兰亭，宣统三年（1911 年）经营魁盛和钱局，1929 年以"今是堂郑兰亭"名义投资馀大亨银号。冯聘臣于光绪三十二年（1906 年）在锅店街庆丰银号担任经理。光绪三十三年（1907 年）冯聘臣担任庆善银号的经理。庆丰、庆善两银号的股东都是军政界的张燕谋。盛润斋（经营钱业多年的知名钱商）的身份也比较特殊，材料显示，1906—1915 年盛润斋均为溢源银号的股东。1918 年盛润斋在日租界开设天源义银号，股东、铺掌不明；1920 年盛润斋为义聚永银号的总理，同时也是股东。何彝臣一方面在北京开设和同泰银号，另一方面又是津帮义昌新银号的东家。1912 年，胡桐轩作为铺掌承领魏莲舫资本银一万两在宫北大街开设汇大银号生理，汇大银号的股东魏莲舫是法国东方汇理银行的华账房。1932 年晋丰银号开业，胡桐轩是股东之一。在这些典型的案例中我们可以清楚地看到，天津钱业经营中除了部分属于家族式传承外，更多的是职业钱商在参与银号的组织与经营。从清末到 20 世纪 30 年代，很多钱业名流非常活跃，从事银号经营长达数十年之久。职业钱商群体长期经营钱业，在各银号中担任经理、副理、监理，或者出资作为银号股东，或二者兼而有之。这些钱商在经营中也完成了钱业的早期资本积累，成为近代天津银号资本来源中的重要类型之一。

　　但是，由钱商群体自行出资组织银号的方式并不是主流，钱商的主要作用是以自身信用为基础，吸纳富绅大贾的闲散资金组织银号。庚子事变之后，天津银号多采用合伙制，钱商的这一作用更加明显。天津银号的发起有两种方式：一是股东意欲集合资本创办银号，招揽钱业中精通业务的

---

① 《利康银号又随倒闭》，《益世报（天津）》1929 年 8 月 7 日，第 13 版。

人员担任经理；二是由钱业中经验丰富的人员发起创办银号，自行担任经理，而股东则是由该经理联络动员而来。在天津银号的经营中，无论出资人是谁，参与银号经营抱有什么样的目的，钱商群体都是组织银号的核心。在近代天津金融业中，银号一直作为一个独立的行业存在，并且长期以来保持着一定的规模，银号可能时开时闭，但钱商群体相对稳定，成为天津钱业的中流砥柱。

清末是近代天津金融结构快速变动的时期。20世纪初，金融风潮频繁发生，对天津银号的影响很大，但银号在恢复中略有发展，在组织规模上比庚子事变之前有所进步。1911年辛亥革命爆发对天津银号造成了又一次冲击。1915年以后，伴随全国经济环境的变化，天津的工商业发展取得了较为显著的进步。从1915年到1937年前，天津银号基本在平稳中度过。1931年南京国民政府颁布《新银行法》，以及随后1933年废两改元与1935年法币政策对天津钱庄造成了一定的影响，一部分银号倒闭或收歇。近代天津的金融格局中，银号的影响力很大，与银行之间的关系较为良好，对推动区域商业发展具有重要作用。据时人评价，"天津金融界握有一部特殊势力者，厥为银号。银号之组织，吾人尝详为研究，内容无异上海之钱庄。惟天津银号近年势力弥漫，操纵津市金融之权利，则远非上海钱庄所可企及"①。

---

① 《津银号倒闭之研究》，《益世报（天津）》1929年8月9日，第13版。

# 第三章　近代天津银号的业务体系

近代天津银号业务庞杂，总的来说包括货币兑换、存款、放款、汇兑、信用发行，以及买卖羌帖、老头票、生金银、证券、公债、大宗货物等"现事"业务。在业务类型上，既包含普通商业性金融业务，也包含投资类金融业务。"现事"业务中按照经营形式又可分为现货买卖和期货交易，其中期货交易多采用投机方式。此外，银号利用资金便利，还参与普通商业的经营和货物囤积。这反映了银号根据市场需求在业务上具有很强的灵活性，同时也反映出近代中国金融发展整体水平有限，依靠单纯的金融业务，其获利不能满足资本家的投资预期。不同层次、不同业务风格、不同市场定位的银号在业务的选择上有明显区别。西街银号侧重存放款业务，侧重与天津本地商号往来，经营风格稳健，其业务被称为"做架子"或"折交"；东街银号经营灵活，其资金多用于各种有价证券、生金银、标金、羌帖、老头票等投资，相对而言不注重存放及汇兑，被称为"套生意"或"现事"业务。门市银号数量多、规模小、资力弱，在业务上主要是经营货币兑换、买卖铜元、发行小额纸币流转市面等，其经营和正式银号业务差异较大，常被钱业区别看待，但本质上仍属于钱业体系的重要组成部分。不同类型银号在业务上各有侧重，体现了近代天津金融市场的细分，也体现了市场自发形成的金融结构优化。

## 第一节　存款业务及其特征

银号运用的资金除了股东投资外，最主要是依靠吸收社会存款调剂资金盈缺。按照存款的性质分类，银号的存款大致包括活期、长期、同业、暂记等类型。其中以活期存款与长期存款两种最为重要。

### 一、存款业务概况

活期存款的存户以本埠商号为主，外埠商家驻津分号或办事处的货款一般也在银号浮存。这些活期存款项大多属于业务性的往来存款，有余款时存入，需要用款时支出。一方面起到存储的作用，另一方面便于商家货款的收拨，此类款项被称为"往来存款"或者"浮存川换"。商号在银号开户浮存款项，一般以银号所立的"浮存折"为凭证，对于商家来说"无保管之烦，有随支随付之便"。①按照习惯，银号对商家的活期存款不付给利息，但伴随金融业竞争的日益激烈，也有银号给予活期存款以少量利息。活期存款以春季为最盛，前期货物已经脱销，新期土产尚未上市，各外行商家多有余款，"无定期，折息三厘，所存者率多所为放者"②。活期存款"按照通例，钱庄于每年年初，开市之后，必分送存折于旧有往来，及信用素著之商家，约其往来。如存户付款与商家，须随带折子，即时入账，若未带折子，以回单为凭。存户向钱庄取款时，亦可开支票支取。因此种交易，为额颇巨，故钱庄常恃以调剂金融焉"③。

　　长期存款即为定期存款，定期存款的期限亦长短不一。按照津市习惯，一般分为一月期、三月期、六月期，一年期、三年期和五年期不等。虽名为长期存款，但一般来说定期存款主要以三月期和六月期为主。一月期的定存与一年以上的长期定存均较为少见。常见的三月期、六月期的定期存款，到期后也并不一定会取出，商家可以选择转期，即再延长一个存款周期，银号除将前期利息照数给付外，本金仍存在该银号。定期存款的利率维持在月利八厘至一分。定期存款的利息在订定存款之时就妥为商定，之后无论是市面资金松紧还是利息低昂，都不能再予以变更。定期存款的主要存户来源有三：一是政府机关及社会组织的公款；二是本埠富户的生息资金；三是普通民众的日常积蓄或"婚丧之资"。民众将款项存放于钱庄除保障安全之外，还可以获得相当的利息收入。这部分款项的特征表现为存款数额一般为整数，存期较长，大致以三月期、六月期居多，个人性质的存款多以"堂名""记号"开户。这部分存款是银号存款中较为稳定的一部分，是银号资金运用的可靠保障，也是银号乐于吸收的存款形式。与之相对，银号则不乐于吸收社会零散的小额短期存款。在吸收存款的方式上，银号与银行有很大不同，银行多乐于拓展社会储蓄。银号收存定期存款的规模，据杨荫溥估计，一些大银号"每号定期存款，每有多至百余万者"④。此类存款期限长的有达数年乃至数十年的，这种定期存款，银号给予的利息也较高。

①　吴石城：《天津之银号》，《银行周报》1935 年第 19 卷第 16 期。

②　《天津钱业之调查》，《工商半月刊》1929 年第 1 卷第 12 期。

③　潘子豪：《中国钱庄概要》，上海，华通书局，1931 年，第 70 页。

④　杨荫溥：《杨著中国金融论》，上海，黎明书局，1931 年，第 280 页。

同业存款主要是来自银行、票号、客帮钱庄和本帮小型钱庄。这部分金融同业存款在早期主要是因为银号与市面关系密切，银行、票号借此动用过剩的资金，以避免资金闲置。晚清至民国时期，银号与银行、汇兑庄、客帮钱庄及本地小型钱庄之间的业务往来越发复杂，彼此存款主要是为资金结算提供便利。银号在业务上主要是代收银行、汇兑庄的票据，买卖银洋，以及收交电汇，客帮钱庄和本帮小型钱庄在与本帮银号建立川换关系方面有困难，故而银号代收其票据的时候，采取与工商往来户一样的办法，在银号开立往来户，存款打码，不定透支。同业存款为"向订有靠家关系银号或银行之存款，例不给息，用以调剂靠家间款项上盈亏，银号于将倒闭时，须尽先偿还此项川换"①。按照天津的习惯，钱业同业之间互相不存放款项，而川换关系的保持是依靠拨码来实现的，银号遇有周转不开，只需向有川换关系的银号发出拨码，对方银号基于川换关系，无条件代为支付。实际上这种川换关系就等同于一家银号收存另一家银号的款项而产生债务。拨码一般于第二天早晨在彼此之间清算，也就是说同业存款是无所谓活期或者定期的，随时拨用，随时偿还，但是毕竟还有一天左右的间隔，而且川换家之间的拨码尾数零头一般是不予清算的，逐日辗转往来，实际上每家银号的账面都会存有一定数量的与同业之间的存款，这就是同业存款。暂记存款是为个人或者商家因经营上现金保管不便，暂时存在之款，大致属于银号代为保管，不定期提取，故而银号对于暂记存款不给利息。由于在银号的存款结构中暂记存款也不占主要地位，故而不再赘述。银号在存款业务上具有明显的倾向性。银号的存款业务中不倾向办理储蓄，而是吸取社会上较为稳定的资金来源。这种存款具有整数、长期、稳定的特征。在吸收存款的过程和手续中，银号还要求存款人找妥实的担保，担保在银号的存贷机制中发挥着重要作用。天津银号对于存款，来历不明者拒收，这是为了防止"挤提"，维持正常经营秩序而采取的必要措施。"堂名""记号"的存款虽有很多优点，但钱庄、银号对于这种存款也不是很积极，如果客户希望将余资存入银号生息，往往还需要担保人，至少需经熟识之人介绍。对银号而言，本埠商号的商业往来存款是最优质的存款，银号非常乐于收存。"跑街"是银号的重要职务，对于往来存款业务的拓展，主要依靠"跑街"来招揽，每年年初"跑街"会挨家挨户给有往来业务的商家送去存折，联络感情，借以广为招揽业务存款，也便于让银号手中的资金贷放给他们。

---

①　吴石城：《天津之银号》，《银行周报》1935 年第 19 卷第 16 期。

## 二、揽收政府公款

银号作为金融机构，吸收社会空闲资金，贷放给需要资金的一方，这是其调节社会资金流动最基本的功能。中国古代社会没有"财政性存款"的概念。晚清时期存于"市面"的公款大致有三个方面，即政府机关公款、社会机构公款和公益组织公款。政府及社会机构的公款"发商生息"并非仅针对票号、银号等金融机构，信誉丰厚的普通商业也会承接政府及社会机构的公款存储，由该商立折收存，并给予一定的利息。这种处理政府资金的模式直到近代建立官银号及银行体系之前，都没有太大的改变。票号兴起之后，与清政府官款之间的复杂关系维系长达数十年之久。庚子事变之后，票号衰落，钱庄、银号发展，收存官款的任务就部分地开始向钱庄、银号转移。清末民初，天津各银号都存在不同程度的收存官款活动。清政府在各地相继设立官银号及银行以后，部分官款逐渐转由官银号和银行系统收存，减少了天津银号的资金来源。无论是政府官款还是社会机构的公款，在银号存储无外乎四种形式：定期存款、浮存款项、公款代收和公款汇兑。正是通过这些业务上的往来，社会上的公款才会积存银号从而形成一定规模。

第一，定期存款。例如，宣统二年（1910 年）三月，外务部专门"于美国退还款（似为退还庚子赔款）内用存项下提京平足银十万两交义善源银号生息，以备要需"[1]。地方社会行政机关也是银号定期存款的主要来源，如近代天津的支应局、禁烟局、官盐局、学务公所、提学司等，这些地方行政机关的办公经费会以定期存款的形式存于银号。此外，社会公益组织公款也常常会存于银号生息，且公益事业的经费来源很大程度上就是依靠利息收入，此类存款的存期尤长。例如，新泰银号搁浅以后，天津广仁堂向其追索欠款："敬启者，本堂存款向系发交殷实商号生息，以充本堂经费。查有新泰银号存有敝堂生息善款计银一千两，月息八厘；又洋蚨四千元，月息六厘；又往来川换洋蚨一千二百六十六元四角三分八厘。"[2] 广仁堂是社会福利机构，其定期存款"向系发交殷实商号生息"，且日常经费也浮存于新泰银号。嵩年社老人会存于裕源钱铺的款项也具有明显的

---

① 《钦差大臣办理北洋通商事宜陆军部尚书都察院都御使直隶总督部堂陈为追缴义善源银号存外务部款项要求呈缴各处押据备抵事致天津商会札》（1911 年闰 6 月 21 日），见天津市档案馆编：《天津商会档案·钱业卷》（12），天津，天津古籍出版社，2010 年，第 10564—10565 页。

② 《广仁堂为追缴新泰银号欠款事致天津商务总会函》（1910 年 9 月 9 日），见天津市档案馆编：《天津商会档案·钱业卷》（2），天津，天津古籍出版社，2010 年，第 1382 页。

社会公益性质。光绪三十一年（1905 年）八月，据其职员华廉天、王荫堂、金介甫、黄仲簏等禀称："窃职等于光绪二十一年公立嵩年社老人会，共会友四十八位，每人出钱二百千，以八年为满，分期存在裕源钱铺，掌柜刘翊庭，以为各人长者卒葬之资。至今以逾年满之期，而该钱铺所存者，除应事家取出分用外，尚应存职等本息钱九百十四千五百文。"①此项众人集资的公益基金，额定存期八年，但实际上从光绪二十一年到三十一年（1895—1905 年）已长达十年之久。光绪三十四年（1908 年）永顺长银号收存"育黎堂之款，原系生息本银一万两，前已付过本银二千两，付过息银七千八百余两，已属利过于本"②，即育黎堂所存储的 1 万两，在辗转多年以后，永顺长所付给的利息已经基本上与本金持平或者超过本金。一般来说银号收存存款给付的利息率在 4—8 厘者居多，即使按照 1 分利计算，1 万两白银存储的利息欲求本利持平，尚需存储十年之久。可见，社会机构存款存期一般较长。

第二，浮存款项。政府及社会机构将日常应用经费暂存于银号，盈存虚支，与工商往来存款在运用形式上没有本质差异，只是存款单位为政府或社会机构，款项的性质为公款。这样的情况比较常见，但这类官款一般数额不大。例如，"庆源瑞银号原存禁烟局银一千二百三十一两九钱六厘"③，但这笔款项直到庆源瑞银号倒闭都没有清理完毕。宣统二年（1910 年）九月，新泰银号被沪号牵连倒闭，直隶劝业公所向新泰银号所要的欠款即明确表示此款为种植园的各项经费："敬启者，顷据敝属种植园管理员王龄嵩禀称，本园售品各经费向存新泰银号，兹闻该号于本月初七日停闭，管理即向该号索取，除取物押抵外，尚欠公化银三百八十一两三钱九分。"④这些浮存款，多为政府及社会机构的日常办公经费。

① 《公立嵩年社老人会职员华廉天等禀追缴裕源钱铺欠款事》（1905 年 8 月 28 日），见天津市档案馆编：《天津商会档案·钱业卷》（22），天津，天津古籍出版社，2010 年，第 19040—19041 页。

② 《永顺长银号铺东周永年为陈明所欠支应局、育黎堂各款详情致天津商务总会函》（1908 年 9 月），见天津市档案馆编：《天津商会档案·钱业卷》（23），天津，天津古籍出版社，2010 年，第 20149 页。

③ 《直隶财政厅为追缴庆源瑞银号欠款事致天津商务总会函》（1918 年 7 月 8 日），见天津市档案馆编：《天津商会档案·钱业卷》（13），天津，天津古籍出版社，2010 年，第 10862—10863 页。

④ 《直隶劝业公所为追缴新泰银号欠款事致天津商务总会函》（1910 年 9 月 11 日），见天津市档案馆编：《天津商会档案·钱业卷》（2），天津，天津古籍出版社，2010 年，第 1388 页。

第三，公款代收。裕丰银号经收天津海关关税长达 30 余年之久一事最为典型。宣统三年（1911 年），该裕丰银号受辛亥革命的影响周转不灵，欠天津海关关税多达 70 万两，据该裕丰银号呈报："窃敝号经收天津海关税款已历三十余年，尚无贻误。自津埠庚子之乱，现银奇绌，各炉房皆不化化宝，敝号为便商起见，不得不通融办理，收用各银行、银号化宝支票，宽以时日，再由各银行、银号扣（折）色缴交敝号白宝以应解库之需。不料鄂变事起，津埠被其影响，自九月初七日全市尽停，以致各银行、银号应交敝号各款数十万两无法收归，复于九月二十一日天津海关税款，十月二十三日秦皇岛海关税款，先后归汇丰银行代收。敝号至是来源既竭，号中前存现款又经权宪拨用罄尽。嗣后续有拨用，遂无以应。惟敝号固不料停市至两月之久，且屡闻借款接济市面将有成议，窃拟将产业押借数十万，亦可应此急需，讵意款终未妥，此敝号所以竭蹶也。"[1]代收官款业务也会造成一定数量的官款积存在银号手中，银号在日常经营中得以运用。

第四，公款汇兑。所汇官款在没有提用之前，实际上也会暂时存储在银号手中。1912 年 8 月，海军汇交天津大清船坞修缮费用 1 万两，经由北京大庆元银号汇交天津，据海军部咨称，"本部于去年八月发交大清船坞京足银一万两，原备随时拨还修船之费，交由北京大庆元号汇交该坞收用，到天津时，该大庆元分号仅立一收折送去"[2]。大庆元银号所立存折即表明该项修船经费暂存在该号作为大清船坞的活期存款，该款在提出之前，都可以被银号加以利用。

晚清以降，收存官款对于银号来说有利有弊。虽然官款的存储数量大、利息低、存期长，在国家政治环境稳固的时期，官款的这些特点足以让银号获得一笔稳定的存款来源，但银号收存官款的活动对于银号、政府存贷双方都存在一定的隐患。对于政府来说，资金安全无法得到充分的保障。按照银号的经营风格，存款准备金往往不是很充足，因为银号要将资金尽量投放市场以博得厚利。当官方急需用款的时候，银号往往不能尽数给付，影响政府资金的正常使用。对于银号来说，政府的大额存款一旦挤提，银号的正常经营则难以为继。近代天津历史上曾多次发生政府用强制手段抽

①　《关于裕丰银号短欠税款一案照录北洋大臣陈稿》（1911 年 12 月），见天津市档案馆编：《天津商会档案·钱业卷》（17），天津，天津古籍出版社，2010 年，第 14769—14770 页。

②　《天津大庆元银号为陈明与大清船坞之间的存款关系一事的辩诉书》（1912 年 8 月 24 日），见天津市档案馆编：《天津商会档案·钱业卷》（23），天津，天津古籍出版社，2010 年，第 20572 页。

提现款，银号往往因周转不开而就此倒闭。对于官款的清理，由于数额较大，银号往往需要分年偿还，推迟时限数月数年不等，有甚者长达十数年尚不能完全清理。更为严重的是，此类挤提造成的影响不局限于一家一户，有可能引发银号行业信用的连锁反应，造成一定规模的金融风潮，从长远看，这不利于银号经营的长期稳定。所以，中国近代金融转型的一个重要内容就是国家银行与地方银行体系的建立。政府官款存储于商业金融机构，从形式到内容都是比较落后的一种模式。票号、银号皆不能适应清政府对财政金融的需求，清政府推动财政金融改革，设立银行对财政性金融予以剥离，这是历史的进步。

银号收存官款，难以避免和各级官府打交道。由于封建关系的残留及政府的强势地位，商人也往往吃亏甚多。商人与政府之间的封建关系，在近代以后仍有一定影响。官款虽然存储在市面"发商生息"，但官款的地位从来都高于商款。虽然在资金的运用上与一般的商款基本上没有差别，但银号倒闭进行清理之时，官款具有尽先清偿的特权。与之相反，银号的资金贷放给政府机关使用，往往商人又难以收回，控追乏力。例如，光绪三十四年（1908 年）天津永顺长银号铺东周永年关于银号清理的呈文：

具禀职商周永年（永顺长银号铺东），为遵谕禀覆和盘托出……先清官款再将商款立案作扣，以免将来讼累，伏乞矜怜作主批示祗遵事。窃职号欠支应局、育黎堂各款，职赴院将始末吃亏被冤情形，连禀三次，均蒙批示在案。溯查支应局银、钱两款，该银系庚子年河工局寄埋被抢之银，该钱系庚子年江苏海运局因乱寄存，复经运署（长芦盐运司——笔者注）取用六万余吊之钱，乃均不承认。复勒令重立新折，仍写当日原存之数，是以银钱计共合银净欠银三万八千零八十七两零。至育黎堂之款原系生息本银一万两，前已付过本银二千两。付过息银七千八百余两，已属利过于本，是以除付息尚欠本银八千两。前蒙堂讯极承宪恩开导……职此次和盘托出，恐官款虽清，而商款群起索款，职实支持不住。且职在商会均经声叙明白，该商会于职亦必有难容，职何以生活？若将来再讨官家所欠职号之款以抵商款，又恐官家之款未易控追……职以商款先抵官款，官款固为有著至要，官家所欠职号之款，将来再抵商款……至商款，仍乞我宪台代职立案作扣，庶免将来众商之攒逼，则感大德于生生世世矣。①

在天津永顺长银号铺东周永年的呈文中，首先可以看到官款和商款在银号清理时被要求区别对待，即"先清官款再将商款立案作扣，以免将来讼累"。"商款作扣"是近代商业债务清理中较为常见的一种现象，即债务人在不能履行清偿义务时，往往进行破产偿还，即将债务人的抵债货物及产业变卖取值，由各债权人均分。如果出现资不抵债的情况，难免要对债务进行折扣。这种习惯是当时通行市面的一般做法，这种清理方式也为大多数商家所认可。从永顺长银号的案例来看，官款和商款存在明显区别对待的情况。同样需要变产抵债，但周永年承诺官款首先得到足值偿还，之后再将"商款立案作扣"。此外，此案还有政府机关运用行政力量对银号进行侵夺的现象。永顺长银号欠支应局的款项有银、钱各一笔，"该银系庚子年河工局寄埋被抢之银，该钱系庚子年江苏海运局因乱寄存"，虽然河工局和海运局的存款细节不是很清楚，但推测可知庚子事变之后，各社会机构多有裁撤，而其遗存的款项可能会拨交其他政府机关收用。此件所欠支应局的款项很可能就是由河工局和海运局拨交而来，款仍存永顺长银号，但已经归属支应局款项之下，晚清这种公款之间调拨使用的现象是比较常见的。此项款项特殊之处就在于"复经运署取用六万余吊之钱"，即长芦盐运司从支应局的款项下支用六千吊制钱，但是"（支应局）乃均不承认，复勒令重立新折，仍写当日原存之数，是以银钱计共合银净欠银三万八千零八十七两零"。不难看出，永顺长银号在处理此件支应局的款项中，受到了政府机关行政强制手段的侵夺。受政局影响造成的损失，全部由永顺长银号来承担。永顺长银号在欠有官款债务的同时也有款项贷放给政府机关使用。永顺长对此非常担忧，表示"若将来再讨官家所欠职号之款以抵商款，又恐官家之款未易控追"。另外，因为与政府之间的债务问题，周永年叔侄二人均被羁押。这是清政府清理银号债务时的一般做法，刑民不分，主要是为了避免银号铺掌欠债潜逃和用于抵偿产业的隐匿，同时也是为了银号清理的效率，还隐含着被视为官款押追的有效保障。不难发现，在债务的清理过程中，官商的地位具有明显的不平等。晚清清理债款制度之不健全亦可见一斑。

---

① 《永顺长银号铺东周永年为陈明所欠支应局、育黎堂各款详情致天津商务总会函》（1908年9月），见天津市档案馆编：《天津商会档案·钱业卷》（23），天津，天津古籍出版社，2010年，第20149—20150页。

官款发商生息较为常见，但也存在特殊情况，即政府机关将款项强行向银号派存。例如 1907 年，北京恒和金店天津分号就遇到赈抚局强派官款。据北京恒和金店商人汪成铧派本铺司事李邦贤报呈："窃商天津分号于庚子前有赈抚局派存生息底款银四万两，迨庚子乱耗已萌，经司事人魏东卿曾如数赴局缴还，奈局委再三不收，求之至再，仅收二万两，仍存之二万两。"①

银号收存官款的情况在晚清时期较为常见，在晚清银号的债务清理过程中，可以经常见到政府、社会机构及社会公益组织与银号之间的债务关系。虽然在银号的存款结构中官款所占的比例缺少详细统计，但可以推断晚清时期银号收存官款的情况是比较常见的。对于银号来说，由于商业整体发展水平所限，商款的来源较少，收存官款满足了其对资金的需要。对于政府及社会机构来说，银行体系尚未完全建立，财政性存款制度不完善，需要通过商业性金融组织来解决公款的存储安全和获利问题。

据裕源银号经理张铎在处理其所欠长芦盐运司款项的时候报称："窃商领东在天津估衣街经理裕源银号，开设十余年之久，官商往来款项为数颇巨，于交易毫无贻误。迨于宣统三年九月间，存有禹长官盐局银二万余两，除年终拨还二千两外，尚欠银一万八千余两，原拟转年分期归还。不意壬子年正月间，突遭变兵抢掠，连同商所开绸缎、洋布各庄并住宅焚掠一空，扫地无余，颠沛流离……笔难尽述。"②此外，裕源银号还欠河南豫泉官银钱局一万三千五百七十八两七钱三分。③可见，清末民初，天津部分银号确实存在广泛收存政府公款的情况。甚至，部分银号就是以经营政府公款为目的设立的，如"裕丰官银号"，其本身也是商人设立，采用合伙制的形式，资本中没有官股，之所以称之为"官银号"，主要是因为业务上承办津海关的税收前后达 30 余年之久。

明清以来，官款"发商生息"由来已久，但到清末也出现了一些新的变化。例如，光绪三十四年（1908 年），清政府厘定《大清银行章程》中

① 《北京恒和金店为陈明赈抚局存款详情致天津商会函》（1907 年 5 月 24 日），见天津市档案馆编：《天津商会档案·钱业卷》（22），天津，天津古籍出版社，2010 年，第 19239 页。

② 《长芦盐运司呈请天津商务总会代为追缴裕源银号欠款事》（1920 年 9 月 20 日），见天津市档案馆编：《天津商会档案·钱业卷》（5），天津，天津古籍出版社，2010 年，第 3613—3614 页。

③ 《河南豫泉官银钱局关于催讨天津裕源银号欠款事的公函》（1913 年 7 月 1 日），见天津市档案馆编：《天津商会档案·钱业卷》（5），天津，天津古籍出版社，2010 年，第 3603 页。

明确规定："大清银行得由度支部酌定令其经理国库事务及公家一切款项，并代公家经理公债票及各种证券。"①银行体系的出现对票号、钱庄等商业金融业的发展产生了重要影响。李宏龄在分析票号经营的困窘状况时着重指出银行的竞争，"我晋局以善贾驰名中外，汇业一项尤为晋商特色。近百年来，各业凋零，而晋人生计未尽绝者，独赖汇业撑柱其间。乃自甲午、庚子以后，不惟倒欠累累，即官商各界生意亦日见萧疏，推其原故，固由于市面空虚，亦实以户部及各省银行次第成立，夺我利权。而各国银行接踵而至，出全力以与我竞争。默计同行二十余家，其生意之减少已十之四五，存款之提取更十之六七也。即如户部银行所到之处，官款即全归其汇兑，我行之局做交库生意者，至此已成束手之势。我行存款至多向不过四厘行息，而银行之可行五六厘。放款者以彼利多，遂提我之款移于彼处。且彼挟国、藩库之力，资产雄厚，有余则缩减利息，散布市面，我欲不减不得也；不足则一口吸尽，利息顿长，我欲不增又不得也。彼实司操纵之权，我时时从人之后，其吃亏容有数乎？至于外国银行渐将及于内地，所有商家贸易，官绅存款，必将尽为所夺。外人之素习商战，则非我所能敌。试问我行尚有何事可做乎？"②这种情况对于后起的钱庄、银号来说依旧没有改变，新式银行的出现是中国近代金融转型的核心要素，对中国本土钱业影响深远。

清末民初，天津银号收存的各类款项中官方公款是其重要组成部分，公款的收存有利有弊，利在充裕资金，弊在容易遭遇政府强势挤提，造成银号经营的不稳定。近代天津银号收存公款的情况主要是在清末民初，这反映了在一定时期内，商业不甚发达，银号很难将主要业务对象放在商业领域，单靠商业领域的存款很难保证银号的经营利润，这是经济发展水平的局限。伴随商品经济的进一步发展，银号存款的主要来源转变为商业性存款。晚清时期，清政府推进银行体系建设，国家银行及地方银行体系逐渐走向正规，政府公款及日常办公经费的存储逐渐转向银行，开始与银号进行业务竞争，银号的资金来源减少，这也迫使银号转变经营方式，业务对象从政府及社会机构逐渐转向普通的商业贸易，一定程度上说也是反映了中国金融的发展趋势。

---

① 《大清银行则例》，《直隶总督为转饬各种银行则例事致天津商会札》（1908 年 2 月 2 日），见天津市档案馆编：《天津商会档案·钱业卷》（1），天津，天津古籍出版社，2010 年，第 103 页。

② 李宏龄：《山西票商成败记》，转引自董继斌、景占魁主编：《晋商与中国近代金融》，太原，山西经济出版社，2002 年，第 261—262 页。

### 三、收存私人票项

银号的票项存款是一种特殊的定期存款。票项存款不同于银行的储蓄，与银号商业性定期存款亦有不同。票项存款的存户多为天津本地商人、富户，具有数额大、存期长、利息高等特点，存户多以"堂名"形式开户，银号对于此类存款开写纸质票据。也正因如此，银号称此类存款为票项或票存①。"票存"的形制较为简单，1936 年有人就"票存"的法律时效问题登报咨询，"兹有票存一纸，票面仅写票存大洋五百元正，某年某月某日，某某亲笔字样，但已逾期五年之久，未知该票有失时效否，祈请先生教刊是祷"②。可见，票存的形制就是简单的一张纸条，上面写明存款的金额、时间、收存方人名等信息。

票项存款是银号资金的重要来源。银号在资金运用上与银行不同，非常注重资金的使用效率，强调高投资、高周转、高回报，而不是通过拥有较大的资金规模获得投资效益，因此，银号业务的重点不是通过储蓄业务吸纳存款。但是，作为金融机构也需要一定的资金量保证业务的正常运转，因此，银号乐于收存私人的大额存款。

私人在银号进行大额存款的多为本地的士绅、富户，票存资金本身具有闲置、大额、整存、定期等特点，满足了银号对资金安全、可控、管理成本低等各项要求。新式银行的储蓄业务在扩大吸收存款方面具有优势，但缺点在于金融风潮来临容易遭遇挤提。银号的资金运用追求高速高效，遭遇挤提、挤兑是对经营安全的最大挑战，因此，银号不倾向收存市面零散的小额存款。票项存款则全然不同，较少的存户即可汇聚较大的资金量，遇到周转不便之时，存户对于银号多有通融，即便在银号搁浅倒闭时仍可以通过商会从中协调，将票项分期减息偿还，对于维护银号的经营稳定具有重要意义。以上特点，可以在天津银号经营的实践中找到证据。

银号中收存有私人大额存款。例如，1929 年 8 月，天津裕生银号"存款巨户中有蔡某者，曾充江西省督军之职，在该号独存款至三十余万之巨"③。可见银号中的大额私人存款对提高银号资力具有显著作用。

票存不但单笔数额较大，而且存户少，存期一般较长，多以"堂名"开户。光绪三十四年（1908 年），文益成搁浅，"欠津申各处钱庄一十四

---

① 在银号的档案中也有将银号发行银钱票而收取的现金称为"票存"的，与这里的"票存"概念略有不同。

② 《票存时效》，《新闻报》1936 年 2 月 10 日，第 12 版。

③ 《银号倒闭潮》，《益世报（天津）》1929 年 8 月 4 日，第 13 版。

万余两，蒙贵会竭力维持始得分年筹还，独票存一节归为自理"，对于这种处理方式各票存户碍于商业习惯与商会调处并没有提出异议。宣统三年（1911 年）二月，各票存债户听闻文益成"有房契一纸作抵，估银二万两，归公善堂收存"，各债户认为有失公平，提出"若实在不可收拾，徇破产律条，其契据无论存在何人之手，总以大家均分为是，吃亏多少在所不计也"。①在呈文之后，附有各票存债户堂名、住址、数额、姓名清单，详见表 3-1。

表 3-1　宣统三年二月文益成各票存债户情况

| 堂名、记号（或姓名） | 票存数额 | 住址 | 备注 |
|---|---|---|---|
| 路琴舫 | 存银四百两 | 住河北关下 | |
| 积善堂 | 存银八百五十两 | 住扒头街 | 高品三，赴山东 |
| 守记 | 存银六百两 | 住鲍公祠胡同 | 徐燮臣 |
| 指义堂 | 存银两千两 | 住锦衣街桥 | 钱幼生 |
| 德厚堂 | 存银两千两 | 住三官庙东 | 王少泉 |
| 徐荫堂 | 存银一千五百两 | 住河北关下 | 王镜卿 |
| 衍庆堂 | 存银一千八百两零四分 | 住北阁西 | 王春农 |
| 知足斋 | 存银一千两 | 住徐家水窖 | 路振廷 |
| 迪吉堂 | 存银五百两 | 住宁津县 | 尚在渭，未在津 |
| 生记 | 存洋九百元 | 住吴家大院 | 侯兰生 |
| 长顺堂 | 存洋一千元 | 住古皇庵东 | 张静波 |
| 福厚堂 | 存洋一百二十五元六角 | 住西头 | 章泉舫 |
| 德善堂 | 存洋五百元 | 住盐店胡同 | 梅楚宝 |
| 裕政堂 | 存洋五百元 | 住大伙巷 | 马觐墀 |
| 友敬堂 | 存洋一千元 | 住小关 | 徐筱泉 |
| 福厚堂 | 存钱五百吊 | 住关下 | 孙宅 |

以上票存共存银一万零六百五十两零四分、洋四千零二十五元六角、钱五百吊

资料来源：《众票存户联名追缴文益成票存款项事给天津商务总会的请议书》（1911 年 2 月 11 日），见天津市档案馆编：《天津商会档案·钱业卷》（23），天津，天津古籍出版社，2010 年，第 20131—20135 页

可以发现，票项存款多以堂名或记号登记在册，主要为了保密。票存

---

① 《众票存户联名追缴文益成票存款项事给天津商务总会的请议书》（1911 年 2 月 11 日），见天津市档案馆编：《天津商会档案·钱业卷》（23），天津，天津古籍出版社，2010 年，第 20131—20133 页。

款项大多数为整数形式，且单笔存款数额较大。文益成的票存债户只有 16 家，数量较少。在银号经营遭遇危机时，票项存款具有较大的协商余地。光绪三十四年（1908 年），文益成搁浅时在商会的协调下各票项存款已经通融办理，到宣统三年（1911 年）因股东隐匿资产被发现再起风波，但在商会的协调下，双方的纠纷再一次得以平息。这样的处理方式，与近代银行时常需要面对的储户挤提相比，无疑是一种更节约成本的处理机制，对于银号自身的存续和市面的安定都具有积极意义。

票项存款除来自绅商富户外，股东也常以票项的形式将资金存入银号扩充经营。光绪三十一年（1905 年），盛兴源钱铺进行债务清理，其中忠恕堂钟的票项"系生（贡生钟鼎元）三婶母两世守孀，尚有命产票项五宗共钱一万吊、银一千两，经二堂弟星孙手承办"。忠恕堂钟的票项存款只是盛兴源钱铺票项存款的一部分。盛兴源钱铺的债务除了正金银行两万两、平市官钱局九千两、票庄三号银一万八千三百两之外，还有"票项银一万三千两，钱二千吊"。很显然，忠恕堂钟因和盛兴源钱铺存在亲属关系，将"命产票项五宗共钱一万吊、银一千两"存入该号。[1]

银号不但收存票项，同时银号的股东也存在放出票项的情况，即将较大数额的款项以票存的方式存储在他号，对方可能是钱业，也可能是一般商业。光绪三十一年（1905 年）十一月，同春号武东序与信源成钱铺李子青产生债务纠葛，经商会公断"饬其赶紧措银，不得负约等情，现在两月之久，李子青既不交银，亦不将票缴回，未免肆无忌惮。查李子青并非无产无业，除房产、票项外，尚有瑞兴成毛庄买卖，甚为兴旺"[2]。可见，票项的存在是作为股东资产出现的。宣统二年（1910 年）十二月，同益钱铺东家李哲生，所用堂号为"益善堂"，其与德丰恒东家黄姓"慎思堂""用舒堂"，互相存有票项。宣统二年（1910 年）十二月，同益钱铺歇业之后，两家进行债务清算采用票项相抵的方法，"窃同益钱铺曾借商东家黄姓慎思堂银一万五千两，又用舒堂银五千两，均立有票据，并中友为凭。现同益钱铺已经歇业，经商向其催算，该铺掌高少湘、陈葵生已与其东家李哲生说明，以益善堂在商铺中所存一万三千两票项抵算，计光绪三十一年正月十六日期四千两，三十一年六月十三日期四千两，三十一年十二

① 《盛兴源钱铺钟鼎元禀天津商务总会陈明债务事》（1905 年 1 月 29 日），见天津市档案馆编：《天津商会档案·钱业卷》（22），天津，天津古籍出版社，2010 年，第 19016—19017 页。
② 《同春号武东序禀天津商务总会追缴信源成钱欠款事》（1906 年 1 月），见天津市档案馆编：《天津商会档案·钱业卷》（22），天津，天津古籍出版社，2010 年，第 19043 页。

月二十六日期五千两。兹查益善堂票项系同益钱铺东家李姓者，与伊钱铺欠商东家票项抵算甚为合式"①。1919年9月，协庆当欠洽源银号票项银三千两，该项欠款不用洽源银号名义，而是用股东"源远堂"名义。据洽源银号报称："查协庆当敝号所出票项系源远堂台（抬）头津公砝平化宝银三千两，业经呈明在案。"②这也说明，近代天津银号之间的存款形式灵活多样。

票项本质上就是商号收存的大笔私人定期存款，是近代商号筹集资金的一种模式，有余款者多选择经营稳健且获利丰厚的商号放出票项，其目的是获取利息收入，具有经营的性质。也正是经营性质的存在，使其不同于银行储蓄、同业川换、商业定期等类存款。在近代天津商业习惯中，银号破产清理时，票项的受偿权利在官款、洋款、银钱纸币、浮存川换款项等之后，即其他各项债务清理完毕之后才考虑清理票项。光绪二十九年（1903年）十二月，上海县聚生钱庄陈兆淇向天津恒升钱铺追讨浮垫汇款，"讵有天津恒升钱铺以收银运申到期或有先后，见烦商庄（敝庄）立折浮存浮垫以便纳交，商庄探明该号系翁莲溪独立之生意，在津最为殷富，津郡又蒙督宪设有商务公所通商论理，商庄始敢与之川换，经其驻申商伙冯仰周于本年十、十一、十二等月共借欠商庄银二万两"，天津恒升钱铺以房产抵偿，聚生钱庄并不认可，主张该项汇票浮借川换之款应尽先得以偿还，"彼等各债主皆系津中长期票项，其所被欠之故，皆因图伊厚利，何能与浮借商庄代交汇款之项相提并论"。③再如，受辛亥革命的影响全国的金融周转顿陷滞塞，1911年9月6日天津众钱商专门为暂停提取票存事禀请天津商务总会："窃商等均系钱商，专以银钱周转流通市面为宗旨。自湖北一乱，北京街市恐慌，上海业经停市，加以银根奇绌，欠内者债难归付，而欠外者纷纷提取，有去路无来路，商等实系无法支持，势迫形逼，不得不速筹办法。除银洋票、银条钱帖照旧取付外，所有票存、折存一律暂停提取。一俟市面大局稍定，再为照章取付。"④银号的经营之根本在于信

① 《德丰恒银号为与同益钱铺之间存欠相抵备案事致天津商务总会函》（1910年12月28日），见天津市档案馆编：《天津商会档案·钱业卷》（23），天津，天津古籍出版社，2010年，第20378页。
② 《洽源银号为追缴协庆当票项款事致天津商务总会函》（1919年9月25日），见天津市档案馆编：《天津商会档案·钱业卷》（25），天津，天津古籍出版社，2010年，第21709页。
③ 《上海县聚生钱庄陈兆淇禀天津商务总会追讨浮垫汇款》（1903年12月），天津市档案馆馆藏，档案号：J0128-3-000082-002。
④ 《天津众钱商为暂停提取票存事禀天津商务总会》（1911年9月6日），天津市档案馆馆藏，档案号：J0128-2-000802-034。

用,此次众钱商呈请商会维持金融,所有票存、折存一律暂停提取,是整个行业的集体行为,以便于各家都得以周转获得喘息的机会。如果单仅一两家擅自停止支取票存、折存,那么就意味着该商号搁浅倒闭,其他同业也会因为其他债务关系及交易关系被间接牵连倒闭。可见,商人在经营实践中对票项的受偿权利形成了这样的共识。

### 四、依赖临时拆款

钱庄、银号的资本规模一般都较为有限,在数万两白银左右。到 20 世纪 30 年代,上海的少数钱庄资本额增长到十数万两,极少数能达到 20 万两以上。20 世纪 30 年代,天津银号平均资本仅有五六万两的规模。钱庄、银号大多数不设分号,上海钱庄所设分号多数集中在长江中下游地区的一些城市,分设在其他商埠的钱庄数量较少。钱庄、银号对资本规模的重视程度在整体上弱于银行,这主要是因为钱庄、银号在金融行业中的定位有别于银行。在资金运用上,除自有资本和各项存款外,钱庄、银号主要依靠金融同业拆款和庄票。上海外资银行对钱庄拆款的情况出现较早,到 1873 年这种贷款已达 300 余万两,进入 19 世纪 90 年代以后,更增加至 700 万—800 万两。[①]天津银号在资金欠缺时主要靠银行和西帮票号的拆借。天津银号除自有资本外,定期存款的规模大致为资本的 5 倍,其余不足资金则主要依靠同业的拆款。钱庄、银号与银行之间相互拆借而支付利息,称为“拆息”。因拆借款项多为银两,又按日息计算,故又称为“银拆”或“日拆”,以每日拆息数按月加一总数,即为月息。对往来客户在此总数上减去若干即为存息,增加若干即为欠息。拆借其本质就是借款的利息,拆借的关系只限于银行、银号、票号等金融同业之间,并且拆借的时间一般不长。按照历史发展的先后顺序,票号、外资银行、华资银行都曾作为天津银号拆款的对象。清中期以后天津银号逐渐发达,直至整个民国时期,天津银号依赖票号、银行拆款予以支持的特点基本变化不大。

票号出现以后,常将余资拆放给银号。票号大多开设在通都大埠和重要码头,在业务上多与官府接近以便于收存官款,其资本雄厚,一般只放款给政府和资信较好的钱庄及个别殷实商号。对一般的工商业概不放款,而资金的运用主要是通过钱庄、银号的中介作用,间接地贷放给市面。此外,票号经营大额的汇兑和存放款,其现金出纳等管理性的金融活动多交

---

① 《丙申年上海市面大概情形论》,《申报》1897 年 1 月 30 日,第 1 版。

给钱庄、银号办理，常常与多家信用牢固的钱庄订立往来合同，将资金交给钱庄保管。票号于未设分支机构的城市，就将其汇兑等业务委托当地钱庄代理。例如，大德通票号在光绪中叶分号有 20 余处，在各省委托当地钱庄代理业务的也有 20 余处。西帮票号在其极盛时期，曾一度成为各地钱庄、银号的资金主要来源。

　　清末，受庚子事变影响票号虽然逐渐衰落，但票号对银号的放款数额仍然非常可观。票号在天津的金融业中仍具有重要作用。光绪三十四年（1908 年）六月，山西票号大盛川与恒祥庆银号之间关于八万余两的巨额欠款涉讼。恒祥庆银号东家陈昂为山东富绅，向大盛川票号借款数额巨大，达八万余两。此项借款由陈昂山东产业作抵。直到光绪三十四年（1908 年），此项欠款恒祥庆仍难以偿还，陈昂避债返回山东以后，天津商会方面在没有解决办法的情况下，呈请农工商部转行山东巡抚饬属查封陈昂在山东的产业，用以抵还恒祥庆银号所欠大盛川的八万余两债务。[①] 可见光绪三十四年（1908 年）的时候，票号仍有大宗款项拆借给银号使用。

　　光绪三十二年（1906 年），聚通恒银号因为经营引岸十余处，资金大都由票号裕源永、大盛川予以支持。受庚子事变影响，聚通恒银号经营难以为继，欠裕源永、大盛川两号的款项难以清还，除此之外，聚通恒银号还向外资银行、洋行拆借款项用以周转。在这样的情况下，为了维持聚通恒银号的营业以便清偿债务，裕源永、大盛川两号对聚通恒银号追加放款。此案也反映了银号对票号的资金依赖。光绪三十二年（1906 年）二月，票号裕源永、大盛川向天津商务总会呈请备案，据称："窃商等津号自光绪初年与针市街聚通恒钱铺交易往来，时常借与银款，或长期或短期，向无错误。乃于庚子乱后，该号被累，周转不灵，所有欠商等各号银款，虽略有归楚，而所欠尚巨。商等复查该号遭乱亏耗，亦系实情。铺东虽有引岸十余处，复因乱后无力办运，常向洋行、银号告贷巨款，息重期迫，时形竭蹶，以致欠商等旧款一时无力清还。现与该号商酌，议定新章，自本年起按照旧欠银数，每年由商等接济三成，如欠银一万两者，再借与新款三千两，月利八厘，年清年款，俾免告贷洋债，复出重息，腾出余利，每年于年终时摊还商等各号旧债一成，十年还清。此笔接济新款专归该铺东办

---

① 《天津商务总会为追讨恒祥庆银号所欠山西大盛川票号债务事禀农工商部》（1908 年 6 月 16 日），见天津市档案馆编：《天津商会档案·钱业卷》（4），天津，天津古籍出版社，2010 年，第 3105 页。

理引岸运务用项，照此通融办法，庶新款不至拖欠，旧款亦逐渐清偿，彼此议定决无返悔，各拟禀请立案。"经此决议以后按照原欠债务三成，裕源永和大盛川分别又对聚通恒银号拆放现款支持营业："裕源永旧存公砝平化宝银八千两；裕源永新借公砝平化宝银二千四百两；大盛川旧存申公砝化宝银一万二千两；大盛川新借申公砝化宝银三千六百两。"①票号与钱铺之间的资金借贷关系密切，票号在旧欠尚未偿还的情况下借与新款，目的是维持该钱铺营业，避免旧欠难偿，破产清理，体现了彼此在利益上的一致性。

除票号之外，外资银行也将剩余资金拆放给钱庄、银号。英商汇丰银行是最早到天津设立分行的外资银行。其后德华、道胜、麦加利、花旗、华比、正金、朝鲜，以及东方汇理银行先后在天津设立分行。外资银行聘用中国熟悉金融业务人员，仿照洋行的办法设立"买办"，这就是在外资银行中普遍存在的华账房。外资银行的华账房一般都和中国的钱庄、银号建立了资金借贷关系。正是通过华账房的关系，外资银行开始将暂时闲置的款项向市面进行拆借。早期，外资银行进入中国以后，虽然资金雄厚，但贸易的发展曾一度非常有限，外资银行遂选择与中国的本土金融机构钱庄、银号建立深度联系，一方面为闲置的资金寻找运用渠道，另一方面也希望借助中国传统商业网络进一步拓展进出口贸易。这一点在上海表现得尤为明显，如《申报》记载："钱庄之本，如沪市汇划字号之多无过5万，少则2万余，招揽往来户头百十，所放之账，辄盈数十万"，之所以钱庄能具有如此的经营额度，皆因"有外国银行、西帮票号以为之援，挹彼注兹，殊觉便捷，虽生意之数十倍于资本无伤也"。②上海的汇划钱庄普遍与洋商银行保持往来关系，且可以在资金紧迫时以财产作为担保向洋商银行拆借款项。天津，银号与洋商银行虽然也有款项的通融，但不似上海如此之普遍。这一点津、沪两地存在差异。

华资银行兴起以后，天津银号和华资银行之间建立起了较为密切的往来关系。民国以后，我国的民族资本银行普遍兴起。1915年以后，盐业银行、金城银行、中南银行、大陆银行、浙江兴业银行、大生银行、上海银

---

① 《裕源永、大盛川禀天津商务总会陈明钱商欠款一时无力清偿议定通融摊还章程事》（1906年2月16日），见天津市档案馆编：《天津商会档案·钱业卷》（22），天津，天津古籍出版社，2010年，第19203—19205页。

② 《综论沪市情形》，《申报》1884年1月23日，第1版。

行、中国实业银行、中孚银行、东莱银行和中国农工银行等先后在天津设立或来津设立分行。天津的银行虽然采取新式银行制度，但在实际运作中与传统的钱业联系较为紧密，银行的经理、副经理多曾为钱业中人，比如盐业银行经理张松泉，副经理王郅卿、石松岩；金城银行经理阮寿岩；中南银行副经理陈汲三、李云波；大生银行张鸿卿；等等。故而天津的银行业与本土钱业关系较为融洽，无论是人员关系还是业务往来，天津银号与华资银行的关系都十分密切。

银行与银号之间的同业存放往来关系较为普遍。银行存给银号按月息三厘计息，银号存银行按周（年）息三厘计息（相当于月息二厘半），由于同业存款利息存在半厘的差距，银行乐于将大量的流动资金存放给银号。这部分长期流动存款少则四五万，多则十余万至数十万不等。此外，由于当时天津的同业清算、申汇收交及银洋买卖都是由银号掌握的，故而银行需要委托银号进行收交申汇、代收票据及银洋交易，因此也导致银行常年在银号存放一定数额的款项。一般情况下，银行与银号之间会订立往来存折，开立户头，收支非常灵便。1928 年 9 月，天津全记银号向天津总商会呈报其存折丢失情况。全记银号"在天津交通银行立有往来存折一扣，第一千七百零一号，存洋一千零五十八元六角一分"①。全记银号在天津交通银行开户，立有往来存折，说明全记银号在拆款方面可能很大程度上依靠交通银行，利用交通银行的款项支持其运作。经过一段时间的发展，天津银行与银号之间的关系愈趋紧密，银行资本家合伙开设银号的情况变得十分普遍，永丰、中和、永孚、永豫、永济、和丰、肇华等大型银号中都有银行资本家参股。

当市面危险，银根趋紧时，银号可以向关系密切的银行办理拆借款项，银行成为银号资金紧缺时的有力支持，也是金融风潮中银号赖以周转的可靠保障。宣统二年（1910 年）十月，受到上海钱庄倒闭的影响，天津市面动摇，天利钱局边春甡由于"应进之款异常迟滞，现届严冬，所有年前商号应付之款"难以筹划，故而希望请商会作保"将自己坐落北营门外大街二道桥北路东铺房十九间、空地一段，每年租洋六百二十四元，拟向天津银行借银五千两整，有铺房租折作质为凭，如租洋到期不付，有商号一面

---

① 《天津全记银号为遗失存折声明作废并备案事致天津总商会函》（1928 年 9 月 9 日），天津市档案馆馆藏，档案号：J0128-3-006192-018。

承管"。①边春甡为了应对当时的金融紧张局势用租札向天津银行抵借款项，体现了银号对银行拆款的依赖。在借款机制上，可以看到天利钱局边春甡以租札作抵，该项借款到期有房租收入作为保障。除此之外，商会的担保更增进二者之间的信任，降低了交易成本。由天津银行向天利钱局放款以帮助其度过危机，不仅有利于该钱局度过危机，一定程度上也将避免影响市面大局。因此，天津商务总会采取非常积极的态度予以协助，在天利钱局提出请求之后，宣统二年（1910 年）十一月初四日，天津商务总会专门致函直隶总银行，"现据天利钱铺报告，只因市面紧迫，应进之款异常迟滞，所有年前应付之款无以筹画。兹将坐落北营门外大街二道桥北路东铺房十七间、空地一段，每年得租洋六百三十余元，拟向天津银行借银五千两，有租折作质，如租洋不到，一面承管等情。敝会调查属实自应查照定章由会介绍，敬乞贵总行派员调查，如能接济，鹄候惠示核办是盼"②，并将天利钱局的抵押租札一并送上。在天津银行与银号的拆借关系中商会和钱商公会起到了非常重要的作用。

1929 年，天津发生金融风潮，裕生、义兴先后倒闭，泰昌银号因为市面银根紧张，资金活动困难也随之搁浅，其外欠有二十余万元。经与商会协调，拟向中交二行"先借资二十万元，作为维持之用，各债权人均以八成收款计算，该号经此二十万元之接济后，已可暂时周济其余有关之银号，不然者，至昨日（三日）至少须有五家银号继续倒闭……中交二行是举，无异为顾全市面金融界之全体也"③。可见，无论是积极的存款关系还是被动救济周转市面，天津银号实际应用的资金有很大一部分是来自华资银行拆放。在市面危机的特殊时刻，银号需要向银行临时拆借款项用以渡过难关，在近代天津，银行用雄厚资力帮托银号进行资金周转的情况较为常见。正是因为钱庄、银号先后得到票号、外资银行、华资银行拆款的支持，才获得巨大的资力，往往以白银两三万两的资本，承做几十万两或一百万两、二百万两的营业，充分利用信用的方式来创造财富。天津的银号是钱业机关的一种，对资金的利用方式与上海的钱庄大同小异。除了资本和所吸收的存款之外，在资金的使用上主要是靠

①　《天利钱局边春甡呈请天津商务总会为其担保》（1910 年 10 月 19 日），见天津市档案馆编：《天津商会档案·钱业卷》（23），天津，天津古籍出版社，2010 年，第 20360 页。

②　《天津商务总会为天利钱局边春甡借款担保事致直隶总银行函》（1910 年 10 月 19 日），见天津市档案馆编：《天津商会档案·钱业卷》（23），天津，天津古籍出版社，2010 年，第20361 页。

③　《银号倒闭潮》，《益世报（天津）》1929 年 8 月 4 日，第 13 版。

信用借款来进行资金周转。

## 第二节　放款业务及其特征

近代天津银号的放款业务主要采用信用方式，抵押放款所占比例较低，银号尤其不愿经营不动产抵押放款。银号经营信用放款并非仅仅出于钱业习惯，而是与银号追求资金高效运转有关。银号追求资金周转灵便，抵押放款一般时效性差，尤其是不动产抵押放款，贷方经常因抵押物的存在而延宕还款，一旦遭遇贷方破产，不动产不容易变现，而且由于中国近代司法成本较高，抵押物的信用难以保证。对于银号来说，信用放款的安全性并不比抵押放款差。为了减少风险，银号的信用放款采取分散主义，即便最优商家，银号对其放款也有限度。银号的放款对象往往限定在熟识的范围内，银号安排专人跑街，对贷方的身家、信用、经营状况十分了解，以此为根据随时调整放款规模以保障安全。不动产抵押放款的利率较一般信用放款为高，这说明借贷双方在不动产抵押借款成本较高方面存在共识。

### 一、放款业务概况

银号放款的种类大致有五种，即信用放款、透支放款、同业放款、抵押放款、贴现放款。同业放款与同业存款实际上是一个事物的两面，都是通过银号建立"川换家"关系，是互相通融资金而产生的期限很短的债务关系及清算尾数，兹不赘述。

信用放款不收受抵押品，是银号经营放款业务的主要形式。"放款以信用名，则无担保也可知，其为信也。或信其股东之殷实，或信其经理之诚孚，或店底丰裕，稍受风波不至偾事，或用途正确，不几何时而即可完璧，故信之任之，而予以放款也。"[1]银号经营信用放款是众所周知的事情，看似没有任何保障，但实际情况却是较为稳妥的一种方式。首先，银号与商业接近，对于市面商情非常了解。其次，银号将放款对象限定在熟悉的范围内，银号可以通过日常经营时刻体察对方的信用状况。最后，银号放款业务聚焦的行业，以及该行业中的交往对象都相对固定，这些所谓的传统的钱业习惯实际上是有效的制度保障。一般来说，一家银号的交往对象多集在一种或少数几种行业中，交往对象数量不多，且相对固定。

---

① 叔仁：《信用放款》，《钱业月报》1927年第7卷第1期。

聚焦于相对固定的行业，体现了银号对市场的进一步细分，银号同业之间彼此尽量避免形成竞争，保障银号行业整体的有序运行。相对固定的交往对象则是注重人的信用的体现。银号通常选择规模大、利润高、具有影响力的行业，如棉纱、绸布、羊毛、五金等，交往对象的选择也非常注重股东、经理人等的资产、信誉、人品等，最终目的是确保放款能够得以清偿并获得收益。

除此之外，银号对放款的数额有所限制，以进一步保障放款安全。信用放款本质上是对人的信用的考验，虽然对方股东对债务担负无限责任，但是银号也要控制放款数额，以降低自身的风险。银号章程对于信用放款的额度予以明确限制，如志成银号章程规定"本号信用放款，即最优商号不得逾资本十分之三"[1]；中和银号规定"本号信用放款，即最优字号不得逾该号股本十分之四"[2]。近代天津银号对外信用放款单笔超过万元的情况较少，但商家可通过交往多家银号来解决融资问题。银号与商号之间"多对多"的关系，使双方都得以借此分散风险。除了对商家直接授信以外，信用放款的另一种形式是担保放款。对于借款商家如非相当熟悉，或者借款数额巨大，或者处于市面波动时期，银号往往要求借款商家寻觅妥保，如款项万一不能如期偿还，需要担保人担负相当的责任。担保放款也是信用放款，只不过不是直接采信商家的信用，而是接受担保人的信用。

透支放款，一般而言是针对已经在该银号开立户头建立浮存往来关系的客户而言的。外行商家在银号存有活期存款，不但可以随时提取，而且在缺款时还可以在该活期存款账户上进行透支，但需要事先订立契约。银号一般会与之约定透支限额，在应用时凭折支取，此种透支款项需要计息。"各折交银号对于外行家之透支利息平均一分二厘左右，以其外行家之信用为透支之根据。"[3]透支放款对于外行商家来说非常便利。如果订有数额特别巨大的透支额度时，银号往往会要求商家交付一定数量的抵押品，以确保透支款项得以偿还。透支放款业务既有信用的形式，也有抵押的形式，依透支数额大小和市面平静与否等具体情况而定。

---

① 《志成银号关于银号改为独资扩充资本申请注册给照缮具简章及迁址问题致天津总商会函（附章程）》（1922年2月14日），天津市档案馆馆藏，档案号：J0128-3-005453-005。

② 《天津中和银号经理王士珍等为开设银号备案事呈文天津总商会（附章程）》（1929年4月11日），天津市档案馆馆藏，档案号：J0128-3-006286-005。

③ 《天津钱业之调查》，《工商半月刊》1929年第1卷第12期。

抵押放款和贴现放款在近代天津银号的放款结构中不占主要地位。"抵押放款多对个人及堂名而行之，盖个人信用每次于外行家，银号为免风险计，乃向收取房地契或有价证券等以为担保。关于期票或迟期汇票之贴现，俗称拆条子，银号多不重视之。"①按照银号一般习惯，抵押放款的数额，大约是抵押物价值的一半，抵押放款的利息为一分五厘左右。②

综上所述，银号放款"以方式论之，则以信用透支放款为最多，合约占放款总额70%；以放款对象言之，则以对商业放款最夥，约占放款总额85%"③。整体来说，银号放款业务，其数量"以其存款来源之多寡而定，平均约以存款总数十分之五六作为放款之标准。往年时局平定，东西两街所放之款总数约在七八千万以上，每号所放之款有多至百万以上者。近年来因时局不靖，每号多取慎重态度，然全市亦年达五千万以上。所放之外行家，以棉纱商为最多，其他商业次之"④。

## 二、信用放款及其合理性

银号向外行商家放款主要倾向于信用放款，而不倾向于收受抵押物，尤其是不乐于接受不动产抵押，很多银号在章程中明确规定不承做不动产的抵押放款。这一点，银号与银行不同。银行则乐于接受不动产作为抵押，认为不动产是较有保障的抵押物。银行与银号二者同为商业性金融机构，何以对于不动产抵押物持有完全不同的态度？具体原因如下。

第一，银号与银行的信用组织方式不同。

一般来说，不动产抵押放款的放款周期长、数额巨大，而银号的资金数额有限，其自身对于资金周转效率的要求较高，二者之间存在明显的矛盾。银号经营的重点不在于资本丰厚，而在于资金周转灵便。钱商投资银号，主要依靠自身信用为根本，而非直接投入雄厚资本。银号采用合伙制的组织方式，股东多为本地商人，股东信用为市面所熟知，因此，银号可以凭借股东个人信用开展业务往来。在传统中国社会内部，信用是一个体系，银号的股东、经理既将自己的信用昭示

① 吴石城：《天津之银号》，《银行周报》1935年第19卷第16期。
② 《天津钱业之调查》，《工商半月刊》1929年第1卷第12期。
③ 吴石城：《天津之银号》，《银行周报》1935年第19卷第16期。
④ 《天津钱业之调查》，《工商半月刊》1929年第1卷第12期。

于外，同时也对他人信用予以采信，彼此之间以信用作为商业往来的重要媒介。

银行正好相反，银行的信用是依靠雄厚的资本来保障的，特别是银行多采取股份有限公司的形式，股东不局限在一地，也不局限在一业，甚至因股票买卖的存在，银行的股东群体处于时时变动之中。社会大众很难了解银行股东的个人信用，银行的经营者也难以因个人信誉取信于客户，这就造成银行的信用主要来自银行的资本数额。公司制度在近代企业发展中是一个重要的制度创新，其主要优势是能够更广泛地运用资本，但公司制也面临着管理成本较高的问题。银行的股东对银行的经营是否稳健，业务决策是否正确，往往很难具体把握，这就决定了银行在制度设计上要确保每一笔生意尽量稳妥可靠。从这个意义上说，显然抵押放款要优于信用放款。近代中国的银行制度是从外部移植的，对物信用的原则与生俱来。

第二，与银行相比，银号具有稳定的放款行业及熟悉的客户群体。

银行经营抵押放款，借款者不论何业，只要有物品抵押，均可向银行借款。因为抵押物的存在，银行较少对于放款对象表现出明显的倾向性。银号则迥然不同，银号放款习惯中包含许多自我约束的制度设计。例如，钱庄对工商业放款，大多属于信用放款。再如，银号行业内部的特殊市场结构，凡专"做架子"的钱庄，存放款业务规模较大；兼做"现事"的银号，存放款项业务相对居于次要地位。仅就放款对象而言，西街"做架子"银号的股东以纱布帮较多，如洽源、晋丰、敦庆长、元泰、谦奉、福康仁、宏源、祥生、庆益、耀远、瑞源永等银号都有纱布业资金的投入，故而这些银号放款注重于纱布业。其他正式银号放款对象也大多比较稳定，与斗店、米庄、五金、杂货、姜厂、纱布等行业都有往来。东街做"现事"的大型银号为敦昌、和丰、泰丰恒、肇华等本地帮银号，经营的存放款业务亦占有较大比重，除与上述各业有往来外，兼做洋行买办和洋行货栈等生意。租界内的钱庄以做洋行华账房、皮毛货栈、山货等往来为大宗。可见，银号经营业务各有领域。银号的放款业务具有明确的行业定位，经常与棉纱业接近的银号，逐年将款项贷放给棉纱商号。同样，与五金、粮食、绸布、山货等行业接近的银号，逐年放款也都有固定的行业选择与对象群体。正是相对稳定的经营对象，银号才能保证对往来商家的经营状况及信誉做到深入了解，对当年其主营的货品的大致走势，赔赚状况也能有所把握，进而保证放款能够到期收回，确保银号经营稳健。中国各埠本土金融机构都具有类似特点，上海钱庄在其初步发展时期，放款业务主要集中于沙船业、鸦片商、棉织品等行业。银号的信用放款表面看来没有任何抵押，但相对固定的放款行业与往来对象都从制度层面为银号放款提供保障。也正因为如此，信用周转长期在银号的经营中处于重要地位，银号即便没有丰厚的资本，但是业务运转仍能游刃有余。

### 三、银号对抵押放款的态度及其逻辑

"重信用而不重抵押"是近代钱庄、银号经营放款业务的普遍特点，但并不是说银号完全不经营抵押放款，抵押放款也是银号放款的有机组成部分。银号经营的抵押放款因抵押物的不同可以分为两个部分，即动产抵押和不动产抵押。

近代天津银号不倾向经营不动产抵押贷款业务。在部分银号章程中明确表示禁止开展以房、地为抵押物的放款。如晋丰银号章程中明确规定："本号存放各款其限期久暂不同，临时应由总理、经理互商主持，惟以不动产抵押者概不准行。"[①]1921年，志成银号章程规定可以收存不动产为抵押放款："收存定期、活期款项，抵押动产、不动产各种放款。"[②]但1922年志成银号改为独资经营以后，章程又明确规定禁止收受不动产抵押放款，"凡用房地契据及一切不动产向本号抵押借款者，不得贷予款项"[③]。中和银号章程在营业范围中规定，除信用放款之外，不动产不准抵押。"本号营业范围，汇兑、买卖银元、买卖外国货币、买卖有价证券、收进浮存、收进定期存款、放出信用放款、放出抵押放款，惟不动产不准抵押。"[④]河南开封信昌银号倒闭后经多方组织维护准备复业，在其营业内容规定中也将经营不动产抵押放款列入禁止之项。[⑤]天津启明新记银号股份有限公司，对于业务没有明确地禁止不动产抵押贷款，但对于"不动产"还是特殊看待，其章程第二十八条规定："本银号除以上所载各种营业外，不得兼营

---

① 《晋丰银号关于呈报章程并缓请注册的函件》（1914年4月19日），天津市档案馆馆藏，档案号：J0128-2-001324-001。

② 《天津志成银号为呈送章程事致天津总商会函（附章程）》（1921年9月23日），天津市档案馆馆藏，档案号：J0128-3-005309-097。

③ 《志成银号关于银号改为独资扩充资本申请注册给照缮具简章及迁址问题致天津总商会函（附章程）》（1922年2月14日），天津市档案馆馆藏，档案号：J0128-3-005453-005。

④ 《天津中和银号经理王士珍等为开设银号备案事呈文天津总商会（附章程）》（1929年4月11日），天津市档案馆馆藏，档案号：J0128-3-006286-005。

⑤ 《信昌银号本号债务清理委员会报告书及复业计划》（1933年），天津市档案馆馆藏，档案号：J0128-3-007436-001。

其他业务及买卖非营业上所必需之不动产。"①启明新记银号采用股份有限公司制度以后，资本增加为 20 万元，在制度运行上更接近于银行，故而没有明确禁止以不动产为抵押的贷款，但为保稳健，限制了对不动产的投资。

　　一般的抵押物，如货物栈单、股票、公债、黄金等具有较好的流通性，用此类资产作为抵押，银号较为容易接受。假如借款人到期不能偿还借款，银号可将抵押物转抵或者变卖，以收回当时放款的本金与利息。不动产的抵押则较为复杂，首先，不动产的价值大，且不易分割，因此流通性差；其次，不动产抵押贷款一旦遭遇违约，银号往往不能及时将其变现，这对于资金量较小的银号来说，可能会严重威胁银号的资金链，严重的甚至还会导致银号搁浅或倒闭，影响银号的信用。即便不动产能够出售或者转抵，也存在周转慢、效率低的问题，而银号的资金运用最重视快周转、低风险，两者的矛盾显而易见。

　　此外，对于不动产抵押的处理，传统中国社会缺少法律及制度上的保障。依照中国传统的商业习惯，不动产抵押贷款到期未能清偿，银号往往没有十足的权利将抵押物变卖。借款人一般会通过中保人或者商会进行协调，对该项抵押贷款进行展期、免息或分期，导致债务不能及时清偿，更有甚者，一旦债务人破产倒闭，其名下资产会走破产清算程序，对众多债务人进行折扣摊还，接受不动产抵押的银号并不能独占此项抵押物。由于法律不健全，以及司法成本过高，不动产抵押物在中国传统商业借贷关系中并非具有十足的信用，所以银号很少接受不动产抵押放款，这是银号在长期经营实践中形成的商业习惯。因此，银号不倾向收受不动产抵押不是其落后的表现，反而是为了适应银号资金运作方式而产生的有效机制，银号的目的是在最大程度上规避经营风险。

　　在不动产抵押贷款的经营上，近代天津银行与银号具有完全不同的态度。1915 年周学熙厘定《农工银行条例》，"查农工银行原为农工业在融通资金而设，兹照各国通例，借贷款项准以不动产为抵押，至如牛皮、茧丝、粮食等农产品均属不易变坏之物，亦应准其作为放款抵押，藉以辅助农工，裨益实业"。《农工银行条例》明确规定借贷款项准以不动产为抵押。在《农工银行条例》对于放款规定中首先办理的是不动产抵押贷款："农工银行经营放款如左：一，五年以内分期摊还以不动产为抵押者，分

---

① 《启明新记银号股份有限公司董事长张元果等为遵奉部批检送营业报告并公司章程及执照照片呈请鉴核备案事呈文天津市社会局》（1936 年 6 月 3 日），天津市档案馆馆藏，档案号：J0025-2-000884-001。

期摊还法应将本利合计定一平均数目，分若干期偿还之；二，三年以内定期归还以不动产作抵押者；三，一年以内定期或分期归还以不易变坏农产作抵押者；四，一年以内定期或分期归还以渔业权作抵押者，除渔业权作抵押外，银行得要求另以公债票或不动产作为增加抵押；五，一年以内定期或分期归还以政府公债票、各省公债票、公司债票、股票作抵押者；六，资本殷实之典当有两家互保或十人以上之农业或工业者，以连带责任请求借款时，银行调查其信用果系确实，依三年以内定期归还法，不用抵押亦得放款；七，地方公法人确有进益指项者，不用抵押亦得放款，但须经该地方官（即县知事）核准。"①对于农工银行来说，不动产抵押放款要优于信用放款。

虽然《农工银行条例》中明确规定优先收受不动产抵押，但并不能表明不动产抵押贷款给银号带来的困扰对于银行完全不存在。同样是经营不动产抵押，银行则需要其他的辅助条件才能进行，尤其是制度与法律方面的补充条件。周学熙注意到农工银行所收受的不动产需要保险制度予以保障，更需要不动产登记来进行权利义务的厘清。"农工放款抵押自以不动产为最多。我国登录之法未行，所有拟订确定者固多，而镣镣不清者亦属不少，且房屋一项未经保险，设遇火水之灾，放款即至无着，尤为危险。现在民国实业银行已准兼办保险事业，农工银行放款抵押者自应照此规定，至登录一节，亦属万不可少之事，其在未施行不动产登记之处，须由银行邀同地方绅商组织附属登记所，另定办法以资进行。"《农工银行条例》第十条规定："前项不动产非经过登录或保险，农工银行不得收作放款之抵押品。"第十二条规定："农工银行所收抵押品以第一次作抵押者为限。"第十三条规定："农工银行所收作为抵押品之不动产以有永续可靠收益者为限。"②虽然银行主张抵押放款优于信用放款，但对于不动产抵押放款也是需要这些额外的辅助条件才能确保安全。

银号虽然不倾向于接受不动产抵押放款，但并不是说银号完全没有以不动产为抵押的放款。相反，银号接受不动产抵押的情况并不少见。那么，到底银号对于不动产抵押放款是一种什么样的处理方式呢？以下根据天津商会档案中所保留的几则材料，略作分析，详见表3-2。

①　《财政部呈报大总统拟定农工银行条例事》（1915 年 11 月 12 日），见天津市档案馆编：《天津商会档案·钱业卷》（12），天津，天津古籍出版社，2010 年，第 10726、10733—10736 页。

②　《财政部呈报大总统拟定农工银行条例事》（1915 年 11 月 12 日），见天津市档案馆编：《天津商会档案·钱业卷》（12），天津，天津古籍出版社，2010 年，第 10727—10728、10737—10738 页。

表 3-2 近代天津银号经营抵押贷款情况案例

| 时间 | 借款人 | 放款人 | 抵押物 | 押款数额 | 押款期限 | 实际归还日期 | 利息率 | 有无契、据 | 保人 |
|---|---|---|---|---|---|---|---|---|---|
| 宣统二年(1910年)三月 | 集业公司刘子成 | 大庆元银号 | 地契二纸(计地四十九亩连房屋，并老契) | 公砝银三万两 | 4个月 | 至民国三年(1914年)六月尚欠本息三万余两 | 月息九厘 | 有 | 孙瑞安、姚少琴、张寨垣、郭遵陆 |
| 民国二年(1913年)四月 | 盐商姜桐轩 | 裕源银号 | 住房二所，当价银七千两(红典契相随老印契二张并租札二扣) | 七千两 | 不详 | 未言明，但超期未还 | 不详 | 不详 | 中友陈季琇、张绍武 |
| 民国二年(1913年) | 安徽阜丰公司 | 义寨永银号 | 房地红契 | 银洋两千二百元 | 不详 | 不详 | 不详 | 有约据 | 不详 |
| 民国十二年(1923年)夏历七月三十日 | 富亚公司王敬铭、马世嵩 | 永昌银号王筱舟、秦昌银号高俊明 | 王敬铭自置楼房一所(契纸) | 银元两万元 | 5个月(七月三十日到十二月三十日) | 不详 | 月息九厘 | 有契约 | 中友人倪云卿、桑镜函 |

资料来源：《大庆元银号票天津商务总会转文华比银行期四张并精备案事说贴》（1916年2月28日），天津市档案馆藏，档案号：J0128-3-003058-033；天津市档案馆藏，《天津商会档案·钱业卷》（24），天津，天津古籍出版社，2010年，第21529~21535页

编：《天津商会档案·钱业卷》（6），天津，天津古籍出版社，2010年，第4552页；天津市档案馆编：《天津商会档案·钱业卷》（25），天津，天津古籍出版社，2010年，第21529~21535页；天津市档案馆编：《天津商会档案·钱业卷》（25），天津，天津古籍出版社，2010年，第20825、20910页；天津市档案馆编：

不难看出，银号经营不动产抵押并非简单地收取抵押物放出款项，而是在抵押物之外还要求同时满足其他条件，如订立契约、确定中保人等，由这些要素共同保障借款的偿还。银号经营不动产抵押贷款，首先，要确实有不动产作为抵押物。抵押物主要以房屋和土地居多，当不动产抵押发生时，贷款方要将房、地的红契、老契、租札交由放款银号收存。其次，不动产抵押要有正式的契约。这一点与银号经营的信用放款略有不同，银号的信用放款常常没有约据，仅凭借款人信用。往来透支放款也是信用放款的一种，也没有约据，多数是口头约定透支额度。最后，不动产抵押放款中对于中保人比较重视。这是在注重物的信用之外，仍注重人的信用。一定程度上，银号所经营的抵押放款中人的信用仍然起到非常重要的作用。抵押借款的特点为放款数额一般较大，期限多为3—5个月定期，但超期现象比较严重。利息率一般较信用放款偏高。

银号经营不动产抵押放款的各个要素到底如何发挥作用呢？下面，笔者将借用宣统二年（1910年）三月，集业公司刘子成以自置产业地契向大庆元银号抵借公砝银三万两一案进行简要分析。1914年，据大庆元银号报称：

> 窃商号在前清开设锅店街中，于辛亥年上海总号为光复响影（影响）所及，周转不灵，因此津号亦即停市清理。当未停市以前，宣统二年三月间，有集业公司帐房挽中保人孙瑞安、姚少琴、张紫垣、郭遵陆四君，以集业公司自置南门外沈家台地契二纸，计地四十九亩，另随有老契，向商号押借公砝银三万两。原订四个月为期，言明月息九厘，立有借据，盖有集业公司图记，并有孙、姚、张、郭四中保人签约为证。该款至期收过本银七千两，并收到以前应缴月息外，于是年十月十五日止收过揭，该银二万三千两延至今日，其息亦未计算。辛亥八月杪商号停市之时，一再向催，迄未归付。①

该项抵押借款从宣统二年（1910年）三月算起，"至今年（民国三年）六月底止，计欠商号（大庆元）本息银三万二千一百七十六两另六分"②。

---

① 《大庆元银号禀天津商务总会转交华比银行期票四张并请备案事说贴》（1916年2月28日），天津市档案馆馆藏，档案号：J0128-3-003058-033。
② 《大庆元银号呈请天津商务总会转知集业公司速结欠款以便清理事》（1914年11月14日），见天津市档案馆编：《天津商会档案·钱业卷》（24），天津，天津古籍出版社，2010年，第20908页。

可以看出，大庆元银号收存集业公司地契抵押借款一事，成立的要素有三：一是切实的抵押物，抵押物为集业公司自置地产四十九亩的地契；二是立有借据；三是中保人，即孙瑞安、姚少琴、张紫垣、郭遵陆四人。

该项借款到期后，未能如期偿还。抵押放款推迟还款的情况在近代天津银号的经营中并不乏见。一方面不动产变现困难，另一方面中保人的存在，使债务清理常遇到"情面难却"的干扰。这些传统的制度和习惯与现代经济发展不相适应。也正是因为延期还款的现象普遍存在，直接造成近代钱庄、银号不倾向经营不动产抵押放款。据《天津文史资料选辑》记载，"这类放款（抵押放款）钱庄承做不多"[①]。

抵押物变现困难。银号之所以不倾向收存不动产抵押，最直接的原因是不动产不容易出售，短时间内变现困难。在抵押物的选择上，银号特别注意抵押物是否优良，如何判定抵押物是否优良，钱庄、银号往往掌握以下几条原则：一是抵押物要容易出售；二是在较长的时间内，抵押物的价格要稳定；三是容易保存，不易腐坏；四是对于抵押物的价值鉴定无须专门的专业知识。不动产作为抵押品就违背了最重要的一点——抵押物要容易出售。用于抵押借款的不动产往往数额巨大，一时难以售出。例如，前述宣统二年（1910年）集业公司向大庆元银号押借公砝银三万两，抵押物为"集业公司自置南门外沈家台地契二纸计地四十九亩"；民国二年（1913年）姜桐轩向裕源银号抵借银七千两，抵押物为住房两所；民国十二年（1923年）富亚公司向永昌银号抵借银元两万元，抵押物为楼房一所。房地等产业由于数额大造成出售困难，又难以分割，故而市面流通性不好。而钱庄、银号经营之根本就在于资金利用之灵活，不动产抵押放款与银号的经营原则相悖。

中保人的担保效率不高。银号不乐于经营不动产抵押放款，最根本的原因是中国近代缺乏完善的产权制度，抵押放款缺少相应的制度与法律保障。因此，中国传统商业习惯中借贷关系的成立与债务清理，主要不依靠政府的裁决和法律的约束，而是形成了以中保人制度为核心的社会化的信用组织方式。与银行抵押放款注重"物的信用"不同，中保人制度的存在说明银号仍是重视人的信用。所以，在银号的抵押放款中中保人几乎是必备要素。一旦抵押放款到期未能偿还，银号首先会向中保人追索，追索不成，则进一步呈请商会协调清理。但是，经中保人出面调解债务的方式往

---

① 杨固之、谈在唐、张章翔：《天津钱业史略》，见中国人民政治协商会议天津市委员会文史资料研究委员会编：《天津文史资料选辑》（第二十辑），天津，天津人民出版社，1982年，第110页。

往效率不高，最终结果常常迁延时日仍难以解决。

商业法律法规不健全，诉讼成本较高。在中国传统的商业习惯中，商人认为应尽量避免被卷入诉讼，一是时间成本较高，二是对自身社会声誉有损。中国传统社会商业法律法规不健全，在政府方面看来，商人之间的债务是"钱债细故"不予重视，即使最终不得已开始走诉讼程序，由于审理过程经年累月，隐形诉讼成本极高，得失也难以预料。在债务违约真的发生时，受押银号没有十足的权利处分抵押物，中保人、商会及个人情面等因素会形成干扰。这些因素都会导致商人经营抵押放款的成本较高。虽然近代钱庄、银号的抵押放款并不乏见，但当债务不能清偿时，如实按照约定或通过司法程序处理抵押物的情况则较为少见。

银号的抵押放款中之所以设置抵押物这一要素，并非真的是为了到期变卖抵押物抵偿债务，抵押物的意义在于表明债务人尚有资产，尚有信用，该项借款的偿还尚有指项。此外，银号收存抵押物的目的还在于控制抵押物的流动，防止债务人用该项抵押物向其他方面再次或多次抵押贷款或者抵偿债务，使债务关系变得更为复杂。收存抵押物的实际意义就是为了控制该项抵押物，进而保障放款的安全，而立有抵押契据是为了方便在债务清理时受偿有据。

综上所述，可以看出在商业借贷关系中，即使是有确实抵押物的借款，也不完全是对物的信用，人的信用占有相当比例。中国传统商业社会，商业法律与制度不完善，抵押物不能确保抵押信用，抵押放款的订立需要"人"的信用推动，同时也需要"物"的信用增加保障，二者相较，信用的重心还是偏向"人"，而非抵押物本身。只有抵押物与中保人同时存在，才能推动借贷双方达成数额较大的抵押放款。这也正好说明，银号在抵押放款中要付出额外的成本，因此，抵押放款的利率一般高于信用放款。银行则不同，银行经营的抵押放款，以合同为依据，信用转向了抵押物本身，银行因为资本雄厚，在市场中具有更高的议价能力，在争取法律保障与政府支持中也要明显优于银号，因此，银行的对物信用成本远远低于银号。

除了中国传统商业习惯中存在的诸多问题外，抵押放款本身也存在一定的弊端。抵押放款虽然有实物作为保障，但抵押放款的资金效率不高。在抵押放款中，金融机构的贷款额度要明显低于抵押物的实际价值，据银行观察，抵押放款数额常在抵押物价值的七成以下。这样的设计有利于在债务违约实际发生，处分抵押物时，保障放款本息不受损失。另外，抵押放款中抵押物的流动性变差，造成信用周转效率不高。对于商家和市场来说，抵押物不能流通对经营会造成影响。用于借款的抵押物，特别是用货物作抵押的情况，造成货物不能即时出售，不能典卖，在商人的债务处理中失去应有的灵活性。银号的信用放款则全然不同，商人可以通过信用盘活资金，将货物出售，商人的债务清偿成本较低，市场也因之更为灵活。商人借款的行为本身就是因为资金不足需要额外的支持来盘活生意，如果以资产或货物向银行抵押，实际上造成一定的资金暂时退出流通，事后仍须备款取赎货物，资金亦必紧张甚至产生新的债务，对于商家个人和市场整体都存在效率较低的问题。此外，债务到期，通过变卖抵押物偿还本息的做法也有一定弊端，容易造成商人破产，增加市场不稳定因素。抵押放款和信用放款各有利弊，银号资本规模小，资金周转效率高，信用放款更适合银号的经营特点。

### 四、抵押放款的制度优化：更订押款合同公式

开埠以后，外商银行进入中国，清政府仿效新式银行制度创设了中国通商银行、户部银行，开启了中国自办银行序幕。银行在制度层面上具有不同于中国传统金融习惯的一些做法，特别是对法律和政府裁定权的依赖，在某些层面确实改变了中国传统商业制度中一些弊端，推动了金融制度变迁。抵押借款问题就是其中之一。进入民国以后，各地针对抵押放款中的问题也尝试进行解决。1914 年全国商会联合会中由无锡商会提出相应议案：

> 商人习惯，凡抵押于洋商者，期满听其拍卖，莫敢奈何。而抵押于华商者，则一再延宕，致收押者视为畏途，愿将现款寄存外国银行收最低之息。洋商遂以此受押华商之货物，收最高之利，一转移间，利源外溢。似此后凡抵押货物者，到期由商会催赎，如屡催不赎，则由商事公断处断定代卖归款，以期押款稳固等语。[①]

无锡商会关于抵押货物的处理办法得到全国商会联合会的认可，但在具体措施上全国商会联合会比无锡商会的提案更进一步，提出"押款合同公式"的办法。为此，全国商会联合会主张"对于原案（无锡商会提案）主张押款到期由商会催赎无效责成代卖一层，商会将不胜其烦。应由本会拟订押款合同公式附加说明，分给各地商会照办，期满变卖，商会有督同

---

① 《照录保商案内押款案呈农商部文》，见天津市档案馆编：《天津商会档案·钱业卷》（12），天津，天津古籍出版社，2010 年，第 10654 页。

办理之责"。①由全国商会联合会拟订的押款合同公式转行农商部、司法部，也都得到相应的支持。据农商部批复："维持押款，洵属保商要图，所拟合同程式，按之法理，实际均属可行，应即准其备案，惟合同程式所开条件暨后列说明，尚应略加增改以期完备。"②此次，更订之押款合同公式如下：

司法部改正押款合同公式（由全国商会联合会通行全国一律遵用）：

立押款合同（此项填出押人姓名）（此项填受押人姓名）。今因（事由）以货物同（抵押物品）抵借（银、钱种类）款（或银或钱于此处填明）。于（某）年（某）月（某）日彼此交付，依照全国商会联合会议决押款办法双方订立合同，开列条件如左：

借款总数：

订定利息及每届付利日期：

抵押品之种类数量及其评定价格，抵押期限：

附记：

说明：（一）此合同依式两纸，受押人与出押人各执一纸，于双方签押之日发生效力；（二）抵押品除田地、房屋等产业当依契税条例另订契约外，余均用此项合同；（三）限满之日出押人应即将借款本息扫数清偿，受押人即于同时归还其抵押品；如出押人于限期前本利清偿者，抵押品亦同时取赎，其利息算至还款之日为止，在借款未清偿以前，受押人应以相当之注意保管抵押物品。（四）抵押品于取赎时遇有意外损失，应由受押人依时价赔偿，但或因天气时令等关系为该抵押品应有之耗损不在此例。（五）抵押限满，受押人未将借款清偿者，受押人应即通知出押人令其归款，如逾十日仍未归款，受押人得将抵押物品延请鉴定人评定时价，限于足敷清偿借款本息之范围内得自由变卖，盖须通知商会备案；如出押人因意外事故，经受押人之允许，得酌量延期，其利率须按日补足；（六）合同签押时如双方有特别订定事件，须声明附记项下方为有效；（七）依照合同所载出

---

① 《照录保商案内押款案呈农商部文》，见天津市档案馆编：《天津商会档案·钱业卷》（12），天津，天津古籍出版社，2010年，第10654页。

② 《照录农商部批文》，见天津市档案馆编：《天津商会档案·钱业卷》（12），天津，天津古籍出版社，2010年，第10655页。

押人或受押人遇有变更翻悔致起交涉者，该地商会及商事公断处有调处之责，其不服调处者，得禀请，该管官厅依法判决；（八）合同倘有遗失等情，应向各该地商会备案并登报声明。

民国（某）年（某）月（某）日立押款合同，出押人（某某）；受押人（某某）；中证人（某某）（姓名录下或用印章或用花押或用店铺图记均可。）此项合同应照式联写两纸于骑缝处大书合同字样。①

在对于该项押款合同公式的说明当中，司法部除了延续一般商业抵押借款习惯，强调了受押人应如期偿本付息之义务，出押人应妥善保管抵押物品之外，特别对逾期未偿的抵押借款做出了详细的规定："抵押限满，受押人未将借款清偿者，受押人应即通知出押人令其归款，如逾十日仍未归款，受押人得将抵押物品延请鉴定人评定时价，限于足敷清偿借款本息之范围内得自由变卖，盖须通知商会备案；如出押人因意外事故，经受押人之允许，得酌量延期，其利率须按日补足。""依照合同所载出押人或受押人遇有变更翻悔致起交涉者，该地商会及商事公断处有调处之责，其不服调处者，得禀请该管官厅依法判决。"此项押款合同公式与以往的商业抵押借款的押卷有承继关系，在抵押借款的主体内容与权利义务上都极为类似，但对抵押借款关系逾期未能偿还的处理办法做了详细的规定，照顾到了一般的商业习惯。例如，允许有十天的通融期限，若双方同意则可商量延期天数；若出押人不同意延期，那么十天限期过后，出押人可以自由拍卖押品清偿自己的债款本息。而传统的抵押借款押卷中就没有类似的规定，没有写明如果逾期未偿的抵押借款应如何处理。而依照中国传统习惯，一般会动用社会关系进行调解，予以变通办理。一般是保证人先出面，如果事情进一步变得复杂还会牵扯进更多的商业领域中有影响的人物出面调解。当然，传统商业社会最重信用，债务关系也可能得到合理解决，本息无误，但这个清偿的过程有可能一波三折，延宕无期。在中国传统的商业链条中，资本本身薄弱，对于资力薄弱的商家，甚至银号、钱庄等金融机构，一旦遇到抵押借款不能清偿，资金链条断裂，往往会给自己带来严重的危机，甚至关门清理。

从制度层面，以合同代替押卷，本身就是进步。押卷是由受押人出具，归出押人执掌的文书，而合同在形式上一式两份，双方各执一份。更为重

① 《司法部改正押款合同公式》，见天津市档案馆编：《天津商会档案·钱业卷》（12），天津，天津古籍出版社，2010年，第10655—10658页。

要的是合同的订立，直接将法律的效力带进了借贷关系当中。如果合同不能履行，在商会调解无效之后，地方官厅是有判决之权的。这些内容都远比传统押卷更具现代性。

对于银号的经营来说，不动产抵押借款一定程度上要比信用放款具有更大的隐性风险，故而不动产借款的利息常常高于一般的商品、证券抵押借款及信用借款。这正是银号与银行的明显不同，银行体系建立以后"改变了旧钱庄对人的信用方式，采用对物的抵押放款方式，企业可以自己的财产和商品做担保向银行借用资金"[①]。银行、银号同为近代中国重要的金融机构，但在业务上银号倾向信用放款，而银行注重抵押。这不仅仅是两种金融机构的业务偏好问题，也反映了银号与银行在深层次的业务运作机制，以及信用组织方式上都普遍存在差异。

## 第三节　汇兑业务及内汇市场

汇兑的业务形式在中国起源较早，唐代的飞钱就体现了汇兑原理。唐代在德宗建中元年（780年）施行两税法以后，由于钱币的数量缺乏，具有汇兑性质的飞钱在京师与外地之间开始出现。当时各道地方政府在京师设有办事机构进奏院，各道商人在京师卖出商品后，将钱交给进奏院或各军、使的在京机构或富家，换领取钱凭证，回乡后合券取钱，即为飞钱。当时飞钱的使用并不仅限于京师，也并非仅限于商人。与后来票号的专营汇兑形态不同，唐代的飞钱只是特定经济环境的产物，没有发展成为专门的业务，其发展的根基亦不完全是基于商业发展的需要，因此在唐代以后飞钱制度并没有十分盛行，反而因为财政货币因素的影响，屡遭政府禁止。票号是中国钱业中最早将汇兑作为专营业务的机构。

清中期以后，商品贸易的发展对金融供给提出了更高的要求。票号汇兑业务发展的基础是区域商品流通与异地结算的需要。晚清至民国时期，各地钱庄、银号的汇兑业务进一步发展，体现为通汇城市网络的扩大、汇兑业务门槛的进一步降低及汇兑方式的市场化。

在20世纪以前，山西票号在全国的汇兑业务中具有执牛耳的地位，当时票号将分号遍设于各地主要商埠，"汇通天下"绝非虚言。当时，银行、银号、邮局所经营的汇兑业务势力较为薄弱，尚不能与西邦票号相比。20世纪初，近代中国命运多舛，庚子事变、辛亥革命给票号造成了很大冲击，

---

① 朱其华主编：《天津全书》，天津，天津人民出版社，1991年，第352页。

加速了票号的衰落。政局影响只是票号汇兑业务逐渐式微的原因之一，根本原因是票号开展的直接汇兑已经落后于时代的发展，商品经济发展需要汇兑业务以更高效的市场化方式运作。电报技术的发展使汇兑中信汇、票汇的地位下降，电汇成为一种主要的汇兑方式，以上海为中心，与天津、汉口等地每日往来电汇络绎不绝。电汇的频繁往来改变了汇兑方式，商人需要调拨资金时只要在市场上买进或卖出电汇即可完成，交易成本更低，效率更高，价格随市场供需波动。近代中国的内汇市场在很长时期内是掌握在各埠钱业手中的。

　　近代天津银号的汇兑业务较为复杂，传统的汇兑方式仍然存在。从汇兑形式来看，传统汇兑主要分为顺汇和逆汇两种方式。顺汇是指汇款请求人先将款项及汇水等费用一次性向银号支付，在此基础上请求汇款。逆汇，顾名思义是指由债权人对债务者发出票据，即银号或钱庄在本地先付款项给请求人，再从请求人指定的地方银号或钱庄收回款项。逆汇与顺汇的资金运动逻辑是相反的。逆汇主要以押汇、购买外埠汇票、代收款项为主要形式。近代天津，汇兑业务中"汇款方式以电汇与见票后迟数天照付之票汇为最通行，逆汇则少见之"[①]。天津银号的汇兑方式，具体来说可分为电汇、信汇、票汇、条汇等形式。其一，电汇，俗称"电报"，天津金融汇兑市场所开电汇行市主要指的就是上海的电汇。其二，信汇，其手续较为传统，"由号（汇）款人将收款人之姓名住址告知银号，银号即发信通知外庄，外庄再通知收款人，收款人凭收条兑取汇款"。近代天津，山西帮、北京帮银号多采用这种方式，此种方式很显然是对票号汇兑制度的延续。其三，票汇。票汇在银号汇兑中是最普通的方式，特别是东北客帮最乐于采用此种方式。票汇的手续也较为简便，汇款人交付汇款和汇水之后，银号向汇款人开具汇票，汇款人再将汇票邮寄给取款人，取款人凭汇票取款，但要求收款人须具妥保。付款银号见票付款，即期汇票见票即付，迟期汇票须经过照票，待到期付款。票汇中汇票多为迟期，其期限自一二日至五七日不等。其四，条汇。"其票据类似邮局之汇票，由出票银号书明款额，就中缝剪为锯齿式，分而为二，使汇款者与付款银号各执其一。兑款时两相拼合，验明无误，即行付款，因称之为'对条'。此种条汇不甚普通，仅对小城市及乡镇间行之，取其手续较为简便故耳。"[②]

　　近代开埠以后，天津逐渐成为北方地区最重要商业枢纽和金融中心，

---

①　吴石城：《天津之银号》，《银行周报》1935 年第 19 卷第 16 期。

②　王子建、赵履谦：《天津之银号》，河北省立法商学院研究室，1936 年，第 24—25 页。

天津与华北、西北和东北很多地区保持了频繁的贸易往来。天津银号的汇兑业务，一方面主要联系上海，另一方面深入经济腹地。天津通汇地点“有华北、西北各省之大埠及东三省各地，而与上海、广东、汉口、香港等大埠，亦有密切关系”，其中最为密切者，有上海、北平、包头、张家口、石家庄、大连、沈阳、营口等地。①上海作为全国的金融中心，天津与其通汇规模很大。此外，天津与国际上重要商埠也有直接的汇兑关系。日本之大阪、神户、横滨、长崎，美国之纽约、旧金山，以及英国及欧洲大陆各国，交付货款，均直接电汇或用押汇办法。②

近代天津经营汇兑业务的机构很多，银号占据汇兑业务的一部分重要势力。天津本地帮势力最大，部分银号在外埠设有分庄或联号处理异地款项调拨的问题。同时，外埠银号在津开设银号、钱庄分号办理汇兑的情况也不少，如北京帮、山东帮、河南帮等，它们通过汇兑来维持本地与天津之间的资金往来。各帮银号在天津办理汇兑业务的形式也多有区别，有的银号正式在津设立分号，设有铺面，规模较大；有的则较为简单，仅派有少数几位办事人员在津专门处理汇兑收交，称为“汇兑庄”。汇兑庄是各埠派驻在天津的专门办理汇兑事务的办事机构，一般较普通本地正式银号规模小，部分有单独铺面，再有仅寄居客栈、货栈或者在其他银号内设柜，以汇兑为主，同时少量地经营存放款等银号业务。从整体来看，近代天津“钱庄（银号）经营汇兑，多系客帮钱庄，至于本帮钱庄在外地有分庄者，也经营汇兑，但家数不多”③。此外，民国以后票号由盛转衰，天津的几家票号转变经营模式，开展普通银号业务，但是业务侧重上还是以汇兑为特色。

银号办理外埠汇兑业务，或自行设立分号，或建立同业代理关系，彼此收付汇票。

第一种情况，银号通过在外埠设立的分号或者联号办理汇兑业务。例如，1912 年 6 月，增兴德瓷器厂刘杏林由同源银号开写汇票汇兑款项至上海以清理债务，其过程体现了最为常见的票汇模式：

> 窃敝号于去岁八月十六日交到同源银号铺长王杰三手公砝宝银一千零十八两二钱，汇至上海为专付急需。王杰三将银收讫，当写申

---

①　《天津市金融调查》，《中央银行月报》1934 年第 3 卷第 9 期。

②　宋蕴璞辑：《天津志略》，蕴兴商行 1931 年铅印本，第 130 页。

③　杨固之、谈在唐、张章翔：《天津钱业史略》，见中国人民政治协商会议天津市委员会文史资料研究委员会编：《天津文史资料选辑》（第二十辑），天津，天津人民出版社，1982 年，第 110 页。

票一纸，注明申号见票付（九八，原为苏州码）银一千零六十一两五钱，将汇票交身。原票寄去已付债主，且债主于二十一日接票，当往伊号照验，是实，即批定二十六日照付。不想伊号次日闭门歇业，将此票项事捌之度外，债主执票无着，遂及来津向敝号讨取，急如星火。①

增兴德瓷器厂通过同源银号汇兑至上海的案例，在汇兑方式上采取票汇，形式上是顺汇，在商业活动中较为常见。银号收受现银，开出汇票，汇票分为三联式。第一联为"上根"由出票银号存底备查；第二联为正式汇票，交汇款人寄出；第三联为"下根"由出票银号直接寄赴外地付款银号，以便查照付款。汇票分为即期和远期两种。交汇银号承担票汇的兑付责任。当持票人持票来进行照票之时，应以收到票根进行核对。如果系无误，则在汇票上批明交付日期，至此则交汇银号则需完全承担责任。如果系因为银号搁浅停业不能照常交汇时，则持票人则需返回原出票人追索该项款项，而出票人则转向开出汇票之银号追索。

第二种情况，银号本身不设分号，由同业代理汇兑业务。近代各埠钱业广泛建立了异地之间的同业川换关系，办理汇兑只是各项业务中的一种。银号依赖复杂的资金清算网络进行汇兑，与票号的总分号网络办理汇兑在模式上有很大的不同，最显著的区别是钱庄、银号办理汇兑业务不再是依靠自家的分号办理，同业之间建立代理关系，依靠信用进行川换往来。这些川换关系的建立可以在钱业内部，也可以在钱庄、银号与银行之间。近代天津银号在外埠设立分号的情况较少，主要是通过与外埠钱庄、银号、银行建立同业往来关系，彼此代交代付汇票，十分便利。例如，1920年6月16日，德庆恒银号与山东商业银行之间为了处理代交汇票关系向天津商会备案。据德庆恒银号呈文：

窃小号向与山东商业银行川换，凡商埠济南、周村、上海各号所汇之款小号代为交付。有时存款，有时欠款，及欠款之日小号先为垫付，不过一二日该行即行汇款来津，如此者十余年矣。今该行又来会票八纸，计阴历五月初二日七千五百元，初四日二千五百元，初五日一千元，小号均已照章打期（照票承认某日即付——笔者注）。及打期之后，该行于四月二十九日，曾来电报一纸，内云凡到期之票均行

① 《增兴德瓷器店刘杏林为追缴同源银号汇款事的请议书》（1912年6月4日），见天津市档案馆编：《天津商会档案·钱业卷》（4），天津，天津古籍出版社，2010年，第3561—3652页。

项回等语。查天津公会定章，凡票子来某号，某号打期之后，持票之家至期到某号取款，此一定之规。今该行于四月二十九日忽然倒闭，小号当日派人至济南总行交涉一切。惟票期已近，不交恐票家吵闹；欲交又恐该行不认。左右思维，唯有将款存在贵总会，俟所派之人交涉如何再为处理。特此具请准予备案，是为公便。外上海收交未齐，未能冲算者计银六千两，尚有各处账尾未算，计呈洋码八纸，共计洋一万一千元整……中华民国九年六月。[①]

德庆恒银号与山东商业银行之间的川换关系明确规定"凡商埠济南、周村、上海各号所汇之款小号代为交付"。按照商业惯例，山东商业银行在德庆恒银号存有一笔浮存的款项，当山东商业银行有汇票需要由德庆恒银号代交之时，德庆恒则从该浮存之款中划抵故而存在"有时存款，有时欠款"的情况，当浮存款项不敷使用时则由德庆恒"先为垫付，不过一二日该行即行汇款来津"进行清算。此次德庆恒银号业已将所收到该行的汇票八张，并且已经照票打期，在汇票尚未到期之前又接到山东商业银行的电报，要求将业已打期的汇票顶回不付。按照天津银号的一般习惯，照过之汇票到期必须付款，这是涉及银号行业信誉的一般习惯，但由于山东商业银行要求将汇票顶回，德庆恒银号只好将其原应代交汇票款项转交商会保管并代兑部分汇票。德庆恒银号转交商会之款就是代为支付汇票之款。可以看到，晚清至民国时期，各地银钱业之间代理汇兑业务成为一种新的制度安排。与票号不同的是，业务的开展不再依赖自家的分支机构，而是与各地的银钱业普遍地建立往来川换关系。各埠银钱业之间彼此联络，川换交易，资金往来灵便而高效，这是票号汇兑难以比拟的。

天津的内汇市场。近代钱庄、银号的汇兑业务相比票号时代最显著的一个金融创新就是内汇的市场化。银号的汇兑业务不再是依靠分支店网络的直接汇兑，而是通过市场来完成资金调拨，汇票更多的是成为市场交易的筹码，价格随市场供需波动。天津的汇兑市场以申汇为主，同时在天津腹地各商埠也形成了津汇。

近代开埠以后，上海逐渐成为全国范围内最大的商业中心和金融中心。上海的进出口贸易及转口贸易对内地的影响巨大，所以各埠与上海之

---

① 《德庆恒银号周杏林为与山东商业银行川换情形备案事致天津总商会请议书》（1920年6月16日），见天津市档案馆编：《天津商会档案·钱业卷》（25），天津，天津古籍出版社，2010年，第21884—21886页。

间的汇兑业务十分活跃。传统的票汇、信汇很难适应频繁的资金往来和贸易结算对效率的要求。在这样的背景下，通过市场买卖申汇，成为商人在上海与内地之间调拨资金的重要方式。申汇的载体是申票，主要由上海钱庄的庄票、上海商号签发的汇票、庄客的客票等构成，共同的特征就是均在上海付款。由于上海是全国的商业中心，资金充裕，信用卓著，申票遂逐渐在全国范围内主要商埠成为一种"硬通货"，商人乐于接受，几乎与现金无异。在近代天津、汉口、重庆、青岛、郑州、长沙、杭州、宁波等地都形成了申汇市场，申汇价格反映供需情况，通过申汇市场买卖申票，实质上等同于从上海调拨资金。"天津为华北贸易枢纽，进出口货物多集散于此，故在金融之调节上一方面与全国进出口中心之上海发生密切关系，另一方面与华北各省内地之出口货原始市场或进口货终点市场结不解之缘，汇兑之繁，自所难免，而尤以津申间之汇务为最。"在1935年法币改革之前，天津的津申汇兑业务中，钱业最具实力。因为掌握内汇市场的公记跑合处是天津钱业中人自行组织的。因此，"津市申汇，概由银号代理，经公记收交，即银行亦皆委托银号为之代办"。津申汇兑之所以形成市场，是因为津申两地的汇兑业务非常频繁，这是内汇市场形成的重要条件。市场的本质就是需求，以天津为例，同一时间有人将款项汇至上海，有人从上海将款项汇至天津。"津市称买卖汇兑者为收交家：收者系自异地调回款项，准备应用，即卖出汇兑；交者系将款项寄往他埠，清偿债务，即买进汇兑。"上海犹如一个资金丰沛的蓄水池，当外埠商人手中资金宽裕时则可以买进申汇，等同于将闲置款项调往上海；当商人需款应用时则可以卖出申汇以获得现金，等于从上海调回资金应用。如果汇入与汇出额度相等，彼此的汇票交换即完成两地的结算。但是在实际的汇兑过程中，汇出与汇入很难获得平衡。每家银号代客汇兑，汇出、汇入折抵后很难达到平衡状态，每家银号的情况都差不多，那么就需要在银号间寻求汇兑平衡。公记跑合处就是钱业中人为了平衡银号间的汇出、汇入而设，目的是节约交易成本。"跑合处有电话甚多，每日下午二时以后，跑合处之经纪人，即以电话询问各银号有无收交，各银号即以本号收交相抵后之差数告知经纪人。跑合处将此种报告汇集一处，视收交两方，是否相等；如相等，即假定照昨日行市收交。跑合处以此通知各银号，假定各银号对此点无异议，则照此价开行市，各银号之差额，由跑合处之介绍，可以互抵。倘收多于交，则系卖出申汇者多，即斟酌提高行市，再通知各银号。收者因行市低，或停止收；交者因行市高，或增加交；如此则收交可以相抵。倘反之，交多收少，则斟酌情形降低行市，如是则交者缩步而收者增加，收支又可相抵，有时因有收无交，或有交无收，行市不能开出者，俗称之为'闷行市'。"①在此情形之下，供需两方仍得在市场外自行接洽收交，其所定行市，称为"暗行市"。津市各商在外埠采办货物，调拨款项，多以上海为中心，仅就天津与上海电汇而论，每日已达五六十万之谱。与上海之间的频繁汇兑，直接导致天津金融市场的电汇价格随上海的银根松紧而变化，"如上海银根紧时，电汇价格必涨，有涨至一千零七十余两者。若上海银根松动时，其价必跌，有跌至一千零三四十两者不等"②。这种价格随供需变动机制的形成，实现了上海和天津之间款项调拨的高效运作。上述情形，自公记跑合处成立二十余年来始终未变。1935 年 11 月，国民政府实施通货管理，内汇价格逐渐稳定，津申之间的汇兑逐渐转移到中央银行、中国银行、交通银行三行经营，公记跑合处逐渐失去其作用而停止营业。

天津作为区域金融中心，其影响力主要集中在华北、西北、东北等地区。天津与经济腹地各埠之间的汇兑远没有申汇发达，大部分由银号直接处理，通过银号分支店、联号及代理家进行直接汇兑，两地之间的汇兑差额自行求其平衡，但是在部分城市也形成了津汇市场。华北各埠津汇市场在原理上和申汇一致。天津与内地经营汇兑业务，主要是通过信汇及票汇，"至在内地办货时，多不携现款，仅出具即期或迟期汇票付与售货人……该项汇票，多数辗转卖与银行、银号，寄津向该总店兑现。故每届土货登场，内地购买期票生意，异常发达"③。此项汇票迟五七天期，或半个月、一个月、两个月期不等。大抵北宁、平汉一带多为短期，平绥路一带期限较长，有的则在票上载明付款日期。这种多层次的金融市场的形成，使上海的资金运用范围进一步深入，全国统一市场的形成得到更进一步的发展。内汇市场发展，使资金调拨效率远高于传统的直接汇兑。

## 第四节　信用发行与信用扩张

晚清时期天津的钱铺、银号发行纸币种类大致有钱帖、银帖、洋元票、银角票等。其发行纸币的数量也曾达到一定的规模，信用的过度扩张容易引发金融风潮。清末民初，天津正式银号发行纸币的情况逐渐减少，主要影响因素，一是政府的限制；二是银行兑换券的竞争；三是信用扩张引发

---

① 王子建、赵履谦：《天津之银号》，河北省立法商学院研究室，1936 年，第 23—24 页。

② 《天津钱业之调查》，《工商半月刊》1929 年第 1 卷第 12 期。

③ 宋蕴璞辑：《天津志略》，蕴兴商行 1931 年铅印本，第 130 页。

的挤兑风险给银号造成困扰。特别是进入民国以后，天津银号逐渐将发行纸币的业务置于次要地位，甚至退出该领域。从目前的档案记载来看，民国时期仅有少数银号保存了发行银元票业务，其主要目的是配合市场小规模的资金周转，数额不大，流通区域有限，并且随时发出随时收回。正式银号逐步减少，纸币发行成为趋势，而商业汇票成为银号信用的主体。

## 一、正式银号与纸币发行

清末，天津银号发行纸币较为常见，这一点在银号章程中即有体现。1907 年洽源银号章程内规定发行纸币是其重要的业务之一，"本公司开写银票、洋元票，疏通市面，如有持票支取一概付现"①。1910 年，厚昌银号章程也明确规定其总号有充足的现金储备以应对银洋各票兑现，"本总银号行使银洋各票，俱有限制，分别存现备取，自无受挤恐荒之虞"②。但厚昌银号呈报备案之时，适逢清政府限制官私立银钱行号发行纸币，呈请遭到度支部的驳回，实际上是否发行材料里没有显示。宣统二年（1910年）六月，瑞生祥银号呈报度支部注册给照的内容中也有发行纸币一项，随后度支部驳回了其发钞的请求，随后直隶总督转度支部批文："六月初六日准度支部咨，开通阜司案呈，据瑞生祥职商马弼臣禀称，本号行使票纸、资本营业，遵章另缮清抈（折）报部查核给照等情前来……惟发行各种票纸，应令遵章，自本年起，每年收回二成，五年全数收清，以符定章。"③瑞生祥银号开设多年，发行纸币亦非一朝一夕，此次只是按照清政府的要求进行注册，但由于正值度支部厘定银钱行号注册章程，在发行纸币上与注册章程相冲突，故而遭到驳回。

宣统二年（1910 年）九月，天津新泰银号被上海联号牵连倒闭。按照天津钱业的一般习惯，处理债务首先要清理发行的纸币。据新泰银号呈报："银帖、洋元票最关紧要，自应首先开付，以保市面大局。"可见新泰银号发行纸币有钱帖和洋元票两种。"新泰号欠缴北洋粮饷局银帖二万两，现无现款应付，拟将和同泰应付该号款内划拨一万九千三百两交还此项银帖，

---

① 《张玉珍为创办天津洽源银号有（无）限公司禀天津商务总会（附呈章程）》（1907 年 5 月 25 日），天津市档案馆馆藏，档案号：J0128-2-001984-001。

② 《厚昌总银号营业章程》，《直隶总督为厚昌银号分拨资本在京开设分号事致天津商务总会札》（1910 年 2 月 4 日），见天津市档案馆编：《天津商会档案·钱业卷》（4），天津，天津古籍出版社，2010 年，第 3200 页。

③ 《直隶总督部堂为瑞生祥银号使用票纸注册事札饬天津商务总会》（1910 年 6 月 11 日），天津市档案馆馆藏，档案号：J0128-3-002162-002。

以符定章，用特肃函奉布，即乞阁下，无论如何设法立即交付，两清辂辖，其余应交之款，亦请赶速筹付，以便新泰号开支洋元票款"。[①]可见，新泰银号发行的银帖数量较大，仅欠缴北洋粮饷局一家的银帖就达 2 万两，在此之外还有为数不详的银元票。

宣统三年（1911 年）二月，永利银号王宝钊呈报停业，该号对各项债务、债权进行清理结束以后，"惟银条、洋钱票、钱票三项尚未取结，业将该款如数交与永昌银号代付，另行登报广告"[②]。光绪三十年（1904 年）同昌钱铺因贴存无力开付，曾经向益照临借银一千两。[③]可见，晚清时期无论资本大小，银号或多或少都有一些发行纸币的情况。各银号发行的纸币种类不尽相同，其中以钱帖、银帖、洋元票最为常见。

晚清时期，银号发行的纸币虽然数量不是很大，但在市面流通信用较好，在日常交易中被商家认可。宣统二年（1910 年）六月，据永盛布铺呈报："窃商向在北门外马路大街开设永盛号洋布门市生理，所售货价向收现洋、通行洋元票，以资通融市面，相安以（已）久。嗣于本月十四日，有不识姓氏异乡人在商号买布，给价有北马路官银号旁世昌银号洋元票九张，计通行银洋九元，讵料于十五日忽闻该银号荒闭。"[④]世昌银号突然倒闭，其行使于市面的洋元票尚需要时间兑付，各存有世昌银号洋元票的商号纷纷向商会呈报所存世昌银号洋元票的数量。其中除了永盛布铺呈报的九元之外，民立第二工厂陈泰来追偿世昌银号"洋银票十六张，每张五元，共计洋八十元"。源合时新衣庄刘秀山追偿世昌钱铺洋元七元。公记承呢绒号顾宏生追偿世昌银号钞票洋十五元。[⑤]银号发行洋元票按照与银元一比一的比例流通。从一般情况来看，银号发行纸币的主要目的不是借

① 《天津商务总会为新泰银号受沪号倒闭事致北京和同泰函》（1910 年 9 月 9 日），见天津市档案馆编：《天津商会档案·钱业卷》（2），天津，天津古籍出版社，2010 年，第 1380 页。

② 《天津永利银号为商号歇业请注销事禀天津商务总会》（1911 年 2 月 24 日），天津市档案馆藏，档案号：J0128-3-001318-014。

③ 《天津县为益照临与同昌钱铺债务纠纷事照会天津商务总会》（1905 年 5 月 6 日），见天津市档案馆编：《天津商会档案·钱业卷》（22），天津，天津古籍出版社，2010 年，第 19156 页。

④ 《永盛布铺张荫堂为追缴世昌银号洋元票事致天津商务总会函》（1910 年 6 月 22 日），见天津市档案馆编：《天津商会档案·钱业卷》（20），天津，天津古籍出版社，2010 年，第 17820—17821 页。

⑤ 《公记承呢绒号顾宏生为追缴世昌银号洋元票事致天津商务总会函》（1910 年 7 月 6 日），见天津市档案馆编：《天津商会档案·钱业卷》（20），天津，天津古籍出版社，2010 年，第 17823、17826、17829 页。

以扩张资力，而主要是辅助市面零星买卖的货币流通，一般情况下洋元票数额不会太大。银号也不倾向银号纸币在市面长期流通，而是采取随时发出，随时收回机制。光绪三十一年（1905年），恒元厚银号搁浅，所出纸币未能全数收回，据时人披露，"该号帖不销号，随收随出，（荒帖）究由何人使出亦难臆定"①。1912年10月15日，据瑞林祥银号李致堂呈报："敝号于阴历正月十四日变乱（壬子兵变）被抢银柜账匣一个，内计外国银行洋元钞票一万一千余元，本号未销号洋元票一千余元，已销号洋元票三万零六百元，房契三张等物，当经呈明在案。"②瑞林祥银号已经销号的洋元票三万零六百元，尚未销号仍可以在市面流通的洋元票有一千余元。这个案例可以说明的问题有两个：一是银号发行的洋元票纸币确实存在销号机制。银号发行的纸币在市面流通一定的时限之后，银号就将其收回，之后如有需要再随时发出。二是银号发行的洋元票在市面流通的数额并不是很大。已经销号的洋元票三万余元虽然数额较大，但为长时期内多次累积的，而尚未销号可以使用的只有一千余元，数额不大。再如，光绪三十一年（1905年），盛兴源钱铺仍在继续清理庚子事变之后所产生的各项债务，除了各项划抵已经解决的债务关系外，"惟欠票庄三号银一万九千两，票项银一万三千两，票项钱二千吊，银帖存浮存银三千余两，尚无头绪"③。其中有银帖尚未清理，此项银帖就是盛兴源钱铺发行的纸币，可以看出盛兴源钱铺发行的银帖数量不算太大，银帖与浮存两项存银仅三千余两。发行纸币虽然可以使银号获利，但是银号也要考虑自身信用稳定。

进入民国以后，天津银号发行纸币的数量与保留发钞业务的银号家数均呈下降趋势。清政府限制纸币发行的政策在民国时期得以延续，而且愈趋严格。无论发行数额的大小，在辛亥革命之前天津银号发行纸币情况较为普遍。辛亥革命之后，这一情况逐渐发生变化。1912年，北洋政府要求天津商会对天津金融业发行纸币情况进行调查。对于此项纸币调查，天

---

① 《天津商务总会禀天津县处理恒元厚荒帖纠纷事》（1905年10月17日），见天津市档案馆编：《天津商会档案·钱业卷》（22），天津，天津古籍出版社，2010年，第19055页。

② 《瑞林祥银号为呈报壬子年兵燹被抢情况致天津商务总会请议书》（1912年10月15日），见天津市档案馆编：《天津商会档案·钱业卷》（24），天津，天津古籍出版社，2010年，第20802页。

③ 《直隶天津县为请调查盛兴源钱铺账目处理债务纠纷事照会天津商务总会》（1905年1月30日），见天津市档案馆编：《天津商会档案·钱业卷》（22），天津，天津古籍出版社，2010年，第19021页。

津钱商公会回复道："伏查天津钱业向来发行钱票、银圆票，久经各商民认可，不但便于携带，且可藉资周转，通行街市，永久相安无虞。自遭庚子之变，复由敝会禀准贵会立案，嗣后发行各票，遇有荒闭之家，此项票款应较官、洋等款首先追偿，有案可稽，历经照办，迄今并无违误。后又经官银行颁发纸币与商家所出各票互相通融，毫无窒碍，且往来周流，双方之收效非浅。其商票之准备金至少亦以五成预备，但自上年武昌起义，天津大受影响，虽受旧历正月之变，所有商号前出纸币尚无失信停付等弊，现已为数无多。"故而，天津钱商公会认为没有列表呈报的必要。进一步，钱商公会又指出，"现在市面金融凝滞，实由本国官商银钱各行号预保信用，不发纸币，以致商业久未恢复"。①可见辛亥革命之后，市面受到影响，各银号对于纸币发行的态度是主动收缩，以减少发钞过多的风险。1917 年财政部令委调查直鲁财政，"各省私立银行情形及有无私发纸币情事，如有此项私发纸币，应查明流通市面之概数，并与现币价值距离若干，所储准备金是否确实"。直鲁财政调查员致函天津商务总会函询："本省有无私发纸币，如有私发者，其流通市面之概数共约几何，与现币价值距离若干及准备金是否确实储足，统祈分晰详示以凭参考。"天津商务总会在接到函件以后转行天津钱商公会调查，据钱商公会函复："敝公会当即遵照详查，现时津埠各银钱号原有旧出洋元票者只有义恒等六家，统计流通市面之概数约计洋一万一千六百余元，均与通行现币价值相同，其准备金一项均各确实，存储充足，至其余各银钱号均无新发纸币情事。"钱商公会还详细列举当时发行纸币的各家发行情况，"义恒号，原发本洋元票一百九十五元；义聚永原发本洋元票约一百元上下；庆隆号原发本洋元票五千元；德庆恒原发本洋元票三千二百元；久昌号原发本洋元票三千零五十元；溢源号原发本洋元票一百元上下，以上各准备金均确实存储充足"。②可见，到 1917 年前后，天津市面上仍发行纸币的银号仅存 6 家③，而且钱业公会也明确表示，这些银号发行纸币只是晚清以后的历史遗留问题，新开设的银号则没有发行纸币的情况。

虽然进入民国以后银号或多或少还存在发行纸币的情况，但与银行发

---

① 《天津钱商公会为照章发行各案事致天津商务总会函》（1912 年 10 月 3 日），天津市档案馆馆藏，档案号：J0128-2-000764-010。

② 《天津钱业公会为送各银钱号原有洋元票清单致天津商务总会函》（1917 年 1 月 17 日），天津市档案馆馆藏，档案号：J0128-3-004399-010。

③ 1914 年的调查是 7 家，其中启泰、敦庆长两银号是 1917 年没有的，1917 年有的久昌号是 1914 年所没有的。

行纸币的数量相比，则显得微不足道。虽然银号与银行同为金融机构，并且在金融结构中都具有一定的独特地位，但银号与银行的发展路径和前途是截然不同的。清末，清政府积极创办银行体系，先后有中国通商银行、户部银行及各类地方银行，目的就是构建以银行为基础的国家金融体系，并通过银行发行纸币尝试解决近代中国长期存在的金融、财政问题。民国以后，中国的财政金融问题没有发生根本性改变，北洋政府在很大程度上仍将解决财政问题的希望寄托于银行。其中通过银行发行纸币就是解决财政问题的重要举措之一。所以在发行纸币这一问题上，银行与银号有着根本的分歧。晚清时期，发钞业务可以扩大银号的资金实力，但从整体来看，银号几乎从未将发钞作为主要业务。民国以后，银号发行银钱帖、洋元票的业务都在逐渐地缩小。银行的发钞业务则呈现逐渐扩大的趋势。1921年3月直隶省银行拟发行铜元券，"顷据政界消息，本年财政窘困，金融奇紧，拟筹一调剂方策，由直隶省银行发行一种铜币券。其种类分为五枚、十枚、二十枚、四十枚、五十枚五种。价额为百万银元左右，票额为二千万张"[1]。

山西省银行也在天津发行大量纸币。1930年9月山西省银行由于不堪军事机关强令借垫款项撤庄回晋，事出仓促，"旋奉总行电令即日撤回，所有本行在津市发行各种兑券，查共有十五万六千五百元"[2]。由于山西省银行发行该银行兑换券共计大洋十五万六千五百六十九元四角五分尚没有兑付，故而函请银行公会代为兑付。此处的十五万六千余元的山西省银行兑换券并不是该银行发行纸币的全部数额，只是在仓促之间尚未能兑付收回的流通中的纸币。可见，银行发行纸币的数额远超银号。

银号之所以不倾向发行纸币，除了发行准备需要占用大量资金外，纸币的挤兑问题也可能会给银号带来不必要的风险。根本上，银号的经营还是将自己定位于资金清算，这与银行的金融定位有显著不同。在这样的大环境下，天津的金融格局层次分明，银行办理社会储蓄负责尽量汇集资金，一方面辅助政府财政，另一方面为社会的经济活动提供纸币，而钱庄、银号则主要是负责商贸往来中的资金清算，部分地承担为特定的行业及领域提供资金支持和信用支持。

---

①　《直省发行铜币券近闻》，《益世报（天津）》1921年3月5日，第10版。
②　《天津银行公会为山西省银行函请代兑该行所发兑换券事致天津总商会函》（1930年9月22日），见天津市档案馆编：《天津商会档案·钱业卷》（4），天津，天津古籍出版社，2010年，第2792页。

## 二、门市银号（钱铺）与小额纸币发行

近代天津正式银号不倾向发行纸币，而一般的门市钱庄对于"出帖"比较热衷。小钱庄发出的纸币早期是钱帖、银条，后期是各类零整钞票。其作用主要是用于市面日常交易找零，方便流通，而且数额也不大，但也存在信用风险。这些小钱商资本较少，信用相对较差，旋开旋闭的情况较多。一旦出现倒闭，钱帖无法兑付，容易引起金融风潮，正式银号也难免受到牵连。因此，政府对于小钱商出帖的情况较为警惕，在管理态度上逐渐要求钱业公会协助取缔小钱商出帖。由于大部分小钱庄并不参加同业公会，钱业公会没有办法进行管理，只是主张要严格把关入会手续以示限制。钱业公会只准许入会的正式银号出帖，并将入会的银号字号公布于众，便于社会民众自行甄别发帖钱庄的信用。在一定时期内，社会仍然存在大量的钱庄私帖在市面上自由流通，政府无法用行政手段严格取缔，金融发展水平决定了当时还缺乏彻底禁止钱业私发纸币的条件。总的来说，从银号的发展阶段来看，早期的钱铺发行纸币较多。从区域上来看，市镇及乡村的小规模钱铺发行纸币较多，而城市规模较大的正式银号则逐渐减少纸币的发行。

20 世纪以后，天津周边市镇小钱铺仍普遍存在发行纸币的情况。这是因为天津周边的市镇、农村金融发展水平有限，货币供给相对短缺，小钱铺发出的纸币在市场流通中仍发挥着重要作用。小钱商的资本额较少，业务范围较为狭窄，发行纸币是扩大资金来源的重要途径。光绪二十九年（1903 年）二月，仁兴茂钱铺倒闭，当时收存仁兴茂钱铺所发纸币的商号大德成、洪源、同兴昌、纯泰、德义成等向天津商会呈报："商等于去岁二月间存有针市街仁兴茂钱铺银条四千一百八十四两六钱四分，钱帖一万七千三百吊文"，未能兑付。该项钱帖与银条的清理兑现，经过天津县干预最终决定：凡存仁兴茂银钱帖者，自三月起分十个月付清。但实际上自光绪二十九年（1903 年）三月起，仅首期和二期得以如数兑现清理，第三期仅兑现半数，之后则无力偿付。除了已经兑现的钱三千七百二十五吊文，银四百十八两八钱二分外，仍有数量颇多的钱帖、银条尚难兑付，其中"大德成钱帖钱六千吊文，银条六百四十五两六钱三分；纯泰号钱帖钱四千八百吊，银条二千六百十九两二钱六分；洪源号钱帖钱九百吊文，银条五百两零零九钱三分；同兴昌钱帖钱七百五十吊；德义成钱帖钱一千一百二十五吊"。[①]这些收存

---

①    《大德成等商号控告仁兴茂钱铺不付银条一案禀局限大人》（1904 年 5 月），见天津市档案馆编：《天津商会档案·钱业卷》（22），天津，天津古籍出版社，2010 年，第 18988—18989 页。

仁兴茂钱铺纸币的商号，洪源是钱庄，大德成是票号，其余不能确定是不是钱业同业。据笔者推测应该也是经营钱业的一些字号。门市钱庄发出的纸币之所以会积存在同业手中，主要是因为门市钱庄信用有限，纸币在市面的流通性受限，在发出纸币的同时动态收回，钱业同业因代发代收纸币，导致积存了一定数量的该项纸币。当然，也存在另一种可能性，即当一家钱铺信用不稳时，其发行钱帖、银条信用大打折扣，持帖往兑的民众拥塞难行，可能会有商民宁可折扣吃亏，也急于变现。一些小钱庄则以较低的折扣收进这些钱帖、银条，待该出帖钱铺投入商会清理时再十足兑现。此类折扣收进他号钱帖的业务，利润高、风险大，具有明显的投机性质。

1915年9月，胜芳镇宝丰源钱铺倒闭，贴存两万余吊未能开付。据胜芳镇德成厚钱商杨希、孟吉昌，钱商韩应泰，瑞牲号钱商田克礼，福裕和钱商赵成亨，万成祥钱商任培泰，福兴永钱商田秉箴，商民王尧庭，玉和号绸缎商姚殿和，老魁元绸缎商王鸿恩，正明斋商人刘文瑞等联名呈报胜芳镇商会，该各商存有宝丰源钱帖数百吊或数十吊。据胜芳镇商会称"宝丰源钱铺原系坐落本镇，该号帖存亦系本镇贫富商民收存为多"[1]。可见，钱铺出帖主要在本地方区域内流通，因其信用要依靠商家信用维持。再者，信用较著的商号出帖在社会中的认可度较高，胜芳镇宝丰源钱铺发行的钱帖不但商人大量收用，而且大量积存在贫富民众手中，其影响力可见一斑。

当时天津周围市镇私发纸币的现象较多，甚至带动了天津石印局的繁荣。1923年，天津"北马路某石印局，私揽各县钱帖和银元票代印，得利甚巨。该号所印就的钱票，皆由北马路某栈房代送至济南，再交邮局分送各县，其同业见该号均皆眼热，亦作此种生意，每年得利数十万，添设大机器，代印钱票者，已有三四家，生意均极兴旺云"[2]。

小钱铺出使洋元票等纸币确实存在一些隐患。小钱铺出使洋元纸币其信用确实较大银号为低，由于资本过少，经营不稳定，其发出的洋元纸币信用也较差，也常常出现难以兑现的情况。光绪三十三年（1907年），据商民郑金鼎呈报："瑞增洋药局伪称银号，出使银圆钞票，突于本月初六

① 《胜芳镇商会为德成厚等控告宝丰源钱铺不付钱帖案致天津商务总会函》（1915年9月21日），见天津市档案馆编：《天津商会档案·钱业卷》（12），天津，天津古籍出版社，2010年，第10677页。

② 《揽印钱票者若见发达》，《益世报（天津）》1923年7月8日，第10版。

日投案荒闭。"①郑金鼎所谓的"瑞增洋药局伪称银号"是不准确的，实际上瑞增洋药局铺东另外出资开设瑞增钱铺，但该钱铺规模小资本仅有洋四百元，由铺东李少丰同萧竹波合伙开设，二人各出资本洋二百元。瑞增钱铺的业务极其简单，所出钞票约有两千元，欠内约有两千吊，铺内该欠倪总办札存钱文余外，并不该欠别项。②可见，该瑞增钱铺仅有资本四百元，并且股东之一的萧竹波因为经营赔累于光绪三十三年（1907年）六月退股不做仅担任铺掌。那么实际上瑞增钱铺的资本仅有洋二百元，实际上出使的纸币有两千余元，并且欠内约有两千吊，即将该号资金几乎尽数放贷市面，而对于此项纸币的兑换几乎没有准备，其信用之薄弱势如累卵。但一般情况下，社会基层民众在生活中周转找零，往往却离不开小钱铺的小额纸币的支持。

小钱铺除日常发行钱帖等纸币外，在旧历新年前后还临时发行红帖。红帖是银号、钱铺或商人在旧历新年之前发行的一种私帖，具有固定的面额，并代替正式货币在一定范围内流通，充当支付手段。最初发行红帖是为在逢年过节时送礼、馈赠和赏赐之用，但因为有利可图逐渐形成规模，过量的红帖客观上存在扰乱金融的隐患。小钱铺出使红帖的数目一般不大，但出使红帖的钱商家数众多。晚清时期天津商会曾经对年关之前钱商出使红帖的行为进行规范。光绪三十三年（1907年），天津商会要求出使红帖的钱铺加入商会，并要求有发出红帖业务的钱商寻求担保。就目前档案记载来看，光绪末年天津存在此类出使红帖的小钱铺就有93家，实际上可能远不止此数。宣统元年（1909年）十二月初十日，张锡彤呈报开设同泰成兑换银钱小钱铺，并出使红帖：

> 窃商向业钱行，兹措齐资本在于西头大伙巷北徐家冰窖前、南段巡警二局四区门牌第一千二百三十四号开设同泰成兑换银钱小钱铺生意，并出红帖，帖存以五百元为度，理合照章取具妥保，恳请商务总会鉴察俯准立案，实为德便。上禀。会费洋十元。宣统元年十二月，

---

① 《郑金鼎为追缴瑞增洋药局银元票款事禀天津商务总会》（1907年11月11日），见天津市档案馆编：《天津商会档案·钱业卷》（23），天津，天津古籍出版社，2010年，第19973页。

② 《天津地方审判厅为瑞增洋药局发行钞票详情事照会天津商务总会》（1907年11月15日），见天津市档案馆编：《天津商会档案·钱业卷》（23），天津，天津古籍出版社，2010年，第19977页。

具铺保万泰厚。[①]

在晚清时期这类呈报几乎每年都有，具体见表 3-3。

表 3-3　晚清小钱商呈报出使红帖并加入商会情况

| 商号名称 | 时间 | 红帖数目/个 | 会费/元 | 担保 |
|---|---|---|---|---|
| 荣和钱铺 | 光绪三十三年（1907 年）十二月十六日 | 500 | 5 | 瑞盛成 |
| 振兴德钱铺 | 光绪三十三年（1907 年）十二月 | 100 | 12 | 洋布天兴诚 |
| 德泰号钱铺 | 不详 | 300 | 8 | 永祥钱局 |
| 春发和钱局 | 宣统元年（1909 年） | 100 | 2 | 宝源堂药铺 |
| 同泰成钱铺 | 宣统元年（1909 年）十二月 | 500 | 10 | 万泰厚 |
| 文泰德钱局 | 不详 | 200 | 4 | 钰发成 |

资料来源：天津市档案馆编：《天津商会档案·钱业卷》（23），天津，天津古籍出版社，2010 年，第 19946、19949、19951、20226—20228 页

为了维持小钱铺出使红帖的信用，商会要求小钱铺入会，并取具铺保，并由商会发照。据天津商会开列清单，这类小钱铺在宣统元年（1909 年）前后共有 88 号。商会表示："以上各字号均在商会，取具铺保，如有荒骗不付情事，送会照章追还，单外出使红帖各家，商会不担保护责任。"[②]商会所要求的"担保关系"并非空言担保，出使红帖的担保都比较确实。光绪三十三年（1907 年）十二月十六日，瑞盛成为荣和钱铺的担保中称："具保铺商瑞盛成，为因荣和钱铺出使红帖五百元，现遵示谕已觅妥保，来辕叩恳俯允，倘有赖昧不付荒闭等事，惟铺保是问。"[③]洋布商天兴诚在为振兴德钱铺担保中也明确表示："窃商号在估衣街开设天兴诚洋货铺生理，兹与振兴德钱铺素相交好，该铺新年出写红帖，准定以一千元之数为度，查定章必须妥保，商号情愿认保洋二千元，倘有疏虞，惟商号是问。"[④]小钱商出使红帖背后反映了晚清至民国时期天津货币供给的欠缺。表面来看，

---

① 《同泰成兑换银钱铺张锡彤为开设钱铺并出使红帖请备案事禀天津商务总会》（1909 年 12 月 10 日），见天津市档案馆编：《天津商会档案·钱业卷》（23），天津，天津古籍出版社，2010 年，第 20227 页。

② 《出使红帖各字号清册》（1909 年），见天津市档案馆编：《天津商会档案·钱业卷》（23），天津，天津古籍出版社，2010 年，第 20467 页。

③ 《瑞盛成为荣和钱铺出使钱铺进行担保的诉愿状》（1907 年 12 月 16 日），见天津市档案馆编：《天津商会档案·钱业卷》（23），天津，天津古籍出版社，2010 年，第 19946 页。

④ 《天兴诚洋货铺为振兴德钱铺出使红帖进行担保事致天津商务总会函》（1907 年 12 月），见天津市档案馆编：《天津商会档案·钱业卷》（23），天津，天津古籍出版社，2010 年，第 19949 页。

小钱商在年关之前出使红帖是为了满足节日送礼、馈赠、赏赐的需要，但实际上可能与社会货币供应量有关。旧历新年之前，市面上商品的数量和周转效率都呈上升趋势，平常的货币流通量可能难以支撑。因此，在旧历新年之前小钱铺出使红帖本质上是弥补社会上货币供应的不足。

总的来说，近代天津银号发行纸币的情况与金融发展水平相关。从历史发展进程来看，清末民初，天津金融发展水平尚较为有限，银号规模小，机构与业务均较为简单，钱商发行纸币数量较多，因为银号需要通过发行纸币来增加其资力。20 世纪 30 年代以后，天津正式银号发行纸币的情况逐步减少，银号不再以发行纸币的方式扩大其资金来源。发行纸币及买卖银行纸币主要成为门市银号的业务，并成为其获利的重要途径。从金融发展的区域差异来看，城市金融发达，银号发行纸币的情况较少，而在天津周边地区的市镇和农村，小钱商发行纸币的积极性较高，发行纸币的行为持续的时间更长。发行纸币在银号的业务发展中具有阶段性，其根本上是由经济发展水平决定的，伴随金融发展的不断进步，天津银号的行业结构调整与市场细分进一步明晰。

银号发行的纸币在货币供给体系中地位逐渐下降。中国传统的金融结构中一部分货币供给是由政府控制的。从封建社会制钱的铸造，到近代机制银元、铜元，政府都严格管控。近代银行兴起以后，在政府的允许下承担了大量发行银行纸币的任务。钱业虽不能直接提供纸币，但纸币的流通却离不开钱业的配合，银行纸币的发行与兑换需要借助钱业网络。1932 年，河北省银行发行铜元票停兑，大量铜元票由津市银钱号代兑，据商民关兰芳呈报："窃观报端所载河北省银行所印之十枚、二十枚、四十枚、六十枚、一百枚之五种铜元票，业已委托津市之三十六家银钱号代行发兑矣，惟前者河北省银行流行市内之铜元票，自停兑后大多数滞存于小商贩及一般贫民之手，闻因此而倒闭者而破产者不一而足。"[①]可见，当时的经济发展水平，银行即使成为社会提供纸币的主体，但由于金融发展水平的限制，仍需由银钱号代发代兑。代兑银行纸币也成为钱商的重要盈利方式之一，也正因如此，钱商炒作银行纸币也带来了金融风险。尤以小钱商为甚，经常以折扣银行纸币作为投机的一种方式。1929 年 11 月 18 日早晨开始，"市面小钱商忽藉词拒绝收受（河北省银行角票），如强之兑现，则任意折

---

① 《天津市民关兰芳等呈请天津商务总会换回河北省银行所出铜元票事》（1932 年 12 月 3 日），见天津市档案馆编：《天津商会档案·钱业卷》（19），天津，天津古籍出版社，2010 年，第 16353 页。

扣，其中尤以各租界钱商为甚，且有公然拒绝收用者……遂大起恐慌"①。

晚清至民国时期，政府对银钱号私帖逐步加大控制力度。为了维护金融稳定，清末民初的立法中不断强调禁止官私银钱行号私自发行纸币。虽然政府一再强调，但效果并不好。由于社会金融发展水平有限，金融供给不足，政府禁止私帖的政策也难以持续，甚至出现前后矛盾的情况。在市面滞塞现币短缺的时候，地方政府时而鼓励银号发行纸币，用以缓解地方的金融紧张，以期通过银号纸币的流通起到活跃地方金融流转的作用。在不同时期，政府自身对于民间私发纸币的态度是不一致的。

## 第五节 "现事"业务与商业兼营

银号除了存放款、汇兑等主要业务之外，还将相当一部分资金用于"现事"业务的经营，即买卖各种有价证券、外国纸币、生金生银及大宗货物。在经营方式上，既包含现货交易，也有期货投机。天津银号中的"东街银号"侧重经营"现事"业务，以此为主业。"西街银号"素来以经营稳健著称，其主业为经营存放款、汇兑、贴现等，但也存在一定程度上的"现事"业务，特别是经济遭遇波动时，银号希望通过投机保本增利。"现事"业务利润高，但风险也大。

### 一、银号的"现事"业务及其投机属性

"现事"，也称"浮事""套市""套生意"，即银号利用其掌握的资金买卖或代客买卖银元、羌帖、老头票、日金、足金、标金、有价证券等业务。这些外国货币、金银、证券等在市场上具有投机属性，金融机构和商人多进行炒作经营。在近代上海、天津等重要商埠，钱业设有专门的金融市场，以投机的方式经营"现事"业务，"其买卖不以交割现货为目的，而恃买空卖空以牟利"②。银号方面对"现事"业务的态度不一。折交银号虽然也有兼营投机业务的，但大多数为代客买卖性质，而天津的东街银号则属于专门经营"现事"业务的银号，两者的业务风格存在较大差异。折交银号的特点是规模较大、实力充裕、经营风格稳健，认为"现事"业务为不正当营业，素来不屑于为之。东街银号侧重投机，其经营思想灵活，资本周转快，经营"现事"业务利润高，但风险也大。近代天津的银

---

① 《河北角票挤兑》，《益世报（天津）》1930 年 11 月 19 日，第 6 版。

② 吴石城：《天津之银号》，《银行周报》1935 年第 19 卷第 16 期。

号经营的"现事"业务主要有银元、羌帖、老头票、日金、足金、标金、奉票、有价证券等，在不同的历史时期投机的对象并不相同，受环境影响存在兴替往复。投机业务，本质上就是根据投机对象的市场供需松紧，价格涨落，买进或者卖出，从而获得利润。形式上，有现货收交，但更多的是买空卖空。

羌帖是沙皇俄国发行的纸币，最初在中国东三省流通，后由于天津与东三省的贸易往来密切，遂在天津也较为流行，成为天津银号进行买卖及投机的主要对象。"羌帖为帝俄时代纸币之一种，昔通行我国者甚多，津埠银号多向客商收买，转售与外商银行，民国初年，斯业最盛，钱业公会且曾开市买卖。"①羌帖盛行时期，银号多进行投机买卖，总数年达六亿元以上。如投机成功，可以给银号带来巨额利润，往往超过本金数倍，但若投机失败，银号也往往因之破产。投机失败的负面影响，不仅仅局限于涉事银号，还可能牵连其他银号多家连环破产，对市面稳定危害很大。1917年之后，羌帖的价值逐渐低落，渐成废纸。

羌帖衰落之后，投机者乃转作老头票买卖。"老头票为朝鲜银行所发行之不兑现日金纸币，因天津与日本商务频繁，故此票在天津颇占势力，在九一八事变以前，每日成交约在一二百万元左右，以时局不靖，受日方之操纵，故涨落甚巨，赔累者亦多。"②老头票流通中国最盛时"流毒各省数达二亿三千余万之巨"③。自1928年秋起，钱商公会即停作老头票交易。"沈变（九一八事变）继起，国人为抵制起见，又拒作老头票交易，而以足金代之。"到1935年前后老头票的交易渐衰，但"每日成交仍有二三十万元之谱，多在日租界内行之"。④老头票的经营在20世纪30年代之前曾盛极一时，永济银号为了经营"日汇"及老头票业务专门在日本大阪设立分庄，开创了天津银号在日本设立分庄之先河。与羌帖类似，银号经营老头票也具有利润高、风险大的特征。1921年初，天津慎昌银号因为经营老头票赔累倒闭，"慎昌银号，向以卖买日本老头票为业。近因金价时起时落，致老头票与价额随之涨落，损失甚巨。嗣复受先令影响，损失尤巨，前后共亏损洋八十余万元，无力支持，昨已倒闭歇业。故一

<hr />

① 吴石城：《天津之银号》，《银行周报》1935年第19卷第16期。
② 吴石城：《天津之银号》，《银行周报》1935年第19卷第16期。
③ 《吉林总商会为抵制老头票请采取一致行动事致天津商务总会函》（1922年2月27日），见天津市档案馆编：《天津商会档案·钱业卷》（20），天津，天津古籍出版社，2010年，第17226页。
④ 吴石城：《天津之银号》，《银行周报》1935年第19卷第16期。

般银商，咸谓若从当初议决不买卖老头票，不致有此亏损，皆为太息后悔无及云"。①1923 年 3 月，法租界华通银号亦因老头票买卖亏累倒闭，"法租界华通银号，自开设以来，生意颇为发达，不谓近因购买老头票，以致亏累，始犹可以挽回。乃该号经理急欲弥缝，一误再误，以致势不能支，遂宣告闭歇"②。

奉票是东三省官银号发行的纸币，在市面不是足值流通，故而也成为各银号进行买卖投机的对象之一。例如，1929 年 1 月，面额 11 万余元的奉票仅值银元 4000 余元。③此外，还有足金、标金市场，标金投机在天津不甚发达，"标金市场虽曾一度开作，以营业清淡，旋告停歇。津埠银号经营标金者，率委托沪埠联号办理焉。他若证券买卖，钱业公会与英租界荣兴公司皆曾经营之，继以营业不佳，遂告停拍。现今经营此业者，多与沪平联号合作，以买卖九六七长现货为主云"④。

银元是近代天津银号投机业务中的重要组成部分。银元本身具有较大的价值，由于市场供需的松紧，银元的价格与各埠的虚银两之间的比价涨落不定。在上海，虚银两以九八规元银为记账单位，多少规元银能兑换一个银元的比率即是银元的价格，也就是"洋厘"。天津的虚银两为行平化宝银，在汉口为洋例银。伴随贸易情况变化，各埠洋厘随时波动。投机者则利用国内外政治经济形势的变化进行投机，如预期银元供给将增多，价格将落，则认为洋厘即将下跌，就按照当下较高的价格抛出银元，即做"空头"。如果认为银元的需求即将增多，价格要上涨，洋厘上升，则按照现时较低的银元价格购进银元，即做"多头"。钱庄、银号作为中国内生的金融机构，伴随市场的涨落，在各埠都是经营银元买卖的主力。银号正是利用银元价格的涨落波动灵活地调节市面货币的供需。银元买卖在废两以前极为盛行，其交易集中于钱业公会市场，每日例有洋厘买卖价之公布。东北变作，足金营业气象蓬勃，由天津商业经济所附设市场以经营之，每日成交最高达 166 000 两，最低亦有一千数百两。⑤

投机业务以各类投机对象的市场价格涨落不定为基础。投机业务的存在使各银号增加了获利途径，因投机业务而专门组织的银号亦络绎不绝。"自

① 《银号倒闭》，《益世报（天津）》1921 年 1 月 11 日，第 10 版。
② 《法租界华通银号倒闭》，《益世报（天津）》1923 年 3 月 11 日，第 11 版。
③ 《天津益丰银号刘华亭为请发被扣抵债票奉票事禀天津总商会会长说帖》（1929 年 1 月 22 日），天津市档案馆馆藏，档案号：J0128-3-006254-001。
④ 吴石城：《天津之银号》，《银行周报》1935 年第 19 卷第 16 期。
⑤ 吴石城：《天津之银号》，《银行周报》1935 年第 19 卷第 16 期。

足金市场开幕，迄今专为经营足金而新开市之银号有万和、万溢、永通、永和等十数家。"同时，投机业务的衰落，也加速了一些"现事"银号迅速退出市场，1935 年前后"政府征银出口令颁行后，金价猝俏，空头各户，莫不亏累，结果倒闭者达十数家，义生、义聚、泰丰、宏康等家其著者也"①。"现事"业务虽然风险较大，但仍然存在相当数量的银号经营此项业务。例如，义聚永银号与俄国道胜银行之间长期保持着羌帖现货的买卖。据义聚永银号呈报，1917 年 2 月 17 日羌帖的价格为："俄票一万元，每元价三钱一分，合银三千一百两。""窃道胜银行收买敝号俄票已经数年之久。"②

银号的"现事"业务中大部分为代客买卖，而且在业务开展中并非一味地追求暴利，银号行业自身也存在维护市面稳定的机制。银号自行投机和代客买卖实际上本质相同，只是代客买卖需要秉承客户的要求而买进卖出，买卖之间的盈亏均由客人负责。例如，1920 年山西平遥县人张子三在山西经营永昌厚钱铺，张子三在津与天津永益银号交易，由永益银号代为买卖羌帖。其详细情况据张子三呈报：

> 兹鄙人向营钱铺业务，与本埠宫北永益银号之副经理张绍亭相识多年。去年阴历五月间由晋来津，在该银号买卖羌帖。至六月间动身回籍，临行面算账目，该号净存鄙人买到羌帖六万卢布，及买卖盈余银六十五两，鄙人净欠该号买此六万卢布之价银六千一百六十五两。至八月间在籍与张绍亭遇面，渠云现在羌帖落价，照原买价已赔至一千余两。鄙人谓吾以个人名义，承宝号不弃以巨款相交，且吾将有甘省之行，半年十月均未敢定，不能不与宝号以放心。随即交付伊银二千两，兼嘱伊速往号中致信，将此款存放宝号作为吾买卖羌帖之押款，俟行市致九分多时可卖三万，如至一钱多即全数卖出，待吾至津时再行结算。③

可见，银号不仅代客履行买卖羌帖的手续，而且在经营的过程中还有垫资的行为。但一切的买入卖出皆出于张子三的意愿，盈亏亦由张子三自

---

① 吴石城：《天津之银号》，《银行周报》1935 年第 19 卷第 16 期。

② 《义聚永银号为与道胜银行之间买卖羌帖纠纷事呈文天津商务总会》（1917 年 4 月 14 日），见天津市档案馆编：《天津商会档案·钱业卷》（25），天津，天津古籍出版社，2010 年，第 21714 页。

③ 《张子三为与永益银号之间买卖羌帖纠纷事呈请商会查核秉公裁判说帖》（1920 年 1 月 16 日），见天津市档案馆编：《天津商会档案·钱业卷》（25），天津，天津古籍出版社，2010 年，第 21927 页。

行负责。

银号代客买卖老头票等虽具有投机性质，但银号在具体处理交易时亦较为审慎，有意识地维护金融市场的安全。1922 年 9 月 24 日，天津恒达号、时利和、义聚合三银号同时向天津钱商公会呈报其经营老头票的情形：

> 敝号等九月八号由公会市场买进晋和银号路货老头票一万元，价银五钱八分，至迟不过本月二十五号交货。不料至十五号因该号两经理不睦，已经搁浅。当日往该号冲算，伊云随次日市价冲作。是日前往冲算，乃该经理等均逃遁无踪。商等恐日后行市涨落无限，故按今市五钱九分七厘五毫代伊买进，以免将来辖辗，特此声明转请商会备案。专此。即请钱商公会钧鉴等情。[1]

恒达号、时利和、义聚合于 1922 年 9 月 8 日在公会市场以价银五钱八分买进晋和银号路货老头票，最迟期到 9 月 25 日交货，实际上就是老头票的期货买卖，属于投机行为。其买卖老头票的本质就是对老头票价值升降的预期，到 25 日之前，如果老头票价涨高于五钱八分，晋和银号则需高价从市场购买老头票交与恒达号、时利和、义聚合三号，则晋和银号吃亏；反之，则恒达号、时利和、义聚合三号吃亏。值得注意的是，恒达号等"恐日后行市涨落无限，故按今市五钱九分七厘五毫代伊买进"。不难发现，前案原本应由晋和自行买进向三号交货，但因晋和银号搁浅，三号自行代晋和银号买进老头票，予以填补晋和银号所欠三号的债务，而后将价格报告钱商公会及天津商会备案。可见，天津银号之间的投机活动，对于盈亏的控制机制存在一定的弹性，在风险面前钱商做出了理性的选择。假设晋和银号因搁浅而未能履行老头票交易，即与恒达号三家产生了债务关系，应该在晋和银号恢复营业之后再按照债务清理，但难免在时间上迁延时日，并且到清理之时老头票价格恐涨落无定，何方亏累实难预料。反观，恒达号、时利和、义聚合三号自行买进老头票，代替晋和银号填补交易，而价格方面相差不远，到晋和恢复营业时，此项债务已了结，晋和银号只需将差价补给各号，对于双方都有便利。恒达号等三家银号的举措，既体现了钱业之间的良好关系，也展现了钱商的经营理性，既避免了投机买卖双方

① 《天津钱商公会为陈明恒达号、时利和、义聚合与晋和银号之间买卖老头票详情备案事呈文天津总商会》（1922 年 9 月 14 日），见天津市档案馆编：《天津商会档案·钱业卷》（6），天津，天津古籍出版社，2010 年，第 4566—4567 页。

的巨大损失，更是避免了因投机产生的同业龃龉与不睦。

银号的"现事"业务，除银元、羌帖、老头票、日金、足金、标金、奉票、有价证券等主要对象外，还有各类杂项业务。例如，买卖铜元、收兑外地银两、代发代兑银行钞票、附设炉房提炼贵金属等。例如，银号经营代兑银行纸币业务。近代银行发行纸币的情况较为普遍，但银行的分支机构有限，因此多由银号代发代兑。1922年3月，据天津商会函查交通银行纸币在天津的发行情况，当时天津各银号代兑北京、张家口两处交通银行钞票者有"祥顺兴，宫北；春华茂，宫北；义胜，估衣街；恩庆永，英界；聚丰永，法界；恒达，日界；新华银行，法界"①。银号代兑银行纸币，由银行支付酬劳，并且银号可得到借用银行纸币扩大资力的好处。1922年，据春华茂银号呈报其代兑北京交通银行纸币的情况："于今春（1922年）正月间受北京交行之委托，代兑北京、张家口钞票，每月出帖费四十元。定章随收随归，由驻津交通办事处代收，兑票之款亦由该处随时发给，并无他种手续。"②"每月出帖费四十元"应为春华茂代兑银行钞票的每月收益，即担任此项代兑业务，每月交通银行会支付春华茂银洋四十元，作为固定的劳务费。银号代发代兑银行纸币，对于扩展银行纸币流通范围具有重要意义。其一，银号与普通商业接近，交际广泛，往来辐射的区域深入城乡，由银号代发代兑扩大了银行纸币的流通范围。其二，银号信用增加了基层社会对银行纸币的信赖。银行纸币由银号代发代兑，银号作为中介，等同于以其信用对银行纸币进行背书，承诺随时付现，否则银行纸币很难打开局面。当时连天津商会都不得不承认，银行纸币之所以能够维持信用，辗转流通，皆因代兑银号"崇仰其（银行纸币信用）信用于先"③。早期银号代发代兑扩大了银行纸币的影响力。

除银行纸币之外，政府铸币机关的新铸货币与官银钱局的各项纸币往往也由银号代为兑出。1922年4月，直隶官钱局发行铜元票，由蚨生祥银号总代兑换，分设代兑所三十余处。④银号能够代发代兑银行纸币及铜元铸币，一方面体现了天津银钱两业之间的良性互动关系，另一方面也说明

---

① 《天津各银号代兑北京、张家口两处交通银行钞票字号清单》（1922年），见天津市档案馆编：《天津商会档案·钱业卷》（27），天津，天津古籍出版社，2010年，第23468页。

② 《天津春华茂银号为代兑业务事致天津总商会函》（1922年3月7日），天津市档案馆馆藏，档案号：J0128-3-005395-002。

③ 《天津总商会为拟定代兑责任事致钱业公会函》（1922年3月30日），天津市档案馆馆藏，档案号：J0128-3-005395-003。

④ 《商会维持金融之布告》，《益世报（天津）》1922年4月19日，第10版。

当时的金融体系通过市场自发地形成了较为完整的金融功能。银号代发代兑银行纸币和铸币也为银号带来更为充沛的资金量，扩大了业务领域。到20世纪30年代，银行和银号之间仍保持了这种市场化的功能结构，"发行钞票之银行，为便利持票人兑现起见，每每拨给现款，委任银号代为兑现……每月由银行津贴十元至二十元之手续费，代兑银行钞票之银号，多在东街与各租界内"[①]。

再如，银号还利用接近市场的便利，代客收买现金。1937年1月26日，天津源达银号由于代客收买现金请求由商会发给执照。"窃查津市中央银行自从暂停收买现金以来，惟沪商人多有托由天津各商号代购现金运往上海，交付当地中央银行再转买主，历经办理有案。现敝号为谋营业发展金融通流起见，亦拟仿此办法代各顾客购□现金，诚恐路途窒碍，如遇该项生意时，当事先据情恳请贵会恩准赐予证明，以利遄行。"[②]

此外，银号除正式银号业务之外，还设有分金炉。分金炉系民国以后天津部分银号"设炉化银提金"。分金炉不同于晚清营口等地炉房，而是用化学的方法，将银锭银币中的黄金成分分离出来获得利润。1915年义胜银号呈报在西营门安设分金炉，"窃商在估衣街西口设立义胜银号，历有年所。讵因市面萧条，商业颓败，所有同业各号，因此时势维艰，营业日戚，皆以变通务实为本，相率各处安设分金炉房。商亦仿照同行习惯，于旧历三月初间，在西营门四座坟，就近空阔地点，本属旷野，安设分金炉房"[③]。分金炉是银号利用业务的便利，在货币经营中谋求额外收入的业务形式。

"现事"业务是近代天津银号开展业务的重要领域，"现事"业务的总量与重要程度可以说与折交业务不分伯仲。东街银号专门经营"现事"业务，满足了市场对各类投机经营的需要。银号的"现事"业务、辅助业务的开展，既体现了银号业务的灵活多样，也完善了近代天津作为金融中心的各项功能，一定程度上填补了银行及银号正规业务之不足。

---

① 吉惠：《天津之银号》，《益世报（天津）》（增刊）1936年4月26日，第5版。
② 《天津源达银号为运上海现金请予证明呈文天津市总商会》（1937年1月26日），天津市档案馆馆藏，档案号：J0128-3-008156-001。
③ 《直隶天津警察厅为义胜银号开设分金炉事致天津商务总会函》（1915年7月24日），见天津市档案馆编：《天津商会档案·钱业卷》（5），天津，天津古籍出版社，2010年，第4140页。

## 二、银号与商业兼营

近代天津银号与普通商业的关系较为复杂，一方面银号资本大多来自各行商业，银号股东、经理常开设外行联号；另一方面，银号也直接或间接参与普通商业的经营。据时人记载，"天津市面，凡关于存款、放款、外埠汇兑、银元买卖等事，昔年皆由银号办理。此等银号之组织，与商号大致相同，并与各商均有连带关系，故营业夙称殷盛"[①]。银号与一般商业接近，是近代天津银号的重要特征之一。此外，还有部分银号在正规银号业务之外，往往还兼营着普通商业活动，这一点是对中国钱业习惯的继承与延续。票号在专营汇兑业务之前，多是经营普通商业的大商号。日升昌是清乾隆年间就已经初具规模的颜料铺，而天成亨则是布庄。日升昌开办票号专营汇兑，其基础就是各地商品的长途贩运，北京、山西与四川等颜料产地之间常以汇兑之法进行结算，当汇兑业务规模发展到一定程度之后才独立为一个新的行业。有材料表明，票号成为专营事业后，票号仍兼营商业活动，如蔚泰厚沈阳分号咸丰八年（1858 年）报告中就表明经营粮食得利，在存货中有绸缎、红粮、小麦、芒米等。蔚丰厚结账时的存货中有红花丝、白蜡、苏货、麦子、厚朴等。汉口日升昌在 1861 年估计太平军将进攻时，将红铜 1500 斤、西磠 3000 余斤、点铜 400 余斤与存银装船运往樊城逃避。[②]可见，票号在一定时期内虽然以经营汇兑为主，但还未完全脱离兼营商业的状态。

20 世纪以后，各地钱庄、银号取代票号成为中国钱业的主要机构，同时也继承了票号兼营商业的特征。近代天津银号利用其筹集资金的便利，多兼营外行商业或者利用银号资金投资，或购入地产，追求利润的最大化。

银号兼营盐业。近代天津早期银号资本构成中很重要的一部分来自长芦盐商。早期盐商创办银号，一定程度上是为了盐业的经营筹集资金。光绪三十三年（1907 年），聚通恒钱铺受庚子之乱的影响业务搁浅。聚通恒钱铺的股东在该钱铺之外，还办有"引岸十余处"，即将长芦盐在十余州县进行专营贩卖。据票号裕源永、大盛川等向商会呈报：

> 窃商等津号自光绪初年与针市街聚通恒钱铺交易往来，时常借与银款或长期或短期，向无错误。乃于庚子乱后，该号被累，周转不灵，所有欠商等各号银款，虽略有归楚，而所欠尚巨。商等复查该号遭乱

---

①　宋蕴璞辑：《天津志略》，蕴兴商行 1931 年铅印本，第 134 页。

②　中国近代金融史编写组：《中国近代金融史》，北京，中国金融出版社，1985 年，第 49 页。

亏耗，亦系实情。铺东虽有引岸十余处，复因乱后无力办运，常向洋行、银号告贷巨款，息重期迫，时形竭蹶，以致欠商等旧款一时无力清还。现与该号商酌，议定新章，自本年起按照旧欠银数，每年由商等接济三成，如欠银一万两者，再借与新款三千两，月利八厘，年清年款，俾免告贷洋债，复出重息，腾出余利每年于年终时摊还商等各号旧债一成，十年还清。此笔接济新款专归该铺东办理引岸运务用项，照此通融办法，庶新款不至拖欠，旧款亦逐渐清偿，彼此议定决无返（反）悔，各拟禀请立案……裕源永旧存公砝平化宝银八千两；裕源永新借公砝平化宝银二千四百两；大盛川旧存申公砝化宝银一万二千两；大盛川新借申公砝化宝银三千六百两。①

可以看到，聚通恒钱铺虽为钱铺，但与盐业贩运关系密切。甚至可以推测，其股东之所以投资开设聚通恒钱铺就是为了便利与金融业往来，为其所办十余处引岸筹集资金。近代天津早期的一些银号由盐商出资创设的情况比较常见。例如，1922 年，泰昌银号由天津"八大家"之一的"振德黄"出资经营，资本为八万元。进入民国以后，盐商资本在钱业中逐渐转衰，占 5% 左右。

除此盐业之外，近代天津很多银号都和外行商业有密切联系，甚至直接兼营普通商业业务。1913 年 9 月，裕源银号经理张铎在处理其所欠长芦盐运司款项的呈文报称："窃商领东在天津估衣街经理裕源银号开设十余年之久，官商往来款项为数颇巨，于交易毫无贻误……不意壬子年正月间突遭变兵抢掠，连同商所开绸缎、洋布各庄，并住宅焚掠一空，扫地无余，颠沛流离……笔难尽述。"②可见，裕源银号在经营银号之外还有绸缎庄和洋布庄。益兴珍银号在天津的资格较老。在经营银号业务之外，益兴珍兼营金银首饰业。益兴珍银号本身就是由益兴珍首饰楼投资设立。在经营银号业务之后，益兴珍并没有放弃金银首饰的经营。1934 年 6 月，益兴珍银号迁至法租界，向商会呈报备案，按照一般的商业习惯该项备案手续应经由钱业同业公会转报，但此次益兴珍银号前往法租界系由金银首饰业公会转报，并同时以同样内容报知钱业同业公会。按照津市的商业习惯，益兴珍应是在参加钱业同业

① 《裕源永、大盛川为禀钱商欠款一时无力清偿议定通融摊还章程事致天津商务总会函》（1906 年 2 月 16 日），见天津市档案馆编：《天津商会档案·钱业卷》（22），天津，天津古籍出版社，2010 年，第 19203—19205 页。

② 《裕源银号经理张铎为陈明与禹长官盐局之间的债务详情事致天津商务总会函》（1913 年 9 月 20 日），见天津市档案馆编：《天津商会档案·钱业卷》（5），天津，天津古籍出版社，2010 年，第 3613—3614 页。

公会的同时也加入了金银首饰业同业公会。[①]生恒银号兼营粮业，1927 年 9月生恒银号呈函商会，恳求商会转呈省长公署发给现洋出境护照，"窃敝号兼营粮业已竟数载，兹今派员赴安陵车站采办杂粮，以资运津接济民食。但该处系区乡僻壤之处，风华未开，所有购买物品，非现洋不能使用，又无汇兑机关互相流通，用特请求贵会体恤商情，转呈省银行发给一万元一张之护照二张，以便携款前往采办"[②]。光绪三十三年（1907 年），瑞增洋药局股东李少丰、萧竹波单拨资本合伙开设瑞增钱铺，并开写银元票。桐盛银号在银号业务之外，还经营很多代卖业务，如洋袜、化妆香品、纸烟、人丹、帽子等。[③]桐盛银号并非市面经营零星兑换的小银号而是经营正式银号业务的钱商公会会员银号。材料显示，桐盛银号于 1920 年前后是钱商公会的会员银号，钱商公会在呈报两项调查中都有桐盛银号的记录。再如，光绪三十四年（1908年）前后，阎耀卿父子在开设庆兴恒钱铺以外，还开有商号同德福和茂有生杂货铺。[④]可见，当时天津银号与外行商业间关系之紧密。

银号经营一般商业，其模式多数采取分柜分账的方式，资本单独划拨，在债务债权关系上独立清算。宣统二年（1910 年）瑞生祥银号行使纸币，将资本营业内容呈报度支部查核，度支部因其兼营绸缎各业予以驳回，据瑞生祥银号报称："此次清抄（折）内开资本银五万两，老号设在山东济南省城，分号设在北京、天津、任邱（丘）等处，兼营绸缎各业，向系分柜分账，与银号不相混淆。"[⑤]经瑞生祥银号对其兼营绸缎业务进行解释后，度支部准予发照。

除兼营商业之外，银号还利用其筹集资金的便利进行一些投资业务。1919 年 9 月洽源银号以"源远堂"的名义在协庆当存有票项三千两，其本

---

① 《天津市商会为益兴珍银号迁往法租界牌号使用益兴楼字样事训令金银首饰业公会》（1934年 6 月 9 日），见天津市档案馆编：《天津商会档案·钱业卷》（7），天津，天津古籍出版社，2010 年，第 5799—5802 页。

② 《生恒银号为发给购粮运款护照事致天津总商会函》（1927 年 9 月 5 日），天津市档案馆馆藏，档案号：J0128-3-006047-027。

③ 《先施公司等为追缴桐盛银钱号欠款事致天津商务总会函》（1924 年 7 月），见天津市档案馆编：《天津商会档案·钱业卷》（6），天津，天津古籍出版社，2010 年，第 4711—4733 页。

④ 《桐盛银号为陈明津京对期汇票作废事禀天津商务总会》（1908 年 4 月 7 日），天津市档案馆馆藏，档案号：J0128-3-000944-001；《天津商务总会为处理茂有生欠款事致审判厅函》（1908年 4 月 9 日），见天津市档案馆编：《天津商会档案·钱业卷》（23），天津，天津古籍出版社，2010 年，第 20030 页。

⑤ 《直隶总督部堂为瑞生祥银号使用票纸注册事札饬天津商务总会》（1910 年 6 月 11 日），天津市档案馆馆藏，档案号：J0128-3-002162-002。

质是洽源银号以源远堂名义出资三千两，入股协庆当，实为股东之一。[1]蚨生祥银号在长城煤矿公司投有三十余万之资金[2]，1929 年 8 月市面动摇，各存户纷纷抽提款项，各银号都面临资金周转困难的窘境，蚨生祥银号因为长城煤矿公司的巨额欠款难以收回，转瞬倒闭。

　　除一般性投资外，银号还利用资金便利经营地产。宣统二年（1910 年），受辛亥革命的影响天津市面受到牵连，天利钱局边春甡周转滞塞，故而请商会作保协调向天津银行方面抵借款项，"将自己坐落北营门外大街二道桥北路东铺房十九间、空地一段，每年租洋六百二十四元，拟向天津银行借银五千两整，有铺房租折作质为凭，如租洋到期不付，有商号一面承管"[3]。可见，银号在资金充裕时购有大宗产业。1913 年裕源银号追索盐商姜桐轩的欠款，姜桐轩在请商会从中调处的呈函中披露裕源银号兼营其他商业及购办大宗地产的情况："查商所欠商款无押据者甚多，而裕源一户，抵款既有当房红契为凭，折欠又有股票为质，且同是灾商，乃必逼还现银，而以欠解官款为词？商不敢知，裕源所办之裕德盐店，其历办两淮借运，赚银数十万，其果归该号得利项下呼？商又不敢知，该号放出之帐是否即系该铺掌开设绸缎洋布庄、药铺及所置新马路三思里北门内张家大门等处房地之用乎？虽不尽然，亦实居多数……近年以来租界之地价大非昔比，土木工料昂贵百倍，该铺掌于日租界四面钟后楼阁绵亘，咄嗟立办，已则坐拥富贵，而必穷逼灾商以偿官欠乎？"[4]裕源银号股东经营裕德盐店，裕源银号的款项历次借于裕德盐店办理两淮盐运。此外，裕源银号开设有绸缎洋布庄、药铺等商业，并在新马路三四里北门内张家大门及日租界四面钟附近等处置有房地产业。恩庆永银号是天津租界银号的典型代表，"趁英租界扩大租界地的机会，大量购买地皮，在黄家花园一带，盖起大片楼房，起名恩庆里，出租牟利"[5]。可见，在正规业务以外，银号投资商业或者地产的现象较为常见。

---

① 《洽源银号为追缴协庆当票项款事致天津商务总会函》（1919 年 9 月 25 日），见天津市档案馆编：《天津商会档案·钱业卷》（25），天津，天津古籍出版社，2010 年，第 21709 页。

② 《蚨生祥银号昨倒闭》，《益世报（天津）》1929 年 8 月 6 日，第 13 版。

③ 《天利钱局边春甡为恳请商会为其担保呈天津商务总会辩诉书》（1910 年 10 月 19 日），见天津市档案馆编：《天津商会档案·钱业卷》（23），天津，天津古籍出版社，2010 年，第 20360 页。

④ 《盐商姜桐轩为陈明与裕源银号川换债务详情事致天津商务总会说帖》（1913 年），见天津市档案馆编：《天津商会档案·钱业卷》（24），天津，天津古籍出版社，2010 年，第 20826—20827 页。

⑤ 刘嘉琛：《解放前天津钱业析述》，见中国人民政治协商会议天津市委员会文史资料研究委员会编：《天津文史资料选辑》（第二十辑），天津，天津人民出版社，1982 年，第 168 页。

# 第四章　近代天津银号的资本与资力

近代天津银号的资本来源较广，形式上主要有钱商自身的积累，外行商人的投资，军政界与寓公、地主的土地经营转化等，其中商人投资的比例明显占优。由于投资人不参与经营，因此资本来源对银号的资金运作方式影响不大。与票号不同，近代天津银号资本主要来自天津本地，外埠资本的比例较低，这与银号经营中的信用方式及业务对象以本地商业为主有关。银号的组织方式中合伙经营较多，独资银号所占比例逐渐缩小。合伙制的意义不仅在于扩大资本、增加业务、分担风险，还在于商人通过银号构建了信用平台，便于降低征信成本。银号的资本运行存在市场化的特征，在资本的新招、抽提与转让中市场逐渐发挥重要作用。银号自有资本数额不大，但资金动员能力不弱，这与股东的无限责任制、银号的信用经营方式，以及资金拆借市场的发达有关。

## 第一节　银号的资本来源

近代天津银号的资本来源复杂，以股东身份加以区分：一是早期银钱兑换业及高利贷资本积累，开埠以后，部分钱铺逐渐扩大经营改为银号。二是一般商号对银号的投资。伴随商品经济的发展，其他行业商人投资银号的情况增多，这部分银号资本是商业资本的一部分，并逐渐成为天津银号资本最重要的来源。三是退居天津租界的军政界人士、寓公投资银号。天津作为华北地区最大的商埠，其租界吸引了不少军政界人士，在晚年或失势之后退居天津，他们带来多年积累的财富，或存放市面或直接投资开设银号，成为银号资金的又一项重要来源。四是地主土地经营所得投资银号，这部分资金来源占天津银号资本的比例不大。五是天津钱业与银行业资本对银号的再投资。此类资本来源在天津较为常见，并且多与商业、地主资本相结合。由上可见，资本来源的复杂性在客观上使近代天津银号与商业、金融同业之间的关系更为密切。

### 一、银号的资本来源类型

#### 1. 钱业的自身积累

明清以后，伴随自身的传承与发展，钱业自行积累了一定数量的资本，而且形成了一批专门以钱业经营为主要业务的钱商群体。在积累资本的同时，还积累了经营管理经验，传承了钱业经营的方式方法。这一点在钱业自身的演进中尤其重要。晚清至民国时期，银号加速发展，相当一部分银号从晚清天津的钱铺扩充而来。另外，长期经营钱业的群体，或以师徒关系，或以家族传承的形式，完成钱业经营习惯和专业"知识"的延续。民国以后，天津银号的快速发展是建立在钱业群体有序传承基础之上的。

#### 2. 一般商业资本投资银号

中国本土金融机构与商业资本的分离是个渐进的过程。道光二年（1822 年），天津日升昌颜料铺改组为日升昌票号，即属于从商业资本中单独划拨一部分资本改营金融汇兑。一些早期的银号也经历了类似的发展路径，特别是打造金银首饰的首饰楼和商业资本丰厚的绸布庄等行业，相继从原有的商业资本中单独划拨出一部分，专门经营银号。这类银号"其可考证者有首饰业的益兴号（后改益兴珍）、天兴恒、敦昌厚记，绸缎业的瑞蚨祥、瑞林祥等银号"[1]。瑞蚨祥由商业兼营银号业务非常典型，"孟家开始先在旧军镇开设鸿记布庄，收购'寨子布'，到周村、济南等地贩卖，逐步发展到在周村和济南开设瑞蚨祥布庄兼做存放款业务。济南瑞蚨祥除经营绸缎棉布外，还兼营金银首饰和银号业务"[2]。早期银号资本和商业资本具有难以分割的紧密关系。天津市面经营绸布纱商业的大资本家，资金丰厚，多有分拨资金开设银号的情况。例如，瑞兴益棉纱庄金品三、潘耀庭与元隆绸布店孙良轩、胡树屏合资经营的晋丰银号；金品三独资开办的瑞源永银号；潘耀庭独资开办的诚明、益丰、耀远银号；元隆绸布店孙家和李子滨、朱馀斋等合资经营的祥生、庆益银号；隆顺棉纱庄卞润吾和张云峰合资经营的谦丰、福康仁银号；敦庆隆绸布店纪慰瞻、乔泽颂合资经营的敦庆长银号等。[3]清末民初，政局变动与金融风潮很大程度上改

---

① 杨固之、谈在唐、张章翔：《天津钱业史略》，见中国人民政治协商会议天津市委员会文史资料研究委员会编：《天津文史资料选辑》（第二十辑），天津，天津人民出版社，1982 年，第 92 页。

② 刘越千：《山东孟家与瑞蚨祥》，见中国人民政治协商会议天津市委员会文史资料研究委员会编：《天津文史资料选辑》（第二辑），天津，天津人民出版社，1979 年，第 102 页。

③ 刘嘉琛：《解放前天津钱业析述》，见中国人民政治协商会议天津市委员会文史资料研究委员会编：《天津文史资料选辑》（第二十辑），天津，天津人民出版社，1982 年，第 159 页。

变了天津原有的金融结构，票号走向衰落，银号增资改组渐趋兴盛。各方面资金转而汇聚天津投资银号一时成为风尚。在这个过程中，商业资本是反应最快的一部分。辛亥革命之后，市面初定，钱业呈复兴趋势，引起天津本帮资本家的投资兴趣。朱馀斋曾经营公裕厚钱铺，1914年朱馀斋自任经理，承领纱布商孙良轩、胡树屏、金品三、潘耀庭和木商黄雅林的资本行平银十万两创立晋丰银号，成为当时规模最大的银号。当时，投资银号资本较多的行业有粮食业、盐业、金银首饰业、绸缎纱布业、土产杂货业等，它们共同的特点是行业自身规模较大、业务范围较宽、日常金融业务较为频繁。此外，洋行买办、高利贷、烟土商等也将积累的资本投入银号经营。其中，以绸缎纱布商投资的银号经营风格最为稳健。

银号与商业的关系较为复杂，一方面银号的资本来自其他商业经营者的投资，另一方面银号利用融资便利的条件兼营普通商业。例如，瑞生祥银号老号设在山东济南省城，分号设在北京、天津、任丘等处，兼营绸缎各业。瑞生祥银号的资本与绸缎业向系分柜分账，与银号不相混淆。[1]瑞生祥银号兼营绸缎业务，所谓的分柜分账只是形式上独立核算盈亏，绸布经营者通过开设银号获得融通资金便利的目的显而易见。

3. 银行资本与银号的关系

天津钱业和银行业关系密切，早期的银行业从钱业中吸纳了不少的人才。另外，很多银行与银号具有相同的股东，部分银行的经理、副经理自行积累资本开设银号，借用银行的关系，互相照应，往来经营。近代天津各银行的经理或副经理多出身钱业，后投资银号经营的情况都比较常见，详见表4-1。

**表4-1　近代天津银号人员与银行关系情况**

| 姓名 | 与银行方面的关系 | 与银号的关系 |
| --- | --- | --- |
| 林熙生、张朗轩 | 前者为交通银行经理；后者为交通银行副经理 | 投资于馀大亨银号 |
| 魏浚泉、张鸿卿 | 大生银行经理 | 与人合资开设永丰银号 |
| 刘云芸、谢受之 | 盐业银行董事 | 与人合资开设永丰银号 |
| 张松泉、王郅卿、石松岩 | 前者为盐业银行经理；后两者为盐业银行副经理 | 合资开设永济银号 |
| 刘绍云、张松泉、石松岩 | 盐业银行董事、经理、副经理 | 合资开设和丰银号 |

---

① 《直隶总督部堂为瑞生祥银号使用票纸注册事札饬天津商务总会》（1910年6月11日），天津市档案馆馆藏，档案号：J0128-3-002162-002。

| 姓名 | 与银行方面的关系 | 与银号的关系 |
|---|---|---|
| 张泽湘、刘绍云、谢受之 | 张泽湘为四行准备库、储蓄会经理 | 合资开设中和银号 |
| 阮寿岩 | 金城银行经理 | 投资于肇华银号、永豫银号，1914年为志通银号股东，1918年为永孚银号股东 |
| 夏采臣 | 金城银行副经理 | 投资于广利银号、信源溢银号 |
| 李怀羲 | 金城银行副经理 | 投资于源达银号、元泰祥银号 |
| 陈汲三 | 中南银行副经理 | 投资于春华茂银号 |
| 李云波 | 中南银行副经理 | 投资于广利银号 |
| 齐少芹、李慰忱 | 大陆银行经理；大陆银行副经理 | 投资于天瑞银号、和生银号、德仁银号 |
| 杨天受 | 中国农工银行经理 | 投资于同兴银号 |

资料来源：杨固之、谈在唐、张章翔：《天津钱业史略》，见中国人民政治协商会议天津市委员会文史资料研究委员会编：《天津文史资料选辑》（第二十辑），天津，天津人民出版社，1982年，第106—107页；刘嘉琛：《解放前天津钱业析述》，见中国人民政治协商会议天津市委员会文史资料研究委员会编：《天津文史资料选辑》（第二十辑），天津，天津人民出版社，1982年，第160页；《志通银号总理杜勋铭为开办立案呈文天津商务总会（附股票样式章程）》（1914年2月14日），天津市档案馆馆藏，档案号：J0128-3-003495-001；《永孚银号为集资开设银号陈请备案事禀天津总商会》（1918年6月），天津市档案馆馆藏，档案号：J0128-3-004632-024

　　刘嘉琛在《解放前天津钱业析述》一文中将银行经理、副理投资银号的情况视为"银行界资本"对银号的投资。但要注意的是，银行界人士投资银号更多是以个人的名义，而非银行的投资行为。1929年，中和银号组建，股东11人，其中身份为银行经理者有4人，即"静思堂即刘绍云先生成本洋二万元正；守善堂即张松泉先生成本洋一万五千元正；松鹤堂即张泽湘先生代表成本洋一万元正；世兴堂即王郅卿先生成本洋五千元正"[①]。可以明显地看出，这些银行经理投资银号都是以个人的名义。再有，这些银行界的人士在银行多担任经理或者副经理，而不是银行的股东。银号资本和银行资本之间很少存在直接投资关系。天津银行界人士之所以广泛投资银号，主要是因为这些银行的管理人员多出身于钱业，对于银号业务熟悉。例如，盐业银行经理张松泉，副经理王郅卿、石松岩；金城银行经理阮寿岩，副经理王向宸、夏采臣；大陆银行经理齐少芹；中南银行副经理陈汲三、李云波；大生银行经理张鸿卿；等等。银行界人士开办银

---

① 《天津中和银号经理王士珍等为开设银号备案事呈文天津总商会（附章程）》（1929年4月11日），天津市档案馆馆藏，档案号：J0128-3-006286-005。

号主要是借助银行的雄厚资金，便于所开设银号业务的拓展。例如，永济的股东是盐业银行实权派，业务上能得到盐业银行的支持，因此盈利丰厚，而在银行方面，借助这些银号可以更深入地开展业务。

4. 军政资本向银号集中的情况

由退居租界的北洋军政界人士投资银号，是天津银号的特色。例如，冯国璋开办的华实银号；杨增新开办的裕源银号；王占元开办的颐和银号、致昌银号；陈光远开办的德丰银号；高凌霨开办的泰丰恒银号；马鸿逵开办的敦昌银号；庞炳勋开办的隆远银号；李鸣钟开办的谦牲银号；宋哲元、张自忠开办的启明银号；郑道儒、戴汇川开办的同兴银号；石友三、孙桐萱开办的冀鲁银号；陈锦开办的义生银号；刘汝明开办的正昌银号；阎锡山开办的亨记银号；傅作义开办的和丰裕银号；王靖国开办的仁发公银号；田中玉、陈光远开办的永豫银号；等等。永豫银号开设于 1924 年 4 月，股东除田中玉、陈光远外，还有章寓坤、阮忠极，其中阮忠极曾经担任过袁世凯的幕僚。祥顺兴银号系张敬尧所开，1920 年 7 月 13 日据《益世报》披露，"宫北祥顺兴银号系张敬尧所开，于日前倒闭。探其倒闭原因，系张敬尧提出现款甚巨，以致在该号存款之家均纷纷取款，一时难以周转，遂倒闭歇业云"[1]。义兴银号是 1914 年在法租界开设的，大股东李桂山是曾任江苏督军李纯的弟弟。[2]庆善银号的东家也来自军政界。庆善银号东家是前开平矿务督办张燕谋。非但如此，庆善银号的业务拓展有依赖官方势力的明显特征，据《天津商会档案》记载，光绪三十四年（1908年）陈吉士观察升任长春道，与张燕谋至契，冯聘臣到营口，拟在长春设立分号。[3]冯聘臣乃是庆善银号天津总号的经理，因为东家张燕谋的好友陈吉士观察升任长春道，庆善银号于是才在长春设立分号，开拓业务。按照一般规律，早期银号依赖官方势力发展，其目的在于希望代理地方财库，这是早期银号发展中一种拓展业务的常见方式。

天津银号的资本中确实有相当的数量是来自军政界的投资，但这并不是银号所独有的特点。当时天津的银行界、工商业中普遍存在军政界的投资。1925 年直系战败后，兵灾善后清理处查抄"祸首"曹锐和高凌霨在津埠农商银行的股款。其中曹锐在天津农商银行的股款六万元，形式上均系

---

[1]　《祥顺兴银号倒闭原因》，《益世报（天津）》1920 年 7 月 13 日，第 10 版。

[2]　《银号倒闭潮》，《益世报（天津）》1929 年 8 月 4 日，第 13 版。

[3]　《王楚珍为陈明庆善银号账目请款事致天津商务总会说帖》（1916 年 1 月 25 日），见天津市档案馆编：《天津商会档案·钱业卷》（3），天津，天津古籍出版社，2010 年，第1798 页。

堂名存款，包括"敬修堂、志耕堂、存古堂、全记存古堂、庆记耕心堂，安记保康堂、德记，计温字八号至十三号"，另外没收"高凌霨股款四万元，系温字一百十号至十三号"。[①]此外，曹锐在北洋保商银行的股款亦被查抄，据兵灾善后清理处"调查员报告北洋保商银行有祸首曹锐之股份二十万元"[②]。天津银号的资本有相当一部分来自军政界，其原因主要在于天津靠近北京，北洋时期的军政人员退隐之后多寓居于天津，将他们多年以来积聚的财富投放到市面生息。但值得注意的是，这些资本虽然来自军政界人员的投资，但和南京国民政府统治下出现的官僚资本有本质的不同。军政界投资并组建银号之后，聘用的是钱业内经验丰富的专门人才担任经理，一切资本的运作均按照市面的一般习惯，投资人并不干涉银号的经营。资本的来源在业务上对银号的影响不大，但军政界投资的复杂性、稳定性与商业资本有所区别。因军政界要员凭借权势抽提资金引发银号搁浅在近代天津历史上并不乏见。

总而言之，无论是军政界对银号的投资还是商业对银号的投资，从资本的性质来看并没有本质的区别。股东的身份和财产更多的是作为银号的信誉保证。股东具有社会声誉及丰厚的家底更容易被社会认可，金融同业也乐于与之往来。例如，义兴银号是天津的老牌银号，其"大股东为已故之李桂山（即已故江苏督军李纯之弟），标明其财产约有五百万元；次为何春江，曾在济南开设民益面粉公司，个人资财亦在十万上下。该号有此二大股东，故在外间之信用，甚为卓著。聘赵宜斋充任总经理，郭雅香、薛筱言为正副经理。郭前在同茂永银号充任经理，熟于银钱业，为大直沽之首富，其财产亦有三百余万之多。薛曾在新泰银号做事，亦系钱业中人，其在葛沽镇之财产，即不下数万元"[③]。可见，股东、经理人等的身家与信誉是维持银号对外信用的重要条件。

## 二、银号资本中商业投资比例的增长

目前，对于近代天津银号资本来源缺少精确的统计，而且部分银号的

---

① 《兵灾善后清理处为清理没收祸首农商银行股份事致天津总商会函》（1925 年 9 月 9 日），见天津市档案馆编：《天津商会档案·钱业卷》（13），天津，天津古籍出版社，2010 年，第 11572—11573 页。

② 《兵灾善后清理处为清理没收祸首北洋保商银行股份事致天津总商会函》（1925 年 6 月 19 日），见天津市档案馆编：《天津商会档案·钱业卷》（13），天津，天津古籍出版社，2010 年，第 11576 页。

③ 《银号倒闭潮》，《益世报（天津）》1929 年 8 月 4 日，第 13 版。

资本来源并非单纯一种类型，多为商人投资、地主投资、军政界投资等合股组织，这些因素导致研究这一问题的难度较大。目前保留下来的对天津银号资本来源的统计资料不是很多，部分学者对其进行了估算。例如，王子建和赵履谦通过对1935年底所调查统计的142家正式银号进行分析，股东身份可考的仅有60家。他们将股东出身分为三种类型，即商人、军政界及地主和农村高利贷。根据他们的统计，商人出身37家，投资总额为274.6万元，占总投资额的64%；军政界投资银号16家，投资总额为121万元，占总投资额的28%；地主和农村高利贷投资银号7家，投资总额为35.5万元，占总投资额的8%。[①]1935年前后商人投资银号，占有绝对优势。

再如，刘嘉琛对天津银号资本来源的比例分析得更为宏观：盐商资本约占5%，商业资本约占50%，地主资本约占10%，银行资本约占14%，高利贷资本约占7%，军政界资本约占14%。[②]刘嘉琛的估计虽没有建立在确切年份的统计之上，但对于晚清、民国天津银号资本构成的研究仍有一定的参考价值。

笔者在本书中对1935年的银号情况进行了较为详细的统计，其中银号的资本来源，按照股东身份及股东所经营的行业进行区分，具体如表4-2所示。

表4-2　1935年天津银号资本来源分布情况

| 来源类别 | 家数/家 | 比例/% | 资本额/万元 | 比例/% |
|---|---|---|---|---|
| 一般商业 | 22 | 20.56 | 148.4 | 21.18 |
| 军政界 | 15 | 14.02 | 109 | 15.56 |
| 土地及高利贷 | 14 | 13.08 | 86 | 12.28 |
| 票号 | 2 | 1.87 | 19 | 2.71 |
| 钱业 | 19 | 17.76 | 124.2 | 17.73 |
| 一般商业与钱业结合 | 4 | 3.74 | 27 | 3.85 |
| 地主与钱业结合 | 1 | 0.93 | 4 | 0.57 |
| 钱业与银行业结合 | 2 | 1.87 | 23 | 3.28 |
| 工业、银行 | 5 | 4.67 | 45 | 6.42 |
| 钱业、地主、商业 | 1 | 0.93 | 10 | 1.43 |

---

① 王子建、赵履谦：《天津之银号》，河北省立法商学院研究室，1936年，第16页。

② 刘嘉琛：《解放前天津钱业析述》，见中国人民政治协商会议天津市委员会文史资料研究委员会编：《天津文史资料选辑》（第二十辑），天津，天津人民出版社，1982年，第158—162页。

| 来源类别 | 家数/家 | 比例/% | 资本额/万元 | 比例/% |
|---|---|---|---|---|
| 不详 | 22 | 20.56 | 105 | 14.99 |
| 总计 | 107 | 99.99 | 700.6 | 100 |

资料来源：根据 1935 年的银号统计数据自行编制，具体可参见表 4-4

注：表中银号家数比例因四舍五入存在误差，因此相加之和不等于 100%

从表 4-2 可以得出以下认识：其一，从 1935 年天津银号的股东身份来考察，银号资本主要从商业资本分离出来且占绝对优势。其二，大多数银号的资本来源复杂，由多种类型资本合伙经营。不同来源的资本合伙开办银号，其主要凝聚力来自钱商群体，多数资本系基于对银号经理人的信任才会对银号进行投资。其三，银号资本来源复杂，反映出当时的社会经济发展水平较高。银号资本来源的不同并不影响资本的性质，股东的复杂身份和资金的最初来源也不影响银号的业务经营。钱商承领股东资本开办银号都是从事存放款、汇兑及"现事"等一般银号业务，银号的业务方向均由经理人决定，股东不干预营业内容。当然，也存在少数地主将所开银号当作土地经营的内账房，以及部分大商号分设银号是将其作为从市面吸纳资金的重要渠道，但总的来看，资本来源不影响银号的业务经营。

## 第二节 银号的合伙制

清末民初，天津银号的组织方式以合伙经营为主，独资开办银号的现象逐渐减少。合伙制的优势体现在扩大资本来源、分担风险，并通过合伙人的社会网络为银号拓展业务。银号的合伙制在形式上体现血缘关系、业缘关系、地缘关系，除了正常的出资入股，还有搭股、暗股等形式。商人乐于入股银号，除了金融领域利润丰厚之外，还希望通过银号为其本业融资提供便利。

### 一、银号资本构成中的合伙制

资本是开设银号的重要条件，资本不但为银号经营提供最初的启动资金，更是银号组织的根本维系，因为资本决定了股东的权利与义务，决定了银号经营所得利润的分配问题。

1. 合伙经营的出资形式

近代天津银号的资本组织方式主要有独资与合伙两种模式，独资即股东独立出成本若干及护本若干，聘用经理进行经营。早期银号多采取独资的方式。伴随经济发展及商品贸易流通的日益复杂化，银号的组织形式逐渐转变为合伙经营。庚子事变之后，天津新开的银号多采用合伙制，扩充资本增加银号资力尚属次要，重点是钱商希望通过合伙制分担风险。银号的合伙经营更多的是基于传统的血缘、地缘及业缘关系，和现代意义上的股份制不同。合伙制银号股东的数量从两个到十数个不等，每位股东的出资额可以均等，也可以不均等，银号经营利润按照股份多少进行分红，占股份比例高的股东具有更大的话语权。股东的身份以天津本地人或者客居于天津的外地富户居多。

近代天津银号筹设过程较为简单。筹设新银号有两种组织方式：一是股东希望出资组织银号，或独资，或与其他股东合伙，延聘经理，再由经理聘用其他职员，从而组建银号。二是钱商希望自任经理，则由钱商主动联络股东，劝其出资组织银号。钱业的经理人，或新出师另组新局，或前号歇业另谋生路，都可能出现由经理人联络股东出资设立银号的情况。在基本意向达成之后，将资本分成若干等额股份，由股东分别认缴。其后股东和经理之间或设定合同，或立有红账，或开写股票、息折，规定股东的权利义务及经理的收益及职权，作为东伙之间的约定。一般情况下正式银号在开业后多倾向加入钱商公会，将章程报由商会注册，请求商会给予执照。清末新政整顿金融，度支部要求各地官私银钱行号的设立要报部注册给照，但执行情况并不好。下面通过1914年志通银号的材料，可以略窥银号组织的一般情况：

> 窃照商等现经公同集资在于针市街开设志通银号，共计股本洋十万元，订立章程，以开办之初，先收七成，俟届三年续收三成，援照集资无限公司暂行试办，并于股东内公举董事四人，遇有特别事件，由总理、经理随时邀集会商，以昭妥慎。定于本年二月十三号即阴历正月十九日，先行交易。敝公司系合资公司性质，俟三成股本收齐，著有成效，再遵章呈请贵会转呈咨部注册。惟现已交易，理合照印试办章程，先行呈请商务总会总理协理鉴察俯赐立案，实为公便施行。各股东所担任股本数目如下，计开：义庆堂杜认定二十股；益成堂潘认定十股；兴益堂金认定十股；忠厚堂魏认定十股；阮寿岩先生认定十股；志道堂刘认定十股；崇礼堂刘认定十股；厚德堂沈认定五股；

继善堂刘认定五股；润德堂杜认定五股；恩厚堂刘认定五股。[①]

股东出资设立银号，股本认购数额一般为整数。志通银号的股东 11 人，其中除义庆堂杜认定二十股外，其余认定十股者 6 人，认定五股者 4 人。这样的出资方式有利于股东分散投资风险。一般来说，近代天津银号倾向于联络志同道合的商人分别出资组织而成。通过对银号股东的考察，可以发现除了资本，股东的个人声誉对于银号之组织也非常重要。例如，宣统三年（1911 年）裕泰恒钱号的组织情况就较为典型：

> 请议书，请议人姓氏庆源堂轧兰溪、荫裕堂辛小圃、赐砚堂徐岩孙、厚德堂毛雅亭，籍贯天津人……职业，钱业。今将请议理由具列于左，为集资合作钱业……窃商等于光绪二十七年二月初间，集资合作裕泰恒钱号，议定成本一万吊文。正当筹办股本时，商等均愿将李子赫招集合作，非特假其名誉，并可期逐年发达。未料李子赫因商等小凑如入几微之数，恐于场面甚不好看，探之伊非无此志，若作此行意，欲独力自成坚意固却。商等以天下事焉有强求之理，故仍按原议四人各筹各款，此四人中惟荫裕堂辛原议认入股本五千吊，延宕多日未及措成，询之尚缺一千之数。时值兵燹之后，筹款实难，而成本议定一万吊，岂能因缺一数改作九千之理。商等踌躇至再，皆无力承认一数之人，复议仍请李子赫出此一千吊，以成此举。如因数微难看，即可暗附荫裕堂辛名下，如其得利照股划分。商等商妥后均往李子赫处，即照前意竭力说项至再至三，当即允从照办。荫裕堂辛另立存据一纸交伊收执为凭……宣统三年四月。商会批复：如请备案，四月初五日。[②]

可以清楚地看到，虽然裕泰恒的名称为"钱号"，并且成本仅有一万吊，但从其合伙的方式来看，与后期正式银号组建程序没有太大差异。另外，经营钱业之人并非都是富商大贾，裕泰恒诸位股东集筹资本万元，仅差一千吊颇为为难，可见资金方面有困难，该钱号的规模较小，股东资力

---

① 《志通银号总理杜勋铭为开办立案事呈天津商务总会请议书（附股票样式章程）》（1914 年 2 月 14 日），天津市档案馆馆藏，档案号：J0128-3-003495-001。

② 《庆源堂轧兰溪等为集资合作钱业股东备案事致商务总会请议书》（1911 年 4 月 5 日），天津市档案馆馆藏，档案号：J0128-3-000768-033。

也较为有限。此外，裕泰恒钱号众股东希望与李子赫合作，除了希望依靠
其资力外，还有借助其名誉的因素。最初李子赫嫌裕泰恒资本小，不愿合
作，后来李子赫在裕泰恒勉求之下，将一千吊股本附入荫裕堂辛名下，由
荫裕堂辛另立存据，合作才得以实现。

宣统三年（1911 年）九月，瑞生祥银号向义泰源银号追索欠款，在给
天津商务总会的呈文中间接披露了义泰源银号股东的身份及股份结构。据
瑞生祥银号了解的情况，义泰源银号"东家周茂林、李铁三、郑志臣，铺
掌杨小田"均属钱业知名人物，且富有资财。义泰源银号"东家周茂林，
现在石桥胡同后住，□东于□放票项；东家李铁三，现在长春大清银行总
帐；东家郑志臣，又系义太源铺掌，住曲店街，家有住房一所，又有同怡
顺杂货铺一处，开设在通州；铺掌杨小田"。此外，瑞生祥银号称义泰
源银号在经营不善的情况下存在转移并隐匿资金的行为，"张耀亭、杨
四初八日早由义太源内暗挪出现洋二千元（原文为苏州码），不知存放
何处"。[1]义泰源银号的股东身份较为复杂，东家周茂林存在长期经营"□
放票项"的情况，属于钱业中人；李铁三身份特殊，为长春大清银行总账，
与银行界渊源颇深。因为李铁三的关系，义泰源银号可以较为便利地借用
银行资金进行周转。郑志臣的情况比较复杂，一方面为义泰源钱铺的股东，
另一方面又是义源铺掌，还是通州同怡顺杂货铺的东家，可以说郑志臣的
投资部分系商业资本转化而来。[2]可见，近代天津银号资本来源与股东身
份较为复杂。身份不同的经营者出于自身需要，通过合伙共同组织银号，
成为近代天津银号组织的重要形式。

在银号的组织方式上，除商人合股外，宗族关系也成为银号筹集资本
的重要方式。光绪二十四年（1898 年），盛兴源钱铺由天津钟姓家族投资
组建，聘用马绍波担任铺掌。光绪三十一年（1905 年）正月，据钟鼎元呈
报盛兴源钱铺的资本结构为"资本钱二万吊，护本银一万两，实系集股生
意。庆德堂钟筱云二俸，六厘五毫；自省堂钟星孙一俸，七厘五毫；忠恕
堂钟一俸；益厚堂钟幼三一俸；竹心堂孙筱庭一俸，六厘；二十五年续入
护本银一万两，内有自省堂续入五百两，益厚堂续入一千两，下余八千五
百两系生庆德堂一人承办，有合同二纸为证。忠恕堂因二十四年铺中遇拔

① 《吉林河城习艺所为追讨义泰源银号欠款事致天津商务总会函》（1911 年 12 月 1 日），见
天津市档案馆编：《天津商会档案·钱业卷》（23），天津，天津古籍出版社，2010 年，第
20448—20449 页。按：义太源和义泰源是两家银号，此两号为联号。

② 从原文表达方式来看，义源应为另一家钱铺，且义源与义泰源具有联号关系。

维宴洋行坑账，有撤回股本一言，至今未写分拨，此股系生三姆母两世守孀，尚有命产票项五宗共钱一万吊，银一千两，经二堂弟星孙手承办，曾否按股认账悉凭公断"[①]。可见，盛兴源钱铺的资本中五个股东中源自钟姓家族的有四股，而"竹心堂孙筱庭"是唯一的异姓股东，但依照中国传统的商业习惯推论，孙筱庭也很可能与钟姓家族是亲属关系。一般来说，近代天津银号的资本组织方式，主要倾向通过商人之间的业缘关系合作投资银号，家族式的传承与合伙情况呈减少趋势。

2. "搭股"的特殊形式

银号的资本构成中，除了正式的出名股东外，部分银号还有附入的"暗股"，即允许搭股经营。银号在组建过程中，往往存在一些特殊情况，如银号的大合同已经初步拟定之后，又有新招添的资本注入，往往不便于打破已经成立的章程规定，避免手续上的麻烦，银号可能会变通办理，将新招添的股东附入某个已经正式出名的股东的名下，再在搭股股东和被搭股东之间订立小合同，以便规定权利义务。例如，震源银号即有附股情况。1917 年，蔡翼鹏与华兴观每人出资两万元在宫北大街开设震源银号，聘定董月樵、徐子谦、黄秋舫三人为经理，立有合同为凭。蔡翼鹏所出资本名义上是两万元，实际上蔡翼鹏本人原议只出成本一万元，其余一万元由该号经理之一徐子谦附入。当时"徐子谦拟出资本银洋一万元为该号合伙股东，嗣因大合同业经成立，未便更改，遂将资本银洋一万元，附于商之名下，立有小合同一纸，交商收执，并有收条为凭，曾言明所有该号之一切权利义务均依大合同规定各节办理，以昭信守"[②]。徐子谦在股东蔡翼鹏名下附入股本一万元之外，还有股本五千元附入另外一个股东华兴观名下，该号经理董月樵也将股本五千元附入华兴观的名下。当时的情况是"董月樵、徐子谦两人亦拟各出资本银五千元，为该号合伙股东之一份子，嗣因大合同业经成立，未便更改，遂将两人股本附于商之名下，曾订明所有关于该号之一切权利义务均依大合同规定各节办理，各立有小合同一纸交商收执并有收条为凭，以昭信守"[③]。

---

① 《盛兴源钱铺钟鼎元为陈明债务事禀天津商务总会》（1905 年 1 月 29 日），见天津市档案馆编：《天津商会档案·钱业卷》（22），天津，天津古籍出版社，2010 年，第 19016—19017 页。

② 《震源银号蔡翼鹏为亏累太巨恳请调查事致天津商务总会函》（1920 年 8 月 19 日），见天津市档案馆编：《天津商会档案·钱业卷》（13），天津，天津古籍出版社，2010 年，第 11082 页。

③ 《震源银号华兴观为亏累太巨恳请调查事致天津商务总会函》（1920 年 8 月 19 日），见天津市档案馆编：《天津商会档案·钱业卷》（13），天津，天津古籍出版社，2010 年，第 11085 页。

再如，受特殊关系的影响，遇有股东出资很少时，也会选择"搭股"这种资本的组织方式。光绪二十七年（1901年）二月，庆源堂轧兰溪、荫裕堂辛小圃、赐砚堂徐岩孙、厚德堂毛雅亭集资成本一万吊开设裕泰恒钱号，荫裕堂辛原议认入股本五千吊，但事经多日尚缺一千吊，难以凑齐，"时值兵燹之后，筹款实难，而成本议定一万吊，岂能因缺一数改作九千之理。商等踌躇至再，皆无力承认一数之人，复议仍请李子赫出此一千吊，以成此举。如因数微难看，即可暗附荫裕堂辛名下，如其得利照股划分。商等商妥后均往李子赫处，即照前意竭力说项至再至三，当即允从照办。荫裕堂辛另立存据一纸交伊收执为凭"。[①]在银号中进行搭股，虽然不占主流，但在天津的银号中并不乏见。例如，王恩普于"光绪二十八年与义承祥钱铺搭股，买卖得利甚厚"[②]。晋丰银号是天津有名的大银号，晋丰银号也明确规定："设有数人合认一股者，应准以一人出名，其应得利益即由出名人承领，其责任亦由出名人承担。"[③]中和银号规定："本号股东皆系相近之人，约定不附外股，设或股东中所交股本内中附外股，其附股之人本号盖不承认，所有该股东权利义务，仍归出名人完全负担。"[④]虽然在章程中明确说明了"约定不附外股"，但实际上也只是"其附股之人本号盖不承认"而已，实际上就是为了避免万一出现纠纷，股东之间权利义务发生混乱。搭股的股东，其权利义务和正式股东实际上没有分别，只是搭股的部分会计入正式股东名下，在章程、合同中不计入搭股股东的信息，一切权利义务由出名股东承担，而出名股东和搭股股东之间的权利、义务分配，大多数会采取另立合同的办法来进一步规定。洽源银号章程规定："本公司所招股本，每股发给股票一张，附给凭折一扣，当即遵照商律第三十七条内载，数人合购一股者，应准以一人出名，其应得利权即由出名人认领，分给合购数人。"[⑤]

---

① 《庆源堂轧兰溪等为集资合作钱业股东备案事致商务总会请议书》（1911年4月5日），天津市档案馆馆藏，档案号：J0128-3-000768-033。

② 《义承祥钱铺王恩普为搭股买卖铺内纠纷事致天津商务总会函》（1905年10月15日），见天津市档案馆编：《天津商会档案·钱业卷》（22），天津，天津古籍出版社，2010年，第19096页。

③ 《晋丰银号简明章程》（1914年2月11日），见天津市档案馆编：《天津商会档案·钱业卷》（5），天津，天津古籍出版社，2010年，第4067页。

④ 《天津中和银号经理王士珍等为开设银号备案事呈文天津总商会（附章程）》（1929年4月11日），天津市档案馆馆藏，档案号：J0128-3-006286-005。

⑤ 《张玉珍创办天津洽源银号有（无）限公司呈文天津商务总会（附呈章程）》（1907年5月25日），天津市档案馆馆藏，档案号：J0128-2-001984-001。

股东之间的关系为"相近之人"，或戚或友，这样的组织模式不能简单地解释为继承了传统封建商业组织方式。银号股东之所以在"熟人社会"中构建，最直接的好处是加强银号股东之间的信任，从而使银号在进行决策时保持一致性，如果股东彼此不信任或者常持分歧，很难想象银号的经营能够稳定且营业长久。

3. 股本缴纳七成的行业习惯

近代天津，银号在筹集股本时并不要求股东将所认股本一次缴足，往往先收股本七成即试行营业。这种习惯在近代天津银号的资本组织方式中比较常见。例如，晋丰银号成立时向商会备案并呈报章程："公同集合股本银十万两整在本埠开设晋丰银号，援照合资无限公司章程，先收股本七成试行开办，其余三成俟届三年办有成效，即行收足。"[1]志通银号 1914年开办，资本先收七成，其余三成准备在以后的三年内收齐。对于赴部注册一事，待三年后股本收足，再行赴部注册。对于资本三七两期收足的办法，天津商会是认同的。1914年志通银号呈报章程，对此天津商会批示："该商合资开设志通银号，先收股本七成，俟三年续收三成，拟请先行试办等情。该商号既系合资性质，事尚可行，仍希将股本收足即遵照公司注册章程办理，是为至要。"[2]先收七成资本的习惯较为常见但却不是固定的，如永豫银号额定资本 100 万元，先收 1/4，即 25 万元。银行也有类似的规定，如 1919 年大生银行开幕，额定资本 200 万元，先收三成仅 60 万元即行开业。[3]天津银号之所以出现这种分两次或多次缴足股本的情况原因有三：一是银号多经营存放款、汇兑业务，股本对银号的资力影响不大，资金周转主要依靠信用而非股本。二是银号不一次缴足股本，反映了钱商有意规避政府监管。晚清以来，政府要求设立银号要"报部注册"。晚清时期，银号注册归度支部管理，民国以后北洋财政部沿袭清政府的做法要求银号与银行一起进行注册，从而便于国家对金融的干预。钱商希望减少政府的监管，遂采取缴纳部分股本先试行营业的方式，避免报部注册之烦琐手续。晚清至民国时期，社会金融发展水平有限，政府也不得不默许钱

---

[1]　《晋丰银号为成立备案并呈报章程事致天津商务总会函》（1914 年 4 月 19 日），见天津市档案馆编：《天津商会档案·钱业卷》（5），天津，天津古籍出版社，2010 年，第 4058 页。

[2]　《志通银号总理杜勋铭为开办立案事呈天津商务总会请议书（附股票样式章程）》（1914 年 2 月 14 日），天津市档案馆馆藏，档案号：J0128-3-003495-001。

[3]　《魏长源、张连第等为组织大生银行并呈报情形事致天津总商会函》（1919 年 3 月 8 日），见天津市档案馆编：《天津商会档案·钱业卷》（13），天津，天津古籍出版社，2010 年，第 10889 页。

庄、银号等在未按要求"赴部注册"的情况下暂行营业，以补充社会对金融的需求。三是部分缴纳股本确实为钱商减少了一些资金占用，从行业整体来看，一定存量的资金可以开设更多家银号，这符合钱商的利益与习惯。

## 二、金融发展水平与商人的金融需求

近代天津银号的合伙制，最核心的意义不是通过合伙增加资本或者增强抵御风险的能力，而是通过合伙制将不同的行业商人的利益更加紧密地结合在一起，从而为银号调拨资金、保障安全，拓展业务奠定基础。另外，对外行商人而言也乐于参与合股开设银号，因为商人希望通过银号沟通金融市场，从而实现为其开设的其他行业字号融资的目的。近代天津银号股东同时经营其他行业商号的情况非常普遍，诸如绸布、棉纱、斗店、粮行等，商人在这些行业的经营中需要大量的资金供给，以及一般的汇兑、结算等金融服务。因此，在银号的经营中经常可以看到股东和铺掌动用银号的资金辅助其名下其他商业经营的情况。例如，瑞生祥、瑞蚨祥、瑞林祥三银号在天津为联号经营，瑞生祥在宣统二年（1910年）分拨资本兼营绸缎各业，呈请度支部查验，"老号设在山东济南省城，分号设在北京、天津、任丘等处，兼营绸缎各业，向系分柜分账，与银号不相混淆"①。1915年档案材料显示，瑞林祥银号与瑞林祥元记绸缎庄为联号经营。1915年，华比银行向天津各银号追讨欠款，披露"瑞林祥银号系瑞林祥元记所开设，该银号虽经歇业，而绸庄生意照常，况该号东系山东巨富之孟姓，人所共知"②。可见，瑞林祥银号与瑞林祥元记绸缎庄因山东孟姓股东的关系互为联号。早在宣统二年（1910年）《北方日报》登载瑞林祥银号与某银行的交际情况，披露瑞林祥银号向银行、洋行筹借大笔资金，主要用于瑞林祥元记绸缎庄经营的情况：

> 某大银行走街与□□祥之狼狈：□□祥银号与□□祥绸缎铺具系山东某富室之生意，虽外观炫耀，局面壮阔，其实外强中干，也是大不得了。□□祥银号之设并非为做钱行生意，不过裱糊外面，以接济□□祥绸缎铺而已。故该号铺掌赵□亭，终日与某大银行走街□某及

---

① 《直隶总督部堂为瑞生祥银号使用票纸注册事札饬天津商务总会》（1910年6月11日），天津市档案馆馆藏，档案号：J0128-3-002162-002。

② 《外交部特派直隶交涉公署为华比银行与聚兴和等号欠款一案致天津商务总会函》（1915年4月30日），见天津市档案馆编：《天津商会档案·钱业卷》（24），天津，天津古籍出版社，2010年，第20946页。

洋商某银行走街□某联络，昼夜昵比厮混，刻不能离，同嫖同赌，同吃同吸，藉此借贷巨款。计该银号共欠某大银行数十万金（洋商银行不必论），而该银号所借之款，全归□□祥绸缎铺借使，本埠他行生意借其款者甚少。故某大银行走街，对于□□祥自觉甚有德色，而该铺掌赵□亭亦奉该走街若神明。盖某大银行若一提款，则该号即有倒闭之虞也。[1]

该文中所称"□□祥银号"实际上指的就是瑞林祥银号，这一点可以从瑞林祥的铺掌和联号情况得以印证。"该号铺掌赵□亭"指的是瑞林祥银号铺掌赵春亭；其中"该银号所借之款，全归□□祥绸缎铺借使"指的是瑞林祥元记绸缎庄。《北方日报》对瑞林祥银号的经营中隐含的危机进行披露，在当时符合报纸登载新闻的原则"有闻必录"。《北方日报》明确表示："□□祥银号之设并非为做钱行生意，不过裱糊外面，以接济□□祥绸缎铺而已。""该银号所借之款，全归□□祥绸缎铺借使，本埠他行生意借其款者甚少。"事实是不是真的如此呢？《北方日报》登载出这条新闻之后，天津商务总会考虑到对瑞林祥银号的负面报道可能会引发市面的震动，故而专门致函《北方日报》馆希望对这则负面新闻予以更正，"敬启者，今阅贵报登载某银行走街与某祥之狼狈一则，考之所登各节，固系有闻必录，然祥字号津市连号甚多，交易占一大方面，现值市面紧迫，商业停滞之秋，若以外强中干之说宣布报端，关系市面交通匪浅，则维持市面之举，想贵报馆共表同情。敬乞鉴照代为更正，此后各访员报告，如有关于市面商业之事，仍希贵报馆酌夺登载，是为至盼"。[2]天津商务总会的态度，实际上默认了《北方日报》的报道基本属实。另外，文中的报道，除了对"昼夜昵比厮混，刻不能离，同嫖同赌，同吃同吸"等私德的批评不论外，其报道很大程度上是属实的。银号经理与各银行、洋行走街关系密切，通过这种私人关系，从银行、洋行拆借款项的情况确实普遍存在。

部分商人投资或参股经营的钱庄、银号主要目的是接近金融市场，便利其筹集资金、买卖金融产品，套期保值，甚至投机活动。这种情况在近

[1] 《天津商务总会为更正某银号走街与某商号新闻事致〈北方日报〉馆函（附剪报）》（1910年11月28日），天津市档案馆馆藏，档案号：J0128-3-001248-038。按："□"为《北方日报》原文中将该银号的字号隐去。

[2] 《天津商务总会为更正某银号走街与某商号新闻事致〈北方日报〉馆函（附剪报）》（1910年11月28日），天津市档案馆馆藏，档案号：J0128-3-001248-038。

代天津较为常见。同昌钱铺三位股东各自拥有其他主营商业，光绪三十一年（1905 年）五月，益照临向同昌钱铺追索欠款，声称："窃商年来与同昌钱铺交易，其铺东三股均领事兼掌柜，素称小康，一刘大铨，一叶恩庆，一孙开甲，始则谨慎将事，言行均属相符，不意于去秋变心，暗将铺事分肥，各自另营主产，以致积欠商店钱五千余吊。"①可见同昌钱铺也是由三股东单拨资本合伙经营的，而且在经营上更侧重其原来主要营业，而视钱铺为附属营业。信源成钱铺股东李子青、李卫瞻兄弟二人除了信源成钱铺以外，还开设有瑞兴成毛庄买卖。②这种由普通商号股东分拨资本经营的钱庄，在近代天津比较普遍，反映了商业与金融业之间的复杂关系。例如，义成乾钱铺股东杨学圃在该钱铺之外，另设有宝兴成毛庄，并且因为股东相同的关系，宝兴成毛庄在营业过程中动用义成乾钱铺的资金，庚子以后宝兴成毛庄欠义成乾之款尤巨。③义成乾钱铺开设于光绪二十四年（1898 年），股东为义正堂杨学圃，铺掌为敖金波、杨华田。庚子变乱之后，市面紧迫，宝兴成之欠款以义成裕之存款抵补，导致义成乾钱铺"其欠内之款不能进者居其大半，而生意势难再作，公同议定只得歇业"④。一定程度上来说，义成乾的清理间接地受到宝兴成毛庄的牵累。

除了股东所开商号动用银号的资金外，股东和铺掌也有长支短欠的情况发生。光绪二十八年（1902 年）正月，"益德堂苏出成本钱一万吊，张典庵、张绍武出成本钱七千吊，朱寿颐出成本钱三千吊，由益德堂苏出名伙开益信成钱铺，约朱寿颐、石元铎为铺长"。其中朱寿颐既为股东又担任铺掌，朱寿颐在益信成钱铺有"长支"款项情况。光绪二十九年（1903 年）益信成钱铺清理时"尚有铺长石元铎长支尚未偿结"。⑤

无论是银号兼营商业，银号股东其他经营性借款，还是股东、铺掌的

① 《天津县为益照临与同昌钱铺债务纠纷事照会天津商务总会》（1905 年 5 月 6 日），见天津市档案馆：《天津商会档案·钱业卷》（22），天津，天津古籍出版社，2010 年，第 19156 页。

② 《同春号武东序为追缴信源成钱铺欠款事禀天津商务总会》（1906 年 1 月），见天津市档案馆编：《天津商会档案·钱业卷》（22），天津，天津古籍出版社，2010 年，第 19043 页。

③ 《义成乾钱铺敖金波为与股东义正堂杨分白债权债务关系请商会备案事呈天津商务总会请议书》（1915 年 5 月 27 日），见天津市档案馆编：《天津商会档案·钱业卷》（25），天津，天津古籍出版社，2010 年，第 21551 页。

④ 《义成乾钱铺敖金波与义正堂杨所立分白》（1915 年 7 月 11 日），见天津市档案馆编：《天津商会档案·钱业卷》（25），天津，天津古籍出版社，2010 年，第 21553 页。

⑤ 《益信成钱铺债权债务分拨所立分白》（1917 年 5 月 16 日），见天津市档案馆编：《天津商会档案·钱业卷》（25），天津，天津古籍出版社，2010 年，第 21726 页。

长支短欠，钱庄的资金常被股东、经理多方利用。虽然档案材料中所保存的史料记载只是断章残篇，但从中仍可以窥见一斑。中国本土钱庄、银号作为金融机构，其性质与业务定位始终与银行存在较大差异。钱庄的业务经营不仅限于兑换、存放款、汇兑等商业银行业务，获得利润的方式也不满足于存贷利差，业务定位也超越了资金供需中介。这种情况是近代中国钱业发展的特征之一。其背后反映了中国近代金融发展水平有限，金融资本的性质不够纯粹，但同时也说明中国内生的金融组织具有明显的灵活性，契合市场的需要。从其经营的业务及资金的利用方式来看，近代银号始终没有发展成为类似银行的现代金融机构。天津银号在近代商业发展中起到了重要作用，但其表现却非常复杂。这与近代银号对自身的定位有关，近代钱庄、银号发挥作用的主要方式是进行资金清算，而不是担任资金供需之间的中介。

## 第三节　银号的资本运行

银号的资本包括股本和护本，或者称为正本和副本。银号成立以后，对于股本的新招、抽提及转让的规定非常严格，这是为了保障银号经营稳定而对股东进行的限制。天津银号的股份结构中有银股和身股，银股和身股在利润分配中处于同等地位，当银号亏损时身股不承担债务。按照天津习惯，银号年底结账不分派红利，仅分配官利和护本的利息，红利要等到三年一个账期期满再进行分配。红利分配在银股、身股之外，还设有财神股，即银号的公积金，用于扩大经营或保障风险。按照习惯，在银号破产中股东承担无限责任，但在实际执行中对债务进行折扣的情况较为常见。

### 一、银号的资本结构

银号的资本主要由股本和护本构成。股本有官息，护本有利息，共同为银号的资金周转提供支持。股本由股东按股出资而成，而护本的性质则相当于股东存款。

1. 股本

按照近代天津钱业习惯，银号创办时首先核定银号资本总额，再按股均分，由股东认缴。例如，晋丰银号开设"拟招股份一百股，每股银千两，共合银十万两整"①。志通银号的情况与晋丰银号类似，"拟招股份一百股，每股银洋千元，共合银洋十万元整"②。启明新记银号股份有限公司"本银号资本总额定为国币二十万元，计分二百股，每股一千"③。洽源银号无限公司"召集股本洋银十万元，公作一千股，每股百元"④。《馀大亨银号本号章程》规定，"股本每股五千元，共三十股，合银元十五万元整"⑤。股东按股出资，数额多少不等，一人承认多股，或者多人分认一股的情况都存在。股东对银号投入资金以后，银号即给予凭证，用以取息及分红。这种凭证在天津并没有统一的形式，大致分为以下五种情况。

第一种是给予股票、息折。例如，晋丰银号章程规定"本号所招股本，每股发给股票一张，附给息折一扣"⑥。与此类似，志通银号也是依据股东入股情况，发给股票、息折。股票是股权证明，是每三年结算大账时用以分红的主要凭证，而息折则用于每年年底到号领取所出股份的官息凭证。

第二种是立合同。合同内详细规定股东出资情况。1920年隆华银号在经营三年期满之后，华字股东要求撤股"将所有本利如数提清，经理张济生随（遂）与隆字股东杨少泉君妥为协议，将华字所提之本照数补齐，邀同中人另立合同，改为隆盛银号"⑦。盛兴源钱铺也是采取订立合同的办法，作为各股东权利义务的依据。⑧宣统元年（1909年），永顺长银号铺掌顾士俊呈报"窃职商前于光绪二十九年间领承晖堂资本银一万两，护本

---

① 《晋丰银号简明章程》（1914年2月11日），见天津市档案馆编：《天津商会档案·钱业卷》（5），天津，天津古籍出版社，2010年，第4066页。

② 《志通银号总理杜勋铭为开办立案事呈天津商务总会请议书（附股票样式章程）》（1914年2月14日），天津市档案馆馆藏，档案号：J0128-3-003495-001。

③ 《启明新记银号股份有限公司章程》，《启明新记银号股份有限公司董事长张元果等为遵奉部批检送营业报告并公司章程及执照照片呈请鉴核备案事呈文天津市社会局》（1936年6月3日），天津市档案馆馆藏，档案号：J0025-2-000884-001。

④ 《张玉珍创办天津洽源银号有（无）限公司禀天津商务总会（附呈章程）》（1907年5月25日），天津市档案馆馆藏，档案号：J0128-2-001984-001。

⑤ 《馀大亨银号本号章程》（1930年2月17日），天津市档案馆馆藏，档案号：J0128-3-006374-007。

⑥ 《晋丰银号简明章程》（1914年2月11日），见天津市档案馆编：《天津商会档案·钱业卷》（5），天津，天津古籍出版社，2010年，第4067页。

⑦ 《隆华银号为华字股东提本告退，改为隆盛银号继续经营事致天津商务总会函》（1920年1月4日），天津市档案馆馆藏，档案号：J018-3-004301-049。

⑧ 《盛兴源钱铺钟鼎元为陈明债务事禀天津商务总会》（1905年1月29日），见天津市档案馆编：《天津商会档案·钱业卷》（22），天津，天津古籍出版社，2010年，第19016页。

银一万两，开设永顺长银钱号生理。议定三年一账，立有合同"①。1915 年
增亿钱铺掌孙华堂病故，其家属与增亿钱铺分账，提及该钱铺也是立合同作
为凭证的。②合同所规定的内容，其实和银号章程中所规定的是基本一致的，
也有银号在订立章程之后，不立合同的。洽源银号无限公司"本公司遵照章
程办理，不立合同"③。震源银号也采取立合同的方式划分权利义务。

　　银号合同主要是记载股东的出资详细情况，盈利分配与债务分担的方
式，以及对银号经营原则性的规定等内容。例如，光绪二十八年（1902 年）
瑞林祥银号所立合同如下：

　　　　立合同人陆葵生、张雅轩，公领到慎余堂孟宅成本津公砝银二万
　　两正，在天津针市街开设瑞林祥银号生理。凭中议明慎余堂银股作为
　　十分，陆葵生作人股一分五厘，张雅轩作人股一分五厘，银股、人股
　　共作十三分。陆葵生每月辛金三十吊文，支使三十吊文；张雅轩每月
　　辛金三十吊文，支使三十吊文，此外不许浮借多支。账目一年一分，
　　清账时当将支使拨还清楚，所有顶名、浮借、作保、答声及一切违反
　　商业习惯情事，概不准犯。此系同中议定，各无他说，必须各自遵照，
　　同心协力，以图源远流长之计，裕后有凭，谨立此合同，东伙均各书
　　名及中友签押，公存号内永远为据。中友人李锦文、郝希孔。成本人
　　慎余堂孟宅。领本人陆葵生、张雅轩。光绪二十八年正月十八日。④

　　第三种仅给存折。志成银号"股本填具股折，交由各股东存执"，"号
东资本拨付后，由号立折为凭，将来应得官利、红利，凭折支取"⑤；中和
银号则规定"本号对于股东不发股票，只付给股款官红利息折一扣，以凭支

①　《永顺长银号顾士俊为备案事致天津商务总会函》（1909 年 2 月 9 日），见天津市档案馆编：
　　《天津商会档案·钱业卷》（23），天津，天津古籍出版社，2010 年，第 20207 页。
②　《增亿钱铺东伙为所立分白呈请备案事致天津商务总会函》（1915 年 6 月 26 日），见天津市档
　　案馆编：《天津商会档案·钱业卷》（25），天津，天津古籍出版社，2010 年，第 21588 页。
③　《张玉珍创办天津洽源银号有（无）限公司禀天津商务总会（附呈章程）》（1907 年 5 月 25
　　日），天津市档案馆馆藏，档案号：J0128-2-001984-001。
④　《瑞林祥元记绸缎庄为解释与瑞林祥银号的关系事致天津总商会函》（1927 年 7 月 14 日），
　　见天津市档案馆编：《天津商会档案·钱业卷》（25），天津，天津古籍出版社，2010 年，
　　第 22228—22229 页。
⑤　《志成银号关于银号改为独资扩充资本申请注册给照缮具简章及迁址问题致天津总商会函（附
　　章程）》（1922 年 2 月 14 日），天津市档案馆馆藏，档案号：J0128-3-005453-005。

取官息红利"①。在仅给存折的银号中，存折就是利润分配依据。

第四种仅有红账。王缙卿呈报与孙堃等伙开义承祥钱铺的情况就说明了义承祥钱铺没有订立合同，只以红账为凭的情况。"窃职于光绪二十八年与孙堃等伙开义承祥钱铺，成本津钱两万吊，护本一万吊。职名下入股钱四千吊，以袁景周、刘静（镜）波、牛云卿三人充当铺掌，并无合同，只有红账为凭。"②红账与合同一样，都是银号股东的出资凭证。恒昌钱铺也采取写立红账的方式，"窃职于光绪二十年与三槐堂王、荣厚堂张、槐荫堂王，共四股伙开恒昌钱铺生理，领事人张静亭、魏子芳，有公立红账一本，存号可凭，历年得利照定章按股均分"③。红账详细记载了每个股东的出资请款及详细的家庭住址等信息。一般对外秘而不宣。

第五种，除上述模式以外，还有既立红账，又发给股票的。馀大亨银号"除立红帐外，另行发给股票，交由各股东收执为证"④。

无论采用何种形式，都不是一成不变的。1932 年晋丰银号曾"撤销股票改立合同"。1932 年，据晋丰银号经理朱嘉宽、马瑢呈报："窃商号成立于民国三年四月间，系合资无限公司性质，资本化宝银十万两，未立合同，各股东执持股票息折为据……近因时势所趋，东伙议决撤销股票改立合同，遂于本年二月九日将以上账款核算清楚，所得红利东伙按照定章尽数分别领讫，即于是日改立合同继续营业。"⑤合同的内容大致还是规定了各股东的权利义务、出资数额及红利分配等问题，与银号的一般章程内容上大同小异。

2. 护本

天津银号的资本构成，除了股本之外还有护本。股本一般在银号创设之初由股东出资认缴，护本有的随股本按规定缴纳，有的则分年从盈利中

---

① 《天津中和银号经理王士珍等为开设银号备案事呈文天津总商会（附章程）》（1929 年 4 月 11 日），天津市档案馆馆藏，档案号：J0128-3-006286-005。

② 《天津高等审判分厅为义承祥钱铺王恩普为搭股买卖铺内纠纷致事天津商务总会函》（1907 年 4 月 16 日），见天津市档案馆编：《天津商会档案·钱业卷》（22），天津，天津古籍出版社，2010 年，第 19107 页。

③ 《特授直隶天津府正堂为恒昌银号债务纠纷事照会天津商务总会》（1904 年 7 月 19 日），见天津市档案馆编：《天津商会档案·钱业卷》（22），天津，天津古籍出版社，2010 年，第 18977—18978 页。

④ 《馀大亨银号本号章程》（1930 年 2 月 17 日），天津市档案馆馆藏，档案号：J0128-3-006374-007。

⑤ 《晋丰银号经理为晋丰银号撤销股票改立合同事呈天津总商会说帖》（1932 年 2 月 21 日），见天津市档案馆编：《天津商会档案·钱业卷》（14），天津，天津古籍出版社，2010 年，第 12482 页。

抽提。护本也被称为附本或副本。顾名思义，护本就是用来补充资本之不足，保障营业正常运转，同时也可以增强银号的信誉。护本的规模没有一定限制，各号护本与股本的比例关系亦不固定。对股东来说，股本与护本的利益分配方式不同。从目前文献记载来看，上海钱庄的股本倾向不给官息，重视红利。天津银号则与上海不同，按照天津钱业的习惯，银号股本基本上都计算官息，护本计算利息，护本和股东存款的利息维持在四五厘至七八厘，较一般的商业存款利息稍低。

护本有两种形式。一种是在银号开业之初，股东订议股本若干，同时规定护本若干，这种形式所出护本由"各股东于钱庄开市之前，按股拨入庄内，作为基金，藉资运用，每年可得七厘或八厘之官息。护本为各股东存于本庄，作为长期不动之存款，钱庄有尽可任意使用之权利"[1]。另一种护本是银号历年盈利之滚存，此种盈利照常分给股东后，但并不移作他用，而是作为股东的存款仍存号中留用。银号需酌给利息，股东不能任意提取。《馀大亨银号本号章程》规定："本号各股东每年按股应分之红利存储号中，由号中各立存折，定期二年，期满再行付款，以期资力丰厚，扶助业务，至所存之款，按月六厘计息，每年年底结付一次。"[2]此红利暂存，转化为股东存款，实际上起到了护本的作用，银号给予利息六厘。

在天津按照一般习惯，护本的规模大致有两种：其一，护本为股本的百分之五十。义承祥钱铺，成本津钱两万吊，护本一万吊；姜桂山"于光绪三十二年十月间出资本津钱一万吊护本津钱五千吊，在宫北大街开设裕恒钱铺生理"[3]。其二，护本与股本持平。护本的数额与股本数额相等的情况较多，天瑞、永昌、敦庆长、鸿记、中裕、义恒等银号都属于这种情况。中和银号章程规定股本现洋十万元，长期存款洋十万元，长期存款实际上就是护本。宝生银号资本四万元，护本四万元。[4]

银号护本对于增加资金实力，维护经营稳定具有重要意义。部分银号在经营过程中会根据需要逐渐增加护本。光绪二十四年（1898年），天津

---

① 潘子豪：《中国钱庄概要》，上海，华通书局，1931年，第43页。

② 《馀大亨银号本号章程》（1930年2月17日），天津市档案馆馆藏，档案号：J0128-3-006374-007。

③ 《裕恒钱铺姜宝善为铺内清理呈请备案事致天津商务总会函》（1911年12月23日），见天津市档案馆编：《天津商会档案·钱业卷》（3），天津，天津古籍出版社，2010年，第2008页。

④ 《宝生银号为增加护本四万元须在会员名册内注明事致天津市钱业同业公会函》（1937年7月22日），天津市档案馆馆藏，档案号：J0128-3-008994-058。

盛兴源钱铺成立时五股东共出资本两万吊，护本银一万两。光绪二十五年（1899 年），盛兴源钱铺又续入护本银一万两，即到光绪二十五年（1899 年）的时候，盛兴源钱铺的资本仍为两万吊，而护本已经达到两万两，护本数额超过股本。①护本超过股本的情况在上海也见于史料记载。1937 年，上海"北市宁波冠宁路存德和记汇划庄，资本本为国币十万元。自今年起，决增加附本三十八万元，共为四十八万元"②。无论股本和护本之间的比例、规模如何，并不能完全决定银号的信誉。另外，钱商压低股本的数额，可能一定程度上是出于减轻纳税负担的考虑。

值得注意的是，银号的资金实力不仅仅局限于股本和护本的总和。近代天津银号沿袭了中国传统商业股东的无限责任制，即股东对于银号债务承担无限责任。在银号因业务需要，或者市面局势不稳之时，股东可以临时追加资本，但从目前文献所见，股东主动追加资本额的情况较少。何以如此？原因就在于，银号与新式银行不同，其信用是否稳固不由银号的资本决定，更多要看股东的身家，股东与经理的声誉，经营是否稳健，以及业务范围之广狭。银号的信用受以上各类因素综合影响。民国以后，产业发展，时人论及银号常以资本薄弱，深为诟病。究其原因，主要是时人立足于产业发展需要，而忽视了银号自身辅助商业的经营定位。

## 二、股本的新招、抽提与转让

银号成立以后，对于股本的新招、抽提及转让的规定非常严格。这是为了保障银号经营稳定而对股东进行的限制。一般来说，股东将股本交付银号之后，股东享有对这部分资金的所有权、收益权，但在账期未满之时，不得随意抽提，银号资金的使用听凭经理调度，股东亦不得过度干预。

按照天津商业习惯，三年结算大账期满后股东才被允许收回股本。在银号经营过程中，股东因特殊情况希望退股时，允许股东将其名下股份转让，但要得到银号其他股东及经理人的认可。这种原则，在银号初设之时基本都会写入章程。1920 年，隆华银号因"华"字股东撤股，招添新股并更名事致函天津总商会备案：

---

① 《直隶天津县为请调查盛兴源钱铺账目处理债务纠纷事照会天津商务总会》（1905 年 1 月 30 日），见天津市档案馆编：《天津商会档案·钱业卷》（22），天津，天津古籍出版社，2010 年，第 19020 页。

② 《存德钱庄增附本卅八万》，《中外经济情报》1937 年第 43 期。

　　窃因隆华银号自丁巳年正月二十二日开张，屈指三年之久，生意颇见起色。不意华字股东出有急需，于客年底将所有本利如数提清，经理张济生遂与隆字股东杨少泉君妥为协议，将华字所提之本照数补齐，邀同中人另立合同改为隆盛银号，即择于旧历正月初五日开市，其余事项均皆照常，理应呈报商务总会更正隆盛银号……天津隆盛银号。书束。[①]

　　银号的股本虽在三年结算大账之前不准抽提，但可以转让。股份转让时，需尽先由本号其他股东认领，如其他各股东不愿承受时，准许转让于新股东，但新股东需要得到银号其他股东及经理之认可方为有效。1929年天津中和银号章程规定："本号股东如有因事退股者，应与其他股东让受接替，不准售予外人。号中所存公积金，无论存至若干，凡营业未满三年退股者，该公积金须由接替人承受，退股者不得提出分配。三年账期以后，退股者应以帐期为法。帐期以前公积金由退股者承受，帐期以后公积金由接替人承受，以昭公允。倘无人接替，该股东仍须随同照常营业，不能另生枝节，俟三年帐期时由董事招集各股东公决施行。所有半途退股者，分配公积办法，既经众股东公同议决，遇事即以此例办理，不得争执。"[②]启明新记银号股份有限公司章程也规定："本银号股份如有增添之必要时，得经股东会议决呈准财政部、实业部增加资本，但须尽旧股东先认，不足时再行另招新股。""本银号股票概用记名式，转让时以本国人为限，不得让与外国人。""本银号股票，股东只准转让，不得退股及向本银号抵押，如转让时，须向本银号声明以便过户。"[③]洽源银号章程规定："各股东所存本公司股票，如有用款欲退股者，只能将股票转售他人，不得随便抽提股本，以重公款。"[④]晋丰银号章程也规定："抑或意欲转售者，具报本号开股东会，必得股东、董事、总理、经理认可，接替之人方为有

①　《天津隆盛银号为变更股东字号事致天津总商会函》（1920年1月4日），天津市档案馆馆藏，档案号：J018-3-004301-049。

②　《天津中和银号经理王士珍等为开设银号备案事呈文天津总商会（附章程）》（1929年4月11日），天津市档案馆馆藏，档案号：J0128-3-006286-005。

③　《启明新记银号股份有限公司董事长张元果等为遵奉部批检送营业报告并公司章程及执照照片呈请鉴核备案事呈文天津市社会局》（1936年6月3日），天津市档案馆馆藏，档案号：J0025-2-000884-001。

④　《张玉珍创办天津洽源银号有（无）限公司禀天津商务总会（附呈章程）》（1907年5月25日），天津市档案馆馆藏，档案号：J0128-2-001984-001。

效。"①《馀大亨银号本号章程》规定："本号股东如有不愿续作者，必须至年终结帐后声明退股，不得中途发生异议，以免妨害营业。其所退之股必得股东、经理、副经理及监察人认可，接替之人方为有效。"②1914年志通银号股票简章第四条规定："凡拟转售股票之股东，必须预先具报本号接替之人姓名、籍贯。经董事查明确系殷实，情愿遵章负责，约集股东开会认可，方准注册另换票折。"③各银号对于股权的转让都非常重视，并且通过章程严格限定。可见，股权的稳定对于银号的正常运转非常重要。1929 年 8 月馀大昌公记银号股东兼经理门杰宸，在未到账期之前，将自身股份转让他人，呈报商会备案："查本号门君杰宸所入股洋三万五千元，本月五日业经让与王君晓岩银洋一万五千元，姚君樾甫银洋二万元，分别承受。按照本号帐目，应算给门君盈余、公积及人力股，一切应分得款项，共银洋五万三千七百余元，亦经门君照数悉行取出。其门君在本号所担任经理职务，并经一并辞卸。彼此手续已完全清结，嗣后关于本号营业，无论如何概与门君丝毫无干。"④此事发生于 1929 年 8 月，未到年底肯定不是结账期，属于中途股权转让。在其他方面，比如在银号经营需要扩大规模时，招添新股之必要时，也应尽先保障原股东之入股权利，洽源银号无限公司规定："将来本公司兴旺，应尽原股续收，不另再招新股，以保原股利益。如原股不愿续交，再招新股。"⑤

按照近代天津钱业习惯，股东如要退股须待三年结算大账之后方可退出。这一商业习惯具有一定权威性，即便官厅判令亦不能与之相抵触。例如，光绪二十八年（1902 年），王恩普在义承祥钱铺搭股经营。据王恩普呈称，该项钱铺生意"得利甚厚"，但由于"铺掌袁景周等不准股东考问号事"，光绪二十九年（1903 年）王恩普决定"情甘不分得利，提本告退"，并"在县禀明，让利退出，求官作证。于八月二十日蒙恩立案，此后赔赚与职无涉。该东伙立有退存原本钱折一扣呈堂，当经县廉饬具甘结，

---

① 《晋丰银号关于呈报章程并缓请注册的函件》（1914 年 4 月 19 日），天津市档案馆馆藏，档案号：J0128-2-001324-001。

② 《馀大亨银号本号章程》（1930 年 2 月 17 日），天津市档案馆馆藏，档案号：J0128-3-006374-007。

③ 《志通银号总理杜勋铭为开办立案事呈文天津商务总会（附股票样式章程）》（1914 年 2 月 14 日），天津市档案馆馆藏，档案号：J0128-3-003495-001。

④ 《天津馀大昌银号为声明门君退出本号并清结账目备案事呈文天津总商会》（1929 年 8 月 5 日），天津市档案馆馆藏，档案号：J0128-3-006286-048。

⑤ 《张玉珍创办天津洽源银号有（无）限公司禀天津商务总会（附呈章程）》（1907 年 5 月 25 日），天津市档案馆馆藏，档案号：J0128-2-001984-001。

将折朱批兑验明白，交职领收为据"。[1]光绪三十一年（1905年）六月，华瑞银号"因欠款在县将该号禀控"，王恩普作为股东又被牵扯案内。至绪三十一年（1905年）冬，经天津巡警总局审理饬令王恩普摊还华瑞银号之款八百九十一两五钱，前述天津县退股案卷、具结被认为无效。后据天津高等审判分厅再三究诘，"始据王缙卿供称，情愿不索股本及摊还华瑞之款，但求义承祥欠外、外欠一切未清之事，概归孙堃等三股东及三铺掌承当，而孙堃等仍坚不肯任其退出。详查原卷，王缙卿与袁景周、牛云卿在县涉讼时，所具退本之结，实不足为凭，且孙堃、刘辅荃、李鹤（荷）舟等当时亦均未商妥令其退出，故红账未批，分拨未立。皆由王缙卿因当时生意不佳，恐至受累，因（铺掌）袁、牛二人诚实可欺，控县迫其具结。今义成（承）祥铺事未清，王缙卿又恐有摊还华瑞等项之累，预先控告，希图脱卸，实属规避取巧，刁狡异常，揆之公理商情，均属不合"[2]。此案虽经王恩普于光绪二十九年（1903年）赴官控告要求具结退股，但按照商业习惯，由于红账中未批明允准王恩普退股，且对于债权债务关系的分拨未立，因此王恩普退股的意愿没有达成，仍需履行义承祥钱铺股东的权利义务。可见，当时的商业习惯并非政府判令可以随意更改的。

### 三、股份与银号的利润分配

#### 1. 银股、身股与利润分红

股东按股出资，也按股对利润进行分配。股份是银号红利分配的唯一依据。按照天津商业习惯，银号每年年底进行结账，但不分红利，仅分配官利及护本利息。银号经营以三年为大结账期，到期分配红利。在银号的利润分配中，银股与身股都参与红利分配，但各银号的银股和身股分配的比例不尽相同。

1914年晋丰银号规定："获有盈余，应俟三年结算大账，除开销外统按十成合计。以五成分给各股东，其余五成以二成五厘作为基本金，不准私用；以二成五厘作为总理、经理及查察人之酬劳，计总理一成，经理一

---

① 《义承祥钱铺股东王恩普为备陈与铺掌袁景周退股纠纷事致天津商务总会函》（1905年10月15日），见天津市档案馆编：《天津商会档案·钱业卷》（22），天津，天津古籍出版社，2010年，第19096页。

② 《天津高等审判分厅为义承祥钱铺王恩普为搭股买卖铺内纠纷事致天津商务总会函》（1907年4月16日），见天津市档案馆编：《天津商会档案·钱业卷》（22），天津，天津古籍出版社，2010年，第19109—19110页。

成，查察人五厘。"①洽源银号规定："每股应得利息，按照月利五厘，每年结账核算一次，通知各股东分别发给，如有盈余，应俟三年核算大账，除一切开销外，统按十成核计，以五成分给股东，下余五成以二成五厘作为公积，不准私用；以二成五厘作为酬劳总理、协理以及查察人。"②志成银号章程规定："本号每届年终结账一次，三年总结大账一次，除各项开支外，如有盈余，先提官利五厘及开办费百分之十至二十五，并酌提各职员花红，其余再按十分分配，以六分五为号东红利，一分三为公积金，一分二为经理花红，一分为副经理花红，但职员花红得于每届年终结账时提给之。"③可见，银号的利润分配主要由股东红利、官息和银号公积，以及职员分红三个部分构成。按照天津银号习惯每年结账一次，但不分派红利。前述晋丰银号在每年年终结账以后，会将官息提取分派给股东。志成银号的红利和官息，按照章程规定乃为三年分派一次，五厘官利和晋丰银号的官息是一致的，但百分之十至百分之十五的开办费，这是一般银号所没有的。开办费不等于公积金，但从一般意义上理解，也是作为银号经营的一种积累，借以增加银号的实力。除了官利和开办费之外，大致上主要就是股东的红利和职员（经理、副经理为主）的红利，按照身股份额分派。中和银号有类似的规定："本号每年结帐一次，股本应得官利，按照月利五厘于每年结帐后发给。每三年分帐一次，除各项开支外，应按纯益提十成之二作为公积，下余八成再作十成与银人股分配，计股东占七成，人股占三成。其人股分配法，计经理王幼斋一成，经理张泽湘一成，董事长刘绍云三厘，董事胡寿田二厘，董事王郅卿二厘，监察人李敬斋一厘五毫，监察人姚韵珊一厘五毫。"④可见，在职员身股中，属经理最多，董事居其次，而监察人员最少。身股的比例，大致是按照各职位在银号中的地位进行分配的。近代以后，账期制度也有变化。20 世纪 30 年代，启明新记银号因为实行有限公司制度，打破了传统银号以三年为一账期的习惯，而改为一年一清账，官息、红利年终结账后，都予以分派。其章程规定：

① 《晋丰银号关于呈报章程并缓请注册的函件》（1914 年 4 月 19 日），天津市档案馆藏，档案号：J0128-2-001324-001。
② 《张玉珍创办天津洽源银号有（无）限公司禀天津商务总会（附呈章程）》（1907 年 5 月 25 日），天津市档案馆藏，档案号：J0128-2-001984-001。
③ 《志成银号关于银号改为独资扩充资本申请注册给缮具简章及迁址问题致天津总商会函（附章程）》（1922 年 2 月 14 日），天津市档案馆藏，档案号：J0128-3-005453-005。
④ 《天津中和银号经理王士珍等为开设银号备案事呈文天津总商会（附章程）》（1929 年 4 月 11 日），天津市档案馆藏，档案号：J0128-3-006286-005。

"本银号年终结账，除一切开支外所余纯利先提一成为公积金，次提股息五厘，如尚有余再按十二成分配如下：（一）股东红利五成；（二）董事及监察人花红一成；（三）职员花红六成。"[1]

2. 官息

官息，即官利。据笔者所见，近代天津各银号的章程对股东所出资本都规定给予官利，按年计算。例如，1914年晋丰银号关于官利的规定："每股应得官利按照月利五厘，每至年终结账一次，通知各股东分别发给。""各股东所认股份或多或少，均按每一股之利益，递加核计，届时应由各股东持票折赴号中领取，以票折为据。"[2]天津银号规定的官息规模大致分为两档，即年息五厘或者月息五厘（年息六厘），股本的官息一般略低于护本的利息。官息是每年年终结账之后分给。洽源银号章程规定："每股应得利息，按照月利五厘，每年结账核算一次，通知各股东分别发给。"[3]《馀大亨银号本号章程》规定："本号股本官利定为年息四厘，每年年底结付。"[4]中和银号规定："本号每年结帐一次，股本应得官利按照月利五厘于每年结帐后发给。""本号（中和银号）股本现洋十万元正，按月息五厘计算；另有长期存款洋十万元正，按月息六厘计算，一次收足，该款另立存折，只能取息不准提用，每年随同股本取息一次。"[5]志成银号的官息比较高，1921年志成银号为合伙经营，其章程中规定："本号股本官利常年九厘（即年息九厘），均自交款之次日起息。"[6]但是，1922年志成银号由合伙改为独资，则将官息降为年息五厘。[7]年息五厘或年息六厘在近代天津银号的官息规定中比较常见。1936年，启明新记银号在组织上改为股份有限公司，仍延续了官息制度。启明新记银号股份有限公司规定：

① 《启明新记银号股份有限公司董事长张元果等为遵奉部批检送营业报告并公司章程及执照照片呈请鉴核备案事呈文天津市社会局》（1936年6月3日），天津市档案馆馆藏，档案号：J0025-2-000884-001。
② 《晋丰银号关于呈报章程并缓请注册的函件》（1914年4月19日），天津市档案馆馆藏，档案号：J0128-2-001324-001。
③ 《张玉珍创办天津洽源银号有（无）限公司禀天津商务总会（附呈章程）》（1907年5月25日），天津市档案馆馆藏，档案号：J0128-2-001984-001。
④ 《馀大亨银号本号章程》（1930年2月17日），天津市档案馆馆藏，档案号：J0128-3-006374-007。
⑤ 《天津中和银号经理王士珍等为开设银号备案事呈文天津总商会（附章程）》（1929年4月11日），天津市档案馆馆藏，档案号：J0128-3-006286-005。
⑥ 《天津志成银号为送章程事致天津总商会呈（附章程）》（1921年9月23日），天津市档案馆馆藏，档案号：J0128-3-005309-097。
⑦ 《志成银号关于银号改为独资扩充资本申请注册给照缮具简章及迁址问题致天津总商会函（附章程）》（1922年2月14日），天津市档案馆馆藏，档案号：J0128-3-005453-005。

"本银号股东官息定为周息<sup>①</sup>五厘，以收到股款之次日起计算，每年于股东常会通过后发给之。"<sup>②</sup>启明新记银号的官息"周息五厘"实际上就是年息五厘。同样为有限公司制度，义生银号股份有限公司则规定："本银号股息定为年息六厘，于每年股东常会定期后用书函通知凭折支付。"<sup>③</sup>可见，近代天津银号的官息分派主要是依据钱业习惯，另外，银号也根据实际情况加以调整。

3. "公积金"及其分配

以往学界对钱庄的研究，大多认为钱庄不注意积累，将大部分的盈利作为红利分给股东，影响了自身的发展和壮大。这种论断是片面的。从天津的情况来看，首先，天津银号存在"公积"制度。在多数银号的章程中，几乎都有对公积比例的规定。其次，银号公积所占分配比例多数在利润的 1/10 以上，最高比例约占 1/4。可以说对于公积问题，各号均比较重视。例如，《馀大亨银号本号章程》规定公积在利润开除一切开销和官利之外占纯收益的十成之一，"本号营业每年年底结帐一次，除一切开销、官利外，所有盈余按十股分派，计股东红利六股，人力股三股，公积金一股，共计十股"<sup>④</sup>。志成银号的公积比例为纯益的"一分三"，即 13%。宣统元年（1909 年）永顺长银号呈报："窃职商前于光绪二十九年间领承晖堂资本银一万两，护本银一万两，开设永顺长银钱号生理，议定三年一账，立有合同。截至三十一年年终结算大账，共得利银七万九千五百余两，照股匀分银六万五千两，余银一万四千五百余两作为积存。"<sup>⑤</sup>其公积比例高达 18.24%。中和银号的公积比例更高，以"纯益提十成之二作为公积"。晋丰银号章程规定"以二成五厘（25%）作为基本金"，"本号将来基本金积至与股本相垺时，拟依各旧股加一新股，以广利源。嗣后再存基本金相若，得由股东会议定之"<sup>⑥</sup>。基本金虽

---

① 此处之"周息"实际上指的是"周年息"，而不是一个星期的利率。据杨固之等回忆，天津"钱庄存银行按周（年）息三厘计算"，参见中国人民政治协商会议天津市委员会文史资料研究委员会编：《天津文史资料选辑》（第二十辑），天津，天津人民出版社，1982年，第107页。

② 《启明新记银号股份有限公司董事长张元果等为遵奉部批检送营业报告并公司章程及执照照片呈请鉴核备案事呈文天津市社会局》（1936年6月3日），天津市档案馆馆藏，档案号：J0025-2-000884-001。

③ 《天津义生银号杨得铭为验资注册领照事呈天津总商会请议书》（1929年7月1日），天津市档案馆馆藏，档案号：J0128-3-006275-004。

④ 《馀大亨银号本号章程》（1930年2月17日），天津市档案馆馆藏，档案号：J0128-3-006374-007。

⑤ 《永顺长银号顾士俊为备案事致天津商务总会函》（1909年2月9日），见天津市档案馆编：《天津商会档案·钱业卷》（23），天津，天津古籍出版社，2010年，第20207页。

⑥ 《晋丰银号关于呈报章程并缓请注册的函件》（1914年4月19日），天津市档案馆馆藏，档案号：J0128-2-001324-001。

名称与公积不同，但实际上也是盈余积累的另一种方式。

对于公积金的处理方法，大都在积存一定数量之后，照股分派给股东，而经理人等的身股不参与公积金的分派。例如，中和银号规定："本号公积金处分办法，俟存至与股本相平时，照数分配一半，其余半数作为永远公积。如再存至十万时，仍分一半，尚余之半数亦存入永远公积项下，以巩基础。处置积金时，应按银人股一律均分，不与同人浮股者相干。"①洽源银号也有类似规定："本公司将来公积之款，已积至与成本相埒，拟每一旧股加一新股，以广利源，嗣后另存公积。"②洽源银号公积金达到一定数额之后，与中和银号分配半数的情况不同，而是转化为各股东的新增股份。无论如何分配，公积金的所有权都是仅限于股东，经理及银号职员不能参与分配。《馀大亨银号本号章程》规定："如有亏蚀归股东，各按股份承认，不得藉词推诿，但与人力股无涉，每年所提存之一股公积金，全系股东所有，亦与人力股无干。"③义生银号股份有限公司也规定："本银号公积金为备补资本之损失，不得挪作别用，倘董事、监察人及经理、副经理、职员等有出缺者，亦不得藉口提分此项。"④从所有权来看，公积金是作为股东收益的重要组成部分，但其发挥的功能主要是作为银号的资金积累，支持银号的业务运营。

### 四、理性债权：股东的无限责任与破产清算中的特殊形式

按照近代天津钱业的一般习惯，银号既为无限组织，股东就应对经营的银号负完全无限责任。"钱庄为无限性质之组织，为股东者，应负营业上无限之责任，合资钱庄之股东，则负相互连带无限之责任，故非家产雄厚，信用卓著者，不足以为股东者也。"⑤这是银号最重要的组织原则之一。在银号的章程中，多明确表示股东对银号债务承担无限责任。例如，志成银号章程规定："本号如有亏损由号东担任。"⑥中和银号章程明确

---

① 《天津中和银号经理王士珍等为开设银号备案事呈文天津总商会（附章程）》（1929 年 4 月 11 日），天津市档案馆馆藏，档案号：J0128-3-006286-005。

② 《张玉珍创办天津洽源银号有（无）限公司禀天津商务总会（附呈章程）》（1907 年 5 月 25 日），天津市档案馆馆藏，档案号：J0128-2-001984-001。

③ 《馀大亨银号本号章程》（1930 年 2 月 17 日），天津市档案馆馆藏，档案号：J0128-3-006374-007。

④ 《天津义生银号杨得铭为验资注册领照事呈天津总商会请议书》（1929 年 7 月 1 日），天津市档案馆馆藏，档案号：J0128-3-006275-004。

⑤ 潘子豪：《中国钱庄概要》，上海，华通书局，1931 年，第 42 页。

⑥ 《志成银号关于银号改为独资扩充资本申请注册给照缮具简章及迁址问题致天津总商会函（附章程）》（1922 年 2 月 14 日），天津市档案馆馆藏，档案号：J0128-3-005453-005。

表示："本号纯益银人股按股均分，设遇赔项不与人股相干，由股东各负各责，按股均摊。"①《馀大亨银号本号章程》规定："如有亏蚀归股东，各按股份承认，不得藉词推诿，但与人力股无涉。"②但是，在经济实践中却并非完全如此。在银号搁浅或倒闭的案例中，经常会见到非常复杂的处理债务的方式，其中经理人经常要承担银号清理的事务性责任及部分债务，在银号搁浅或倒闭之后，股东和经理之间会通过立"分白"来厘清权利、义务关系。

例如，光绪三十三年（1907年）义承祥钱铺铺东王恩普欲提本告退，披露出义承祥钱铺的外欠关系：

> 铺掌两人复禀明所有欠外、欠内均各抵还清楚，所有欠新泰兴行银五千两以魏静泉欠内洋一万元抵还；欠大德成银一千九百两以收进欠内之布货值银一千数百两抵还，大德成具有收条；欠汇丰行六千两早经众东各分认还银一千五百两；欠招商局尾欠银五百两，经铺掌刘镜波、袁景周二人担还，下余无别项欠外。③

其中欠招商局尾欠银五百两，经铺掌刘镜波、袁景周二人担还。刘、袁二铺掌未见有入股情节，对于债务似不应担承责任。义承祥钱铺的股东是孙堃、刘辅荃、李荷舟、王恩普四家，并明确说明以袁景周、刘镜波、牛云卿三人充当铺掌。光绪三十三年（1907年），义承祥银号清理之后所立"分白"中明确义承祥钱铺的东掌关系为"立分白股东，李荷舟、孙筱亭（孙堃）、王树泉（即王缙卿）、刘辅荃，铺掌袁景周、刘静波、牛云卿，缘于光绪二十八年（1902年）二月间，同领到四东资本钱二万吊，护本钱一万吊，在天后宫北大街开设义承祥钱铺生理"，并且义承祥所欠汇丰银行的债务六千两由"四东各分任一千五百两"，义承祥应收入的欠内之款分期银条五千两"除拨义承号七百六十六两六钱，下余四千两分作五股，孙筱亭、李荷舟、刘辅荃三东各分得一股，惟王树泉当初既有未分赚利提本退出之事，应分得两股作为抵还提本垫

---

① 《天津中和银号经理王士珍等为开设银号备案事呈文天津总商会（附章程）》（1929年4月11日），天津市档案馆馆藏，档案号：J0128-3-006286-005。

② 《馀大亨银号本号章程》（1930年2月17日），天津市档案馆馆藏，档案号：J0128-3-006374-007。

③ 《王恩普为义承祥铺内纠纷事致天津商务总会函》（1907年9月21日），见天津市档案馆编：《天津商会档案·钱业卷》（22），天津，天津古籍出版社，2010年，第19121页。

款"。[①]即债务由四东承担，权利亦由四东分享。既然铺掌牛云卿的非股东身份基本可以确认，而铺掌（经理）承担偿还招商局的债务五百两，显系与钱业习惯相悖。

牛云卿除了承担义承祥钱铺所欠的招商局五百两债务外，还承担义承号的清理责任。义承号亦为钱业，实际上应该算作是义承祥钱铺的前身。义承号设立于光绪二十五年（1899年），后光绪二十六年（1900年）"由庚子年因兵荒歇业，所有火内之家亦因兵荒被累，故此变通清理"。义承号和义承祥钱铺具有基本相同的股东和经理人，光绪三十三年（1907年）义承号清理之后所立"分白"明确显示："照录义承号分白，立分白铺东李荷舟、孙筱亭（孙堃）、王树泉（即王绶卿）、刘辅荃，铺掌牛云卿。兹于光绪二十五年（1899年）间，竹心堂、义承堂连得利共作成本钱二万五千吊，又护本一万吊，原约领本人戴春舫、牛芸（云）卿在宫北开设义承号钱铺生理。"股东四家与义承祥钱铺完全一致，只有铺掌为戴春舫、牛云卿二人。戴春舫于光绪二十九年（1903年）去世，义承号倒闭之后，实际上的清理事务由牛云卿一人主持。义承号在将各项债务相抵清理完竣之后，"俟后再有账目与铺东有缪辕之事，有牛芸（云）卿一面承管不与铺东相干"。[②]按照中国的一般习惯，银号的铺掌承担银号的清理事务无可厚非，但银号的所有债务都应由股东承担。在银号清理尚未完全结束之时，先将股东的义务排除在外，而将银号债务的遗留问题交由铺掌承担，亦与钱业习惯相悖。

1915年7月，义成乾钱铺搁浅，所立"分白"中亦将一部分银号的债务及清理善后事务推给经理承担。光绪二十四年（1898年），敖金波、杨华田承领义正堂杨成护本银四万两，在针市街开设义成乾钱铺生理。光绪二十六年（1900年），因庚子变乱放出各款被伤甚巨，故而铺长由号内提出成本银若干在针市街开设同聚钱铺。同聚钱铺随后又由于经营放款难以收回而搁浅，后光绪二十九年（1903年），义正堂又续出本银八千两复作生理，后实在因前项经营负担沉重难以获得转机，只得共同议定歇业。1915年7月21日东掌立有"分白"，规定"号中欠内欠外善后均归敖金波一手清理"，清理过程中，首先铺掌敖金波并没有向铺东完全交代账目，"惟

---

①　《义承祥钱铺所立分白》（1907年12月），见天津市档案馆编：《天津商会档案·钱业卷》（22），天津，天津古籍出版社，2010年，第19140页。

②　《照录义承号所立分白》（1907年12月），见天津市档案馆编：《天津商会档案·钱业卷》（22），天津，天津古籍出版社，2010年，第19143页。

由歇业后十余载之帐簿，未免注载不齐，现经中友调处，该帐簿既然不齐，亦不必交与东家"，这种情况的出现是由东掌之间约定而成。此外，银号的债务和铺东义正堂杨的债务含混不清。首先，"敖金波代杨学圃还浮借洋二千三百余元，内有溢源款洋九百三十元，已经控案，以上二款俱系杨学圃所借，非系号中之事，因铺长无庸交代帐簿，敖金波将此二款代为还讫"。这两项债务是铺东的个人债务或者是铺东另外开设的其他商号的债务，铺掌敖金波从银号的资金中调拨代还。其次，"所有同聚、义成乾两号之事，及一切欠外之款，以及同聚帖存，均归敖金波一人清理"，按照钱业的一般习惯铺掌敖金波如果仅承担的是清理事务尚与钱业习惯相符。但在处理该钱铺的债务清理所立"分白"中，股东仅提出一定数量的资产用于抵还债务，而将清理的事务和可能存在的债务都转给铺掌敖金波。铺东义正堂杨仅将"号中进有大梗地二十一亩，生盐三千包，亦交敖金波变价还债，倘有不足，亦归敖金波自行担任。其以前按折扣分还票项等款，倘有不符之处亦有敖金波担承，不与义正堂相干"，在债务尚未完全清理清楚之前，在所立"分白"中先将股东的义务撤除干净，这是违背股东对银号债务承担无限责任这一钱业习惯的。同时在所立"分白"中，可以看到铺东义正堂杨也承担了银号中的债务债权责任。"其同义兴海味店折交欠银一千四百余两，此笔交与义正堂自行讨要，能否归还，敖金波不负责任"，这是该钱铺所应收款项，能否收回都由铺东负责，相应的风险也由铺东来承担。但无论如何存在风险，同义兴海味店一事终属债权，无论收进多少究属收入，而对于债务方面似乎几乎都是由铺掌来承担的。另外，铺掌敖金波与铺东"杨学圃合伙设立庆兴成毛庄内有敖金波成本银一千两，现因杨学圃去世，敖金波情愿不要，作为无事"。①

经此"分白"，铺东、铺掌分别就该钱铺等的债权债务分别担任一部分，"除同义兴欠款义正堂讨要外，自立'分白'之后，毫无牵辕不清之事，若再有欠外、外欠均归敖金波一人讨还，不与杨姓及子孙相干"②。按照天津钱业习惯，银号的债务完全由股东承担无限责任，不与铺掌的身股相干，即银号经营无论赔赚，铺掌不但不承担债务而且所占身股，仍有权利照章索取。敖金波身为铺掌，既承担清理钱铺的事务，又大量承担钱

<hr />

① 《义成乾钱铺敖金波与义正堂杨所立分白》（1915 年 7 月 11 日），见天津市档案馆编：《天津商会档案·钱业卷》（25），天津，天津古籍出版社，2010 年，第 21553—21554 页。

② 《义成乾钱铺敖金波与义正堂杨所立分白》（1915 年 7 月 11 日），见天津市档案馆编：《天津商会档案·钱业卷》（25），天津，天津古籍出版社，2010 年，第 21554 页。

铺的债务是有违常理的,而且在钱铺的清理尚未完全清楚之前,于所立"分白"中先将铺东的义务撇清,这都是和钱业习惯相悖的。是否因为敖金波除担任该钱铺等的铺掌之外,还与铺东杨学圃合伙开设庆兴成毛庄的复杂关系有关,材料里没有显示。

银号东掌立"分白"分账,除了上述由铺掌担任较多的责任的情况之外,还有另一种情况,就是银号的经营由铺东担任较多的责任,而给予铺掌一定的利益,此后铺掌与银号划清关系。1915年6月,增亿钱铺东掌划分该钱铺的债务关系,呈报商会备案:

> 辩诉书,今将辩诉理由具列于左,中华民国四年六月廿六日到。具说帖人孙玉山、旋益庭,旧有孙玉(山)之子孙华堂,领旋益庭资本开设增亿钱铺,后因孙华堂病故,情愿与旋益庭分清账目。前由贵会评议数次,复经中友人说合,所有续本及铺内家具、财神股(公积)等项,除长支外,不论多少,皆凭中友议定分给孙华堂家属洋蚨六百圆,事后永段(断)葛藤,两不相找。无论增亿号后来赔赚及铺内存外之款,概不与孙华堂家属后辈相干。铺内旧事自立分拨后,皆由旋益庭担任,不与孙华堂家属相干。所有合同收回作废,此系两家情愿,同孙华堂父母、兄弟、子侄及中友人言明,各无异说。立此永远分白二纸为据。叩乞贵会诸位先生恩准备案,实为公便。中友人李清泰、侯学曾、刘德元、杨辅臣、汤述庵、张维栋、赵敬斋、安玉祥、王尉林……中华民国四年六月。[1]

此件案例为铺掌去世,其家人要求与增亿钱铺股东分账。在材料中未见有铺长孙华堂入股的情况,同时值得注意的是分账的内容中也并没有提及资本的问题,所分给铺掌孙华堂家属的六百元内包含续本、铺底、财神股诸项。按照钱业的一般习惯,如果铺掌孙华堂仅担任铺掌,而没有参与出资的情况下,是不能参与分配续本、铺底及公积等项的。即便经理顶有身股,大致也仅能参与利润分配,而续本、公积及铺底的所有权皆应属于股东,即使银号停业倒闭,这些内容也应由股东收回。

光绪二十九年(1903年),顾士俊"领承晖堂资本银一万两,护本银

---

[1] 《增亿钱铺东伙为所立分白呈请备案事致天津商务总会辩诉书》(1915年6月26日),见天津市档案馆编:《天津商会档案·钱业卷》(25),天津,天津古籍出版社,2010年,第21588—21590页。

一万两，开设永顺长银钱号生理"，光绪三十一年（1905 年）年终结算大账"共得利银七万九千五百余两，照股匀分银六万五千两，余银一万四千五百余两作为积存厚成。号中欠外各款由铺东周永年等欠款内照数拨还，有盈无绌。祗因欠数过巨，未能及时交出，遂致歇业"。永顺长银号的清理先后经过警局的讯断和商会评议，大致结果是："劝令职商（铺掌顾士俊）等帮助银五千两以尽东伙情谊，所有一切存欠各款，均归铺东周永年等自行清理，不与职商相干，仍应帮同料理，俟竣事写立分拨另谋生业等因，当众关白，均各应允。"但实际上"职商（铺掌顾士俊）遵照宪谕按一俸七厘股，应帮银二千六百五十两，业已如数交足，随即帮同铺东周永年、周少圃将各项欠外次第清理"。[1]三年之后，至宣统元年（1909 年）该号清理大致完竣，将清理过程呈报商会备案。此件永顺长银号东掌分账的例子也比较特殊。和上述各号不同的是，在材料中可以明确见到铺掌顾士俊身负股份，"职商遵照宪谕按一俸七厘股，应帮银二千六百五十两"。此"七厘股"似乎为身股而非钱股，因为一般按照天津钱业习惯，股东入股最小额也要在一股以上，而经理的身股往往在一股及一股以下。这"七厘股"到底是身股还是银号经理另入的钱股，缺乏更进一步的资料说明。但值得注意的是警局及商会先后讯断评议，曾"劝令职商等帮助银五千两以尽东伙情谊"，但实际上并没有按顾士俊帮同五千两履行，与实际担负的二千六百五十两，有较大差距，原因不明。东掌分账之后，权利义务是否就一并分清，亦缺少资料进一步证实。宣统元年（1909 年），顾士俊在大致帮同清理完永顺长银号的债务之后，正式呈报商会大致的清理过程，以及光绪三十一年（1905 年）的分账情况，目的是"仰恳会宪准照议案，由职商另谋生业，以资糊口，特恐铺东另生枝节，纠缠不休，理合据实禀恳，叩乞总会宪大人恩准备案，以清拖累"。[2]

永孚银号成立于1918 年5 月，经营六年之后，1924 年3 月26 日呈报商会"兹经股东议决齐帐收市，现已结束清楚，所有盈余按股分讫，成、护本由股东收回，股票息折、护本折、图章一律销毁，总分各号对外并无不清之事，嗣后设或发生纠葛，统由经理王华甫、副理沈光卿负责，不与股东相干"[3]。此

① 《永顺长银号顾士俊为备案事致天津商务总会函》（1909 年 2 月 9 日），见天津市档案馆编：《天津商会档案·钱业卷》（23），天津，天津古籍出版社，2010 年，第 20207—20208 页。

② 《永顺长银号顾士俊为备案事致天津商务总会函》（1909 年 2 月 9 日），见天津市档案馆编：《天津商会档案·钱业卷》（23），天津，天津古籍出版社，2010 年，第 20209 页。

③ 《永孚银号为歇业备案事呈天津总商会请议书》（1924 年 3 月 26 日），天津市档案馆馆藏，档案号：J0128-3-005668-032。

例中人银各股均是按照一般的商业习惯分配，经理并未额外获得利益，但是在东掌分账中仍将股东的义务尽先撇清。

聚增银号于光绪二十八年（1902 年）开设，原系铺东两家，光绪三十一年（1905 年）八月结大账之后改归铺东聚业堂一家经营，铺掌也遂更换高小江担任。但随即面临"市面萧疏，艰于周转"，铺东王巨川与铺掌高小江共同商议收市，而分账办法更为独特，"现经中友议定，铺东所入聚业堂成本现银一万两，准高小江将自置灰瓦房一所作价三千五百两，又现银三千两，又写立高小江分期偿银条计银一千两，共合七千五百两，情愿点交铺东聚业堂名下执掌。至下余所亏成本银二千五百两，铺东慨允作让。现时东伙已将账目核明结清，从此所有内欠外欠，无论多寡统归高小江一人承收承还，毫不与铺东聚业堂名下相干。设将来所收外欠不敷亦于聚业堂名下无涉，两造同中均已认可，各无异词"。[1]聚增银号的债务清理方式较为特殊。聚增银号设立于光绪二十八年（1902 年），原有股东二人，光绪三十一年（1905 年）其中一家股东撤股，仅剩聚业堂一家独资经营，聘任高小江，领聚业堂资本一万元经营，并且高小江没有入股的情节。光绪三十三年（1907 年）因业务不佳，东掌商议停业清理，银号内外债相抵尚不亏欠。在这种情形下，东掌立有"分白"，清理的事务由高小江具体负责，并且重要的是股东聚业堂情愿只收回当初一万两中的七千五百两，由高小江用房产、现银及期条三项合计七千五百两先将成本交回，再由高小江具体负责清理聚增银号的债务。这种清理的办法，本质上就是铺东王巨川将原入股的资本一万元，按照七五折扣卖给铺掌高小江，可能在清理之后高小江有一定的收益，但这里面有风险。在聚业堂方面，虽然情愿让与两千五百两的收益，但剩余的七千五百两得以保全。

上述的诸多案例，实际上都不是很符合银号股东无限责任的要求，所立"分白"实际上将银号的部分清理责任，包括清理的事务还有部分的债务转移给经理。在银号清理尚未完全结束之时，先将股东的责任撇清，这与股东的无限责任制不相符，但背后却反映了钱商的经营理性。

## 第四节　20 世纪 30 年代天津银号资本与资力的估计

银号（钱庄）是中国明朝以后逐步发展起来的内生金融机构。从银钱

---

① 《聚增银号等为各商号结清账目备案禀天津商务总会（附立分据）》（1907 年 4 月 16 日），天津市档案馆馆藏，档案号：J0128-3-000143-019。

兑换发展到近代以后具有多重金融功能的复杂机构大致经历了 400 年的时间。近代开埠之后，钱庄被外国人称为 native bank 或 old-style bank，在外国商品输入和中国土产输出的双向贸易中都起到了很重要的资金融通作用。第一次世界大战以后伴随国民经济的发展，华资银行及银号都有了较大的发展，逐渐形成了华资银行、外资银行、钱业三足鼎立的局面。民国时期国民经济发展长期处于"无序"状态，在军事动荡、政府更迭、经济环境不稳定的大趋势下，钱业在短短的二三十年时间内几经打击，同时面对银行竞争，再加上"统制经济"政策的实行使钱业难免呈现颓势。故而民国时期对钱业的负面评价已现端倪，如天津银号规模狭小、资金亦薄、营业墨守旧规，金融上之势力远在银行以下。[①]自民国起就有学者不断呼吁改良钱业，直至目前学界对于银号资本狭小的问题仍诸多诟病。但资本"狭小"的银号何以长期存在，并且几经更生，直到中华人民共和国成立以后才最终结束历史使命？这是研究近代钱业难以回避的问题。单个银号与银行相较，资本额确实存在较大差距，但银号有数量优势，并且通过特殊的运作机制，有效整合了"市面"资源，一定程度上弥补了资本"狭小"的缺陷。银号与银行之间，资力的差距要小于资本之间的差距。

## 一、天津银号资本规模的发展及估计

银号的资本（即股本）是银号在设立之初，由股东独资或由股东合股，约定出资若干，作为银号开始经营的最初资本。虽然在中国，传统企业不倾向以资本之多寡而论信用之优劣，但资本丰厚一定程度上也代表着实力雄厚，特别是注重"折交"（即存放业务）的银号比较注重资本雄厚与否。开埠以后，天津银号伴随经济发展，其实力也处于发展之中，资本及资力的增长无疑是其最主要的方面。但这两方面的内容出于各种原因[②]，都难以精确统计。欲求天津银号近代以来资本及资力之发展演变，只有估计之一途。天津银号现存资料有限，更没有系统统计，本书仅参合各种档案及报刊史料，选取 1908 年、1916 年、1929 年、1934 年、1935 年资料比较集

---

① 北宁铁路经济调查队编：《北宁铁路沿线经济调查报告书》（二），北宁铁路管理局，1937年，第 980—983 页。

② 天津银号资本统计之困难有以下数种原因：银号旋开旋停，银号家数不定；银号规模有大有小，计算标准难以划一；对于资本一项，传统商人向不愿外露，呈报同业公会及商会之数，多有隐瞒；银号资本有股本、护本及股东存款之别，当时记载故多有参差。在资力方面，主要是计算标准不统一。有学者将资本之大小近似视作资力之大小；有学者将资本及吸收存款合算作银号资力；有学者在资本及吸收存款之外，要补充进"借入""汇出""本票"等项。

中的几个年份进行分阶段考察,以观其大势。有不当之处,敬请方家指正。

1. 1935 年之前四个年份天津银号的资本概况

1900 年后受庚子事变的影响钱庄的业务发生转折,原有的独资开设的钱铺纷纷倒闭。《辛丑条约》签订以后,市面恢复平静,华洋贸易进一步发展,天津的商业资本和地主资本起而投资于钱庄,由独资转为合伙制,扩大组织增加资本,资本定额多以银元或银两为本位,名称一般不用钱铺或钱号,改称"银号",但部分银号资本仍以制钱为本位,单位以"吊"计算。此后,银号取代票号逐渐走上天津钱业的主要地位(表 4-3)。

表 4-3　光绪三十三年、三十四年天津钱庄银号资本统计

| 银号名称 | 洽源 | 义成 | 裕恒 | 庆隆 | 桐达 | 德庆恒 | 启盛 | 永顺成 | 其他 23 家 |
|---|---|---|---|---|---|---|---|---|---|
| 原档案中各银号资本数额 | 10 万元 | 1 万元 | 1 万元 | 1 万元 | 10 万吊 | 3 万吊 | 1 万吊 | 6 万吊 | 56.1 万两 |
| 统一换算成银元为单位的资本数额 | 10 万元 | 1 万元 | 1 万元 | 1 万元 | 3.836 7 万元 | 1.151 万元 | 0.383 7 万元 | 2.302 万元 | 77.92 万元 |

资料来源:《光绪三十三、三十四两年直隶省商银钱号资本营业统计表》(1909 年 10 月 5 日),见天津市档案馆编:《天津商会档案·钱业卷》(26),天津,天津古籍出版社,2010 年,第 22674—22710 页;天津市地方志编修委员会编著:《天津通志·金融志》,天津,天津社会科学院出版社,1995 年,第 91 页

注:以上两则材料实际上应是一则材料,是宣统元年(1909 年)直隶调查局对天津光绪三十三年、三十四年银号资本及经营情况的调查。天津商会档案中现在保存的调查表 28 份,但没有《天津通志·金融志》中所载义成、裕恒、庆隆三号的情况,故依据后者补齐,而 28 份调查表中有一份通顺成银号的调查表,资本(成本、护本总额)为 6 万吊,在《天津通志·金融志》中则没有提到,也补入表中。另外,《金融志》中所称银号有 38 家并且资本以银两计算的 31 家资本总额为 60.3 万两,实际档案中现仅见 28 家,并且以银两计算资本的 23 家银号资本总额为 56.1 万两,两相比较差额为银号 9 家,资本共 4.2 万元,平均每家仅 4600 余元,似过于狭小,与实际情况存在差距。故在以银两计算的银号资本一项以档案中现存的 23 家调查表数据为准。另外,银两与银元按照 7 钱 2 分比值换算,制钱与银两按照光绪三十四年银一两合制钱 3620 文换算[①]

由表 4-3 可知,光绪三十三年、三十四年天津 31 家银号资本总额为 98.59 万元,平均每家 3.18 万元。

据天津档案记载 1916 年所存的 28 家银号资本统计及核对,28 家银号

---

① 道光年间因鸦片输入白银外流,一两银可换制钱 1600 文,在道光二十五年(1845 年)可换制钱 2000 文以上。光绪二十一年(1895 年)天津市面银一两合制钱 2200 文,而光绪三十四年(1908 年)已合制钱达 3620 文。参见天津市地方志编修委员会编著:《天津通志·金融志》,天津,天津社会科学院出版社,1995 年,第 42 页

总资本为 122.6 万，平均每家 4.3786 万元。[①]1929 年《工商半月刊》发表《天津钱业之调查》，内载银号 81 家，总资本额 478.9 万元，平均每家股本 5.9123 万元。[②]1934 年底，天津 65 家较大银号的资本总额为 419 万元，平均每家资本计 6.45 万元。[③]不难发现，天津银号资本规模的发展速度非常缓慢。

2. 1935 年天津银号的资本估计

就笔者所见，1935 年是近代天津银号情况记载最为详尽的一年。主体资料集中在《天津文史资料选辑》（第二十辑）、《全国银行年鉴（1935）》和《平津金融业概览》。三则史料相互参照，可以得到 1935 年天津 117 家银号较为全面的情况，详见表 4-4。

**表4-4　1935 年天津银号情况统计**　　　　　　　　单位：万元

| 号名 | 创立年份 | 资本 | 股东姓名（身份） |
|---|---|---|---|
| 义恒 | 1853 | 5 | 范文轩、郭柏年（酒商） |
| 益兴珍 | 1876 | 6 | 益兴珍首饰店靳、王、刘三姓，务本堂宋，三星堂宋，文正堂范 |
| 天兴恒 | 1880 | 8 | 高鼎臣、沈雅庭（钱业） |
| 大德通 | 1884 | 10 | 大德通票号改组，乔姓（茶商） |
| 大德恒 | 1887 | 9 | 大德通票号改组，乔姓（茶商） |
| 敦昌 | 1900 | 10[④] | 冯海安（粮商）、瑞庆堂冯熙彭 |
| 敦庆长银号 | 1902 | 3 | 乔亦香 |
| 全聚厚 | 1909 | 6 | 鹿传霖（军政资本） |
| 恒源永 | 1909 | 3 | 李林森、张子仁（钱业） |
| 义成裕 | 1909 | 2 | 王廷栋（钱业） |
| 祥瑞兴 | 1911 | 2 | 杨子章、汪鉴吾、陈爱堂（广和参局） |
| 义胜 | 1912[⑤] | 8[⑥] | 陆锦（陆军总长）、赵仲权、存厚堂李、萃贤堂彭 |

① 天津市档案馆、天津社会科学院历史研究所、天津市工商业联合会：《天津商会档案汇编（1912—1928）》（第 2 册），天津，天津人民出版社，1992 年，第 1496—1497 页。按：此 28 家银号是根据津商会二类 664 号卷所有天津商会呈报民国五年度天津银号调查表原始资料统计，其中 13 家银号的资本总额有分歧，所用数据系根据该卷 1916 年度调查表数字核准。

② 《天津钱业之调查》，《工商半月刊》1929 年第 1 卷第 12 期。按：81 家银钱号中有 6 家资本以银两为单位，按照银两与银元比值 7 钱 2 分统一核算成银两后再一并计算。其中含有股本与护本二项者，以股本与护本之和计算。

③ 天津市地方志编修委员会编著：《天津通志·金融志》，天津，天津社会科学院出版社，1995 年，第 91 页。

④ 《全国银行年鉴（1935）》中记载为 15 万元；《平津金融业概览》中记载为 5 万元。

⑤ 《全国银行年鉴（1935）》中记载为 1933 年。

⑥ 《平津金融业概览》中记载为 60 万元。

续表

| 号名 | 创立年份 | 资本 | 股东姓名（身份） |
|---|---|---|---|
| 永信银号 | 1912 | 2 | 胡润生 |
| 聚盛源 | 1913 | 2 | 徐柏荣 |
| 中兴银号 | 1913 | 2 | 振兴堂范、乐善堂王、继庆堂张、积厚堂李、守业堂张 |
| 元泰 | 1914① | 8 | 赵晋臣（纱布业）、毛雅泉（钱业） |
| 正丰裕 | 1914 | 4 | 冯博卿（金店）、孙俊亭（钱业） |
| 全记银号 | 1915 | 10 | 养源堂鹿（军政资本） |
| 鸿记 | 1916 | 20 | 张养清（地主） |
| 信源溢 | 1916 | 4 | 陈雅庭（钱业） |
| 同益兴 | 1916 | — | 康韵珊 |
| 聚丰永银号 | 1917 | 6 | 积庆堂、宁彩轩 |
| 永增合 | 1918 | 5 | 李尽臣（军衣庄）、刘相臣 |
| 聚德 | 1920 | 6 | 全钧衡、全忠权 |
| 中实 | 1920 | 2 | 张锡九（钱业）/权宜堂张、中毅堂张 |
| 信记 | 1921 | 10 | 边清结（纺厂）、崔书琨（药房） |
| 生生 | 1921 | 2.4 | 李蔚章、冯赞庭、赵润辉（毛毯业） |
| 庆聚 | 1922 | 10 | 羡远尘（地主） |
| 肇华银号 | 1923 | 10 | — |
| 宝生 | 1923 | 4 | 魏子丹（军政界） |
| 宏利银号 | 1923 | 5 | 宏晋银号、永昌 |
| 天瑞 | 1925 | 14 | 贾步云、周耀庭、李纪庵（伊犁杂货）、敬德堂周、瑞华堂顾 |
| 兴华 | 1925 | 8 | 李时毓、郭懋功（地主） |
| 聚义 | 1926 | 2 | 孙筱圃、谢子丕、顾毓芝（地主） |
| 同德 | 1926 | 2 | 魏联芳（军政界）、姚泽生 |
| 聚元 | 1927 | — | 戈璧臣、李富泰（钱业） |
| 恒源益 | 1927 | — | 田宝华、曹鸣九 |
| 和丰裕 | 1927 | — | 陈善教 |
| 同裕厚银号 | 1928 | 10 | 郑伯言、孙东元、娄鲁青、黄翔庭 |
| 聚泰祥 | 1928② | 7 | 北京同元祥银号刘盈之③ |
| 恒利 | 1928 | 4 | 唐韵琴（地主）、陈鸣韶（钱业） |
| 慎兴 | 1928 | 2 | 梁秘文、侯警民（钱业） |

---

①　《全国银行年鉴（1935）》中记载为1931年3月。

②　《全国银行年鉴（1935）》中记载为民国元年（1912年）。

③　《全国银行年鉴（1935）》中记载为曾励刚、徐伯恭、冯润田等。

续表

| 号名 | 创立年份 | 资本 | 股东姓名（身份） |
|---|---|---|---|
| 乾源 | 1928 | 10 | 俞君飞（银行）、卢开瑗（工业） |
| 宏康 | 1928 | 6① | 陈菊芳（洋广杂货） |
| 致昌 | 1928 | 10 | 王敷五（军阀王占元之子） |
| 恒泰 | 1928 | 4 | 顾仲三、孙安亭（钱业） |
| 厚生 | 1929 | 3 | 刘英德、刘浩如（五金业） |
| 恒兴 | 1929 | 5 | 常铸九、刘墨林（银行） |
| 永恒银号 | 1929 | 8 | 静思堂刘、瑞源堂王、庆余堂孙 |
| 隆远 | 1929 | 6 | 庞炳勋（军政） |
| 颐和 | 1929 | 10② | 王敷五、积荫堂侯、守信堂倪 |
| 中和 | 1929 | 10 | 刘绍云、张泽湘、松鹤堂张、德厚堂胡、道华堂徐、王郅卿、石松岩（银行）、三益堂安 |
| 广瑞 | 1929 | 2 | 李子卿（烟土商） |
| 同增益 | 1929 | 1.5 | 贾翰臣（地主） |
| 裕源 | 1929 | 5 | 杨增新（军政）、澄怀堂王、养性堂刘、自求堂刘、忠恕堂吴 |
| 万德 | 1929 | 8 | 蔡次泉（地主） |
| 同生祥 | 1929 | 3 | 李墊乐、孙熙亭（地主） |
| 谦牲 | 1929 | 5 | 李鸣钟（军政界） |
| 广业银号 | 1929 | 4 | 崔鹤亭、刘榭屏 |
| 久大 | 1930 | 2 | 陆凤周 |
| 汇源永 | 1930 | 3 | 蒋克生、李振家、丁旭斋 |
| 立昌永 | 1930 | 10 | 蔡志武（地主） |
| 德祥 | 1930 | 3 | 杜永昌、张杰三 |
| 馀大亨 | 1930 | 15 | 王晓岩（钱业）、郑兰生、郑瑞庭、聚兴堂张、福厚堂张、怀德堂阎、积厚堂姚 |
| 同兴 | 1930 | 4 | 郑达如、杨治庭、姬奠川（军政） |
| 泰丰恒银号 | 1931 | 10 | 漱兰堂李、三裕堂高 |
| 庆成 | 1931 | 20 | 张俊臣、宋鼎廷（钱业） |
| 立丰 | 1931 | 2 | 蔡慕韩（地主） |
| 中裕 | 1931 | 6 | 周玉峰（洋广杂货）、溥廉堂杨、吉立堂陈、松茂堂顾 |
| 正昌 | 1931 | 4 | 刘汝明、吴注东（军政） |
| 兴源 | 1931 | 2 | 李公弼 |

① 《全国银行年鉴（1935）》中记载为 10 万元。

② 颐和银号除了有资本 10 万元外，还有护本 10 万元尚未计算在内。

续表

| 号名 | 创立年份 | 资本 | 股东姓名（身份） |
|---|---|---|---|
| 永盛银号 | 1931 | 5 | 印仁堂李、泰汉堂陈 |
| 亨记 | 1931 | — | 张馥英 |
| 泰和 | 1931① | 8 | 马衍（地主） |
| 万华 | 1931 | 4 | 魏效涵、尹敬山（钱业）、福厚堂李、公裕堂孟、永德堂田 |
| 顺兴 | 1931 | 5 | 于彤萱 |
| 元吉 | 1931 | 0.5 | 高全喜（地主） |
| 汇记 | 1931 | — | 秦问诗、秦明五、蒋永寿 |
| 聚华昌 | 1931 | — | 仝洁身（放乡款） |
| 本立源 | 1932 | 8 | 蒋彬生、杨质明（钱业） |
| 仁发公 | 1932 | 10 | 王治安、许芝圃、崔向卿（地主） |
| 敦泰永 | 1932 | 10 | 马鸿逵（军政界） |
| 锦记兴 | 1932 | 8 | 肖占昆、卢子桢（干鲜果） |
| 甡记 | 1932 | 2 | 张缄三、陈文年（地主） |
| 增达 | 1932 | 0.2 | 周伯瑜（钱业） |
| 宝丰 | 1933 | 4 | 徐聚粮、蔡克己 |
| 宏义 | 1933 | 5 | 李维章、李步峰（线毯业） |
| 太和记 | 1933 | — | 仝寿臣、仝信权（放贷乡款） |
| 晋生 | 1933 | 8 | 李揖庭、李文藻（盐商）、公余堂苗 |
| 和丰 | 1933② | 15 | 张泽湘、石松岩（银行）、刘泽泉、尚采臣（钱业） |
| 义恒昌 | 1933 | 5 | 黄荣昌（钱业） |
| 振兴长 | 1933 | 5 | 王志远（钱业） |
| 义聚 | 1933 | 10 | 刘仲五、秦芝圃（银行帮） |
| 振义银号 | 1934 | 10 | 槐荫堂王、怀德堂王 |
| 永同生 | 1934 | 10 | 义德堂訾 |
| 祥生 | 1933 | 10 | 孙梦麟、李子宾（纱布）、德善堂王 |
| 庆益 | 1934 | 10 | 孙梦麟、李子宾、朱馀斋、马桂三（钱业） |
| 瑞源永 | 1934 | 5 | 金虎臣、金克明（纱布） |
| 冀鲁 | 1934 | 20 | 石友三、孙桐萱（军政） |
| 谦丰 | 1934 | 10 | 卞润吾（纱布）、张俊岩（钱业）（洽源银号）、安荩臣（地主） |

① 《全国银行年鉴（1935）》中记载为 1934 年。

② 《全国银行年鉴（1935）》中记载为 1929 年 1 月。

续表

| 号名 | 创立年份 | 资本 | 股东姓名（身份） |
|---|---|---|---|
| 福康仁 | 1934 | 10 | 卞润吾（纱布）、张云峰、郭心铭（钱业）、康厚堂郭 |
| 德丰隆 | 1934 | 4 | 王毅之、张明义 |
| 谦义 | 1934 | 10 | 贾绍五、王子峰、肖惠安（杂货） |
| 信德 | 1934 | 5 | 仝信权、仝钧衡（干鲜、高利贷） |
| 东兴 | 1935 | 1 | 鲁惠泉（贷放乡款） |
| 耀远 | 1935 | 10 | 潘少庭（纱布） |
| 德仁 | 1935 | 10 | 孙月樵、赵仲三（德和永杂货） |
| 启明 | 1935 | 5 | 李仲侯、王协臣（军政） |
| 老恒利 | 1935 | 5 | 周锡祁、崔文波（金店） |
| 同裕 | 1935 | 2 | 贾日新、刘毓材 |
| 宏源（洽源 1935 年改此名） | 1935 | 10 | 张云峰、郭心铭（钱业）/ 峰泽堂金、三益堂安、福原堂张、光明堂张、荫馀堂郭、康馀堂郭 |
| 华丰 | 1935 | 10 | 王树华、刘[陞]瞻（银行） |
| 春和 | 1935 | — | 赵鹏飞、战宝衡 |
| 蚨亨 | 1935 | 6 | 杨馥庵 |
| 祥丰 | 1935 | — | 邵云荪、田智泉 |
| 大昌 | 1935 | 6 | 李振三、孙益三（米业） |
| 益昌 | 1935 | 4 | 曹梦九、刘松泉 |

资料来源：杨固之、谈在唐、张章翔：《天津钱业史略》，见中国人民政治协商会议天津市委员会文史资料研究委员会编：《天津文史资料选辑》（第二十辑），天津，天津人民出版社，1982年，第127—132页；联合征信所平津分所调查组编辑：《平津金融业概览》，见张研、孙燕京主编：《民国史料丛刊·经济·金融》（460），郑州，大象出版社，2009年，第385—496页；《全国银行年鉴（1935年）》（五），见张研、孙燕京主编：《民国史料丛刊·史地·年鉴》（964），郑州，大象出版社，2009年，第236—239页

注：①股东的身份主要是依靠《天津文史资料选辑》（第二十辑）和《平津金融业概览》两部分资料，其中《平津金融业概览》内股东多用堂名，如果姓名与堂名同时存在，以姓名优先，避免重复；如果各组资料之间数据不完全相同及完全不相同，则都采取全部保留的处理方式，因为银号投资包含隐藏的股东，以及当时统计之时只片面统计主要股东的可能，故尽量保留材料里能见到的股东及其身份。②表中的主体数据来自《天津文史资料选辑》（第二十辑），以《平津金融业概览》《全国银行年鉴（1935）》进行补充。③由三组数据共同构成1935年天津存在银号情况，无论何年开业，均以1935年正常营业为标准，在1935年之前停业的银号则没有统计在内，1935年间也有部分银号停业，但为了标准统一，便于估计，故一并计算在内。④资金数额的单位原为"元"，在1935年之前理应都是以银元为单位，1935年11月南京国民政府实行法币改革之后，应该改为法币计算，1935年实行法币改革之后法币1元币值等于银元1元，而且法币改革是在1935年11月，故1935年创立的银号资本额与银元等值计算。⑤表内资本额有不一致的地方，以最小额为准，在经营中可能有增资的情况，造成记载不一致

由表 4-4 可知，就时存的 117 家银号的统计，资本可考者 107 号，资本总额为 700.6 万元。平均每号 6.5477 万元。对于 1935 年天津银号的资本总额王子建和赵履谦在《天津之银号》中曾经做过估计。据二人的统计，"天津银号总数为一百四十二[①]，其中调查得确切资本额者，计七十二家，此七十二家之资本总额为 5 093 888 元，每家平均资本为 70 748 元，若依此数推算，则一百四十二家资本总额当为 10 046 216 元"[②]。在此基础之上，王子建和赵履谦考虑到调查所得的 72 家银号是津市资力较大之银号，可能导致依此所得平均数较高，所以据此平均数所估计的 142 家银号总资本额当高于实际情况，也就是天津银号的总资金规模实际上应小于 10 046 216 元。但是王子建和赵履谦并没有进一步对此数据进行修正。据表 4-4 计算所得平均每号资本 6.5477 万元，小于王子建和赵履谦估计的平均每家 7.0748 万元。如果银号家数按王子建和赵履谦统计的 142 号计算，总额为 929.7734 万元。[③]可见王子建和赵履谦之前的估计是大致符合历史事实的。1935 年吴石城调查到天津股本数额可考的 65 家银号的股本和护本总数 4 185 007 元，平均每家股本 6.4385 万元[④]，与本书表 4-4 所估计的平均股本额 6.5477 万元仅相差 0.11 万元。也从侧面证明了表 4-4 的推算是大致符合实际情况的。

3. 1908—1935 年天津银号资本总额及平均资本的发展趋势

综合上述五个年份的天津银号资本额估计及各年份银号平均资本情况，汇总如下（表 4-5）。

表 4-5　1908—1935 年天津银号资本估计情况汇总

| 年份 | 1908 | 1916 | 1929 | 1934 | 1935 |
|---|---|---|---|---|---|
| 统计银号家数/家 | 31 | 28 | 81 | 65 | 107 |
| 统计总资本额/万元 | 98.59 | 122.6 | 478.9 | 419 | 700.6 |
| 平均资本额/万元 | 3.18 | 4.3786 | 5.9123 | 6.45 | 6.5477 |

---

① 此 142 家之数，王子建和赵履谦统计截止到 1935 年，并将兑换业钱店排除在外，即正式之银号，含入同业公会和未入同业公会两部分。

② 王子建、赵履谦：《天津之银号》，河北省立法商学院研究室，1936 年，第 15 页。

③ 这个估算值可能也稍微偏大，因为部分银号是外埠在津所设分号，由于资料没有具体记载分号资本，只能以所载总号资本额进行估算。

④ 吴石城：《天津之银号》，《银行周报》1935 年第 19 卷第 16 期。

续表

| 年份 | 1908 | 1916 | 1929 | 1934 | 1935 |
|---|---|---|---|---|---|
| 考证银号家数/家 | — | — | 155[①] | — | 127[②] |
| 估计资本总额/万元 | — | — | 916.4065 | — | 831.5579 |

注：表中数据系笔者根据前述数据自行统计

从银号资本额的平均值来看，天津银号资本额增长缓慢。天津银号的资本规模和增长速度与上海相较存在明显的差距。上海钱庄的资本规模及变化趋势早有学者统计，详见表 4-6。

表 4-6　1927—1937 年上海钱庄家数、资本、平均资本变化情况

| 年份 | 1927 | 1928 | 1929 | 1930 | 1931 | 1932 | 1933 | 1934 | 1935 | 1936 | 1937 |
|---|---|---|---|---|---|---|---|---|---|---|---|
| 家数/家 | 85 | 80 | 78 | 77 | 76 | 72 | 68 | 65 | 55 | 48 | 46 |
| 资本总额/万元 | 1900.7 | 1798.9 | 1852.7 | 1937.8 | 2024.6 | 2138.5 | 2179.8 | 2070.2 | 1938.2 | 1800 | 1912 |
| 平均资本/万元 | 22.4 | 22.4 | 23.8 | 25.2 | 26.6 | 29.7 | 32.1 | 31.8 | 35.2 | 37.5 | 41.5 |

资料来源：郑亦芳：《上海钱庄（一八四三—一九三七）——中国传统金融业的蜕变》，《“中央研究院”三民主义研究所丛刊》（7），台北，台湾“中央研究院”三民主义研究所，1981 年，第 150 页

上海是中国近代以来商业贸易的中心，天津的商业贸易规模向来不如上海庞大，仅就海关税收观之，"1929 年中国关税总收入为一亿五千二百七十六万两，上海即占六千九百四十四万二千两，天津仅有一千六百三十五万一千两，且尚包括秦皇岛在内"[③]。贸易发达导致上海资金流通活跃，

---

① 据 1929 年发表的《天津钱业之调查》（《工商半月刊》1929 年第 1 卷第 12 期）载："现时在会各号约计百数十家……宫北一带计四五十家，针市街一带约计五六十家……租界内之各号约计五六十家。"取平均值为 155 家。此外，不在会的门市各号约 100 家，合计为二百五六十家。据《天津通志·金融志》记载，到 1930 年天津银号已发展到 231 家。实际上除了特殊的时局下，自清末以后天津在会银号均在 100 家以上，民国成立以后是银号的大发展时期，所以 1930 年前后可能是战前天津银号家数的峰值，两次币制改革之后，银号不同程度地受到影响，时有歇业，家数上略有下降，综合考察，1929 年 155 家在会银号的家数估计符合实际情况。

② 目前能见到的 1935 年天津银号家数统计，以王子建和赵履谦的统计最高，为 142 家；《天津文史资料选辑》（第二十辑）取 122 家之数，本书表 4-4 的统计也是不完全统计，只是记载了截至 1935 年尚存的 117 家。综合以上统计，可以推测，1935 年前后在天津规模较大的银号在一百二三十家之数，如取上述三种数额之平均数则为 127 家。

③ 《天津与上海》，《大陆（天津）》1930 年第 2 卷第 2 期。

在 20 世纪的二三十年代，上海成为毫无疑问的中国金融中心，特别是在南京国民政府成立之后，伴随政治中心的南迁，上海在金融体系中占有绝对的支配地位。上海钱庄和天津银号虽同为中国传统的内生金融机构，但无论是个别钱庄的资本规模，还是上海钱庄的资本总额，相对都要高于天津。据上海市商会 1933 年调查，上海市南市钱庄 4 家，资本总额为 54.8 万元，北市钱庄 58 家，资本总额为 1838.5 万元，合计 62 家钱庄，总资本额为 1893.3 万元，平均每家 30.54 万元。①郑亦芳统计了 1927—1937 年每一年上海钱庄的资本总额，平均为 1959.4 万元。其中 1935 年 55 家钱庄资本总额为 1938.2 万元，平均每家 35.2 万元。大约为天津银号 1935 年平均每家资本额 6.5477 万元的 5.4 倍。②

上海钱庄不仅资本规模上较天津银号为大，而且增资的频率要高于 1937 年前天津银号的增资频率。天津的银号在 1937 年以前，主动增加经营资本的情况较少。上海联合征信所编辑的《平津金融业概览》中记载的天津 111 家银号③，在 1937 年以前有增资情况的只有 6 家，即敦昌银号在 1900 年设立时资本 1 万元，在 1933 年增资为 5 万元；宏康银号在 1928 年设立时资本 4 万元，1935 年资本增为 6 万元；恒源永银号在 1937 年之前曾经由 1 万元增资为 3 万元；本利源银号 1932 年开办资本为 8 万元，1936 年增为 10 万元；全聚厚银号在宣统元年（1909 年）创立资本在调查时已不可考，其在 1930 年增资本为 6 万元；兴华银号 1925 年开办资本为 8.32 万元，于 1932 年增加资本为 12 万元。其他的 105 家银号据记载在 1937 年前没有增资情况。而上海钱庄的追加资本活动要远比天津活跃。《上海金融业概览》内载钱庄简史 77 家，于 1937 年之前创立者有 62 家，其中资本可考者有 47 家，有增资情况记录的有 29 家，共有增资记录 49 次。④

津沪两市钱业资本增长速度也存在较大差距。"（上海）民国十七年底计汇划庄八十家，资本总额（连附本在内）为一千二百七十六万二千两，

---

① 此数据系作者自行计算。

② 郑亦芳：《上海钱庄（一八四三—一九三七）——中国传统金融业的蜕变》，《"中央研究院"三民主义研究所丛刊》（7），台北，台湾"中央研究院"三民主义研究所，1981 年，第 150 页。

③ 该《平津金融业概览》的记载是不完全记载，并没有收录天津全部的银号，只是统计了当时仍正常营业的银号，在统计之前业已停业的银号则没有统计。而且对于个别银号的增资情况记载也不是很全、很精确。故依据此则材料只能考察天津银号增资问题的大体情况。

④ 上海联合征信所编辑：《上海金融业概览》，见张研、孙燕京主编：《民国史料丛刊·经济·金融》（463），郑州，大象出版社，2009 年，第 299—382 页。按：这个数字亦偏保守，当时进行调查中，部分钱庄增资时间和数额已不可考，文中仅以"经数次增资"代过。

每家平均资本额达十五万九千两有奇，以较民国四年竟增五倍之多。"①而由表 4-5 的统计可以看出，天津银号的平均资本 1929 年为 5.9123 万元，而 1908 年仅为 3.18 万元，21 年间增长尚不足 2 倍，可见天津银号资本的增长远缓慢于上海。1921 年汉口钱庄平均每号资本洋例银 2.2 万两，1925 年为洋例银 3.4 万两。②根据表 4-5 的统计，1916 年天津银号的平均资本额已达 4.3786 万元，可见天津银号的资本规模要略大于汉口，位居全国的第二位。

## 二、天津银号资力的估算标准及初步估计

"资力"与"资本"是完全不同的两个概念。资本是银号在创设之始，即由股东独资或合股筹集的资金。银号资本一方面作为银号开展业务的启动资金，另一方面也向外界展示银号的信用。资力则与之不同，反映的是企业在实际经营活动中，实际运用资金的能力及灵活程度。在资本主义工商业的经营中，很少有企业只靠自有资本进行经营活动。一般来说工商企业的资本额与实际资力（资本运用数量）不对等的情况很普遍。例如，1936年 89 家较大工厂的资产总值平均是他们资本额的 2.7 倍；1954 年调查全国雇佣工人和职员在 10 人以上的私营工业企业的资产总值平均是他们资本额的 2.26 倍。③金融业的资本额和实际能够使用的资本数量④的差距可能要远大于一般工商企业，主要是因为在资本、公积金与借入资金之外，金融业吸收存款，并发出"本票"及发行兑换券。这是一般企业所不具备的。

### （一）银号资力估计的标准

银号的资力指的是银号能够调动用于市面融通的资金总额的能力。由于对于银号统计的标准不一，银号随开随停，以及资本与存款统计中的人为隐匿，要统计出天津银号的总资力几乎是不可能的。如果要了解这一情况，只有进行估算这一种办法。

民国时期学界对银行及钱庄、银号的资力已有估计之尝试，但其估计

---

① 《上海汇划庄资力之调查》，《银行周报》1929 年第 13 卷第 26 期。

② 杨荫溥：《杨著中国金融论》，上海，黎明书局，1931 年，第 314 页。

③ 吴承明：《中国民族资本的特点》，见黄逸平编：《中国近代经济史论文选》（上册），上海，上海人民出版社，1985 年，第 29 页。

④ 实际使用的资本数量是指，不论是企业自有的还是借入的；不论是资本家投入的还是企业积累的；不论是实物形态还是货币、债权形态，都应计算在内。特别要注意的是，企业之间常有借贷和投资，有商业信用和货币信用，所以在计算资本总额时还要减除重合的部分，因此实际使用资本很难计算精确。

标准始终没有统一，莫衷一是。早期的一些估算，有学者仅以资本的多寡等同于钱庄的资力厚薄，这种方式最难以取信。杨荫溥在《上海金融组织概要》中就谈到了钱庄资本与资力的估算关系。经他统计，上海"一百十二钱庄之资本及附本总额，共为一千四百五十八万五千两。但钱庄之股东责任，均为无限，故其资力之大小，并不在资本及附本之多寡，实全视东家及经理之信用与手腕以为断。数万两之资本金，能吸收数十万两之存项，并能做数十万或百万两之帐面者，实非稀罕"[①]。也有学者将资本及存款两项相加之和视作资力。这种估算在公积薄弱，票据及转账尚未盛行时期，资料短少的情况下，尚可以近似视作资力的宏观观察。吴石城对天津银号资力的估算只限于资本和吸收的存款之和。[②]最为常见的钱庄资力估算指标为资本（包括护本）、存、公积三项。此外公积金也是银行、银号增加资力的重要组成部分。沧水将资本、存款、公积金三项之和作为统计资力的构成部分。据沧水估计，载止到 1918 年底，全国金融业（含银行、钱庄、票号、银炉等）的总资力在 7 亿万元左右。[③]

在资本、存款、公积三项之外，尚有"借入""发行兑换券""汇出""同业往来""本票"等指标。这些指标被用于作为统计金融机构资力的指标出现较晚，一方面是由于金融业的发展，逐渐拓展了这些增加资力的方式；另一方面学界对金融机构资力问题的研究也越趋精确，对资力的估计的要求也越高。

（二）天津银号资力的估计

如前文所述，银号的资力不但没有办法精确计算，即使是近似估算，也无统一的标准。加之银号历来对政府及社会关于资本、利润、发行数额等问题的调查统计采取保守的态度，不愿公开实际情况，故银号资力的估计困难重重。从目前保存的资料来看，仍是 20 世纪 30 年代中期的资料较为丰富。故本部分拟针对 1934 年、1935 年前后天津银号的资力尝试进行估计。

1. 资本

天津市在 1935 年到底存在的银号有多少家，没有确切记载，各种资料因为统计的标准不一，家数多有参差。《天津文史资料选辑》统计有 122

① 杨荫溥编纂：《上海金融组织概要》，上海，商务印书馆，1930 年，第 9 页。
② 吴石城：《天津之银号》，《银行周报》1935 年第 19 卷第 16 期。
③ 沧水：《我国各银行资力之分析及其利益之比较》，《银行周报》1919 年第 3 卷第 29 期。

家，王子建和赵履谦按 142 家计算，本书表 4-4 的统计也是不完全统计，只是记载了截至 1935 年尚存在的 117 家。综合以上统计，可以推测，1935 年前后，在天津规模较大的银号在一百二三十家之数，如取上述三种数额之平均数则为 127 家。这些银号指专门从事存放款、汇兑、贴现、买卖生金银等商业银行业务的银号，即西街、东街及租界三个区域内的正式银号，而不包括门市经营零星兑换和兼营纸烟的小银号。[①]每家银号的平均资本额为 6.5477 万元，按 127 家计，总资本额为 831.5579 万元。

2. 存款

对于银号的存款不但缺少确切的统计额，即使是估计值，不同学者的估计之间差别也很大，首先来看几则已有的估计。

第一，1934 年吴石城对天津银号吸收存款的比例进行了调查。他首先调查了 19 家银号的资本与护本总额为 1 351 428 元，存款额为 5 364 000 元，计算出存款额平均是股本护本总额的 3.97 倍。[②]吴石城的估计取样仅 19 家，且其中以作"现事"的银号居多，不注重存放款业务，所以这个比值略显保守。

第二，1934 年天津银号家数为 269 家，总资本额为 622 万元，存款总额为 2471 万元，资本与存款比 1∶4，总资力为 3093 万元。[③]269 家中约有一半以上小银号以经营银元、铜元之间的门市兑换为主，赚取差额，存放款不是其主业，这样平均通扯，也造成了存款额与资本额的比值偏低。

第三，王子建和赵履谦通过对天津 30 家主要银号的调查，得到其资本总额为 247 万元，存款总额为 1838.7017 万元，30 家银号放款为 1864.4519 万元，资本与存款额及放款额之比都在 13%强，即大概每一元资本可吸收 7.444 元之存款。[④]

第四，据调查，1934 年天津银号的存款额，"总计全市银号存款约为五千万元"[⑤]。而 1934 年天津银号的资本总额也大致不会超过 1000 万元，即约 1 元资本可以吸纳 5 元左右的存款。

第五，1935 年天津启明新记银号呈报资产负债表、损益计算书，其中

---

① 本书的统计估算均不将兼营零钱兑换，兼卖纸烟的小银号计算在内。

② 吴石城：《天津之银号》，《银行周报》1935 年第 19 卷第 16 期。

③ 天津市地方志编修委员会编著：《天津通志·金融志》，天津，天津社会科学院出版社，1995 年，第 289 页。

④ 王子建、赵履谦：《天津之银号》，河北省立法商学院研究室，1936 年，第 17 页。

⑤ 《天津市金融调查》，《中央银行月报》1934 年第 3 卷第 9 期。

包含详细的该银号吸收存款的情况。①启明新记银号资本为 200 000 元，1935 年呈报资产负债中存款额为 524 933.99 元，即 1 元的资本吸收了 2.6 元有余。详细情况参见表 4-7。

表 4-7　1935 年启明新记银号吸收存款情况　　单位：元

| 项目 | 定期存款 | 活期存款 | 特别活期存款 | 暂记存款 | 合计 |
|---|---|---|---|---|---|
| 金额 | 288 890.32 | 185 879.39 | 38 000 | 12 164.28 | 524 933.99 |

资料来源：《启明新记银号股份有限公司董事长张元果等为遵奉部批检送营业报告并公司章程及执照照片呈请鉴核备案事呈文天津市社会局》（1936 年 6 月 3 日），天津市档案馆馆藏，档案号：J0025-2-000884-001

综合以上五种数据统计，平均计算在 1935 年前后天津银号 1 元资本大致可以吸纳 4.6 元的存款。如果剔除启明新记银号的个案，仅前四项平均每 1 元资本大致可以吸纳 5 元存款。普通银号的资本与吸收存款比例大致如此。1915 年永昌银号资本 9 万元，吸收存款 45 万元。②故而综合考察，推定 1935 年前后天津全市银号吸收的存款是资本总额的 5 倍，是大致符合历史事实的。如果全市银号总资本额按 831.5579 万元计算，那么存款总数为 4158 万元左右。1934 年发表的《天津金融调查》记载："各银号存款最多者约有二百万元，普通则均为四五十万元至一百万元，总计全市银号存款约为五千万元。"③与本书的估计尚大致相符。五倍于资本额的存款规模，也是符合银号等中国钱业的商业习惯的。对于银号等中国传统钱业来说，过多的存款并不一定带来同等比例的利润，相反较高的利息支出会使过剩的存款成为负担，如遇急需款项之时，银号多倾向于向市面拆借。另外，银号限制存款规模，特别是限制零星散户存款，也是出于市面经营安全的考虑，避免在市面紧张的时候出现挤兑。因为银号的经营倾向将资金尽量贷出，寻求利益最大化，一遇头寸紧迫，依靠市面拆借周转，所以银号会比银行更频繁地遭遇搁浅、清理等资金紧张的情况。面临搁浅及清理，并不足以给银号致命打击，银号通过商会、同业公会，以及市面拆借、同业川换等方式可以度过危机，但如果面临存户挤兑，就会给银号带来较严重的困难，甚至直接导致其破产。所以为了避免这种情况的发生，银号及钱庄多不愿吸收过多的社会存款，特别是零星散户

---

① 在《资产负债表》中除表 4-7 中所列四项常规存款外，还有分号存款一项 4 万余元，之所以没有列入该银号存款之内，是因为分号的资本 8 万是从总号资本 20 万元内提取的，此 4 万余元的分号存款并不是真正意义上的新增存款。

② 天津市档案馆、天津社会科学院历史研究所、天津市工商业联合会：《天津商会档案汇编（1912—1928）》（第 2 册），天津，天津人民出版社，1992 年，第 1496—1497 页。

③ 《天津市金融调查》，《中央银行月报》1934 年第 3 卷第 9 期。

的存款，这也是长期以来银号、钱庄不办理储蓄业务的重要原因。

3. 公积金

早期的钱庄并不注重公积一项，但在部分银号的章程之内，也可以找到一些关于公积的规定。志成银号的章程规定公积为纯益（除去官利、开办费、职员花红等）的"一分三"（13%）[1]；中和银号章程规定公积为纯益的十成之二[2]；启明新记银号股份有限公司公积也是纯益的一成[3]；晋丰银号章程内载三年结大账，将纯益的二成五作为公积[4]；光绪末年，洽源银号呈报申请设立有限公司，呈报的公积也是二成五，但未获批准[5]。公积金约占银号纯收益的十分之一，对于天津来说是长期以来的一个约定俗成的惯例，前述将公积定为二成及二成以上的银号或规模巨大，或实行有限公司制度，均属特例。天津宏源银号1938—1946年的营业概算平均每年盈余4943万元，公积金平均每年494万元[6]，亦约为10%。由于银号获利缺乏系统统计，公积金难以精确计算，但银号的经营利润率受市场调节，和投入资本数额之间具有相对稳定的比例。故根据表4-8全国钱庄资本与公积金的统计，平均公积约占资本的11.24%。1935年天津总资本额为831.5579万元，则公积为93.496万元。

表4-8　1912—1920年中国钱业的家数、资本和资力统计

| 年份 | 家数/家 | 资本额/千元 | 公积金/千元 | 存款额/千元 | 庄票发行/千元 | 资力合计/千元 |
|---|---|---|---|---|---|---|
| 1912—1914 | 4 725 | 63 044 | 5 594 | 30 498 | 24 578 | 123 714 |
| 1915—1917 | 4 098 | 59 040 | 9 375 | 34 976 | 34 802 | 128 193 |
| 1918—1920 | 4 140 | 70 973 | 6 372 | 49 319 | 33 546 | 160 210 |

资料来源：转引自杜恂诚：《中国金融通史》第三卷《北洋政府时期》，北京，中国金融出版社，1996年，第233页

注：资力为资本、公积、存款、庄票发行之和

[1] 《志成银号关于银号改为独资扩充资本申请注册给照缮具简章及迁址问题致天津总商会函（附章程）》（1922年2月14日），天津市档案馆馆藏，档案号：J0128-3-005453-005。

[2] 《天津中和银号经理王士珍等为开设银号备案事呈文天津总商会（附章程）》（1929年4月11日），天津市档案馆馆藏，档案号：J0128-3-006286-005。

[3] 《启明新记银号股份有限公司董事长张元果等为遵奉部批检送营业报告并公司章程及执照照片呈请鉴核备案事呈文天津市社会局》（1936年6月3日），天津市档案馆馆藏，档案号：J0025-2-000884-001。

[4] 《晋丰银号关于呈报章程并缓请注册的函件》（1914年4月19日），天津市档案馆馆藏，档案号：J0128-2-001324-001。

[5] 《张玉珍创办天津洽源银号有（无）限公司禀天津商务总会（附呈章程）》（1907年5月25日），天津市档案馆馆藏，档案号：J0128-2-001984-001。

[6] 天津市地方志编修委员会编著：《天津通志·金融志》，天津，天津社会科学院出版社，1995年，第291页。

4. 银号资力的扩张

关于"资力"问题的计算标准如前文所述，主要以资本、存款、公积三项为主体，但这三个指标之和是否能够准确描述银号的资力呢？答案是否定的。因为"借入""发行兑换券""汇出""同业往来""本票"等影响因素虽然不占主要地位，但仍占有资力的百分之二三十。参见表 4-9。

**表 4-9　1946 年天津银号资金来源构成比例**　　　单位：%

| 项目 | 存款 | 资本及备用金 | 借入 | 汇出① | 同业往来 | 本票 | 统计 |
|---|---|---|---|---|---|---|---|
| 银行 | 71 | 1.6 | 1 | 13.3 | 8.5 | 4.6 | 100 |
| 银号 | 66 | 4 | 5 | 21 | 2 | 2 | 100 |

资料来源：联合征信所平津分所调查组编辑：《平津金融业概览》，见张研、孙燕京主编：《民国史料丛刊·经济·金融》（460），郑州，大象出版社，2009 年，第 254 页

另外，对于资力的估计，银行与银号具有较为明显的不同。在资本、存款、公积三项以外，银行侧重利用票据来扩张资力，银号则侧重借入即同业拆款。据表 4-9 统计，虽然 1946 年天津银号的资金来源情况与 1935 年相比有所不同，但仍保持了类似的特征。早期金融机构资金来源构成中"借入""发行兑换券""汇出""同业往来""本票"等指标可能所占比重不大，但时间上越往后，这些指标的影响越明显。民国时期学界就认识到"银行之吸收资金，其方法甚多，在经济社会未发达，信用幼稚时代，如票据承受、存款转账等制度均不完备，银行舍存款业务外，殆无他种吸收资金之方法"②。换言之，如果"票据承受、存款转账等制度"完善，在吸收存款之外，票据承受、存款转账则可以增加银行的资金吸收，而恰恰在银行的票据清算制度不完善的时期，市面的票据清算是通过传统金融机构来完成的，在上海有"汇划"，在宁波有"过账"，在天津有拨码川换。银号借助票据通过信用方式协助商业往来清算扩大了其实际调拨资金的能力。

1）股东追加资金增加资力

银号不同于银行，银号与商业资本之间的复杂联系使其资力具有一定

---

① "汇出"等于卖出汇票，有资金收入，如果按一笔计算，这项资金收入是暂时的，但长期滚动汇出，就形成了一个相对稳定的资金来源。换句话说，这部分资金来自客户的汇款，单笔也是暂时的，但长期以来就形成了稳定资金来源。

② 沧水：《我国各银行资力之分析及其利益之比较》，《银行周报》1919 年第 3 卷第 29 期。

弹性。银号的资本、护本都不是一成不变的，钱庄、银号的资力不仅限于资本、存款、公积金、庄票等项，银号股东与资本的密切灵活关系，实际上使银号可以获得潜在的资金支持。银号"资本虽仅一二万金，设遇市面紧急之时，股东垫款，恒数十万金"①。股东垫付机制在营业急需之时直接扩大银号的资金实力，使银号有能力扩大营业。"钱业股东既负营业上无限责任，故对于资本之定额，不必斤斤其多寡，其营业额常超过资本额数十倍不足为奇，苟钱庄有强有力之股东，足以取信社会，虽资本定额极微，亦无妨碍，最近钱庄股本定额仅十万，其营业额有多至数百万者。"②1928年利和银号年总账中记载，利和银号旧管、新收两项总共存洋三百四十一万两千零八十三元四角六分。其中利和银号成本洋四万元，实际数额为三百三十七万两千余元③，也就是利和银号1928年的营业额。可见，资本仅有四万元的利和银号可以将一年的营业额做到三百余万，是资本额的 84 倍有余，银号资金运用之灵活可见一斑。但股东追缴资金不是一个常量，故本书在计算银号资力时不计算在内。

2）银行、银号通过票据增加的资力

天津市面流通的信用工具除了支票以外，还有拨条和拨码，其性质等同于支票，唯一之不同是拨条、拨码只用于转账而不能直接取现。这些特殊票据实际上承担了银号及部分银行之间的资金清算功能。钱庄、银号通过拨码、拨条等信用工具，在实际上得以调动更多的款项。票据及转账的最直接的功能是避免直接动用现金而进行资金清算。这无异于在资本、存款、公积之外，使银号获得了额外的资金，其数额与票据转账的数额相等。钱庄签发的"庄票"相当于银行的"本票"，银号发行的钱帖与银帖相当于银行发行兑换券，这些都更加扩大了钱庄、银号的资力。"全市每日票据流通额的在一千万元以上，其中由中外银行开出之支票及拨码数约在八百万元，银号开出之拨码约在二百万元。"④这就相当于利用这些票据为天津金融市场带来一千万的流动资力，银行与银号之分配为8：2。

在支票之外还有兑换券和本票。1935年法币政策施行以后，国家控制纸币发行，银行、银号失去了通过发行兑换券扩大资力的途径，而本票一

---

① 马寅初：《银行之势力何以不如钱庄》，《东方杂志》1926 年第 23 卷第 4 期。
② 盛道一：《上海钱业概论》，《银行周报》1920 年第 4 卷第 42 期。
③ 《利和银号年总账》（1928 年），天津市档案馆馆藏，档案号：J0025-1-000717。
④ 《天津市金融调查》，《中央银行月报》1934 年第 3 卷第 9 期。

项，银行、银号发出的数额都不大，天津银号之存条（本票）数量更少，远不似上海钱庄庄票盛行。故忽略不计。

3）拆款对银行、银号资力的影响

还有要特别提到的是钱庄、银号的"借入"一项，钱庄与银号在资金利用上，很大程度上依赖临时性质的借贷即"拆款"。钱庄、银号历来有利用票号、银行拆款的传统，"钱庄之本，如沪市汇划字号之多，无过五万，少则二万余，招揽往来户头百十，所放之帐，辄盈数十万"。所以能如此，皆赖"有外国银行、西帮票号以为之援，挹彼注兹，殊觉便捷，虽生意之数十倍于资本无伤也"。[①]清中后期以后票号兴盛，主要向票号拆款，近代以后曾一度向外商银行拆借，华资银行兴起以后，钱庄银号又多与之往来，拆借款项，缓急相济。1934 年前后"津市各银号大多皆吃用银行资金，每家三十至五十万元不等，盖非此不敷应用也"[②]。如果按照当时有银号一百二三十家计算，平均估算银号吃用银行资金大致在 5000 万元。这部分资力实际上通过拆借从银行的资力中转移成为银号的资力。如果仅按照资本、存款、公积三项大概估算银行、银号的资力是很难获得准确数字的，银号实际能调动的资金量远超过资本、存款、公积之和。

### 三、天津银行、银号的资本、资力情况综合统计

民国时期外资银行、华资银行、中国钱业形成三足鼎立的金融结构，虽然在不同时段其实力互有消长，但从整体上看来直至中华人民共和国成立之前这种格局尚得以维持。限于资料的局限，本部分综合前文所述，仅就记载较为翔实的 1935 年天津银号和华资银行之间进行详细比较，以管窥银号的资力概况，详见表 4-10。

表 4-10　1935 年天津银行、银号的资本、资力情况综合统计　单位：万元

| 项目 | 资本 | 存款 | 公积 | 发钞 | 票据 | 拆款 | 资力合计 |
|---|---|---|---|---|---|---|---|
| 银号 | 831.557 9 | 4 158 | 100 | — | 200 | 5 000 | 约 10 290[③] |

① 《综论沪市情形》，《申报》1884 年 1 月 23 日，第 1 版。

② 《天津市金融调查》，《中央银行月报》1934 年第 3 卷第 9 期。

③ 天津银号的总资力问题据李洛之在《天津的经济地位》一书中的估计，平常状态银号流通于市面的资金在 4000 万左右，而在特殊情形下其推定银号可以动员 10 000 万元以上的资力（李洛之、聂汤谷编著：《天津的经济地位》，天津，南开大学出版社，1994 年，第 124 页）。李洛之、聂汤谷的估计略显保守。

续表

| 项目 | 资本 | 存款 | 公积 | 发钞 | 票据 | 拆款 | 资力合计 |
|------|------|------|------|------|------|------|----------|
| 华资银行 | 2 940.129 6 | — | — | — | 800 | −5 000 | 约 28 300① |
| | 32 500 | | | | | | |

资料来源：吴石城：《天津之华商银行》，《银行周报》1935 年第 19 卷第 19 期；《天津市金融调查》，《中央银行月报》1934 年第 3 卷第 9 期

注：银行资本 2940.1296 万元是根据吴石城提供的天津市银行占有比例自行核算的，吴石城的估计 32 500 万元为资本、存款、公积、发钞等项之和；其他数据由笔者自行估算。1935 年天津华资银行的资本与资历之所以直接采用吴石城的估计，是因为吴石城的估计得到了印证，"据 1934 年《全国银行年鉴》统计：实收资本 2 548.8 万元，占全国银行实收资本总额的 12.8%。在天津设有总、支机构的 49 家本国银行的资金实力达银元 32 000 万元"（人民银行天津市分行办公室：《天津形成北方金融中心的历史概况》，《金融史志》1997 年第 4 期）。与吴氏的估计相去不远

　　由表 4-10 的估算可见，1935 年天津银号的资力大致是银号资本的 12 倍有余。虽然估计的方法不同，但李洛之和聂汤谷的《天津的经济地位》也将天津银号的资力估计为其资本额的 10 倍，"在特殊情况之下，推定可以发挥一万万元以上的资金动员能力"②。可见，本书的估计是大致符合当时的实际情况的。

　　通过表 4-10 统计，可以得到 1935 年天津华资银行的资力是银号的 2.75 倍，而华资银行的资本总额是银号资本总额的 3.54 倍。不难看出，天津银号资力同华资银行之间的差距远小于资本的差距。这是因为银号作为中国内生的金融机构，虽然单个银号资本数额不大，但由于银号数额众多，彼此之间通过"川换家""靠家"等关系，形成了一个资金周转的网络，特别是通过市面拆款，迟期支付等运作机制，加强了资金的利用效率。直接造成了银号用较少的资本，形成了较大的资力。这一个特点不单单局限在天津，也不单单局限于 1935 年前后，而是当时中国钱业发展的一个平均水平。"1925 年中国钱庄的实收资本、公积金和存款这三项资力合计为 8 亿元，约为本国银行的 55%。"③可见在 20 世纪 20 年代，全国银号的资力与全国华资银行的资力相去亦不算远。但上海比较特殊，从 1935 年上海的情况来看，当时全市有钱庄 48 家，资本总额为 1800 万元，而同时全市有

---

① 据李洛之、聂汤谷编著的《天津的经济地位》（天津，南开大学出版社，1994 年，第 121 页）记载，朝鲜银行外汇课所根据 1934 年《全国银行年鉴》推算，天津本国银行的资力推定为 321 571 041 元，与本书的估计相去不远。

② 李洛之、聂汤谷编著：《天津的经济地位》，天津，南开大学出版社，1994 年，第 124 页。

③ 杜恂诚：《中国金融通史》第三卷《北洋政府时期》，北京，中国金融出版社，1996 年，第 233 页。

官、商银行 89 家，总分支机构 183 处，超过钱庄家数的 2.81 倍，其中 59 家总行设在上海的资本总额 25 860 万元，超过钱庄资本总额的 13.4 倍。[①]上海银行的资本和资力都明显超过上海钱庄。上海在近代中国的经济、商业发展中具有非常独特的地位，其金融发展也较为超前，并不能完全代表近代中国金融整体发展情况。而天津银行与银号之间的差距较小，也是受经济、金融发展水平的限制，更接近中国近代钱庄、银号的平均发展水平。

### 四、1935 年天津银号资本额的组距分布

从笔者自行统计的 1935 年天津银号资本情况来看，银号的资本规模存在较大差异。较大规模的银号资本可达十数万到二十万元，一般正式银号的资本规模以五万到十万元者居多，而规模较小的银号，资本在二三万元者亦复不少。1935 年天津银号资本规模的组距分布详见表 4-11。

表 4-11　1935 年天津 107 家银号资本额区间分布

| 资本额区间/万元 | 中点/万元 | 家数/家 | 百分比/% |
|---|---|---|---|
| 0.5 以下 | — | 1 | 0.93 |
| 0.5—1.4999 | 1 | 2 | 1.87 |
| 1.5—2.4999 | 2 | 17 | 15.89 |
| 2.5—3.4999 | 3 | 6 | 5.61 |
| 3.5—4.4999 | 4 | 12 | 11.22 |
| 4.5—5.4999 | 5 | 15 | 14.02 |
| 5.5—6.4999 | 6 | 9 | 8.41 |
| 6.5—7.4999 | 7 | 1 | 0.93 |
| 7.5—8.4999 | 8 | 10 | 9.35 |
| 8.5—9.4999 | 9 | 1 | 0.93 |
| 9.5—10.4999 | 10 | 27 | 25.23 |
| 10.5 以上 | — | 6 | 5.61 |

资料来源：笔者根据 1935 年的银号统计数据自行编制，参见表 4-4

---

① 《全国银行年鉴》，中国银行经济研究室，1936 年，第 B1—G57、K2—21、K74—78 页，转引自《中国近代金融史》编写组：《中国近代金融史》，北京，中国金融出版社，1985 年，第 172 页。

在表 4-11 中的 12 个区间段内，超过 10%的有四组，即资本额 2 万元左右的占 15.89%，4 万元左右的占 11.22%，5 万元左右的占 14.02%，10 万元左右的占 25.23%。参照表 4-4，不难发现，在每个资本额区间段内大多数银号资本额都是整数，即资本额为 2 万元的 15 例，4 万元的 12 例，5 万元的 15 例，10 万元的 26 例。四者共 68 例，占四个区间银号总数的 71 家的 96%，占表 4-4 资本可考总家数 107 家的 64%。这实际上反映了银号的经营者在开业之初确定银号资本规模时存在主观上的偏好。这种偏好可能一部分来自银号经营的一般习惯，清光绪以前，天津经营兑换和存放款的钱铺，其组织形式以独资经营者居多，按照经营规模的不同，资本额大致可以分为三级：一级为一万千文、两万千文，二级为三千千文、五千千文，三级为一千千文、五百千文。①另一部分可能源自银号经营者对银号的市场定位及心理预期。换句话说，银号资本规模倾向于由经营者主观意愿上控制的成分更大，而不是主要根据银号实际经营的需要。这背后反映的问题是资本规模的大小实际上对银号的经营，并不占有非常重要的地位。相对于股东的信誉和身家，资本显得没那么重要。1931 年国民政府实施《银行法》，将钱业附丽其中，津埠钱商在陈述意见之中道出了钱业资本与信用之间的关系："津埠钱业之经营向以信用为要素，财东担负无限责任，并不限制资本之数额，其所以能调剂金融，资助百业，而社会民生得以相维相系者，在信用之精神而不在资本之形式。"②对于资本问题上海钱庄具有相似观念："金融业之营业范围，本不以资本为比例，全赖信用而发展……按钱庄之资本，从未有如银行以数百万相号召者，其最高额不过二三十万两……人之与钱庄共往来者，并不着眼于其资本范围，而皆注意于股东之财力与信用，不啻以股东之财力信用，视为钱庄之财力与信用也……其资本之大小，殊不足以左右其营业。"③

　　参照表 4-4 内按照开业时间顺序先后排列的银号清单，不难发现资本规模的大小基本上没有任何规律可循，在咸丰三年（1853 年）范文轩、郭柏年开设的义恒银号资本就为 5 万元，光绪二十六年（1900 年）的敦昌银

---

① 天津市地方志编修委员会编著：《天津通志·金融志》，天津，天津社会科学院出版社，1995 年，第 90 页。

② 《钱业同业公会为请转呈立法院、行政院、中央党部、财政部、实业部文事致天津商会函》（1931 年 4 月 3 日），见天津市档案馆编：《天津商会档案·钱业卷》（9），天津，天津古籍出版社，2010 年，第 7744 页。

③ 上海银行周报社编辑：《上海金融市场论》，见张研、孙燕京主编：《民国史料丛刊·经济·金融》（464），郑州，大象出版社，2009 年，第 154—155 页。

号资本则为 10 万元，而 1935 年开业的同裕银号资本为 2 万元，东兴银号只有 1 万元，更有 1932 年开设的增达银号资本仅有 2000 元。[①]

近代以后，钱庄的资本规模大致维持在 2 万—5 万两白银，资本几千两的小钱庄数量有限，即使占有一定比例它们的作用也难以和正式钱庄相比。同时十几万两的大钱庄数量也不多，资本额达到几十万两的大钱庄更是凤毛麟角。和银行动辄数百万、上千万的资本规模相比确实存在差距。学界曾一度认为钱庄由于本身资力不够雄厚，无法长期以低利贷款方式大量投资新式工业，以促进国家的工业化，而且钱庄过分注重人际关系，未形成制度化的经营方式，以致放款范围受到局限，未能全面资助中小工商业，这是钱庄的缺点之一。[②]"（钱庄）在组织方面，传统的合伙制以及无限责任经营方式无法使其吸收大批投资人，有碍钱庄扩大股份，以形成上规模的股份公司的形态。"[③]这种观点的提出可以说是学界"现代化"研究范式产生的弊端，夸大了现代化因素的作用，低估了中国传统内生机制的优势。

相关研究只是单纯地认识到了钱庄资本在数额上比银行的资本薄弱，对于钱庄是否有增资能力，钱业经营者是否愿意增资，以及钱庄的经营是否有必要增资等问题的回答不是很清楚。从对钱庄资本薄弱不能为近代新式工业融通资金的批评，再引申到钱庄"顽固守旧"的观点是不可取的。因为钱庄的经营目的是获得利益，为社会工商业融资是客观作用而非义务。钱庄对于自己的定位不是为工商业进行融资服务，其自身就是商业，经营着"货币"这种特殊商品。钱庄的资本规模是受到钱商的主观控制的。钱庄没有因增资能力不足而产生困扰，钱商兼营他业，或者一个股东在不同钱庄入股，或者一个股东经营多家钱庄的现象屡见不鲜。钱庄的资金规模是自由市场机制调节的，和钱庄的资本运作方式互相协调，是一个有机整体。钱庄特殊的资金利用方式不需要大量资本。钱庄不发行纸币故不需要准备金应对兑现问题；钱庄吸收社会零星游资有限，一般主要吸收整笔大额存款，存取有计划，可控性强；特殊的资金清算功能实际上是通过信用创造了货币，代替资本执行了流通市面功能；同业拆借的存在弥补了钱庄自身资本不足的问题，钱庄的资本活动能力远大于自有资本。以上诸多方

① 杨固之、谈在唐、张章翔：《天津钱业史略》，见中国人民政治协商会议天津市委员会文史资料研究委员会编：《天津文史资料选辑》（第二十辑），天津，天津人民出版社，1982 年，第 128—132 页。

② 〔韩〕林地焕：《论 20 世纪前期天津钱庄业的繁荣》，《史学月刊》2000 年第 1 期。

③ 苗润雨：《浅析近代钱庄未能蜕变为新式银行的内在因素》，《生产力研究》2011 年第 2 期。

面因素都回应了钱庄资本薄弱的问题。但从目前学界已取得的成果来看，研究尚不是很深入。沈祖炜认识到多元化的经济结构需要多层次的金融服务，金融机构并不是越大越好，业态越新越好。[①]这似乎是近来学界对自民国以来不断呼吁的"钱庄银行化"观点的最具概括性回应。

---

① 沈祖炜：《近代钱庄盛衰之启示》，《世纪》2012 年第 4 期。

# 第五章　近代天津银号的金融网络

近代天津银号的金融网络是其发挥结算、清算功能的重要载体。从金融网络的结构来看，银号与同业、银行、外行商家、商会、钱业公会之间存在复杂的社会网络关系，既包含业务上的互相协助、行业运行的监管，也包含复杂的人际关系。在天津，银号根据不同业务对象分为不同的"帮派"，建立了"靠家"与"川换家"关系；在天津与外埠之间，通过分号、联号、驻庄等办理汇兑、市场投机等业务。近代天津银号金融网络的核心机制就是商业信用结算。首先，银号在埠内通过转账完成同城结算；其次，在埠际之间通过直接汇兑或内汇市场完成异地结算，银号的信用在结算过程中处于核心地位。与票号的汇兑网络相比，银号以结算为目的的汇划网络要复杂得多，不但结构完全不同，且在金融功能上具有明显的进步性。

## 第一节　空间分布：银号与天津金融中心的转移

近代天津银号在资金规模、业务侧重、经营风格上千差万别，但从整体来看可以分为三个类型：一是经营存放款、汇兑、贴现等正规业务的银号，这种银号被称为"折交"或"做架子"；二是主要经营银元、羌帖、老头票、证券等"现事"业务的银号；三是经营以兑换各种货币为主要业务的"门市银号"，此类门市银号多规模较小，部分兼售袜子、纸烟。晚清至民国时期，各类银号、钱庄在天津城厢数量多达二三百家，但在不同时期受政局波动与经济环境变化影响也略有伸缩。数百家大大小小的银号分布在天津城市的各个角落，看似杂乱无章，但在其内部却存在着严密的组织逻辑。各类银号、钱庄共同构成了以城市为载体，由钱业内部自行构建的金融网络。不同类型的银号在业务上各有范围，各成体系，但整体上又相互结合，形成了较为完整的金融系统。由于在业务经营上各有侧重，银号在天津的城区分布上也各自集中在了特定区域。

## 一、银号在天津的空间分布

第一，西街银号。近代天津开埠以后，本地帮银号得到了较为充分的发展，开设地点大都集中在针市街、竹竿巷、北门外、估衣街、北马路一带，被称为"西街钱庄"。西街银号资本较为雄厚，在业务经营上侧重存放款、汇兑、贴现、收兑白银、代客办理收交申汇和买卖银元等，经营风格稳健，不做投机性的业外经营，市面上称为"做架子"。折交银号也以此标榜其业务扎实，自诩殷实可靠、作风正派。折交银号与本地商人极为接近，营业稳健，如不考虑经济环境影响，逐年营业盈亏差异不大。天津本地帮经营的银号大多属于"做架子"银号，在天津钱业中的势力较大，钱业公会历届会长多在西街银号中选任，如朱馀斋、张云峰、王晓岩、焦世卿、范雅林、王西铭等都出自西街银号。西街较为著名的银号有洽源、晋丰、利和、馀大亨、泰昌、永昌、敦庆长、永丰、永源、永谦、德源、中和、颐和、祥生、庆益、耀远、天瑞、谦丰、福康仁、振义、广馀、广利、泰和、中兴、华丰、瑞源永、宏源等。

第二，东街银号。东街银号是指设在东门外，宫南、宫北大街一带的银号。与西街银号不同，东街银号开展业务以"现事"投机业务为主，存放款项为辅。东街银号主营业务为"套生意"，即投机买卖，买卖老头票、标金、足金、关金、公债、股票、外汇等，对于正常营业存放款项或"做架子"等业务，则不过问，因与本地商人关系较浅，每年盈亏极巨。[①]经营"现事"的银号，其稳定性不如以经营存贷业务为主的"做架子"银号，时常有倒闭的情况发生，也更容易牵动市面稳定。东街银号倾向"现事"业务也是庚子事变之后天津银号的新变化。庚子年（1900 年）十月，东街的敦昌首饰楼改组为敦昌厚记银号。其经理范钟轩由于不谙钱庄经营，于是聘请益兴珍银号的卢子林同任经理。卢子林凭借敦昌银号的雄厚资力，以敦昌名义经营钱业，以敦昌"厚记"名义经营粮业。庚子事变之后华洋贸易迅速开展，外汇、外币行市涨落不定，卢子林借机转向经营与金融有关的投机性业务，获利颇丰。辛亥革命以后，钱庄兴盛，敦昌职工纷纷出号另组新局，他们开办的新钱庄在做法上承袭了卢子林的衣钵，并为谋求业务上的方便，号址都设于东街，因而店多成市。[②]敦昌银号以后，其经

---

① 吴石城：《天津之银号》，《银行周报》1935 年第 19 卷第 16 期。
② 杨固之、谈在唐、张章翔：《天津钱业史略》，见中国人民政治协商会议天津市委员会文史资料研究委员会编：《天津文史资料选辑》（第二十辑），天津，天津人民出版社，1982 年，第 113 页。

营风格被逐渐扩散到其他银号，进而形成一种银号经营的风格。银号经营"现事"，反映了中国本土金融机构缺乏早期的资本积累，以及庚子事变之后中国商业发展水平仍较低，正常的金融业务难以消纳较多的资金，正规的金融业务带来的利润水平较低。东街在天津帮占比不大，但在声势上不低于西街。东街较为著名的银号有敦昌、敦义、永康、永孚、永豫、裕津、肇华、永济、和丰、泰丰恒、元泰、永恒等。东街银号以敦昌历史悠久，资格老；以永济业务精，获利丰，二者都属于东街的典型。

第三，租界银号。租界银号主要分布在英租界、法租界和日租界。租界银号对于"折交"业务和"现事"业务都兼而有之。租界银号一般和外商银行、洋行接近，在业务上侧重辅助对外的进出口贸易。例如，1922年开业的宝生银号，由庆隆茶庄孙宝田独资经营，资本四万元，主要业务经营兑换日本老头票，兼营买卖黄金、银元、股票及存放款等。1937年后，大批日商涌入天津，宝生银号则广泛开展日商洋行的业务，与日商大型洋行——三井、三菱，小型药房，以及贩卖毒品的白面馆等均有往来关系。租界银号的规模一般较小，资金也少，以经营货币兑换和代客买卖黄金、老头票、股票及其他有价证券为主要业务。租界较为著名的银号有宝生、信源溢、中实、久大、永利、大康、义聚、裕大、顺兴、孚庆、恩庆永、恩庆厚银号等。

### 二、天津金融中心的转移

天津的金融中心最初集中在北门外、三岔河口一带，这是因为经过明清两代的发展，天津北门外一带最早形成了店铺林立的商业中心，当时小洋货街、针市街、估衣街、竹竿巷等都逐渐成为商业繁荣之区。天津开埠以后，随着海路运输的发展和津浦、北宁铁路的建成通车，商业中心发生迁移，与英法租界隔河相望的老龙头火车站（今天津站）逐渐成为陆路运输的枢纽，而内河运输日渐逊色。1902年，万国桥（现解放桥）建成后便利了火车站与租界之间的商货往来。当时，法租界的中街又是外国银行最为集中的地方，因此，从火车站到英法租界，以及海河两岸形成了新的商业中心，原北门外三岔河口一带的商业集中区经济地位则相对下降。进入民国以后，由于军阀混战，经济秩序遭到严重破坏，租界因其特殊性拥有较好的经营环境。当时，新成立的银行多选址在英法租界，官办的中央银行、中国银行、交通银行等也不例外。金融资源的集中导致原开办在租界外的银行、银号、金店等相继迁入英法租界。九一八事变以后，银号向租界迁移最多，到七七事变以后，几乎所有的银行和绝大部分银号，都转移到英法租界内。日租界和意租界内只有少数银行分行与银号。其他金融机构，如票据交换所、证券交易所、证券行、保险公司、银行所属仓库及银钱业行业公会等也都集中分布于英法租界内。

在这样的背景下，近代天津银号在天津的城区分布情况也处于不断变化之中。早期租界银号在天津钱业不占重要地位，"往时银号皆聚集于旧城外东北方，如宫南北大街、针市街、估衣街、竹竿巷等处，所谓东街、西街是也"[①]。天津开埠以后，伴随华洋贸易开展，部分银号逐渐开始向租界转移。到 20 世纪 30 年代，受时局及避税等多种因素影响，银号迁入租界的进程骤然加快。其原因主要有以下三个方面。

第一，近代天津城市发展，租界逐渐成为商业中心。"近以天津商业中心已由河北移至法日租界，为川换便利计，银号随之迁移者不少。""年来因国内经济衰落，银号业务更趋重于便利推销外国商品，移近租界，比邻洋行，争课为买办洋行之附庸。"[②]当时，法租界逐渐转变为全市商业中心，所以全市银号半数以上设于法租界。

第二，近代天津受政局影响，时有动乱发生。从庚子事变，到辛亥首义，再到壬子兵变，清末民初天津基本是在社会动荡及善后过程中度过的。南京政府成立之后，社会亦时有波动。1931 年冬，天津发生便衣队之乱，银号为自身安全计，遂多移设于租界，以保安全。

第三，租界的特殊性，造成在税收方面的不均等，直接关系银号的切身利益。据王子建和赵履谦记载："二十年（1931 年）起政府举办营业税，而于租界商号独免，银号遂多移就于免税区域。"[③]

20 世纪 30 年代中后期，租界银号从数量上已经具有明显优势。津市银号仅设于法租界几占半数，加上英租界、日租界总共约占 3/5 强，位于租界之外的银号尚不及 2/5。1935 年据吴石城统计，截至 1934 年底，天津大小银号计得 269 家，其设置地点分布情况如表 5-1 所示。

表 5-1　1934 年底天津银号的城区分布情况

| 地带 | 家数/家 | 所占总家数/% |
| --- | --- | --- |
| 法租界 | 127 | 47.2 |
| 竹竿巷、北马路一带 | 33 | 12.3 |
| 日租界 | 29 | 10.8 |

① 王子建、赵履谦：《天津之银号》，河北省立法商学院研究室，1936 年，第 10 页。

② 吴石城：《天津之银号》，《银行周报》1935 年第 19 卷第 16 期。

③ 王子建、赵履谦：《天津之银号》，河北省立法商学院研究室，1936 年，第 10 页。

续表

| 地带 | 家数/家 | 所占总家数/% |
|---|---|---|
| 英租界 | 16 | 5.9 |
| 宫南宫北大街 | 14 | 5.2 |
| 河北大胡同附近 | 14 | 5.2 |
| 其他 | 36 | 13.4 |
| 共计 | 269 | 100 |

资料来源：吴石城：《天津之银号》，《银行周报》1935 年第 19 卷第 16 期

可以看出，到 1934 年底天津的大小银号已经有将近 64%的银号集中于英租界、法租界、日租界。其中以法租界为最多，占到 269 家银号总数的 47.2%，占到租界银号总数的 73.8%强。1929 年前后租界银号在天津银号总数中仅占 1/3 左右，短短数年间已有相当数量迁入租界。据 1935 年王子建和赵履谦统计，其大致趋势相同，详见表 5-2。

表 5-2　1935 年前后天津银号城区分布情况　　　　单位：家

| 区域 | | 数量 | 小计 |
|---|---|---|---|
| 法租界 | 杨福荫路 | 9 | 81 |
| | 二十三号路 | 7 | |
| | 四号路 | 7 | |
| | 梨栈大街 | 7 | |
| | 五号路 | 6 | |
| | 二十四号路 | 6 | |
| | 三十号路 | 5 | |
| | 六号路 | 5 | |
| | 二十七号路 | 4 | |
| | 其他各处 | 25 | |
| 日租界 | 旭街 | 12 | 20 |
| | 其他各处 | 8 | |
| 英租界 | 位置不详 | 8 | 8 |
| 租界以外地区（包括特别区） | 针市街 | 9 | 33 |
| | 宫南北 | 7 | |
| | 其他各处 | 17 | |
| 全市总计 | | 142 | |

资料来源：王子建、赵履谦：《天津之银号》，河北省立法商学院研究室，1936 年，第 11—12 页

伴随近代天津城市化进程，银号的迁移路线与商业中心的转移是一致的。天津开埠以后，租界在国内外贸易中具有重要地位，银号的业务依赖商业贸易，因此产生向租界转移的趋势。虽然针市街、竹竿巷、锅店街、宫南北大街、河北大街等处仍是银号聚集之地，而租界银号的势力增长加快。西街银号侧重存贷、汇兑等正规业务，经营稳健；东街银号侧重经营"现事"业务，投机性质较重；租界银号，业务上兼有东西街银号之长。银号分布在东街、西街与租界，不仅仅是区域的选择，更体现了银号间因业务倾向不同而形成了界限分明的细分市场。西街银号服务于市面商号的基本存贷业务，便利往来川换；东街银号由于投机事业的经营，更接近各类金融市场。西街银号以本地商人投资经营为主，彼此之间互相川换，较为接近；东街银号则与外帮钱庄、银号来往密切。东西街银号各自形成了基于业务开展与金融往来的专业"商圈"。

## 第二节　埠内网络：银号的帮派、"靠家"与"川换家"

近代天津银号的帮派分为本地帮、北京帮、山西帮等，帮派的划分与股东无关，而是按照经理人的籍贯进行划分，背后反映了经理人个人社会网络向银号业务的投射。近代天津本地帮银号的实力最大，因为其与当地商业的关系最为紧密。外帮银号在业务上主要是对其本帮商人进行放贷及办理汇兑。银号以信用交易为特征，资金的高效周转得益于"靠家"与"川换家"的相助，背后折射的还是围绕"人"的友谊与情感建立起来的信用。

### 一、银号的帮派

天津银号的帮派是分析近代天津银号行业的又一个视角。帮派的本质是银号业务开展的自我约束，即每家银号均将其业务限制在一定的范围内，而这种范围更多的是依照地缘关系划分的，体现了银号的社会网络关系。天津银号的帮派主要有本地帮、山西帮、北京帮（含南宫帮、深冀帮）、山东帮、河南帮、东北帮等，其中历来以本地帮势力最大。到 1937 年前，天津银号有一百数十家，其中本地帮约占 60%，北京帮（含南宫帮、深冀帮）约占 30%，山西帮约占 10%，其他帮派银号数量较少。①在天津的银

---

① 刘嘉琛：《解放前天津钱业析述》，见中国人民政治协商会议天津市委员会文史资料研究委员会编：《天津文史资料选辑》（第二十辑），天津，天津人民出版社，1982 年，第 162 页。

号体系中，本地帮银号占有最重要的地位。北京人、南宫人、深县人、冀县人经营的银号，统称北京帮，其地位仅次于本地帮；再其次为山西帮。山东、河南、东北等地也在天津开设银号或分设支店，但业务上以汇兑业务为主，在天津钱业中不占重要地位。银号帮派的强弱体现了各地与天津之间商业往来的密切程度。各帮银号在资金周转上主要立足于协助本帮商业的开展。天津各帮银号的简况如下。

（一）天津本地帮银号

天津本地帮银号，一部分是由早期经营银钱兑换的小钱铺发展而来。清中期以后，商业贸易的快速发展，推动了天津银号业务的复杂化。在晚清政局的冲击下，部分资本较小的钱铺伴随市场交易规模的扩大，逐步增加资本，并从独资转向合伙经营，逐渐扩大为银号。一部分银号在市面逐渐稳定以后，由天津本地大商人重新投资开设。本地帮历史久、家数多、存放款数额大，在钱业中占主导地位。天津本地帮银号具有外帮不具备的优势，如天津本地帮银号因与本地商人熟谙，开展存放业务自然较为便利。天津本地帮银号无论是从经营业务的广度，还是从整体资力规模上，都堪称天津银号体系的中坚力量。

（二）北京帮银号

北京帮实际上包含北京银号在天津所设分号，以及南宫帮、深冀帮银号。南宫、深县、冀县为河北南部的三县市，在业务上与北京帮的联系比较密切，其经理人部分出自北京帮的银号，故习惯上被一并视为北京帮。北京帮银号在津先后设立分号的有聚义、全记、聚泰祥、永增合、谦牲、同德、祥瑞兴、万义长、鸿庆裕、聚盛源、恒兴、启明、信诚银号等。南宫帮、深冀帮在津开办的有敦泰永、致昌、广业、同兴、生生、恒利、恒康、庆聚、致远、至诚、同裕、宏义、慎兴、隆远、正昌、春和、冀鲁、泰兴、同增益、信德、聚德、锦记兴、太和记、聚华昌、福顺、东兴银号等。北京帮银号的风格是经营稳健，善于适应形势，团结维护本帮利益。由于具备这些特点，北京帮在天津钱业发展的晚期后来者居上，整体实力超过天津帮。

（三）山西帮银号

山西帮银号主要是由山西票号、汇兑庄改组而成。抗日战争全面爆发前夕，山西帮银号在天津约占10%，计有大德通、大德恒、鸿记、源记、万德、宏利、永盛、汇源永、蚨亨、本立源、义生等。山西票号在庚子事变、辛亥革命之后深受打击，逐渐走向衰落，但实际上山西票号的一部分金融势力改组为银号继续经营。山西帮银号一定程度上继承了票号的经营风格，经营思想谨慎，崇尚稳健经营，在业务上仍在汇兑领域具有突出表现。

除以上三帮之外，其他地区也有部分银号在天津设立分号。例如，河南帮之同和裕、中权等银号及广东帮之永信银号等。外帮银号在津分号，其营业限于辅助各该帮商人，家数少，随同该籍商人商号的货物贩卖进行贷放款项及经营天津与原籍之间的汇兑。

天津银号帮派的划分，以银号经理人的籍贯或出身为准。例如，军阀王占元开的颐和银号，经理倪松生是天津人，颐和银号就属于天津本帮；王占元开的另一家钱庄致昌银号，经理人刘信之是冀县人，致昌银号就是深冀帮。以经理人的籍贯、出身来划分银号的帮派是表面现象，帮派制度的存续在本质上反映了各家银号重点经营的业务领域有所不同。例如，某银号在业务上与棉纱行接近，那么其大宗的存款会主要来自经营棉纱的商号，其大宗的放款也会主要贷放给经营棉纱的商号，但并不是所有的经营棉纱的商号都与之往来，而是每个银号都会选择自己认为信誉好，有常年交往的商号。同理，市面上的一些主要商业行业，如绸布、五金、洋广杂货、山货等都有特定的联系密切的银号与之保持交易往来。在银号方面，每家银号均有自己业务上的主要往来商号，各帮银号也分别有各帮的主顾。例如，晋丰银号经常资助庆生棉纱庄贷款 40 万—80 万元，该棉纱庄长期购进北洋纱厂、裕元纱厂生产的棉纱，晋丰银号所给予的大额贷款支持了民族工业的发展。[①]瑞兴益棉纱庄金品三、安芰臣、张云峰、郭巨卿合资经营洽源银号，并接办英商汇丰银行的华账房，主要是为纱布商购买英商洋行货物提供了方便。冀中各县的钱庄，往来户主要以冀中南部等地的棉花货栈、山干杂货业为交易大宗。这种业务上的倾向性，在银号组建的时候股东和经理都已经妥为商定，甚至股东在选任经理的时候，对于向何种商业贸易接近，都是提前经过筹划的，目的是在业务上加强联系和相互支持。

## 二、银号的"靠家"与"川换家"

无论近代天津银号在区域上如何分布，帮派上如何划分，都是银号外

---

① 刘嘉琛：《解放前天津钱业析述》，见中国人民政治协商会议天津市委员会文史资料研究委员会编：《天津文史资料选辑》（第二十辑），天津，天津人民出版社，1982 年，第 163 页。

在社会关系的表现形式。银号与同业之间的内在运行机制，主要是通过"靠家"与"川换家"关系组织起来的。银号作为中国本土金融的典型代表，其本身自然以辅助金融流通，服务商家资金周转为主要业务。银号发挥作用，并非仅仅依靠一家一号的资金往来运作，而是与市场广泛接触，充分利用市场资源，各银号之间相互联系，共同维系金融整体运作。银号侧重信用交易，信用周转是近代钱庄、银号区别于其他金融机构的显著特征。为了达到这个目的，银号同业之间彼此通融接济，交易往来，互相支持。银号之间的这种关系，主要是通过"靠家"与"川换家"关系来构建的。

　　银号的"川换家"关系并非随意建立，而是具有一定条件的，最重要的就是银号经营者的信用。"靠家"与"川换家"关系的建立，"其关键所在，全是人的问题；易言之，即根据主持者或投资者之友谊与感情以谋信用之联系者也"[①]。不同于普通的营业关系，"靠家"关系与"川换家"关系大体上维持在同一帮派体系范围之内。也正是基于这个原因，本地帮银号很少与外帮银号之间建立"靠家"与"川换家"关系。天津本地帮银号历来在银号体系中最占优势，民国以后长期掌握天津钱业大权，很大程度上要归因于本地帮银号家数众多，各银号之间掌握并垄断"靠家"与"川换家"关系网络，排挤外帮银号。

　　"靠家"关系是"一银号依赖他银号谋金融之掖助与调剂之谓也"。银号的经营与银行不同，银号没有数额巨大的资本可供市面周转，银号的资金，贵在能够有效运用。因此，银号在资金应用方面往往倾向尽量将可用资金放出，以博得厚利。银号的这种资金运用方式，效率虽高，但存在一定的隐患，一旦银号遇有临时紧急情况或市面波动，一家一号难以周转，没有回旋的余地。若没有可以通融缓急的机制，则银号可能时常面临搁浅甚至倒闭的风险。这个隐患是近代天津银号要面临的一种普遍问题，于是各家达成默契，一遇紧急情况，必有"靠家"出面支持，立刻予以经济上之援助，使其渡过目前难关，进而维持同业信誉。正是因为"靠家"关系的存在，晚清至民国时期虽然单个银号资本弱小，但银号作为一个行业，与银行分庭抗礼，在近代天津金融格局中占有重要地位。20 世纪 30 年代以后，全国经济发展水平更进一步，金融环境随之变得复杂，市面一遇危机影响巨大。银号同业信用，屡遭破坏，因一二家银号之倒闭而酿成巨大风潮的情况，屡见不鲜。例如，1927 年志成与盛德两银号之倒闭及 1919 年

---

　　① 王子建、赵履谦：《天津之银号》，河北省立法商学院研究室，1936 年，第 33 页。

裕生、义兴、泰昌、蚨生祥等之搁浅，几乎都牵累到整个银号同业。因此"同业间通融款项，具有戒心，靠家关系之存在，不若昔时之显明矣。"①

"川换"是指同业间彼此有营业往来的关系。"川换家"则是指具有营业往来关系之银号。自清末以后，天津银号之间收付款项，向不用现金，而采用"拨码"制度。此种"拨码"不能取现金，只作登账计数之用。全市银号资金之流通，几乎全都建立在信用交易的基础之上。银号同业之间往来交易，彼此若无深切了解，信用制度则无法推行。故天津银号的经营，必然与一部分同业事先约定，彼此授受"拨码"，以调剂金融，便利营业。这种关系的建立，彼此之间互为"川换家"。与"靠家"关系类似，"川换家"也主要是建立在同业感情的基础之上，彼此之经理或股东必然熟悉，才能充分给予信任。按照天津银号习惯，在新银号开业时，该号经理需要请求熟悉之同业银号予以赞助，请求其在新银号开业之初，存入大笔款项，以壮声势，称为"壮仓"。次日，新开银号亦必以更大数量的款项，返存于为之壮仓之同业银号，以敦厚谊。这种形式上的往来，一方面宣示自己的资力雄厚，另一方面也加强同业之间的感情。但款项随即拨回，很少有长期存放的。经过此等形式上之手续，双方的川换关系才最终确立。银号的"川换家"以感情为基础，在本帮系统内广泛交际，予以便利，而对外帮则限制较多。"各银号川换家之多寡，视其资本、营业及主持者之手腕而定。据吾人调查，三十家主要银号之结果，最多者有川换家七十二家，最少仅有五家，平均为二十二家。"②两银号间如果没有川换关系，若发生业务联系，按照天津习惯则将款项拨至双方均有往来之"川换家"处理。这主要是因为银号同业之间款项往来，例不过现，而彼此又无存款可以提，则必须借助"拨码"向有川换关系之家间接清理方能周转流通。正是由于天津银号同业关系密切，尤其以"拨码"制度的存在，银号之团结氛围优于其他商埠。

靠家关系及往来川换关系可以在银号同业之间建立，也可以在银号与银行之间建立。天津华资银行，其经理、副经理出身多具有银号的背景，外资银行的华账房也多由钱业中人承办，故而银行与银号之间的往来特别密切，这一特点甚至连上海钱庄都不可相提并论。天津银号常与多家银行保持业务联系，目的是获得资金利用上的便利。义兴银号的往来关系主要有"中国、金城、汇丰、盐业、交通、正金、汇理等银行，洽源、伦昌、

---

① 王子建、赵履谦：《天津之银号》，河北省立法商学院研究室，1936年，第33—34页。
② 王子建、赵履谦：《天津之银号》，河北省立法商学院研究室，1936年，第34—35页。

益盛源等钱号"。泰昌银号"往来各家有中国、交通、汇丰、正金、盐业诸银行，晋丰、敦义、洽源、永昌、大生、利和等银号"。蚨生祥银号往来各家有"热河兴业、大陆、汇丰、中国实业、大生、汇理、保商、正金等银行，馀大昌、承丰、义兴、裕津等银号"。①银号的"靠家"与"川换家"是其社会网络中最重要的组成部分，一旦市面经济局势紧张，银号可能通过其社会网络关系得到必要的帮扶。1929 年 8 月，天津市面发生多家银号倒闭风潮，天津商会曾召集各同业开会，决定由各号出资 40 万元，作为救济同业之用。②

## 第三节 埠际关系：银号的分号与联号

分号与联号是近代天津银号与外埠建立金融往来的重要方式。银号通过分号、联号在外埠办理汇兑，并买卖申汇、洋厘、外币及贵金属，一方面可以从这些业务中直接获利，另一方面也便利了总号与外埠的资金平衡。从空间来看，天津与上海的联系最为紧密，天津很多银号在上海设有分号或驻庄，同样天津也有很多上海钱庄的分庄。天津与北京之间银号一体化程度较高，业务往来频繁。京津周围地区市镇及农村很多银号在津设立分号，以便建立与天津的金融联系。另外，天津银号沿着交通线向外设立分号也是重要特点。

### 一、分号的设立及其功能

近代金融网络中，城市是金融运行的重要节点。天津作为商埠，在其内部银号、银行、票号、汇兑庄等金融机构相互合作，形成了较为完整的金融体系。商埠之外，银号还通过设立分号、联号及同业代理，建立了与其他商埠的往来关系。各埠钱庄、银号通过分号、联号、代理关系的社会网络，有效地加强了金融市场的沟通，使日常买卖申汇、洋厘、外币、贵金属等金融业务得以高效运行。与票号分支网络相比，具有明显的进步性。

天津银号在外开设分号的地点主要有上海、北京及华北内地城镇。根据档案记载，笔者对天津主要银号在外开设分号，以及外地钱庄、银号在天津开设分号的情况进行了粗略的统计，具体如表 5-3 所示。

---

① 《银行倒闭风潮》，《益世报（天津）》1929 年 8 月 4 日，第 13 版；《蚨生祥银号昨倒闭》，《益世报（天津）》1929 年 8 月 6 日，第 13 版。

② 《银号改善业务办法》，《益世报（天津）》1929 年 8 月 12 日，第 13 版。

表 5-3　天津银号的外埠分号与外埠钱庄在津分号情况

| 银号名称 | 总号所在地 | 分号情况 |
| --- | --- | --- |
| 庆善银号 | 天津 | 北京、营口、奉天安东县、长春、天津（庆丰银号） |
| 永利银号 | 天津 | 北京、张家口（张家口永利银号） |
| 志通银号 | 天津 | 京都（北京）、上海（章程拟设） |
| 永益银号 | 天津 | 上海（称合丰银号） |
| 洽源银号 | 天津 | 上海、北京（章程拟设） |
| 敦庆长银号 | 天津 | 上海 |
| 万丰银号 | 天津 | 北京、上海 |
| 启明新记银号 | 天津 | 北京、济南、张家口 |
| 徐大亨银号 | 天津 | 北京 |
| 谦和泰银号 | 天津 | 北京（打磨厂、前门大街两号）、哈尔滨、安新县 |
| 厚昌银号 | 天津 | 北京（打磨厂吉隆栈内） |
| 敦昌银号 | 天津 | 滨江阿什河、上海、济南、青岛、大连、营口、沈阳、哈尔滨、四平、锦州、长春及香港 |
| 晋丰银号 | 天津 | 京都（北京）、上海（章程拟设） |
| 志成银号 | 天津 | 章程有拟设分号计划 |
| 同源银号 | 天津 | 上海①（原文"申号"，是分号、联号不详） |
| 会昌厚银号 | 不详 | 有驻津代表吕钦国，分号是否存在不详 |
| 中裕厚银号 | 不详 | 天津 |
| 汇康元银号 | 不详 | 天津、保定 |
| 汇恒同银号 | 不详 | 天津 |
| 瑞生祥银号 | 不详 | 天津 |
| 裕源银号 | 总号可能在天津 | 北京、天津 |
| 恒和银号（金店） | 北京 | 天津（恒和金店，档案中复称恒和银号，在津有分号，并有联号元吉永） |
| 厚德银号 | 北京 | 天津、上海、汉口、广东，在济南、周村开设联号德源泰 |
| 大源银号 | 北京 | 天津 |

---

① 《增兴德瓷器店刘杏林控同源银号王杰三欠款事请议书》（1912 年 6 月 4 日），见天津市档案馆编：《天津商会档案·钱业卷》（4），天津，天津古籍出版社，2010 年，第 3561 页。

续表

| 银号名称 | 总号所在地 | 分号情况 |
|---|---|---|
| 裕通银号 | 北京 | 天津 |
| 义善源银号 | 上海 | 天津、北京（其他地方亦有） |
| 大庆元银号 | 上海 | 天津、北京 |
| 乾和益银号 | 唐县 | 天津 |
| 恒昌银号 | 驻马店 | 天津、驻马店 |
| 宝隆和银号 | 柳树营 | 天津（设于天津大汇通栈内） |
| 华兴银号 | 郑州 | 天津 |
| 道生银号 | 平遥 | 天津 |
| 信昌银号 | 开封 | 郑州、天津、上海、汉口、商丘、许昌、洛阳、漯河、禹州、周口、徐州、蚌埠、济南、青岛、南京等地 |
| 瑞生祥银号 | 济南 | 北京、天津、任丘等处 |
| 三益银号 | 保定 | 天津 |
| 益和银号 | 郑州 | 天津 |
| 同和裕银号 | 河南新乡 | 北京、天津等分号四十余处 |
| 永盛银号 | 不详 | 天津、顺德（河北顺德府） |
| 毓隆钱铺 | 河间（推定） | 天津（设于大成栈内，属于市镇银号在津设办事处） |
| 和盛通票庄 | 绥化北团林子 | 天津（通亨栈） |
| 茂大昌银号 | 天津 | 不详 |
| 永昌银号 | 天津 | 不详 |
| 谦泰银号 | 天津 | 不详 |
| 恒利生银号 | 天津 | 不详 |
| 桐达银号 | 天津 | 不详 |
| 公裕厚银号 | 天津 | 不详 |
| 德承义银号 | 天津 | 不详 |
| 宝丰源银号 | 天津 | 不详 |
| 德庆恒银号 | 天津 | 分号情况不详，但可以通汇上海、济南、周村① |

---

① 《德庆恒银号周杏林为与山东商业银行款项纠葛备案事》（1920 年 6 月 16 日），见天津市档案馆编：《天津商会档案·钱业卷》（25），天津，天津古籍出版社，2010 年，第 21884 页。

续表

| 银号名称 | 总号所在地 | 分号情况 |
|---|---|---|
| 永顺成钱号 | 天津 | 不详 |
| 成德银号 | 天津 | 不详 |
| 瑞林祥银号 | 天津 | 不详 |
| 益兴恒银号 | 天津 | 不详 |
| 济源银号 | 天津 | 不详 |
| 德瑞银号 | 天津 | 不详 |
| 义恒银号 | 天津 | 不详 |
| 元利亨钱号 | 天津 | 不详 |
| 启盛钱铺 | 天津 | 不详 |
| 慎昌银号 | 天津 | 不详 |

资料来源：根据天津市档案馆编：《天津商会档案·钱业卷》（26），天津，天津古籍出版社，2010年；中国人民政治协商会议天津市委员会文史资料委员会编：《天津文史资料选辑》（第六十一辑），天津，天津人民出版社，1994年；田素宁主编：《安新县文史资料》（第5辑），政协安新县文史资料征集委员会，2007年，以及天津市档案馆馆藏自行整理

　　通过对近代天津银号开设分号的地点分析，可以发现如下几个特点。

　　第一，银号通过设立分号主要建立了与上海的金融联系。近代，上海是全国性的金融中心，而天津是华北的区域金融中心，二者在全国金融结构中处于不同层次，这导致天津的资金周转一定程度上要依靠上海，其中银号体系在资金调拨活动中占有重要地位。例如，光绪三十一年（1905年），天津协顺号倒闭，欠上海安康、瑞裕、元茂、义善源等多家钱庄款项，"计欠安康庄六千六百六十二两六钱七分二厘，瑞裕庄一千二百七十七两八钱六分，元茂庄一千九百五十二两七钱四分，义善源五千八百四十八两七钱二分八厘，共欠一万五千七百四十二两"[①]。晚清以来，商业的发展使得津申两地存在频繁资金流动，虽然表面上是银号之间的借欠，但实际上反映的是两埠之间的资金周转。当天津资金周转滞涩时，银号需要从上海向天津调拨资金以应对急需，如果仍得不到缓解，则会出现银号债务难以偿还的风险，甚至影响市面稳定。例如，天津永益银号在上海设分号，并与上海钱庄同业之间拆借款项。1921年，上海合丰银号因处理债务问题专门

---

① 《上海商务总会为钱业安康、瑞裕、元茂、义善源等与天津协顺号债务纠纷事致天津巡警局函》（1905年12月16日），见天津市档案馆编：《天津商会档案·钱业卷》（22），天津，天津古籍出版社，2010年，第19168—19169页。

致函天津商会要求调处，据称："窃商号上海合丰银号，因本年五月间战事发生，该永益津总号业已周转不灵，伊申号柜掌阎子吉向敝号挪借银四千四百两，维持号事，言定三五日归还。敝号陆续催索而津总号延迟至今，未曾偿还，显事拖延。"①天津永益银号系因北方战局影响周转不灵，通过该号在上海所设分号，向上海合丰银号拆借款项。表面上看来，此项借款是天津永益银号与上海合丰银号之间的借贷关系，但实质上背后隐含着上海资金向天津流动，支持天津资金周转，应对危机。这种埠际之间的资金支持，就是通过银号之间的拆借关系实现的。

正是因为天津的金融需要以上海为调剂，上海的金融局势才对天津的影响比较大，天津的多次金融风潮都是间接受到上海金融风潮的波及。例如，1924年，江浙战争对上海及周边杭州等地金融影响巨大，随后影响波及天津金融。史载："自江浙风云紧迫以来，首当其冲者，为沪宁杭各大埠，连日银根奇紧，金融恐慌。加以京、沪交易所，倒把亏折，银号之受累者，倒闭多家。近竟波及津埠，一般高官阔老，诚恐一旦江浙战事发生，复蹈前辙，乃纷纷提取存款，另筹安置……因之市面金融，颇呈现金缺乏之势，乃提款者继续提取，各银号又无法维持，金融之恐慌，日甚一日。"②此类事件在近代天津与上海之间颇不乏见。

第二，京津两地银号互相设立分号，一体化程度高。自明清以来，北京长期作为中国的首都，是财政资金周转的中枢，同时北京地区人口稠密，是典型的消费市场，商业发达。因此，在开埠以前，北京是中国最重要的金融中心。近代开埠以后，受内外贸易影响商业重心转向上海，金融中心遂随之南迁，但京津地区在北方仍具有重要影响。京津两地银号之间互设分号的情况非常普遍，往来交易，资金调拨都非常便利。例如，宣统元年（1909年）九月，永利银号在北京设立分号。宣统二年（1910年）二月，天津厚昌银号拨出资本一万两，在北京设立分号。厚昌银号北京分号开设在北京打磨厂吉隆栈内，资本银一万两存于万和诚银号，并取具丰茂和、万和诚、丰盛和水印铺保。③再如，谦和泰银号在北京设有分号，"至北

①　《上海合丰银号为追索天津永益银号欠款事呈天津商务总会请议书》（1921年1月17日），见天津市档案馆编：《天津商会档案·钱业卷》（25），天津，天津古籍出版社，2010年，第21934页。

②　《江浙战云中本埠金融》，《益世报（天津）》1924年8月30日，第10版。

③　《厚昌总银号营业章程》，《直隶总督为厚昌银行分拨资本在京开设分号事致天津商务总会札》（1910年2月4日），见天津市档案馆编：《天津商会档案·钱业卷》（4），天津，天津古籍出版社，2010年，第3194页。

平方面，谦和泰银号又分为东西两号，一在打磨厂，亦专做汇兑业务，一在前门大街，专做门市公债之类"①。京津之间银号互设分号的情况非常普遍，北京帮银号在天津钱业中势力颇大，具有一定的话语权。

第三，京津周围地区市镇及农村银号在津设立分号。天津作为北方最大的港口城市，内外贸易频繁，其中土产外销和洋货进口都以京津周围地区为重要市场，来自直隶南部、山西、河南等地的棉花、粮食、油料等物产多由天津出口。因此，天津与其经济腹地之间也具有紧密的金融联系。各地钱庄、银号多在天津设立分号，便利往来交易。保定是直隶省会城市，也是直隶南部地区的区域性贸易中枢。光绪年间，保定三益银号在天津设立分号，保定钱商梁荣翰"于光绪二十九年在保定府开设三益银号生理，旋于三十一年来津设立分庄"②。与此类似，1930 年前后唐县乾和益银号来津安设分号，在北门西同济里住，短短数月间，即积欠天津本立源银号、志成福银号、上海银行北马路办事处、启明银号、同德银号等款项洋两万余元。③乾和益银号在天津设立分号，主要是为了从天津通融资金，无论是商业往来结算，还是直接的资金借贷，天津与县域金融之间的往来很大程度上都要通过银号网络来实现。此外，胜芳镇的宝丰源钱铺也在津设立宝丰源银号，情况大致相同。

第四，天津银号分号设立地点，沿交通路线向外延伸。由表 5-3 可以发现，沿北宁铁路主要布局东北地区，天津银号分设地点有锦州、沈阳、四平、长春、哈尔滨、营口、大连等地。沿京浦线，天津银号的影响范围可以到达济南、周村、青岛、上海。沿京汉线向南，天津银号的分设地点则有保定、石家庄、郑州、商丘、许昌、洛阳、周口、漯河、禹州、汉口、徐州、蚌埠、南京等地。水运方面，华北地区几乎全部的内河航运都集中于白河。基于水陆交通的便利，天津的经济腹地可以贯通河北、山西、察哈尔、绥远、热河及辽宁等省，张家口及山西平遥、太原等地的银号通过开设分号也加强了与天津的金融联系。

通过银号的分支店网络，各经济腹地与天津之间可以直接通汇。在没有直接通汇关系的内地之间，也可以通过天津进行间接汇兑。天津作为北

---

① 《谦和泰银号又倒闭》，《益世报（天津）》1929 年 8 月 27 日，第 13 版。

② 《保定三益银号为津分号经副理串通造假事致天津商务总会函》（1910 年 11 月），见天津市档案馆编：《天津商会档案·钱业卷》（23），天津，天津古籍出版社，2010 年，第 20325 页。

③ 《天津本利源银号为追索唐县乾和益银号欠款事给天津总商会函》（1930 年 7 月 18 日），见天津市档案馆编：《天津商会档案·钱业卷》（7），天津，天津古籍出版社，2010 年，第 5390 页。

方的区域性金融中心，在腹地之间的经济往来中担任重要角色，汇兑的枢纽地位使天津成为勾连腹地之间的金融中转站。1933 年，天津永利银号与多伦县商会联名致函天津总商会，处理与滨江阿什河永升合之间的汇兑关系：

> 迳启者，兹因敝会有向滨江阿什河永升合收之款项，曾与该号致信，约其将款汇存天津某字号时即为来信，以便照收等情。去信后适值本年军事发动，音信不通。近接该号来信，据云交敝会大洋一千四百八十八元，已于本年六月二十一日从敦昌号电汇至津，交存贵会。当时曾与贵会致去电报，计云（天津商会领取敦昌号现洋一千四百八十八元阿永升合多伦商会）等云，想将此款早经收入矣。兹特烦张家口永利银号代敝照收，至请检查如数即交该号无误。专函布达并鸣谢恼。谨此。即请天津市商会公鉴。天津永利银号，多伦县商会启，十二月二十二日。①

这是一笔流转复杂的汇兑款项，多伦县商会应收阿什河永升合的款项，永升合将款项从阿什河由敦昌银号汇津，多伦县商会委托天津商会代收该项款项，后又由张家口永利银号向天津商会收取此款项。正是因为敦昌银号总号在津，在阿什河有分号；永利银号在张家口有分号。故而，滨江阿什河与多伦之间的汇款，在津通过敦昌、永利两号得以清算。

从银号自身来说，在外埠设立分号，当然是出于便利自身经营，获取更多的经济利益。但是，客观上各埠钱业搭建的金融网络承载着埠际之间的资金融通，这对提高贸易往来的效率和保障金融安全都具有重要意义。银号常在市面紧急之时，从外埠调运资金，辅助本埠金融正常运转。例如，庆善银号在东北主要商埠开设分号的案例就非常典型。庆善银号于光绪二十二年（1896 年）在营口设立分号，光绪三十三年（1907年）在奉天安东县设立分号，光绪三十四年（1908 年）前后在长春设立分号。庆善银号总号与分号的关系："所有用人权操自总号，该号正副司帐唐雨臣、王道生二人，皆系总号派充，经理一切帐目，皆遵守总号章程办理。每月有月报一次，年终有年报一次，历年赔赚呈有红单。若做大宗生意，必先商之总号，历年办理各号事宜，亦无缪辖不清之事。"

---

① 《多伦县商会为代收敦昌银号款项事致天津市商会函》（1934 年 1 月 7 日），天津市档案馆馆藏，档案号：J0128-2-000873-019。

"总号在津遇有款项支绌难资周转必倚赖营号接济。"银号设立分号不仅仅是为了拓展业务，也是在分散风险。因为银号的经营，市面瞬息万变，挤兑、搁浅、停业为常有之事，无论资力薄厚都很难确保万无一失，故而银号在外地开设分号，可以建立与不同金融市场之间的联系，如果一地出现金融风险，可以利用其他分号在当地金融市场组织资金用以自救。就庆善银号的总分号之间的关系来看，似乎营口分号的业务及其地位都很重要，不但总号遇有款项支绌之时须营口分号协济，而且长春分号的赔累也牵连到了营口分号，"因长春分号亏累资本，延至年余，始行歇业，所有长号（长春分号）亏款，并之营口分号，多担负累也"。[①]可见银号通过分号加强金融市场之间的联系意义重大。在金融风潮中跨地域的资金协助，不但可以使个别银号免于搁浅、倒闭，还有助于加强商埠之间的资金平衡。通过银号网络，各地金融松紧得以调剂，在整体上使全国金融市场得以均衡发展，既避免了在金融风潮中互相牵连，也提升了资金充足区域的资金使用效率。

## 二、联号的形式与作用

联号是因为有共同股东投资而形成的一种常见商业关系。联号不是钱业所特有的现象，而是普遍存在于各行商业中。天津银号中的联号关系比较常见。联号关系是一种不依赖商人主观意愿而客观存在的社会关系。按照中国传统商业习惯，股东对其经营的商号负有无限责任。如果一家商号倒闭，在债务清理时另一家商号的股份则变为资产成为清理的对象。因此，联号关系是以资产为联结的紧密关系。例如，光绪二十四年（1898年），天津钱商敖金波、杨华田"承领义正堂杨成护本银四万两，在针市街开设义成乾钱铺生理，所有银股入股，载在红帐为凭。嗣因庚子变乱，放出各款被伤甚巨，复由铺长由号内提出成本银若干在针市街开设同聚钱铺藉资沾润"[②]，其中义成乾钱铺和同聚钱铺即为联号。

近代天津银号的联号不仅限于银钱同业，因股东身份复杂，银号的联号可以是另一家银号、钱庄，也可以是银行，有的则超出金融业范围和普通商业形成联号关系。例如，天津富商门杰臣经营的蚨生祥银号与利康银

---

① 《王楚珍与庆善银号冯聘臣账目不清事致天津商务总会说明书》（1916年1月25日），见天津市档案馆编：《天津商会档案·钱业卷》（3），天津，天津古籍出版社，2010年，第1794—1795、1797—1798页。

② 《义成乾钱铺东掌所立分白》（1915年7月11日），见天津市档案馆编：《天津商会档案·钱业卷》（25），天津，天津古籍出版社，2010年，第21553页。

号存在联号关系。"门氏为津堤头村之富户，曾充任馀大昌银号经理，现虽退职仍充该号之股东。"门杰臣还投资经营利康银号，担任股东。蚨生祥银号倒闭之后，利康银号随后就被牵倒。此外，"东北城角之蚨生祥及益昌碳厂均为其联号"。①再如，1933 年河南新乡同和裕银号因为投资购入大中银行股份，也称大中银行为联号。天津谦和泰银号的联号有北京珠宝市的谦兴银号。此外，谦和泰银号"之外行联号，平市尚有洋货布庄四家，及当铺一家"②。天津谦和泰银号的联号有北京的谦兴银号，同时还有北京的四家洋布庄和一家当铺。另外，从两家银号的字号名称来看，谦和泰、谦兴具有共同的"谦"字，也说明两号具有联号关系，这也符合传统的商业习惯。同样情况的还有宣统年间天津的义庆昌、义泰昌两家银号，以及京津两地的瑞生祥、瑞蚨祥、瑞林祥三家银号。从以上案例也可以看出，联号关系不受地域限制，京津之间的联号经营最为常见，津沪之间也存在广泛的联号经营。

近代天津银号常通过联号关系代办汇兑，出具铺保，清理债务，在资金上互通有无，业务上互相帮扶。联号是天津银号重要的社会网络组成部分。在业务上，联号之间互相合作，如代办汇兑，债务的承保承还等。天津新泰号与上海源丰润之间具有联号关系，两银号主要在津沪两地代交汇兑。宣统二年（1910 年）九月，新泰银号受联号上海源丰润牵累倒闭。③再如，义聚银号通过与上海源丰润之间的联号关系长期经营汇兑。义聚银号"在津向专业钱商汇兑，已历十六载"，可见其业务侧重即为津沪汇兑。1934年 3 月义聚银号拨往上海联号申庄的足金、钞票被扣，其中包括"足金二包，计重一百两零零一钱六分，香港字钞票三十元正，申字钞票一千五百元正"。④

联号之间因为股东关系还负有连带责任和义务。光绪三十四年（1908年），恒昌钱铺因为股东王鉴波的关系，与王鉴波单独经营的恒兴玻璃铺存在联号关系。恒昌银号所欠招商津局的款项，招商津局曾要求恒兴玻璃

① 《银号之倒闭风潮》，《益世报（天津）》1929 年 8 月 4 日，第 13 版。
② 《谦和泰银号又倒闭》，《益世报（天津）》1929 年 8 月 27 日，第 13 版。
③ 《天津习艺所为追讨新泰银号欠款事致天津商务总会函》（1910 年 9 月 8 日），见天津市档案馆编：《天津商会档案·钱业卷》（2），天津，天津古籍出版社，2010 年，第 1373—1383 页。
④ 《天津市商会为证明义聚银号被扣足金钞票事致上海市商会函》（1934 年 3 月 20 日），见天津市档案馆编：《天津商会档案·钱业卷》（7），天津，天津古籍出版社，2010 年，第 5773 页。

铺承担偿还责任。①宣统二年（1910年）四月，钱商义泰昌代钱商义庆昌偿还欠款。②可见，联号之间存在连带责任和义务。

振记银号与义成兴银号，也可以初步判定二者有联号关系。1928年3月，天津中华汇业银行与义成兴银号的债务关系产生纠纷，天津中华汇业银行专门致函天津总商会对扣抵义成兴银号款项一事进行解释，"查此次敝行与中国银行、浙江兴业银行、上海银行、中国丝茶银行等五家共同将义成兴银号存在敝行之行化三千一百三十余两暂扣，备抵振记银号欠款一节，实因何振清、宁华亭两君一面为振记银号执行业务之股东，而义成兴银号之股东、总理又为何振清，股东经理又为宁华亭。似此该两号之股东既系有相同者，在法律上合伙营业之条，何、宁两君均应连带负责。惟振记银号已经停业，敝行等之债权迄今未有办法，故不得已始就何、宁有股东关系之义成兴银号存款暂扣备抵。其不足者因何振清业已身故，当请宁君负责偿清，如果宁君不能履行，敝行等当更呈请法庭依法办理。此敝五行暂扣义成兴银号存款之实在情形也"③。正是因为振记银号与义成兴银号之间具有复杂的股东关系，所以二者实质上就是联号。天津中华汇业银行等私自扣留义成兴银号之款项，用以抵补震源银号一事，其依据就是两号之间的联号关系。对此，钱商公会认为两号虽关系紧密，但各有债权债务关系，二者不能划抵：

> 敬启者，据同业字号义成兴银号执事李云章到会声称，义成兴银号在中华汇业银行实存银三千余两，现该银行以振记停歇，振记与义成兴不无关系，欲将义成兴之存款，拨抵振记欠款等语。当经开会讨论，佥以债权债务，各有权利，各有义务，不得彼此牵混，致生争执。津地商业习惯，向来对于存户、欠户各分各帐，即如存款者系字号，欠款者系堂名，享权利者原系一人，而名义不同，亦

---

① 《直隶天津府天津县为招商局与恒昌钱铺债务纠葛事照会商务公所》（1904年10月14日），见天津市档案馆编：《天津商会档案·钱业卷》（22），天津，天津古籍出版社，2010年，第18982页。

② 《天津商务总会为义庆昌欠缴天津银号的款项由义泰昌按期交付事致天津银号函》（1910年4月19日），见天津市档案馆编：《天津商会档案·钱业卷》（20），天津，天津古籍出版社，2010年，第17815页。

③ 《中华汇业银行等五银行为与义成兴银号之间的债务纠纷事致天津总商会函》（1928年3月23日），见天津市档案馆编：《天津商会档案·钱业卷》（13），天津，天津古籍出版社，2010年，第11509页。

不能随便转帐。义成兴与振记非是一号，即内容不无关系，实系各营各业，各理各事，更不得彼此牵混，此种习惯按诸商事法规，适相符合。兹汇业银行欲将义成兴之存款，拨抵振记欠款，其已在汇业存款之家，咸惴惴不安，且于汇业营业前途将来不无妨碍。当场议决，钱商全体决不承认汇业牵混转帐之办法，相应函请贵总商会查照，赐速函致中华汇业银行依照商业习惯及商事法规，迅将义成兴之存款银三千余两即行拨还。至振记之款另案办理，以安市面而服人心，实纫公谊。此致。天津总商会，天津钱商公会启，中华民国十七年三月二十一日。[①]

可见，虽然联号之间关系紧密，股东应对其债务承担连带责任，但在未破产清算之前，联号之间债权债务关系界限分明，丝毫不能混淆。钱商类似的制度设计主要是为了避免债权债务的互相牵累，造成市面的不稳定。

任何事物都具有两面性，一方面银号之间通过联号关系的缔结，互相帮扶，利于营业，但另一方面，银号的经营也往往受到联号的牵连而致搁浅倒闭。1923 年 3 月，法租界华通银号因为经营老头票业务失败，遂宣告歇业。恒达银号因为与华通银号具有联号关系，亦被牵动，"华通营业赔累不堪，不能支持，然恒达并不甚亏赔"，但因为联号关系在市面信用受到华通银号影响。华通银号倒闭以后，"各银行、银号以恒达与华通有连带关系，遂以该号亦不可靠，并多不愿与之交易，且清理债务，以免日后发生纠葛"。俄道胜银行首先发难，1923 年 3 月恒达银号"开四千两银单驳码送于道胜银行，而被该行壁（壁）回，因是该号营业已受莫大之影响。以后与其交换之各银行、银号，纷纷前往取款，不啻促其早停营业，该号不得已始行倒闭"。[②]联号关系的存在对于银号的经营有正反两方面的影响。联号是银号发挥金融功能的另一种机制，其作用与银号所设分号相似，客观上起到了便利金融流通的作用。

---

① 《天津钱商公会为义成兴银号债务不能划抵事致天津总商会函》（1928 年 3 月 21 日），见天津市档案馆编：《天津商会档案·钱业卷》（15），天津，天津古籍出版社，2010 年，第 13407—13409 页。

② 《恒达银号倒闭之原因》，《益世报（天津）》1923 年 3 月 15 日，第 11 版。

## 第四节　商业结算：银号金融网络的核心机制

票号出现以前，中国商业活动大体以过现为主要资金清算方式。票号诞生以后，汇兑使商业结算方式实现了一次跨越性发展。汇兑业务减少了商业往来中携带现金造成的不便，同时汇票的使用也扩大了商业活动中的信用交易。钱庄、银号体系逐渐完善之后，商业结算进一步发展，各埠钱业以票据为工具，以内汇网络为载体，以信用交易为主要方式，形成了新的商业结算模式，具有明显的进步性，并成为近代钱庄、银号的核心金融功能。

庚子事变以后，票号经营的汇兑业务的地位逐渐下降，作为结算模式，其效率已经不能完全满足商贸规模的扩大。在钱业内部，钱庄代替票号，本质上是结算机制的代际更迭。钱庄结算机制的创新体现在"埠内结算"与"埠际结算"的二级结算机制。晚清至民国时期，以各埠钱庄、银号为主体构建的清算网络逐渐覆盖全国，这张巨大的清算网络以商埠为清算节点，商人通过钱庄、银号完成过账结算，钱庄、银号之间再进行同城清算，商埠内部的债权债务相互冲销，极大地提高了清算效率。在此基础之上，埠际之间的资金平衡，再通过钱庄、银行等机构的汇兑业务来完成埠际结算。因此，各个商埠几乎都存在部分银号主要办理存放款项业务，而另一部分银号则侧重专门经营汇兑，彼此配合形成体系。近代天津银号也体现了这样的特征。例如，1929 年 8 月，天津市面紧张，周转滞塞，谦和泰银号表示，由于"本号专做东三省之汇兑业务，近日由哈尔滨汇划款项殊巨，津号已无现款应付，遂致倒闭"[①]。谦和泰银号的业务重心在汇兑，对象集中于东三省。除了直接汇兑，钱庄、银号还通过金融市场买卖内汇完成资金配置，提高了金融周转的效率。

### 一、"拨码"与同业转账

近代开埠以后，伴随商贸的繁盛，钱业也逐渐从简单的银钱兑换发展出更复杂的金融功能，其中为商业提供资金结算成为钱业的核心功能。例如，上海钱庄的汇划制度、宁波钱庄的过账制度、天津银号的拨码制度，主要作用都是辅助贸易结算，促进商业贸易的发展。拨码是近代天津银号所独有的用于同业之间转账清算的票据。银号日常代客户划拨款项进行资

---

① 《谦和泰银号又倒闭》，《益世报（天津）》1929 年 8 月 27 日，第 13 版。

金清算，互相开出拨码用以计数，晚间对账无误之后，其差额会于次日以现金或银行支票进行冲算。拨码的使用不但免去资金结算中的付现之烦琐，还在一定程度上扩大了银号资金周转的能力，银号赖以扩大信用。

（一）拨码的结构及性质

拨码的结构极为简单，是一张长二三寸，宽一二寸的长方形便条，各家所开拨码尺寸并不统一，纸质粗糙，文字简单。抬头一般有两种书写方式，即"某银号照交"或"见码照交"，拨码抬头如后者所写，则是隐去了付款家牌号，有一定的防弊作用。随后即是付款数额，这是拨码文字中最重要的信息，数字一般用码数书写，也具有一定的防弊作用。出票人一项，向例不盖出票银号的号名图章，只在数额上盖无关紧要的文字图章（俗称"小花"），如"只凭拨付，取现不付""往来计数、登账作废""计数不缴、作为废纸"，各家不一。外行人不易辨别出票银号，即使是钱业内部人员也不见得全都可以识别，只有每家银号专司拨码业务人员较为熟悉。每银号在开业之初，即将自己独有的"小花"印鉴送交往来川换家，用以备查。拨码尾端书写时间，少数拨码也有将时间都省略掉的。拨码有两种形式，一是拨交码，二是收账码。拨交码用于没有往来关系的同业之间，收账码则用于有往来关系的同业之间。

拨码的性质与支票类似，但与支票不同的是，拨码是一种不完全的清算手段。近代支票的使用必须预先在银行存有款项，才具有发出支票之资格，而拨码的发出不需要银号事先在另一家银号存有款项即可开写拨码，无论数额大小，对方银号基于同业信用，均得代为转账。与支票的直接支付不同，拨码的收交只是暂时在账面上进行划拨，尚需银号之间用现金或银行"番纸"（支票）进行轧账之后转账程序才最终完成。银号与银号之间开写拨码，与之相类似，银行与银号之间划拨使用"拨条"，银行与银行之间则直接使用支票。这是天津银钱同业清算资金的一般方式，不难发现都以银号间传统的拨码制度为蓝本。

（二）拨码的使用范围

拨码的使用建立在近代天津钱业同业之间川换关系的基础上。"川换家"的建立以信用为基础，在社会关系方面有的是联东，有的是基于股东或经理的特殊社会关系，是建立在感情及社会交往上的一种信任关系。这种川换关系在近代后期扩大为以同业公会为纽带的同业互助关系。这种"川换家"关系的建立，局限在本帮（天津帮）少数资力雄厚的大银号之间，本地帮小型钱庄和客帮钱庄，因为帮派畛域及未入同业公会的关系，不能建立"川换家"。本地帮小型钱庄和客帮钱庄为了便于收解款项转账清算，则向大型钱庄开立往来户，用于存款打码，不能透支，从而拨码、汇票等票据可以通过建立"川换家"的钱庄代收。而"川换家"对待小型钱庄，它们收的票据先要自己跑拨码，然后才可以存入"川换家"，作为同业存款对待。大钱庄由于川换而收受客帮和小钱庄的清算资金，力量就更加雄厚，有利于经营。对于客帮钱庄、本帮小钱庄的票据清算需求，部分大银号将其视作一种新的业务。利和银号属于后起之秀，1913年由旧官吏甘肃藩台彭炳东独资经营，素有"开明"之美名，经营灵活，业务上打破常规，与市面多有联系。天津银号实行拨码制度，外地银号在津人生地不熟，使用拨码有困难，利和银号主动与外地银号建立往来关系，协助办理。

通过上述以"川换家"关系为核心的票据清算网络的建立，本客帮钱庄、银号及不入公会的小钱庄的资金流转、清算，都被囊括在内，这样的结构不但提高了近代天津银号资金流转的效率，而且对于稳固银号在近代天津金融结构中的地位，掌控在金融领域的话语权都有所帮助。

（三）拨码的使用方法

拨码的使用最频繁的是代客转账，如甲乙二人有业务关系，乙应付甲货款一千元。甲与A银号有往来，乙与B银号有往来，那么他们之间的款项，则可以通过A、B两银号之间开写拨码完成转账。甲可以持有乙从B银号开出的一千元拨码，径向A银号要求收账。A银号因为基于与B银号的同业川换关系，一般情况下无条件照交，将此项款项如数拨入甲的账户内。但是要注意按照钱业习惯，该拨码不能取现，即使收入甲的账户后亦不能即时取现，因为利用拨码的转账并没有完成。由于此项拨码的拨交，B银号即欠A银号一千元，A、B间的同业川换账会于开出拨码的当天晚上，两银号相互兑账，这是银号之间用于拨码防弊的主要手段。经过核对，果系无误，则在拨码上加盖"伏乞"印章，则此项款项才真正收入到甲的账户内。如果A银号在业务上遇有任何不便，不能拨交此项账款，仍可以开出另一由银号C照付的拨码交与甲，请甲往银号C处收账。这是拨码使用中最为简单的流程，实际应用中要比这个过程复杂得多，但是规则大同小异。银号之间互相开出拨码，所以在A银号收到B银号拨码的同时，也可能会开写由B照交的拨码，两者互有收交，两相冲抵，其差额则由第二天早晨，用银行的"番纸"进行清算。正是拨码的使用，市面周转避免了运现之繁，省时省力安全性高。更为主要的是，即使市面现币不足，也可以通过银号之间拨码的流转完成交易，这无疑加快了资金的流转速度，对贸易的畅通发展具有一定贡献。一般情况下银号会在市面平稳之时扩张信用，推进业务，但是一遇头寸紧缩，市面现货滞塞，银号往往对拨码活动加以限制。因为银号"川换家"之间并无开立同业存户，互相开写拨码并无事前存款，倘若一家银号倒闭，可能会因为拨码川换账难以偿还而牵连其他银号，造成市面上多家银号接连搁浅。所以银号在市面不靖之时，对于开写拨码一项慎之又慎，借以保障自身及市面的安全。

（四）拨码的特点

由于互相开写拨码而产生的债务具有优先偿还权。拨码本身只是银号间调拨资金、款项支付的工具，其背后的本质是银号之间的信用关系。因此，银号间由于拨码收交而产生的同业债务与其他性质的债务相比，具有优先受偿的权利。据天津市档案馆馆藏 1927 年 7 月 21 日天津钱商业公会给天津商会的呈函记载，"凡开写拨码之字号，倘有生意停顿情事，须将拨码欠款尽先全数清偿，至于其他债务不得与拨码欠款一律办理，以保钱业而维大局并请转请天津文武各官厅及交涉公署并法院一体备案以昭郑重"。对此项办法，天津钱商业公会予以进一步解释道："津地钱业各字号彼此川换账款，向有拨码之惯例。每一拨码小条开写之银数多则巨万，少亦千百。无论开写拨码者曾否存款即行照条交付，此本系同业之感情，藉以川换利便。查此项拨码以同业为限制，既无利息亦无保证，开写拨码者设帐无存款，生意若有停顿情事，而交款之家无端受此损失，于情于理均为不合。是以津地钱商习惯，凡开写拨码之字号，倘若倒闭，对于拨码欠款须尽先如数清偿。该号无论拖欠华洋商号及官家各项帐款，均不得与拨码欠款一律办理。"[①]这一原则贯穿拨码制度的始终。

在资金清算主体方面，天津银号的拨码侧重银号之间的信用通融与周转。上海钱庄的"汇划制度"也同样具有资金清算的功能。天津市面上常用的银行、银号的支票、汇票，销货单位的收款条，外地驻津单位承付款项，因采购货物开出的付款条等一切款项收支，均可通过银号开写拨码划拨。与天津的拨码不同，上海的汇划制度主要以上海钱庄本身所出"庄票"为主体，各家钱庄主要是通过开写庄票在市面流通，钱庄之间互相收受庄票，到晚间则需要通过"汇划"将庄票收支轧平。与天津银号专门另行开

---

① 《天津钱商业公会为津地钱业各字号彼此川换账款等事致天津总商会函》（1927 年 7 月 21 日），天津市档案馆馆藏，档案号：J0128-2-001318-010。

写拨码不同，上海钱庄汇划针对的只是庄票本身的冲抵。

宁波的过账制度与天津、上海都不相同。一般来说由商家在钱庄开户，领取过账簿，即可获得过账资格，可以透支，信誉好的商户还可以不限定透支数额。凡遇有款项托付，需客户盖章，以便钱庄查核，如是委托钱庄收款，则于收款后由钱庄盖章，表示款项收妥。如果两个客户在同一家钱庄开户，则只需在此账开销，彼账收入，即可完成双方的交易。三者相较，上海的汇划依赖庄票流转，宁波的过账主要是便利客户之间的直接转账，而天津的拨码则侧重银号之间的信用周转，各自具有鲜明的特点。

清光绪元年（1875 年），天津钱业同业之间票据收解开始使用拨码。在光绪二十六年（1900 年）以前，天津钱业依靠现银清算银号间的拨码川换账，而在之后则改用银行的"竖番纸"进行轧账。1941 年日本发动太平洋战争，日伪当局加强了对天津金融的控制，废除了天津钱业的拨码制度，成立了天津票据交换所，从而结束了天津钱业数十年的拨码制度。在这数十年中由于拨码制度的存在，天津钱业在资金清算活动中一直占有重要地位。南京国民政府成立之后，上海为了适应经济发展的需要，成立了上海银钱票据划账所。天津也曾经有人呼吁组织票据交换所，但遭到钱业的抵制。一方面，由于天津银号希望维护因为代华商银行收取拨码，从而吸收华商银行存入的同业存款之利益；另一方面，天津的整体经济发展落后于上海，钱业原有拨码制度的使用尚能应付市面资金的清算。故而天津没有从传统的拨码制度迈向票据交换所的新式资金清算模式。

## 二、信用交易下的埠际清算

近代钱庄、银号的汇兑业务，其内涵已经超出将资金从甲地调往乙地的概念。票号时代的汇兑业务就已经实现了信贷与汇兑的结合。钱庄、银号的汇兑业务比票号更进一步，主要是在信贷与汇兑的基础上，以信用票据来满足埠际资金清算的需要，具有更鲜明的信用特征。

从道光初年日升昌创办，到庚子事变前后，票号大致经历了七八十年的繁荣发展，其经营的汇兑业务大致以票汇、信汇为主，形式上以顺汇居多，收存现银开出汇票，客户再持信往兑。这是票号经营汇兑业务的一般模式。20 世纪以后，钱庄、银号的汇兑业务进一步发展，在汇兑方式上与票号的汇兑差异越来越大。钱庄、银号的信用在贸易中发挥的作用越来越明显，办理汇兑的银号与请求出票的商家，在双方均不动用现金的情况下，仍可以实现汇兑、支付、结算，从而完成商品交易。

近代天津银号开出的汇票，在贸易往来中发挥的作用与上海钱庄发出的庄票相似，但也略有不同。上海钱庄的庄票类似现代意义上的本票，而天津银号使用最多的是汇票。此处以"对期汇票"为例，来说明天津银号发挥信贷、汇兑、清算各类功能的运作机制。

对期汇票，又称"对交"，顾名思义，即金融机构和客户约定在两地同一日交款。对期汇票的作用实际上综合了信贷、汇兑、清算的多重功能。例如，光绪三十四年（1908年）三月，厚德银号与北京同德福因为对期汇票交易而产生纠纷，可以从中窥见对期汇票使用中所包含的信贷、汇兑、清算等多重金融功能。

> 据厚德银号呈称，商号分设天津，与京城同德福时相交易，该号东于三月十五等日开去津京对期票五张，抬头直书本号德记共银三万一千两，注明四月初十、十五日京津准期对交（期限为二十五天和三十天，较一般汇兑期限长——笔者注）。不料该票尚未到期而德记之东身死，此次交易天津应交之银分毫未交，前开期票京城自不能付，诚恐华洋官商人等不问情由，致受该号请托，持前项津未交银之票向商号索扰等事，恳禀部立案作废，咨饬保护。[①]

北京同德福在天津厚德银号开出"对期票"五张，共三万一千两，约定日期"四月初十、十五日京津准期对交"，该项对期票运作机制是"天津应交之银分毫未交，前开期票京城自不能付"。厚德银号开出的对期票，实际上就是对期汇票。即依据商人信用，先将汇票开出，持汇票人可用此汇票先行进行交易，过程中各个环节都靠信用来保障。待约定到期，天津的银号收到款项之后，再通知北京的分号（或代兑家）将前项汇票兑付。如果到期天津收不到现款，则北京分号不负责交款。其运作方法与交现汇款迥然不同。其实质就是一般商号在缺少款项时，临时向天津的银号借了一张"汇票"先行交易，推迟一段时间再筹款付给天津的银号。实际上在该汇票尚未付现之前，是该商号与天津的银号之间的一种借贷关系。这种汇票对期交付的形式，较票号的收款开出的汇票，更具灵活性，信用交易的性质更明显。

假设天津该银号开出的对期汇票的期限为二十天，同德福持此汇票到北京办货，北京的卖货商号收取这张迟期汇票而将货物交给商号同德福，只等汇票到期后将款收入，即完成交易。同德福将货物运回天津卖掉，如

① 《为调查厚德银号底账事致天津商务总会札》（1908年4月23日），天津市档案馆馆藏，档案号：J0128-3-000944-006。

果在二十天内将货物卖掉了，即可到期以现款支付给厚德银号，厚德银号收到现款，北京的分号则将汇票交付卖货之家。按照这个交易模式，可以清楚地看到，同德福没有动用自己的一分资本，即完成了交易，获得了利润，只需付给厚德银号相应的报酬（汇水和利息），而厚德银号也没有动用自己的资金，仅凭一张汇票的交付，则帮助同德福完成了交易，收入了汇水和利息。而交现汇款则需要客户交付银号现款，在客户方面需要先筹备这部分现款，在异地没有兑付之前，这笔款项不能应用，收不到利息；在银号方面虽然短时间得到部分款项以资应用，同时也意味着还得为这部分款项寻找运用渠道。

可见，由于使用对期汇票的交易形式，同德福与厚德银号实现了双赢的局面。这正是银号经营对期汇票的秘密，也是对钱庄、银号利用信用交易较好的诠释。

钱庄、银号通过汇兑这个媒介实际上大多数都是倾向信用交易，借此来清算资金非常灵便，同时其复杂程度也比现交汇票要多一些，详见下面案例：

　　　　具说帖天太和为据，实沥陈事。窃小号在元村集采买粮石，立交与永兴店汇票两张，计固字第九十二号、九十三号，共该公砝银一千零三十两。于二月二十一日，经福生厚照过，又于二十五日忽接永兴店专电，嘱其该固字两号之汇票若到津，万不可照付。旋永兴店派来有权同事，据云该两汇票确是遗失在津，不着付银，如付银，该号概不承认，非顶回不可。试思此票是小号与永兴店写立汇票，凭永兴店图章，此根在此，与别家字号毫无关涉。该号既派人在津守候质对，小号碍难草率从事，三义合执意取银，亦得细为揣情。俗云知理不怪人，如三义合向永兴店之人办理明白，小号立刻付银。交一不交二，付谁亦是付，银一分亦不能省，此至情至理，然亦得永兴店认可。倘小号含糊付银，永兴店将此票作为取销，小号向谁要银，商有商情，理有理由，事缓则圆，亦非强迫可办之事。所有沥陈汇票缘由，系永兴店图章，小号即凭永兴店为根据，付银与否，不敢擅专。为此恳求商务总会总协理诸大议员，恩准推情研究，实为公便……中华元年六月。①

---

① 《粮商天太和为陈明汇票纠纷事呈天津商务总会辩诉书》（1912年6月29日），见天津市档案馆编：《天津商会档案·钱业卷》（23），天津，天津古籍出版社，2010年，第20616—20618页。

此案例是天太和与永兴店及福生厚、三义合之间的汇票纠纷的材料，在天津商会档案中仅见此一份，所以部分内容不能清楚描述，因此需要对该项汇票的交易详情进行推测。其大致内容是，天太和是天津的商号，在元村集采买粮食，而并非现款交易。永兴店应为元村集的钱业，首先由天太和"立交与永兴店汇票两张"，按照后面的内容中有"小号立刻付银"的情况，可见天太和所立的两张汇票是由自己在天津兑付的。这种汇兑方法等于天太和为了取得购买粮食的资金，在元村集卖出了津汇①，在汇兑的形式上属于逆汇。而收受该项津汇的是元村集的钱业永兴店。要注意的是，永兴店在接受了这两张汇票之后并非以现银交与天太和，而是仍以信用的方式或开出拨码或进行转账，以信用的形式支付天太和在元村集购买粮食的活动，这一切的信用环节都是迟期的。天太和在收受两张津汇之后，一般的处理方式是将其卖给到津办货的商号。到津办货的商号到津后可以将这两张津汇交由钱庄代收，或者等到期后到天太和兑取现银，或者在津汇到期前再转卖于别家。总之，最后直到由天太和付款，此一系列债权债务关系才能了解。天太和对其开出的汇票在津进行清算之前，元村集各有关钱业、商号的债权债务关系则不能清算。正是这种连环信用关系的存在，天太和才会对于交付汇款慎之又慎，在三义合与永兴店出现纠纷的时候则不敢轻易兑付，正是因为元村集天太和购买粮食的债务关系是由永兴店的信用来支持的，尚未清算了解，故而天太和才称"倘小号含糊付银，永兴店将此票作为取销，小号向谁要银"。

在这个案例中，可以清楚地见到，以钱庄、银号提供的信用载体，以汇票为工具，在传统的商品贸易过程中皆是信用交易。天太和在元村集购买粮食可以不动用现金就完成交易，在永兴店一方不需要动用现金则可收入汇水及津汇的差价，即使是向天太和出售粮食的商号也从中获益不少，信用的支付方式便利了产品的外销，银号的信用支付非常可靠。从永兴店手中购买津汇赴津办货的商号也是借用了津汇便利，不过这又是另一套债权债务关系了，兹不赘述。

总之，以钱庄、银号提供的信用载体最大程度上支持了商品贸易的信用交易，钱庄、银号经营的本质是针对商品贸易的资金清算，而非资金供需之间的中介。

由于资金清算网络的复杂化及电报等新技术的使用，经营汇兑业务的门槛降低，清末民初的时候，不但残存的票号继续经营汇兑业务，银行、

①　天太和所立津汇是由自己支付的汇票。

钱庄、银号、邮局等机构都可以经营汇兑业务。资金可以通过很多途径进行清算，不但直接汇兑的重要性逐渐减低，在银行、钱庄、银号的业务中汇兑业务的地位也逐渐下降。更为重要的是新型的金融市场的形成，买卖各类票据而间接起到了汇兑的作用，不但申汇有行市买卖，普通的电汇也可以买卖，资金的流转更加便利。这一切变化的重中之重是金融网络由以票号的汇兑业务为主的异地清算网络在清末民初的时候转变成以钱庄、银号的清算功能为中心的综合资金清算网络。外资银行、华资银行、钱庄、银号等基于自身的专长，在新的金融网络中找到了更准确的定位，外资银行倾向外贸，华资银行将大笔的资金运用在与政府财政有关的公债等经营上，而真正停留在商品交易领域，为商品交易提供资金清算服务的长期以来仍以钱庄、银号为核心，钱庄、银号才是清末民初以及以后的一段时间全国范围内资金清算网络的主体，而且要特别注意的是，钱庄、银号真正发挥的作用是资金清算，而不是存贷之间的中介。而且以钱庄、银号为核心的清算网络并不是仅仅由中国传统的内生金融机构组成的，正好相反它其实是一个开放式的网络，虽然钱庄、银号居于资金清算的核心地位，但仍然需要其他金融机构如银行、票号的配合。例如，拆借资金及部分汇兑业务的辅助，钱庄、银号则需要与银行保持密切的联系，票号汇兑网络在庚子事变之后逐渐萎缩，但其能够在金融危机中生存下来的部分转化为银号，在业务经营上也多倾向埠际之间的汇兑。不难发现，在清末的数十年间中国的金融网络为了应对国内贸易及进出口贸易的复杂形势，也逐渐开启了融合过程，不但网络更为复杂，功能也更为强大。

## 第五节　行业监管：商会、钱业公会与银号

商会与钱业公会是近代天津银号重要的社会关系组织，是钱业得以正常运行的重要制度设计。商会与钱业公会都是具有近代意义的商人组织，与封建社会的行会不同，具有一定的开放性、包容性。商会在银号经营中发挥监管与照拂的双重角色。银号的开业、歇业、增资、改组等重要活动要到商会进行备案，银号的开办需要商会发给牌照，商会重要的功能就是"通官商之邮"，在政府与商人之间形成缓冲。钱业公会是钱商为维护自身利益而组建的商人组织。除代钱商主张权利之外，还附设钱业市场、公估局、钱业补习学校等，弥补单个银号之不足，以行业的力量完善金融功能。

## 一、天津商会与钱业公会

商会与钱业公会是具有近代意义的商人组织，对于推动商业的平稳发展具有非常重要的意义。天津的商会组织和同业公会组织设立较早。1903年天津仿照上海商业会议公所创设天津商务公所，是近代天津商会发展的开端。与以往的商人会馆不同，无论从组织方式还是运作机制上，都具有现代商人组织的特征。天津商务公所的设立，主要是为了发挥行业自律、联络商情、政商沟通、纠纷仲裁、商业维权等功能，对维护商业环境的整体稳定具有积极意义。天津钱商组织最早创始于清嘉庆年间，由钱商贾兆麟等倡议成立，称"钱号公所"，地址设在东门外天后宫财神殿后院，专办同业之公共事宜。当时山西帮票号势力鼎盛，因属客帮，不参加此组织。由于事务简单，遇有事情发生时方通知同业集会讨论，日常事务不多。此后，咸丰年间由于帝国主义的入侵，天津市面不振，钱号公所发挥的作用非常有限。1860年开埠以后，天津钱号公所活动逐渐恢复。1900年庚子事变，天津市面受到的影响很大。市面混乱，现银缺乏，贴水高涨，兼之私铸制钱充斥，钱色日恶，物价腾昂。时任直隶总督的袁世凯创办平市官钱局，以平抑现银贴水，并召集钱业领袖商议维持市面办法，故而同业推朱馀斋、金辑五、高少湘、王少山、郑彤勋任公所董事，办理同业之间一切改革事宜。出于重整钱业的需要，光绪二十六年（1900年）改称钱业公所，迁移公所于北马路。

1905年，天津商务公所改组为商务总会，督宪札委王贤宾任总理，宁世福任协理，以整顿商务。钱业公所附属于商务公所之下，由天津官银号委员徐钧任钱业公所总理，原董事朱馀斋、郑彤勋辅助办理钱业事务。光绪三十一年（1905年）一月二十三日，宝丰源等十九家银号联衔呈请设立公会：

> 窃敝行向有公所，凡有敝行一切兴革之事，齐集公所会议，嗣经理无人停办。现当商部札设商务总会以济时艰，凡属商民同蒙利赖。惟查敝行为各行枢纽，不先整顿无以资观感，不有公会无以资联络。是以迭经商议，拟照从前公所章程设立公会，并请附入商务总会之中，以便随时保护。然立会易，得人难，环视敝行，实难其选。查有天津银号委员徐大令钧，商情熟悉，精详审慎，久为敝行所钦佩，每遇敝行之事，无不格外提倡，力任其难。商等不揣冒昧，敢请总会大人恩准详请为钱行公会总理，妥订章程，相机挽救。倘邀允准，此后敝行

公事不难蒸蒸日上矣。[①]

当时，参与呈请设立公会的 19 家银号分别是宝丰源、公裕厚、中裕厚、同春号、和盛益、瑞隆号、兴泰合、桐达号、新泰号、永顺长、同益号、瑞源号、天德恒、嘉惠号、胜大号、裕源达、同茂永、天吉厚、永利号。庚子事变及数年的金融风潮，这些银号是天津硕果仅存的几家正式银号。受庚子事变与金融风潮影响，天津钱业公所几乎完全停顿。1903 年，清政府推动天津设立商务公所之后，钱业也希望借机整顿恢复同业组织，以推动钱业进一步发展，因此才提出"拟照从前公所章程设立公会并请附入商务总会之中，以便随时保护"。庚子事变与金融风潮中，钱业经营尤为困难，同时责任重大，贸易往来离不开钱业的各项金融功能。对于此项恢复钱业公会的提议，商会表示支持。在接到十九家银号的提请之后，随后正月二十九日，商务总会代为转禀上宪，并支持徐钧成为钱业公会的总理。光绪三十一年（1905 年）二月初三日，天津府同意了上项提议，"据禀请设钱业公会，是为联络商情起见，如能行之得法，市面受益甚多，应准照办。徐令钧精详审慎，众望素孚，应即派为该会总理，以资提倡，并由该令妥定章程，务挽利权而杜流弊，仰即分别知照"。[②]对于天津府的批示，天津商务总会于二月初九日照会钱业公所总理徐钧，请其"即妥筹善法，迅速开办，以维钱业，望切施行"[③]宣统元年（1909 年），钱业发展壮大，钱业公会从商务总会所辖下独立出来，同业公推张云峰、王子清、王筱舟为董事，协同原任董事主持会务，并更名为钱商公会。1918 年，因有一部分同业经营羌帖投机买卖，在公会附属市场进行交易，同业为经营妥善起见，添举黄子林、李云章、赵品臣、王文骏、王晓岩、么献臣任董事，同业整理会务，并将会址迁移至袜子胡同。据《大公报》载："天津众钱商联合团体组织公会，其地址系租用袜子胡同内平房一所，昨已开成立大会。到会者为敦昌、华胜、震源、慎昌、元利亨、华允、永信、德成、义聚合、恒泰庆、永利、久昌、恩庆永、义胜、利和、祥顺兴、义成、复大、敦义、庆通、协兴厚、恒达、同义、永孚、馀（裕）康、桐盛、华

---

① 《宝丰源等为成立钱业公会等呈文致天津市商务总会》（1905 年 1 月），天津市档案馆馆藏，档案号：J0128-2-001318-001。

② 《天津府正堂凌批复天津商务总会设立钱业公会及派徐钧为总理事》（1905 年 1 月），天津市档案馆馆藏，档案号：J0128-2-001318-002。

③ 《天津商务总会为设钱业公会妥筹善法迅速开办事照会徐钧》（1905 年 2 月 9 日），天津市档案馆馆藏，档案号：J0128-2-001318-003。

通、和盛、广元、福生厚、永康、信富、孚丰、和成、春华茂、聚丰永、振记、祥发、义成裕、同成、永益、时利和、馀大昌、德庆恒等钱商研究进行之方法云。"①当时很多著名银号都参与其事。

1927 年，钱商公会修订章程，投票选举董事 9 人，不设董事长；选出张云峰、朱馀斋、王子清、毛敏斋、沈雨香、王晓岩、曹祉厚、赵品臣、么献臣任董事。1929—1930 年，南京国民政府推行工商同业公会法，天津钱商公会于"民国十九年（1930 年）复遵工商同业公会（法）改组为委员制，更名曰天津市钱业同业公会"②。1930 年天津市钱业同业公会改组为委员制之后，给天津银号造成一定的影响，部分钱业字号呈请歇业，一些字号缩小规模也宣布退会。1932 年 6 月 25 日，据天津市钱业同业公会函报，"查原有会员宝大银号、庆隆银号、仁昌银号、益善银号均经清理铺务，停止营业，先后声请注销会员资格，祥发银号、永增合银号、宏利银号以缩小营业范围，不愿照缴会费，亦经先后声请退会"③。天津市钱业同业公会遵照章程，由执委会审查决定，首先，宝大、庆隆、仁昌、益善、祥发、永增合、宏利等银号准其出会，并在会员簿册注销其会员之资格；其次，和生银号、福安银号，入会时间不长，旋因停止营业，随即退会。

1930 年，南京国民政府颁布的工商同业公会法规定，原有之工商同业团体均应改为委员制，依法改组，并修订章程。同年十一月奉天津市社会局令召开会员大会通过，并选出委员 15 人：主席委员王凤鸣（晓岩）；常务委员朱嘉宽（馀斋）、张玉珍（云峰）、沈梦兰（雨香）、么宝琛（献臣）；执行委员赵恩第（品臣）、毛文榕（敏斋）、尚云书（采臣）、王堃（少舟）、曹如麟（祉厚）、高增荫（樾村）、顾育华（筱林）、桑春澎（镜涵）、卢文荃（子林）、王士珍（幼斋）。候补委员 5 人：倪绍墉（松生）、胡维善（翰卿）、张召兰（泽湘）、刘恩德、杜勋铭。此外，遵照社会局指示，更名为天津市钱业同业公会（简称钱业公会）。此次改组为委员制，且扩大了天津市钱业同业公会的基础。1929 年以后，国民党政府推行管理金融业的政策，希望同业公会在同业中发挥主导作用，不容再存区域之分，故而客帮、钱庄均有参加公会的要求，但 1930 年修订的章程

① 《钱商公会成立》，《大公报（天津）》1918 年 10 月 20 日，第 10 版。
② 《天津市钱业同业公会组织概况》（时间不详），见天津市档案馆编：《天津商会档案·钱业卷》（10），天津，天津古籍出版社，2010 年，第 8256 页。
③ 《天津市商会呈报各会员退会情况事公函》（1932 年 6 月 25 日），天津市档案馆馆藏，档案号：J0128-3-006657-011。

第二十七条仍规定："同业加入为会员须经执委会调查后，召集会员代表大会用无记名投票法决定是否合格。"①客帮银号参加同业公会仍存在困难，本地帮银号仍垄断同业公会。1933年1月，北京帮钱庄聚泰祥、聚义、聚盛源、祥瑞兴、敦泰永、广业、全记、致昌、同德、隆远十家联名申请入会，并指出章程第二十七条的规定是不合理的，提出如不能加入钱业同业公会，即另组公会。后双方协调，钱业公会接受外帮银号入会，规定有两家会员的介绍即可入会。

1929—1933年天津市钱业公会的变化较大。1932年，瑞生祥等十家银号相继呈报入会为会员，具体情况见表5-4。

表5-4　1932年9月天津市钱业同业公会续加会员表　　单位：人

| 商店名称 | 经理人姓名 | 店员人数 | 出席公会代表人数 | 出席公会代表姓名 | 商店所在地 |
|---|---|---|---|---|---|
| 泰和银号 | 侯瑸 | 30 | 3 | 侯瑸、吴百荣、周耀麟 | 针市街 |
| 元泰银号 | 毛雅泉 | 31 | 3 | 毛雅泉、赵化民、刘泽民 | 宫北大街 |
| 泰丰恒银号 | 邵昌言 | 30 | 3 | 邵昌言、高叔彝、张墨亭 | 宫北大街 |
| 万华银号 | 孟广文 | 32 | 3 | 孟广文、田家书、季敏生 | 法租界海大道 |
| 蚨荣银号 | 梁新明 | 36 | 3 | 梁新明、武桂馨、张如山 | 北马路 |
| 天源银号 | 王谟卿 | 20 | 2 | 王谟卿、张瑞符 | 宫北大街 |
| 中裕银号 | 顾鹤岩 | 21 | 2 | 顾鹤岩、薛葆贤 | 针市街 |
| 益丰银号 | 金济民 | 30 | 3 | 金济民、宋寿忱、赵星阶 | 针市街耀远里 |
| 瑞生祥银号 | 翟瑞周 | 17 | 1 | 翟瑞周 | 竹竿巷 |

资料来源：《天津市商会天津市钱业同业公会续加会员表》（1932年9月），天津市档案馆馆藏，档案号：J0128-3-006673-001。

1933年7月4日，天津市钱业同业公会举行会员代表改选委员大会，依法改选半数委员。随后，7月6日将改选结果呈报给天津市商会。此次改选，其职员变化上较为明显。退职执委：么献臣、毛文榕、桑春澎、王士珍、赵恩第、王堃、刘恩德；留任执委：张玉珍、沈梦兰、王凤鸣、尚云书、朱嘉宽、顾育华、曹如麟；补选执委：胡维善、王永廉、毛文元、倪绍墉、孙葆书、范士斌、房元理；候补执委：邵德仁、王甲三、李文藻、

---

① 杨固之、谈在唐、张章翔：《天津钱业史略》，见中国人民政治协商会议天津市委员会文史资料研究委员会编：《天津文史资料选辑》（第二十辑），天津，天津人民出版社，1982年，第153页。

张召兰、杜勋铭。常委：王凤鸣、顾育华、朱嘉宽、胡维善、房元理；主席：王凤鸣。[1]1933 年天津市钱业同业公会职员改选半数以后，其会员情况也有所变化。据天津市钱业同业公会呈报："查前迭经呈报之会员现有永济银号、利和银号因停止营业注销其会员资格，而同业字号新入会为会员尚未呈报备案者，计有聚泰祥银号、同德银号、全记银号、祥瑞兴银号、聚义银号、聚盛源银号、敦泰永银号、广业银号、致昌银号、晋生银号、永增合银号、宏利银号、弘远银号等。"[2]1936 年 11 月，钱业同业公会选举，范雅林担任主席，王稚亭、倪松生、孙蔼庭等担任常务委员。[3]1937 年迁至中街新华大楼，抗日战争胜利后改称天津市钱商业同业公会。1947 年会址迁回北门内大街原址新华大楼，改为办事处。[4]

## 二、商会对银号的管理

### （一）开业、歇业立案

20 世纪 30 年代之前，政府对钱庄、银号是否加入各地商会和同业公会，不进行强制干预。但是，一般而言，经营正规业务之银号大多乐于加入同业公会。除少量会费之外，银号并无其他负担，只需呈报商会备案即可。在银号经营中遇有特殊困难及市面波动之时，会员银号往往得到商会与同业公会的支持与维护。

商会对银号具有一般性的管理职责，如银号在开设之前需将其详细情况呈报商会备案。1916 年 12 月，永亨银号呈报开业：

> 具呈钱商永亨银号经理刘泽泉，为陈请立案事。窃商公同集合股本洋十万元整，于本埠开设永亨银号，股本一次收足。经股东公举名誉董事、总董、协董及查察人，号中一切事务俱由总协董、经理互商主持。遇有特别事件，由总协董邀集股东及查察人会商，以期妥慎。

---

① 《天津市钱业公会为呈送改选职员名册事致天津商会函》（1933 年 7 月 6 日），见天津市档案馆编：《天津商会档案·钱业卷》（9），天津，天津古籍出版社，2010 年，第 7881 页。

② 《天津市钱业公会为呈送会员名册请备案事致天津市商会函》（1933 年 8 月 8 日），见天津市档案馆编：《天津商会档案·钱业卷》（9），天津，天津古籍出版社，2010 年，第 7889 页。

③ 《1936 年 11 月天津钱业公会选举常委名册》（1936 年 11 月），见天津市档案馆编：《天津商会档案·钱业卷》（10），天津，天津古籍出版社，2010 年，第 8246 页。

④ 联合征信所平津分所调查组编辑：《平津金融业概览》，见张研、孙燕京主编：《民国史料丛刊·经济·金融》（460），郑州，大象出版社，2009 年，第 498 页。

订有简明章程二十条，公同遵守。现定于明年阴历正月初九日先行交易。谨将集资开设银号先行试办缘由并抄录章程，理合呈请天津商务总会先生鉴核俯准立案，实为公便。上呈。附呈简明章程一份，股票格式文一份……中华民国五年十二月。[①]

永亨银号呈报商会立案的主要内容有资本、管理制度、章程、股票格式、股东姓名住址及开业日期等。银号倒闭歇业时同样要呈报商会销案。例如，永亨银号经理刘泽泉于民国七年（1918 年）呈报停业：

> 具陈请书，永亨银号经理刘泽泉，为陈明事。查泽泉受各股东委托，在天津组织永亨银号，曾于民国五年十二月间陈请贵会准予立案。现在各股东因事分解，于本年一月间永亨银号停止营业。存欠一律清楚，亦无亏损辇辏。所有以前报会各项章程、股票格式及股东姓名住址清单，应即实行销废，理合陈明天津商务总会查照立案。中华民国七年三月十八日。[②]

银号呈报歇业情况，主要是呈报债权、债务处理情况，并请商会注销会费等。1930 年，馀大昌银号向商会呈报歇业，"窃商号于民国十九年一月三十日（即废历己巳年终）开第九次全体股东会议时，因各股东无意继续经营，遂即公同议决实行解散结束。所有各股东原附股本及历年官红利暨帐存公积金、股利、平均准备金，与夫总协董、监察、经副理等人力股，均各按照规定之股份派给清楚，业经批明万年鸿帐，各股东所持股票亦均缴回撤废，自此次交割完毕，各无异言，为此据情呈请鉴核准照备案，实为德便"[③]。1924 年 3 月 26 日，永孚银号呈报歇业，重点交代了该号尚未结束清楚的事务，"尚有外欠疲账七万五千七百五十二元二角，俟收进时再按银人股九股一厘均分"[④]。银号清理结束之后，呈报商会该银号清理

① 《永亨银号为呈报开业事呈天津商会请议书》（1916 年 12 月），见天津市档案馆编：《天津商会档案·钱业卷》（1），天津，天津古籍出版社，2010 年，第 538—539 页。
② 《永亨银号为呈报歇业事致天津市商会函》（1918 年 3 月 18 日），见天津市档案馆编：《天津商会档案·钱业卷》（1），天津，天津古籍出版社，2010 年，第 541—542 页。
③ 《馀大昌银号为结束营业备案事呈天津总商会请议书》（1930 年 1 月 31 日），天津市档案馆馆藏，档案号：J0128-3-006374-005。
④ 《永孚银号为歇业备案事呈天津总商会请议书》（1924 年 3 月 26 日），天津市档案馆馆藏，档案号：J0128-3-005668-032。

结束的细节，主要是避免号内股东与铺掌之间，以及内外债务关系在银号清理结束之后发生纠纷。如遇有处理不清之事，商会备案，则可证明各自需要承担义务，便于商会协调处理可能存在的纠纷。商会对银号进行注册，是一种最基本的管理。

（二）颁发入会执照

天津银号呈报开业立案之后，商会向其颁发"牌照"，这种牌照不是政府颁发的营业执照，而是商会出于自身体系强化出具的书面证书。宣统三年（1911年）二月，天津永利银号歇业，在呈报该号的一般清理结束大致情况细节之外，还要向商会缴回"牌照"。据永利银号王宝钊呈称："窃商号由光绪二十八年正月开设永利银号，结至宣统三年正月，因近年市面萧条，东伙议定歇业。现在已将成护本得利按股均分，欠内欠外一律清楚，惟银条、洋钱票、钱票三项尚未取结，业将该款如数交与永昌银号代付，另行登报广告。理合缴销牌照并行据情声明，叩乞商务总会大人恩准查核注销，实为公便，谨诉。"商务总会在原呈上批示："该商号既已收歇，所缴入会牌照查销，除所呈三项票存赶紧清理，一俟完结报会存查。"[①]对于永利银号尚没有处理完成的票项，商会依然要求其在清理完结之后追加呈报。1921年4月，天津永康银号沈雨香呈报歇业立案，也"请贵商会将敝号在会一案注销并将执照及门牌缴还"[②]。永利银号的牌照和永康银号的执照，性质理应相近，是一种商会颁发的入会凭证。

（三）协助政府进行管理

清末，清政府加强了对社会经济的管理，其中对商人的管理很大程度上是依靠商会实现的，如查验资本等。宣统元年（1909年），天津永利银号拨出一万元资本在北京添设分号，据永利银号王炳禀称："由天津永利银号拨来资本银一万两，在煤市街全泰店内开设永利分银号。资本银现存源和钱店备查，拟定章程，取具泉兴公货庄、聚顺和炉房、长庆银号水印保结，呈请查验，转行度支部注册等情，当会同商务总会查验属实，并饬

---

① 《天津永利银号为商号歇业请注销事禀天津商务总会》（1911年2月24日），天津市档案馆馆藏，档案号：J0128-3-001318-014。

② 《天津永康银号沈雨香为歇业注销执照事呈天津总商会请议书》（1921年4月30日），天津市档案馆馆藏，档案号：J0128-3-004301-079。

令该银店呈递存款水印证书存厅备案。"①由于商会对于入会之银号情况比较了解，与商人关系接近，故而在很多问题的处理上由商会出面协调。

无论是商会还是同业公会，实际上作为商人组织，都具有"通官商之邮"的功能。正因如此，商会和同业公会经常性地帮助政府进行市面调查。1919年11月20日，天津商会致函天津钱商、银行两公会询问银币价格高涨的原因。据天津商会函载，"近因银币行市日加增涨，市面隐伏恐慌，常此不加限制，深恐有累全市，不可收拾，殊为可虑。贵公会职权所负，掌理金融，对于此中意理必当谙悉。查此次银币行市增涨，必有原因。若以银币缺乏，而造币厂每日所出二十余万，究不知此项银币是否全数归与街市周转，抑有垄断，或为输出过多所致，输出之点究以何方为最，应以何法制止，抑或别有原故？事关市面大局，望希详细具复，幸勿延缓，至所切盼"②。商会及银钱公会对于行业的自我管理，以及对维持市面金融稳定发挥了重要作用。

（四）处理银号纠纷

通过商会进行调处是银号处理纠纷的重要方式之一。商会处理商事纠纷并非仅针对银号一业，但银号因为经营金融业务，钱债纠纷问题比其他行业更为频繁。近代天津商会在商业贸易活动中扮演商事"仲裁"的角色。1904年，清政府商部奏准颁行的《商会简明章程》中就明确赋予了商会调处商事纠纷的权利。《商会简明章程》第十五条明确指出："凡华商遇有纠葛，可赴商会告知总理，定期邀集各董秉公理论，从众公断，如两造尚不折服，任其具禀地方官核办。"③可见，当时商会处理商事纠纷的职能是政府赋予商会的权威。正因如此，商会在处理银号的各项纠纷具有权威的地位。诸如光绪三十一年（1905年），据盛兴源钱铺钟鼎元报称，该铺在庚子事变中"被抢被坑之帐不下三万余金，二十七八两年欠外二十余万金之款，皆借重利之钱还清。至二十九年银根奇绌为势所迫，生意实不能作"。各项外欠不能收回，而欠外之款催逼紧迫，各项账目划抵，尚不能完全抵偿。其中，原有收进之抵押物交出归各债户均分，而其号内由于是合

---

① 《天津永利银号为分拨资本在北京设立分号事与天津商务总会的往来函件》（1909年10月），见天津市档案馆编：《天津商会档案·钱业卷》（4），天津，天津古籍出版社，2010年，第3175—3176页。

② 《天津市总商会为调查银币价格上涨事致银钱两公会函》（1919年11月20日），见天津市档案馆编：《天津商会档案·钱业卷》（9），天津，天津古籍出版社，2010年，第7288页。

③ 《奏定商会简明章程二十六条》，《东方杂志》1904年第1期。

伙制经营，各股东分任债务的情形亦非常复杂。因此，光绪三十一年（1905年）正月钟鼎元呈报商会，要求"调集各帐查明理处"。①

　　清末，商会成立时即具有调处商事纠纷的功能。民国以后，商会处理商事纠纷的职能进一步发展。1923 年 8 月，恒利金店因用于拔丝金银条料与同顺拔丝作坊、宝祥银楼发生纠纷。据恒利金店呈称："窃商号有金银条料拔丝，向来归同顺拔丝作坊承做此项生意。其铺保即是宝祥银楼，开设袜子胡同。商号与同顺拔丝作坊交往已有十年，向无错误。不料，上月廿八日，该作坊掌柜张玉林将商号付与拔丝之银条七十一两五钱七分，盗用无着，匿不见面。商号即向铺保查追，将张玉林交出，现尚押地方分厅。因为日已久，商号所失之银条仍毫无着落，复向铺保追偿，该号一味蛮说，保人不保钱……该铺保尚然无理诿推，如此情迹，近乎串通欺骗。为此请求贵会传问，公平断决，以免诉讼，无任感德之至。"②其中恒利金店希望通过商会调处的不仅是宝祥银楼所欠的债务，而且铺保拒绝承担责任一事，也呈请商会予以追究。

　　商会的调处商事纠纷的功能，不局限于本地银号，各地之间的金融纠纷，也需要商会来进行沟通。天津作为北方最重要的金融中心，与上海之间的资金交流最为频繁。光绪三十一年（1905 年）十二月，上海钱业安康、瑞裕、元茂、义善源等禀控协顺号欠债不清，"庄等与天津协顺号生意往来，今年该号突然倒闭，计欠安康庄六千六百六十二两六钱七分二厘，瑞裕庄一千二百七十七两八钱六分，元茂庄一千九百五十二两七钱四分，义善源五千八百四十八两七钱二分八厘，共欠一万五千七百四十二两"。对于此项债务，协顺号无力直接清理偿还，所拟分期偿还办法，上海诸号并不应允，而据上海各号声称："该号于欠天津本地各庄号银两，或系交现，或以产业作抵，均已如数偿还。而庄等远在申地，耳目难周，致欲减成归还，是其居心实不可问。"对此，上海各号要求"分咨天津巡警局、商务总会，迅赐查明，勒令按照实银偿还以警刁狡，而维商务"，希望通过商会协调处理彼此之间的债务纠葛。天津巡警总局，咨行天津商务总会，"请烦查照希即讯传年同春到案，勒令将所立期票应付之款，克期理楚，免

① 《盛兴源钱铺为倒闭呈请秉公查明账务事致天津商务总会函》（1905 年 1 月 30 日），见天津市档案馆编：《天津商会档案·钱业卷》（22），天津，天津古籍出版社，2010 年，第 19021、19023 页。
② 《恒利金店为请处理与同顺拔丝作坊债务纠纷事致天津总商会函》（1923 年 8 月 28 日），见天津市档案馆编：《天津商会档案·钱业卷》（25），天津，天津古籍出版社，2010 年，第 22005—22006 页。

被刁赖而傚健讼"。①

　　埠际之间债务关系通过商会居中协调一般能得到妥善处理。1915 年 3 月，天津商务总会接义聚永银号呈报，"蚌埠阜丰公司欠商号银洋二千二百元，屡经往讨，勒措不偿，嗣立借字并有伊号房地红契抵押等情"。对于义聚永银号与蚌埠阜丰公司之间的债务关系，天津商务总会于 3 月 19 日致函安徽怀远县蚌埠商会，代义聚永银号主张权利。天津商务总会认为，"阜丰公司欠该号款项既有抵押物交质于先，与他项债务不能列于同等之内，现已经贵会将该公司查封，自须另案优先办济，以保债权"。②对此，5 月 15 日蚌埠商会予以答复："查阜丰前因通裕索债控县，要求敝会破产清理诸债，惟各债户均未到会未便清理。现该公司营业如故，产业仍未点交敝会，亦未查封。兹准前因，即希贵总会转饬义聚永派代表来蚌，或由敝会清厘，或将全案咨送凤阳县办理，庶债款有归着也。"③随后，天津商务总会派代表盛佑民前往清理，将"阜丰公司李春圃向日在蚌买就迤街南陆地八亩有零，缮立杜卖文契，交代表盛佑民持回，以扫清阜丰公司亏欠义聚永之款，而义聚永所存约据等件还交阜丰公司注销"④。在双方商会的协调之下，义聚永银号向阜丰公司追缴的欠款得以高效清结。

　　（五）商会与银号清理

　　与商会处理银号的债务纠纷相类似，商会还要处理银号的清理事务。一般来说，银号的经营风险比一般商业为大，因为银号经营依赖信用交易，款项大多放出博取厚利，一旦市面周转不灵，银号就可能面临搁浅与倒闭的风险。银号一旦搁浅或倒闭，按照天津一般习惯，则需要将该号的账目核算清楚，交由商会进行清理。如宣统二年（1910 年）九月，新泰银号倒

①　《上海钱业安康等控告天津协顺号欠款事致天津商务总会函》（1905 年 12 月 26 日），见天津市档案馆编：《天津商会档案·钱业卷》（22），天津，天津古籍出版社，2010 年，第 19167—19172 页。

②　《天津商务总会为处理义聚永银号与阜丰公司债务事致蚌埠商会函》（1915 年 3 月 19 日），见天津市档案馆编：《天津商会档案·钱业卷》（25），天津，天津古籍出版社，2010 年，第 21529、21531 页。

③　《蚌埠商会为处理义聚永银号与阜丰公司债务事致天津商务总会函》（1915 年 3 月 19 日），见天津市档案馆编：《天津商会档案·钱业卷》（25），天津，天津古籍出版社，2010 年，第 21531—21532 页。

④　《蚌埠商务分会为阜丰公司拖欠义聚永银号巨款一案致天津商务总会函》（1915 年 12 月 27 日），见天津市档案馆编：《天津商会档案·钱业卷》（25），天津，天津古籍出版社，2010 年，第 21535—21536 页。

闭，北洋参谋处测图所司账林东明代同事和乡亲二人存于新泰银号的款项被牵连入内，不能提出。林东明多次讨要未果，至初八日早见报纸载该号各款归商会办理，"职是日即到该号，又据翟执事云，敝号帐目款项呈交商会，请到商会注册，职即日到贵会文案处陈师爷处挂号注册在案"①。随后，天津商会着手协调各方关系，为新泰号追缴外欠款。

> 查新泰号被沪号牵动倒闭，银帖、洋元票最关紧要，自应首先开付，以保市面大局。兹有新泰号欠缴北洋粮饷局银帖二万两，现无现款应付，拟将和同泰应付该号款内划拨一万九千三百两交还此项银帖，以符定章。用特肃函奉布即乞阁下，无论如何设法，立即交付，两清貂辖。其余应交之款，亦请赶速筹付，以便新泰号开支洋元票款，统希鉴照是盼，专此。敬请升安。②

可见，银号债务的一般处理方式是在该号搁浅之后，银号将账目核算清楚交由商会保管，商会负责对欠外、外欠各款进行登记，以明确收支是否相抵，如数目足以相抵，则由收进款项内逐步划拨偿还该号所欠款项。商人之间也可以采用"欠外"抵"外欠"的方式进行债务抵消，如该号确系资不抵债时，由商会协调由股东出资对于债务进行清理，如股东亦不能完全清偿债务，则根据银号股东的无限责任，对该股东进行破产，将产业变卖按照一定的比例均摊支付各债权人。宣统二年（1910 年）九月，天津源丰润银号被上海联号牵连倒闭，据巡警道详称："窃查津埠源丰润银号被沪号牵动，因而倒闭。当奉宪台面谕，饬将该号查封，遴派该管分区郑区管学谦前往点明该号所存一切家具……惟帐簿契纸等件已由该号掌统交商会核议详办……后派司法科长并该管区管同往商会，眼同总理王绅贤宾，查点房地契纸，与单开数目相符。除一切帐目由商会详细调查核议详办外，所有奉谕查封源丰润银号并派员提讯调查各缘由，理合开具清折详请查核批示祗遵。"③可见，在此次源丰润银号的倒闭清算过程中，天津商务总会全程参与协调。

①　《林东明为追缴新泰号欠款事致天津商务总会函》（1910 年 9 月 9 日），见天津市档案馆编：《天津商会档案·钱业卷》（2），天津，天津古籍出版社，2010 年，第 1400 页。

②　《天津商务总会为新泰银号受沪号倒闭一事致北京和同泰函》（1910 年 9 月 9 日），见天津市档案馆编：《天津商会档案·钱业卷》（2），天津，天津古籍出版社，2010 年，第 1380 页。

③　《直隶总督为天津源丰润银号被沪号牵倒事致天津商务总会札》（1910 年 9 月 17 日），见天津市档案馆编：《天津商会档案·钱业卷》（23），天津，天津古籍出版社，2010 年，第 20313—20315 页。

### 三、商会与银号经营

#### （一）备案与证明

天津商会作为商人组织，商人在经营中将一些特殊事项提前向商会备案，有助于事后纠纷的解决。银号倾向于将部分业务往来，尤其是容易出现纠纷的借贷关系呈报商会备案，以便当纠纷真正发生之时，可依据商会的调处来处理。如在一些诸如抵押借贷中，因涉及产业的抵押问题，银号往往会选择呈报商会备案。宣统二年（1910 年）五月十三日，据瑞蚨祥银号史经五呈报："窃有本津庆记礴（磨）房曹璞山，自光绪三十三年间历借商号银两，结至本年三月间共欠银三千五百两整，均有账为凭，屡讨未付。经中友人调处，于本年四月二十五日另券借银二千五百两整，言明一分行息，先以大伙巷、小伙巷曹姓、穆姓住房红契两纸并租折，通交商号为据。其前欠之三千五百两亦分期归还，另立给商号分期条十五纸，倘到期本利不付，该两处住房即归商号变卖作抵。除划清新欠本利外，余偿前欠，至届期变价时，曹姓亲族及他项债主均不得以异言进，此系三面情愿立有借券为凭，为此据实陈明，叩恳贵总宪会批准立案。"[1]这种备案，主要就是为了确保当发生纠纷时要按约定履行，"亲族及他项债主均不得以异言进"，进而保障自己的债权关系，摒除潜在的麻烦与风险。

1920 年 12 月 7 日，馀大昌银号收受抵押物放出款项，也向商会呈报备案："窃商号兹因慎重业务起见，于本年阴十月二十八日，由孚丰银号孙葵卿以孙葵卿自置天津河北仁天寺后基地二段，计共七分七厘六毫二丝（内一段计地三分九厘五毫，见民国二年九月二十三日印契，又一段三分八厘一毫二丝，见民国三年二月十七日印契），并在二段地上自盖住房共十六间，又高辅屏借欠孚丰银号一千一百五十元之担保债款一笔，均预抵与商号担保现银川换，约定以七千两为限，于本年十一月内为期，由该号向商号立给约据存执，为此声明前来，敬乞鉴察备案，实为公便。"[2]此外，银号的各项票据如出现遗失，也要向商会备案。借此证明，该项票据确系丢失，同业也避免冒领冒认产生纠纷。1928 年据全记银号呈报："启者，敝号在天津交通银行立有往来存折一扣，第一千七百零一号，存洋一千零五十八元六角一分。因大局不安，敝号迁移租界办公，手续忙乱，将该存

---

① 《瑞蚨祥银号史经（五）为以房契作押借银事呈文天津商务总会》（1910 年 5 月 13 日），天津市档案馆馆藏，档案号：J0128-3-001253-004。

② 《天津馀大昌银号为与孚丰银号业务往来事呈天津总商会请议书》（1920 年 12 月 7 日），天津市档案馆馆藏，档案号：J0128-3-005309-042。

折遗失……此致。天津总商会。天津全记银号。书柬。"①商会对于诸如以上银号的业务经营及普通事务进行备案证明，很大程度上减少了银号经营的风险，节约了银号的交易成本。

（二）协调银行、政府借款救济银号

银号经营中信用交易的情况较多，因此银号的业务面临着许多不确定因素。银号将资金尽量向外贷放，资金链条必然紧张。一旦遇有市面不稳定，或者政治局势变动，钱业资金链滞塞，则该号必然面临搁浅或者倒闭，更有甚者影响整个市面随之周转不开。按照惯例，这些问题需由商会、同业公会出面维持，采取各种办法，或清理同业川换，或向银行临时借款，从而恢复市面。商会与钱业公会在这方面的作用，很大程度上是银号顺利经营的保障。

1929 年，天津市面发生金融风潮。8 月 2 日，泰昌银号营业周转不灵，此外尚至少有五家银号面临被其牵倒的风险。泰昌银号希望以股票、房契等件请钱商公会迅速设法押借洋二十万元，清理同业川换账款，以解决燃眉之急。对此首先做出反应的是钱业同业公会，该会当即"召集与泰昌有川换债权之同业各字号开紧急会议，并推王董事晓岩、王董事子清、沈董事雨香，代表董事全体，向中国、交通两银行接洽。于三日晨一时与中国、交通两银行议定押借洋二十万元。自本年八月三日起，以三个月为期，到期如泰昌未能清还，订明处分及担保偿还各办法，缮写议定文件，当场签字为证。""该押借洋二十万元业经中国、交通两银行拨交泰昌，在敝公会由董事等监视清理同业川换账款"。②随后，由天津市钱业同业公会将议定文件及同业川换账之债权者担保偿还保单照抄送请天津总商会查照备案。

此外，商会在处理银号与政府有关的事项中发挥的作用也非常重要。辛亥革命爆发以后，天津市面受到冲击，各银号周转不灵，曾由外商汇理银行处借款若干，用于各号周转，缓解市面危机。对于该项欠款各商多无力偿还。民国三年（1914 年），"本部（财政部）于提用善后借款项下所列辛亥革命外人损失赔偿余款时，经法国公使请求核准，将汇理银行所放天津方面绅商债款由部担保展期五年。迨就九年二月，展期届满，汇理银

---

① 《天津全记银号为遗失存折声明作废并备案事致天津总商会函》（1928 年 9 月 9 日），天津市档案馆馆藏，档案号：J0128-3-006192-018。

② 《天津钱业同业公会为送泰昌银号同业川换账款议定文件及担保偿还保单致天津总商会函》（1929 年 8 月 6 日），天津市档案馆馆藏，档案号：J0128-3-006286-003。

行不肯继续展期"。由于津埠众商号实在无力偿还汇理银行的借款，外商凭借强势地位将债款转到财政部盐余项下分期偿还。民国九年（1920年）二月，此款展期届满"截至是年二月一日止，结欠本息数目计共行化银二十六万七千一百八十五两六钱六分，由部发给期票，定于是年七月以后，在盐余项下分次扣还，并给予五厘年息，即由汇理银行将该项债权移转本部"，即各号所欠洋款转为欠财政部官款。财政部为避免此项官款损失，转行文各级地方政府严催此款。财政部遂函请直隶省长转令津海道尹、天津警察厅，分别追还，但没有实际效果。财政部派部员沈明扬、王祖祥办理此项清追事宜，并函请天津商会"查照希即与该员等妥为接洽，切实赞助以利进行而重帑款"。[①]天津商会与市面接近，作为商人组织，对于商人的情况了解较多，因此，财政部才寄希望于天津商会追缴天津各商所欠长达十余年之欠款。

（三）维护银号声誉

银号的业务特征及资金运作方式造成银号资金链条较为脆弱，甚至舆论口碑的变化都会对银号的经营造成干扰。例如，宣统二年（1910年）十一月二十八日，《北方日报》发表对于瑞林祥银号不利的报道："某大银行走街与□□祥之狼狈：□□祥银号与□□祥绸缎铺具系山东某富室之生意，虽外观炫耀，局面壮阔，其实外强中干，也是大不得了。□□祥银号之设并非为做钱行生意，不过裱糊外面，以接济□□祥绸缎铺而已，故该号铺掌赵□亭，终日与某大银行走街□某及洋商某银行走街□某联络，昼夜昵比厮混，刻不能离，同嫖同赌，同吃同吸，藉此借贷巨款，计该银号共欠某大银行数十万金（洋商银行不必论），而该银号所借之款，全归□□祥绸缎铺借使，本埠他行生意借其款者甚少，故某大银行走街，对于□□祥自觉甚有德色，而该铺掌赵□亭亦奉该走街若神明，盖某大银行若一提款，则该号即有倒闭之虞也。"对此，天津商务总会认为不利于瑞林祥银号的经营与市面整体的稳定，故而随即致函《北方日报》馆："敬启者，今阅贵报登载某银行走街与某祥之狼狈一则，考之所登各节固系有闻必录。然祥字号津市连号甚多，交易占一大方面，现值市面紧迫，商业停滞之秋，若以外强中干之说宣布报端，关系市面交通匪浅，则维持市面之意，想贵

---

① 《财政部为处理天津众银号欠汇理银行款项事致天津总商会函》（1927年10月27日），见
天津市档案馆编：《天津商会档案·钱业卷》（25），天津，天津古籍出版社，2010年，第
22273—22275页。

报馆共表同情。敬乞鉴照代为更正。此后各访员报告，如有关于市面商业之事，仍希贵报馆酌夺登载，是为至盼。"①其实银号由于特殊的经营方式，与外行商业之间的关系极其复杂，难免会有《北方日报》所报道的情况，但天津商务总会从全局考虑，对于维持瑞林祥银号自身及天津金融发展的整体安全，都是非常必要的。

### 四、钱业公会与银号运行

#### （一）钱业公会的附设机构

##### 1. 钱业市场

钱业公会除了联络钱商，处理钱业公共问题之外，还是"决定银钱、汇兑，及证券行市之机关"，钱业公会"附设洋厘市场、日金市场、申汇市场，以及决定银拆"，承担着各类专业金融市场的功能。②钱业公会附设之各种专业市场，曾经一度作为钱业的主要职能，伴随各类专业金融市场的迁移或收歇，其与钱业公会的关系也不断发生变化。废两改元以前，由于存在银两、银元并行的货币制度，洋元价格涨落无定，随市场供需而不断变动，因此，很多银号代客买卖"洋厘"。当时各大商埠均有洋厘市场，天津也不例外。天津洋厘市场设在钱业公会，每日常开价四五次，津市各银号每日派人到公会市场开做洋厘生意。此外，"银拆"也曾一度由钱业公会开出，银拆是银两每日可获得的利息。洋厘与银拆相对应，洋厘涨则银拆落，银拆涨则洋厘落，各银号正是利用二者之间的涨落关系，进行投机获利。废两改元之后，全国统一使用银元为主要货币，"洋厘""银拆"行市随即消失。钱业公会之内亦没有设立此两种市场之必要。

除"洋厘""银拆"之外，钱业公会还附设老头票市场。自民国初年起，老头票市场即附设于钱业公会。1924 年日本人在其租界组织"天津取引所"，老头票的买卖随之转移到日租界经营。同年，国人经营的"天津物品证券交易所"成立，老头票的买卖也是其主要业务之一。同时东街银号多集合于六吉里顺通栈内公记跑合处，从事日金买卖，与日租界的"天津取引所"同时进行老头票交易，故而钱业公会之老头票市场遂转停止经营。其后公记跑合处、日商经营的天津取引所，以及天津物品证券交易所相继停止营业。1926 年老头票市场又移设于钱业公会。直到 1928 年平井

---

① 《天津商务总会为更正某银号走街与某商号新闻事致〈北方日报〉馆函（附剪报）》（1910 年 11 月 28 日），天津市档案馆馆藏，档案号：J0128-3-001248-038。

② 王子建、赵履谦：《天津之银号》，河北省立法商学院研究室，1936 年，第 56 页。

洋行的老头票市场成立之后，钱业公会的老头票市场才彻底撤销。此外，申汇市场长期分为两处，公记跑合处是其一。其二，钱业公会也经营申汇买卖，后钱业公会的申汇市场停止营业，仅剩公记跑合处一家经营申汇。到 20 世纪 30 年代以后，天津钱业公会摒除一切买卖，专门作为纯粹的同业公会机关组织。

2. 公估局

庚子事变之后，天津市面银根较紧，恢复钱业规模，扩大货币流通是当时面临的主要任务。当时的首要问题是市面币制杂乱、各地杂银在津埠市面流通困难，而且由于晚清时期各外商银行积存的低潮化宝银成色不足，多造成积压，难以在市面流通周转。故而时人提出，欲求活动金融，必立公估。1905 年，天津钱商曾提议仿照上海成立公估局，"迭经各钱业纷纷来会声称，仿照上海设立公估，无论何处零整各银来津，准以津市通行化宝银为率预为估定，一律抵用，不准上下其手。拟就商会公举王道宗□总理其事，商同钱业董事妥定章程，认真办理，各处银两运津既无消耗，庶可充裕，其应用公费，俟批准后和衷共议"①。随后十一月二十四日，中外银行及票庄、金店与本埠钱商公同切实"研定公估办法大纲五条、细目十条之问题"，向各行业征求意见。但此次拟设公估之议未被直隶总督批准。据直隶总督批复："今该钱业等请设公估局，而曰无论何处零整各银来津，准以津市通行化宝为率，预为估计，一律抵用。夫化宝系以足银毁化，杂以他质，倾镕成锭，事近诈伪……该钱业等欲以化宝为率，意在勒掯外来商民，从中渔利，商贾将因此裹足，商务将由此败坏，且揆诸公估二字之义，则更名实不符，所请著不准行。"②

不过，当时设立公估，划一币制，已经成为现实需要。1907 年，候选道王宗堂提出整顿钱业金融的多项意见，其中将速立公估作为首要。据王宗堂呈请："天津向来行用化宝，必由炉房镕铸以昭信用。现今名为炉房，实系钱铺，镕铸者少，则有限之化宝难得。凡外来成锭杂银又不通行，遂使候急需者，深受亏折，而缓需者皆积储不出，以天津实银往来之码头而使现银流转多滞，则市面实隐受其害。似拟急立公估局，须与从前设立仅估化宝章程不同，以化宝为定名。凡外来成锭杂银，受其评量盖用印戳后，

① 《天津商务总会为钱业公会呈请设立公估事禀直录总督》（1905 年 11 月 14 日），见天津市档案馆编：《天津商会档案·钱业卷》（16），天津，天津古籍出版社，2010 年，第 13569 页。
② 《直隶总督为设立公估局事批复天津商务总会》（1905 年 11 月 26 日），见天津市档案馆编：《天津商会档案·钱业卷》（16），天津，天津古籍出版社，2010 年，第 13572—13574 页。

即作化宝性质通行，犹如上海专用规元，不必实有其银，而诸色之银，均可作规元用也。"①

光绪三十四年（1908 年），税务司要求天津商家所交税银每百两加色二两一事，推动了公估的设立。新关税务司传单内云："现在化宝银色日见潮低，实为商家之害，亦与税课大有关碍，为保全税务，是以出此传单示谕华洋商人，每交税银百两加色银二两，以免亏耗，但所加之银，系为补色之用，非加征税银也。"加色之规定不仅针对华商，洋商亦须加色。驻津美国领袖领事与津海关道关于设立公估一事，意见基本一致，"皆以设立公估局为至要。""除此法外，并无他法能以保全商务及令人放心，希贵道速立公估局，不可再延，恐令人致生惑心，不敢作买作卖"。②当时的币制问题主要是由天津钱商附设炉房倾铸低色化宝，各中外商家多贪便宜而购用，造成市面上低潮化宝为数颇巨。对于此，光绪三十四年（1908 年）津海关道督饬天津商务总会一方面"饬谕该炉房等只铸白宝，出具永不倾熔化宝甘结"，另一方面筹设公估，"屡次分咨江海、江汉两关饬抄公估章程以便参办"，并"饬天津商务总会传谕各商，限于月内先行拟具公估章程，呈道核办"。③

光绪三十四年（1908 年）九月六日，津郡众钱商拟设公估局，并呈报所拟公估章程十三条："窃商等奉会宪饬，阅关宪批示以设立公估有益于市面甚多等因。查津市通融各款，向以九九二色化宝为通行银色。兹因本年各业生意萧疏异常，市面银根艰窘，又兼京申汇款滞塞，各色银两难资流通，若不及时补救，恐有意外之虞。现奉关宪批饬速立公估，实于市面有益良多。查公估之设，所估之银皆以九九二色为标准，无论镕（熔）化与否，照估码均可通用，且可解市面现时艰窘之虞。兹公拟公估草章十三条，转呈宪鉴，并拟定本月初九日假商会前院暂行试办，以救市面燃眉之急。"④光绪三十四年（1908 年）天津设立公估，系由商会督同钱商设立，并且公估地址就设在商会之内。此次试办公估效果明显，据光绪三十四年

① 《王宗堂为变通天津钱业管理事呈文天津商务总会》（1907 年），天津市档案馆藏，档案号：J0128-3-002585-007。

② 《驻津美国领袖领事卫理为银色低潮加色事与津海关道的往来函件》（1908 年 6 月），见天津市档案馆编：《天津商会档案·钱业卷》（16），天津，天津古籍出版社，2010 年，第 13591、13593、13596 页。

③ 《津海关道为新关税补色二两事致驻津美国领袖领事函》（1908 年 8 月 19 日），见天津市档案馆编：《天津商会档案·钱业卷》（16），天津，天津古籍出版社，2010 年，第 13610—13611 页。

④ 《津郡钱商为送公估试办简章事禀天津商务总会（附公估试办简章）》（1908 年 9 月 6 日），天津市档案馆藏，档案号：J0128-2-002449-013。

（1908 年）九月十二日呈报："遵于九月初九日开办，是日估银九万九千五十两，又初十日估银十三万三千五百五十两，十一日估银十万八千五百两，计三日共估银，三十三万七千余两，均照章无论何色银两，按九九二色宗旨核计，伸缩估验无讹，盖用蓝色公估字样为印证。自开估后，京申汇款及通行银两均已疏通市面，渐就平稳。此后，仍由职会督同公估各董事认真经理，总期银色整齐，有益市面。"①

3. 钱业补习学校

钱业补习学校以提高钱业人员技能、巩固同业的地位为目的。1931 年秋季，由钱业同业公会主席王晓岩提倡设立，以法租界华商公会为校址。其运转费用由钱业同业公会每月资助 150 元，社会局补助 20 元，学制分为初、高二级。初级为期一年，高级为期二年。凡钱业同业公会会员银号皆须就练习生中保送二人，按其学历、技能程度之高低，分别授课。非会员之银号亦可派人参与学习，但需要交纳学费。所授课程，偏重商业方面，如商业道德、商业尺牍、经济概要、簿记等学科，每日于 20—22 点授课两小时。到 1935 年前后，学员达 60 余人，学员成绩良好，此钱业补习学校效果显著。

（二）合组公库

天津银钱两业联合组织公库最早倡议于 1927 年，但当时条件不成熟，遭到部分钱业同人的反对而没有实现。1932 年九一八事变之后，天津有便衣队扰乱，同时上海发生一·二八事变，各地市面恐慌，商业无形停顿。在经济方面，1932 年初华北内地土产销路呆滞，现洋几乎没有出路，内地现洋多向津埠集中，造成天津市面现洋供过于求，充斥市面，"以致现洋与拨兑洋，发生差价，几成两种货币。市面往来，须将现洋贴水，易成拨兑洋，方能交付，否则无法划拨。又，津埠对外汇兑，系以上海为枢纽，自现洋与拨兑洋发生差价后，市面收购，申亦须以现洋换成拨兑洋，方能购买，否则无法买进"②。这种局面之下，形成银钱两业的拨兑筹码枯竭，同业清算殊感困难，现疲码俏。现洋耗色每万贴水 35 元涨至 60 元。依据当时币制，银元系属主币，但在天津市面，现洋的周转受到限制，不仅不能直接拨账，亦不能直接汇兑。长此以往，对市面金融有害无益。基于当时现疲码俏的现状，银钱两业召开两公会的联席会议，讨论之后，拟发起

---

① 《天津商务总会为呈报公估效果事致各机关函》（1908 年 9 月 12 日），见天津市档案馆编：《天津商会档案·钱业卷》（16），天津，天津古籍出版社，2010 年，第 13666 页。

② 《银钱两业筹设公库》，《益世报（天津）》1932 年 8 月 19 日，第 6 版。

组织公库，拟订公库简章二十二条，使现洋有所归宿，同业得转账之便。公库的任务在当时主要有以下几个方面："一、收受现洋存款，视市面情形酌定给息办法。二、对于现洋存款发给公单，便利同业划拨。三、筹画（划）申汇头寸，开作现洋申汇。四、收进现洋，除必须留存及酌量寄存外，应市面之需要，依照上海折息办法，开作一日期之短期报款。"[①]经银钱两业会商，联合组织公库，报请市政府社会局核准，于 1932 年 10 月 14日开幕，库址设在英租界领事道五十四号。[②]

公库的成员除有 20 家银行外，银号有 36 家，它们是洽源、鸿记、天源、益丰、宝生、恩庆永、晋丰、敦昌、永谦、裕源、中和、同裕厚、裕津、肇华、永恒、中兴、永昌、益兴珍、和丰、天瑞、永济、义生、宏康、泰丰恒、利和、颐和、元泰、谦牲、馀大亨、聚丰永、德源、永信、蚨荣、敦成、敦庆长、信源溢。[③]

公库的组织，设理事会为最高执行机关，下设库长一人，副库长二人，共同处理经常业务和事务。理事长由中国银行天津分行经理卞白眉担任，库长由馀大亨银号经理王晓岩担任。1937 年钱业公库理事名单如下：卞白眉（中国银行）、徐柏园（交通银行）、许汉卿（大陆银行）、王毅灵（金城银行）、陈亦侯（盐业银行）、王孟钟（中南银行）、杨天受（中国农工银行）、包培之（中孚银行）、薛赞庭（东莱银行）、王晓岩（馀大亨银号）、范雅林（益兴珍银号）。1943 年 2 月 27 日，因票据交换所成立，公库宣告结束。

1932 年，银钱两业合组公库之后，会员银行、银号之间的划拨变得非常便利，但与外国银行之间的往来仍存在一定的困扰。由于外国银行掌握进出口贸易中资金往来的划拨，"此项划拨款项之支票，本市俗称拨兑洋（即番纸），从前因进出口贸易尚可相抵，故与外国银行收付转账尚无困难。近年因内地土产壅积，出口停滞，商家解出多于收入，收付不能相抵，拨兑洋需用增多，因之现洋与拨兑洋暗中发生差价，各业均感困难。敝公会为便利划拨及调剂金融起见，爰有合组公库之举，该库成立后，现码已无区分。唯因外国银行对于公库支票收受与否颇不一致，是以同业往来仍时感窒碍，近以此项困难日益加甚"。对此，银钱两公会复在此决议办法两

①　《银钱两业筹设公库》，《益世报（天津）》1932 年 8 月 19 日，第 6 版。

②　《银钱公库今日开幕》，《益世报（天津）》1932 年 10 月 14 日，第 6 版。

③　杨固之、谈在唐、张章翔：《天津钱业史略》，见中国人民政治协商会议天津市委员会文史资料研究委员会编：《天津文史资料选辑》（第二十辑），天津，天津人民出版社，1982 年，第 118 页。

条："（一）本公会会员各银行号彼此往来互收支票，其差额每日应开公库支票冲账；（二）各银行号应解外国银行款项一律以现洋或公库支票交付为原则。"但效果并不明显，随后外国银行公会"忽议决对于顾客交来之华商银行号支票、拨条、钞票等概照现洋看待，一律须按每千元一元收取贴费"。①花旗银行抄来外国银行公会通知："本公会于五月十二日开会曾经议决，兹因在会各银行向各往来商号应收各款时，必须收入现洋之故，此后对于顾客交来中国各银行号之支票、拨条及钞票等应一律向收贴水，每千元按一元计算。"东方汇理银行致交通银行通知："兹因本埠各中国银行停止向本公会在会各银行往来之故，特于本月十二日开会议决，此后关于代取中国各银行号之支票、拨条、钞票等因，须向银行钱业公库或其他银行收入现洋，应于五月十三日起一律按每千元收贴费一元，又代取现洋亦应收贴水，每二百元按二角计算，其不满二百元者，亦按二百元照收。"②洋商银行公会此项贴费办法，不但损害华商银行银号的直接利益，同时也造成公库的效用大打折扣。1933 年 5 月 20 日，天津市银行业同业公会主席委员卞寿孙、天津市钱业同业公会主席委员王凤鸣联衔向商会呈请，代为向本埠洋商公会交涉，请转达外国银行公会，将所定现洋贴费取消。银钱公会态度坚决："窃查银元为我国之通行货币，市面授（收）受向无限制，无论支票、拨条、钞票，其实质本为现银元。今各银行号以现银元偿付所欠外国银行之银元债务，安有须加贴费之理。且各银行号亦无自动向各外国银行停止直接往来情事，如照本埠外国银行公会所定办法，是令我国国币失其法定之价格，不独妨碍市面金融，抑且影响中外贸易，实属窒碍难行。兹经敝公会等议决，拟请贵会向本埠洋商公会据理交涉，请其转达外国银行公会，将前项办法取消，以利金融而免困难，并祈通函各业在前项交涉未办妥以前，对于该项贴费概不承认，至各银行号应解外国银行款项如以现洋交付，所有取现脚力当由付款家认付，如以公库支票交付，外国银行持向公库取现时，其脚力亦由公库代付款家垫付，似此办理则外国银行并不致因收受现洋发生损失。"③随即，天津市商会转文向

---

① 《天津市商会为取销支票、拨条、钞票贴费事致洋商公会函》（1933 年 5 月 31 日），见天津市档案馆编：《天津商会档案·钱业卷》（9），天津，天津古籍出版社，2010 年，第 7917—7919 页。

② 《花旗银行抄来外国银行公会洋文通知译文》（1933 年 5 月）、《东方汇理银行致交通银行洋文通知译文》（1933 年 5 月），见天津市档案馆编：《天津商会档案·钱业卷》（9），天津，天津古籍出版社，2010 年，第 7931 页。

③ 《天津市银行业钱业同业公会为取消现洋贴费事呈文天津市商会》（1933 年 5 月 20 日），天津市档案馆馆藏，档案号：J0128-3-006982-004。

洋商公会交涉："据此查本市银行号成立之合组公库，本为应市面目前之需要，解除商业之难关，至其所开支票及一切拨条、钞票实质，本为我国国币，彼此往来偿付，岂有妄加贴费之理。此次各外国银行新定办法不独对于华商显存歧视，且有破坏我国币制之嫌，影响中外贸易诚非浅鲜。至该会等所拟取现认付及垫付脚力办法，则外国银行并不因收受现洋发生损失，办法极为公允。"①对此，外国银行公会同意于本月九日起将该项贴费取消，洋商公会表示："愿与贵会代表早日开一会议，以便讨论如何停止目前过现之烦，恢复从前往来川换之便利，以及其他关于现洋诸问题。"②银钱两业合组公库，避免了市面现洋与拨兑洋的差价，缓解了市面金融紧张，便利了同业之间的往来川换，并且在应对洋商银行的贴费办法中团结一致，取得了很好的效果。

钱业公会是近代天津商会体系内较有影响的商人同业组织，由于钱业掌握着雄厚的资本，与其他外行家关系紧密，因此在近代天津商业结构中影响很大。除了以上所述钱业公会的社会活动之外，在商会的指导之下，钱业公会还承担承购公债、维持河北省钞及在特殊时期参加成立金融临时维持会等社会事务，对于稳定天津市面稳定发挥了重要作用。

---

① 《天津市商会为外国银行新定贴费办法事致各业公会函稿》（1933 年 5 月），见天津市档案馆编：《天津商会档案·钱业卷》（4），天津，天津古籍出版社，2010 年，第 2866—2867 页。

② 《天津银钱两公会为外商银行加收贴费事致天津市商会的函件》（1933 年 6 月 14 日），见天津市档案馆编：《天津商会档案·钱业卷》（9），天津，天津古籍出版社，2010 年，第 7926 页。

# 第六章 近代天津银号的商业金融属性与细分市场

经济发展水平决定了金融体系的规模与结构。为了满足近代天津商贸发展与城市经济需要，银号从货币供给、存贷汇兑、金融市场三方面调整了自身的行业结构与业务范畴。门市银号主要经营货币兑换，其业务性质属于货币经营性服务。其商号的规模较小、资本额较少，在城市各区域皆有分布。折交银号主要经营存放款业务及汇兑。每年开年折交银号即向往来商家发出存折建立业务关系，借以吸纳商号浮存并对商家授信。此类银号资本雄厚、交际广泛，折交业务也被认为是钱业最正式的业务，因此折交银号具有良好的社会声誉。"现事"银号规模较大，经营风格独树一帜，其业务风险高利润大。折交银号和"现事"银号大都参加钱业公会为正式会员。从整体来看，银号既可以为市场提供货币、存款、贷款、汇兑、保管等基本金融服务，还可以满足市场交易主体对支付结算、财富收益、资金避险等深层次的金融需求。银号立足于商业贸易，通过内部结构优化整合，实现了深度的金融市场细分。精准的市场定位使各类银号都能获得相应的业务空间及获利方式，商贸往来和城市经济借助银号体系可以获得更高的融资效率和分散金融风险的能力。

## 第一节 门市银号与货币市场

钱庄起源于货币兑换业务，而且在存放、汇兑、信用发行等业务逐渐发展之后，基础的货币兑换业务依旧长期存在，根本上是因为货币兑换是商业活动与民众生活的基本金融需求。晚清至民国时期，天津银号的行业结构与金融功能日趋复杂，但货币兑换业务始终占有一席之地，并且由规模较小的门市银号专业经营。各类金属货币与纸币，本国货币与外国货币，以及金沙、零碎首饰都能在货币兑换市场进行交易。此类门市银号还炒作各银行纸币，一方面影响金融稳定，另一方面也起到通过市场机制检验银行纸币信用的作用。

## 一、兑换业务与门市银号的发展

兑换业务可以说是钱业的起点。一般而言，有史料可考的经营兑换货币的钱桌、钱铺、钱局可以追溯到明正德、嘉靖年间。虽然历史悠久，但兑换业务并没有因为钱业的发展而逐渐萎缩，根本原因是直到 20 世纪 30 年代以前中国政府对货币供给与流通的干预都非常有限。各类市场主体的货币需求都依赖市场自行买卖、兑换以资周转。另外，民众日常生活消费中小额交易时银两、银元使用较少，更多的是制钱、铜元等小额货币，也需要零整找兑的金融服务。需求创造供给，长期货币兑换业务逐渐成为一种较为独立的业务，经营兑换业务的门市钱庄不能被认为是较大规模银号的"幼年时期"，因为货币兑换的需求在较长的历史时期一直独立存在。这些基础的兑换业务主要由遍布城厢的钱桌、钱摊及小的兼卖纸烟杂货的小钱铺来承担的。

清末，天津参与铜元兑换的小钱商、换钱局为数众多。宣统三年（1911 年），天津铜元价值上涨，银元兑换铜元的数量减少。钱商、换钱局等十六家呈请商会希望参与铜元兑换，承诺仍按照官价一百三十枚的价格购入，以比官价少一枚即一百二十九枚的价格兑出铜元，其一枚算作脚力：

> 请议书，请议人魁盛和郑兰亭、润泰成陈润生、顺记于恩桂等十六家……职业钱商、换钱局。今将请议理由具列于左，为请兑铜元接济市面，恳恩俯准以便流通而维街市事。窃自铜元乱市以来，人心惶惑，前蒙贵会禀请大帅发给铜元定价一百三十枚，兑换接济街市，以杜奸商居奇，足见贵会维持街市之道，无微不至，商等感佩莫名。然商等亦窃有可虑者，我津地广人稠，铜元为日用必需之品，贵会一处兑换铜元，不但难免不无拥挤，且兑换之人每以急用未得换出，即过时限误事，何堪设想。况商等生意，现时铜元一行滞塞，商等生意皆将闭歇。是以商等拟共集洋银，恳乞贵会兑换铜元，以济市面。每元原定官价一百三十枚，商等按每元一百二十九枚出换，获脚力一枚，即行外铺商以铜元兑换商等洋银，亦按一百三十枚作价，两取公道，买卖皆不准认（任）意涨落，以后倘有变通遵贵会示下办理，以便商等始终获一枚之脚力，以资糊口。倘有意多贪渔利，兑多换少，情甘受罚。是否可行叩，恳商务总会宪大人恩准迅赐批示，以便照办，实为公德两便。上禀。计粘单一件计钱商换钱局：魁盛和、润太成、顺

记、天兴鸿、益兴全、成记、宝发、信义成、庆元号、祥发、康和成、起发号、明元号、宝丰大、德庆乾、内祥茂、玉杨楼。[1]

从各钱商的字号来看，上述呈请换领铜元的钱商皆为经营货币兑换的小钱商、换钱局，而非参加天津钱业公会的会员银号。各钱铺、钱局呈请领用铜元主要是用于门市业务周转且领用数额不大。市面铜元缺乏已经严重影响部分门市银号的业务，有钱商呈称："窃身素以换铜子为生，今因市面铜子缺乏暂未交易。"[2]可见，当时的小钱商、换钱局在业务上主要集中在铜元兑换，业务的形态与入会银号存在很大不同。到了20世纪30年代，天津门市钱商的业务仍以兑换铜元为主。1931年，天津存在为数众多的门市钱庄以铜元零兑为主要业务。"查商等经营兑换铜元钱铺历有年所，交易之商号甚多，每日下晚收集各号卖入之铜元，以备次日收买银洋之用。各商号随时取用现洋，一出一入得利甚微。"[3]此类门市银号的业务经营与正式银号仍存在明显界限。1930年10月，由于铜元行市每元由四百枚落至三百四十余枚。天津各区署长会议决定"由钱商公会标定铜元公平行市，每日公布通知各钱商遵照办理"。天津钱商公会表示："敝公会在会各银号，每日到市场办公，开议买卖银元行市，向不议及铜元行市，而经营铜元行市之各小钱商，又不属于敝公会范围，势同散沙，为敝公会权力之所不及。兹饬标定铜元行市一节，敝公会碍难遵照办理。值兹铜元行市跌落之时，全市商民颇受损失，敝公会以为临时救济其根本仍在各小钱商。此事应请官府召集各小钱商或由贵总商会召集各小钱商筹商维持办法，该铜元行市自可日渐平复。"[4]可见，以兑换为业的小钱商，从业务到组织都和正规银号存在显著区别。

---

[1] 《魁盛和郑兰亭等为请兑换铜元接济市面事呈天津商务总会请议书》（1911年8月），见天津市档案馆编：《天津商会档案·钱业卷》（15），天津，天津古籍出版社，2010年，第13148页。

[2] 《裕春德王景春为恩准以银元领铜子遵章交易事致天津商务总会函》（1911年8月），见天津市档案馆编：《天津商会档案·钱业卷》（17），天津，天津古籍出版社，2010年，第14673页。

[3] 《魁陞义钱铺等为兑换铜元业务呈天津市商会请议书》（1931年7月21日），见天津市档案馆编：《天津商会档案·钱业卷》（19），天津，天津古籍出版社，2010年，第16306页。

[4] 《天津钱商公会为铜元兑换价格事致天津总商会函》（1930年10月4日），天津市档案馆馆藏，档案号：J0128-2-000756-009。

### 二、门市银号兑换业务的分类

天津作为近代华北最大的商品市场和金融中心，除制钱和银两之外，外埠发行的各类私帖、铸币、银行纸币、荒金潮银等因贸易关系都向天津汇集。在商业往来中，这些货币首先要实现彼此交换，此外还要向发行地回流，以便使区域间的货币供给趋于平衡。货币的流动是通过市场交易来完成的，货币经营性业务多由门市银号来承担，利润是最直接的驱动力。货币兑换非常复杂，凡是在市面能够流通，本身具有价值的货币都在门市银号的经营之列。大致来说，门市银号日常的货币兑换主要集中在以下几个方面。

第一，纸币与现洋之间的兑换。近代天津市面流通的银行纸币种类众多，外资银行、华资银行很多都发行纸币，用以扩大资金使用，增加业务量。银行纸币还具有携带方便的特性，在流通领域较为常见。银行纸币在流通领域的价值要依靠发行者的信用来维系，同时现银的价格受市场供需的影响而上下波动，银行纸币的市场价格和其票面价值存在差异。因此，纸币与现洋之间的兑换成为门市银号一项重要且普通的业务。例如，1926 年北京前门外珠宝市万聚银号经营现洋与纸币的兑换，系"某旅客有现洋二千五百元，欲兑换钞票，照行情贴水"。经理认可后，"即令查点钞票十元一张，二百五十张，（计二千一百五十元）；五元一张七十张（计三百五十元）。共计二千五百元"，派遣学徒携款赴旅店换回现洋。[①]

第二，零整找换。零整找换是满足人们日常生活中货币作为交易媒介最基础的一项功能。1933 年，志成银号发生抢案，来人声称用大洋一元兑换角票。[②]门市银号在经营零整找换时，需要按照市场行情进行贴水，从中赚取差价，即使到法币改革之后，零整找换仍普遍存在贴水的情况。1936 年，天津宝元银号被骗，据报载："昨日下午三时，有一男子，进入该号，由怀中掏出角票六折，欲换法币六元。当由王接过，点明数目无讹。乃告该人，应贴水廿枚。该男子以为数过昂，遂取回钱钞，表示不愿再换。而仍向王商洽减少贴水，卒以铜元十枚成交。"[③]

第三，收买外埠货币。门市银号收兑外埠货币，本质上是通过价格机制实现区域间的货币回流。近代中国币制复杂，各地货币价值不统一，

---

①　《北京万聚银号之被骗》，《益世报（天津）》1926 年 7 月 16 日，第 10 版。

②　《河北大街志成银号前晚发生抢案》，《大公报（天津）》1933 年 4 月 19 日，第 9 版。

③　《银号被骗》，《大公报（天津）》1936 年 3 月 28 日，第 6 版。

门市银号收兑外埠货币有利可图。例如，1932 年《大公报》登载，津市孚庆银号在被抢之时，该银号的伙友"正在柜台上检点站人洋钱，闻系预备今日运往香港兑换，因站人洋通行于香港，较天津市价为大，每元可获利一角"①。此外，部分银号以类似走私的方式买卖外埠银行纸币。1935 年，津市某银号托人从外埠私带银行钞票来津，被破获后声称："该项现钞系由山东济南带来，托交津市某银号，酬金四元云云。"②外埠货币无论是铸币还是银行纸币，都因为埠际间价格差能够给门市银号带来利润。

第四，兑换"荒金潮银"。各地成色不一的实物黄金、白银及金沙、零碎首饰等也是门市银号经营兑换的对象之一。1935 年，永盛银号伙友监守自盗，丢失的物品为其经管的"现钞七千九百元，金砂子四十四两七钱二分"③。现钞不论，仅从该号库存之金沙子就可以说明永盛银号有收买"荒金潮银"、零碎首饰的业务。近代天津市面上的金沙主要从新疆、黑龙江等地流入，一般门市银号均乐于收兑。

第五，炒作银行钞票。在正常的兑换银行纸币之外，门市银号还利用银行挤兑等特殊情形炒作银行钞票。近代中国银行发行纸币多为可兑现纸币，此类纸币信用由发行银行自行维持。伴随市场流通性的增减，银行纸币在市场上的价格与票面之间存在差异。因此，门市银号将银行纸币视为获利的业务之一。一般来说，在银行信用不稳时，门市银号则折扣收进银行纸币，而银行为维持信用只能选择十足兑现，门市银号从中赚取差价。

在近代金融史上可以频繁看到门市钱庄在银行信用不稳时反而暗自推波助澜，银行方面也将挤兑风潮的发生归咎于"一般奸商"鼓动。1927年，直隶省银行钞票发生挤兑风潮，直隶省财政厅极力设法维持，而"各银号钱商，仍有收买省钞折扣情事。查近来省银行为便利商民起见，特将大宗现款，信托各银号代兑省钞。倘再有收买者，诚恐朋比为奸，从中渔利，有少兑抵换情事"④。此外，在银行纸币涨跌幅度较大时，钱业中甚至出现了银行纸币投机业务。1929 年天津晋钞挤兑，旅津晋商银号则极力炒作晋钞。这些银号集中在针市街德兴栈内，参与晋钞炒作的晋帮银号计

---

① 《点现洋引动匪人》，《大公报（天津）》1932 年 7 月 2 日，第 7 版。

② 《旅客作信差装束网篮内大批钞票》，《大公报（天津）》1935 年 8 月 22 日，第 6 版。

③ 《永盛银号铺伙窃款案判决》，《益世报（天津）》1935 年 9 月 29 日，第 5 版。

④ 《财政厅派员□□银号》，《益世报（天津）》1927 年 8 月 14 日，第 11 版。

有"会文银号、晋泉□（兴）、溥晋银号、聚和源、会元银号、源生利、永亨银号、万裕恒、和记钱庄、万利恒等十家"。1929 年夏季"各该商曾有对晋钞任意折价情事"，到 1929 年底德兴栈内的各晋帮钱商则又"对于晋钞私做行市"，买空卖空晋钞，并"鼓动汇水"。①银号炒作银行纸币，造成银行纸币的价格涨落不定，银号方面盈亏相差悬殊。1930 年，受时局影响，晋钞的信用进一步变得不稳定。石家庄钱市有银号买空卖空，且早晚行市之间差距颇大。1930 年 9 月《大公报》载："日来因时局关系，晋钞益复跌落。石门各钱商，分早晚集市，如现洋异换晋钞，早市每千元贴水五百元，而晚市即须增至八九百元。似此行市，实属从来所罕见，闻之惊人。是以一般钱客，盈余者大盈余，亏赔者大亏赔。本埠南大街，有宏□（聚）银号，其股本□（不）过□（二）万元，因做迟期空盘，竟亏陪□（十）四万元，无法清理，以致生意停歇，不能继续营业。"②虽然钱商和山西省银行在利益上存在较大分歧，但从整体而言银号和银行都是通过市场在寻求利益的平衡。

近代天津门市银号的兑换业务之所以长期存在，主要是因为近代中国币制混乱。各地货币形制不一、货币的价格伴随市场供需波动，以及近代中国金属铸币的投机属性，为门市银号经营货币业务提供了获利空间。对此，时人已有认识，钱业买卖各种货币"只以全国币制不能统一，更加以省自为政，滥铸图利，遂至私铸乘隙而来，劣币充斥，扰乱市场。兹以湖北、河南、江苏、安徽、山东等省，每国币一元竟易铜元六百枚之多，与津市兑换价格（每元五百枚左右）相差甚多，于是商人图利，竞相贩运"③。晚清即是如此，进入民国以后，这种情况并没有太大改观。1923 年，由于银元价值跌落，所换铜元数量迅速减少，严重影响了民众生活。直省议会咨行天津商会："民国以来，造币机关不顾国计，不恤民生，一以攫取厚利为事，以致物价奇昂，金融失度。今为急则治标计，择要条举公同讨论一致可决，请转咨办理等因。查各省造币机关鼓铸铜元，清季已视为厚利，然尚能确守定制，无揽杂轻减之弊。自国体变更，法纪荡然，种种式样流行全国，司徒之私铸，奸商之私贩，逐至莫可究诘，论者皆以铜元价值之

① 《公安局调查德兴栈内钱商》，《益世报（天津）》1929 年 11 月 9 日，第 13 版。
② 《石门金融大紊乱》，《大公报（天津）》1930 年 9 月 26 日，第 5 版。
③ 《查禁私自贩卖货币意见书》（清末，具体时间不详），见天津市档案馆编：《天津商会档案·钱业卷》（16），天津，天津古籍出版社，2010 年，第 14177—14178 页。

低落由于铜元充斥之所致。"①据文中所言，民国以后货币的铸造和发行极为混乱，较之晚清有过之而无不及，其中既有国家造币机关之滥发的因素，也有政府管理懈怠的原因。非但政府视铸币为重要的获利途径，私人利用其影响力，经营铸币者亦复不少。1922 年 3 月 13 日据《益世报》披露，"近闻某要人，拟在西厂，重新改组为直隶造币厂，专铸铜元，已从事收拾。其厂长闻以前被撤差之某科长充任消息。当此铜元暴涨，百物昂贵之际，不思设法弥补，仍令多铸铜元，以图厚利，是诚为小民之催命符"②。

### 三、兑换业务发展的市场化趋向

门市银号经营货币兑换业务具有两面性，一方面为货币的正常流通提供了必要的条件；另一方面则由于钱商逐利，对货币金融的稳定造成一定的威胁。近代中国币制发展不完善，银元、铜元等货币在市场中的流通要依赖门市银号的经营，各种货币价格的形成要依赖市场供需，而门市银号则是市场供需的中介机构。1930 年，时人谈及天津的铜元买卖时指出，小钱商经营的铜元业务时，"其市面使用之铜币，由街市各小钱商经营铜元行市生意者，每早群集于比商电车公司，向该公司议价收买。开议此项行市并无正式地点，收买铜元后再向市面通行各小钱商以铜元兑换银元。往往各自定价，城厢内外各处行市常有参差，并非一致。缘我国币制尚未确定，铜元辅币故无一定之标准也"③。这则记载津埠铜元买卖情形的函件传达了丰富的信息：其一，铜元虽为造币厂统一铸造，但在流通过程中向使用铜元频率较高的电车公司汇集；其二，同样是经营铜元的门市银号，但内部依然有更细致的分工，即"经营铜元行市生意者"与"市面通行各小钱商"。二者对于铜元的经营，其方式和所处的地位是不一样的，前者众商具有开议铜元行市的权利和能力，每日早上群集于电车公司"向该公司议价收买"，而后再将铜元"零售"给"市面通行各小钱商"，用铜元买进银元，而且行市多有参差。同样是经营货币兑换的门市银号，其中的

---

① 《直隶全省警务处为通饬严禁奸商把持铜元垄断事致天津总商会函》（1923 年 2 月 28 日），见天津市档案馆编：《天津商会档案·钱业卷》（21），天津，天津古籍出版社，2010 年，第 18174—18175 页。

② 《拟设直隶造币厂消息》，《益世报（天津）》1922 年 3 月 13 日，第 10 版。

③ 《天津钱商公会为答复津埠铜元买卖一般情形事致天津商务总会函》（1930 年 10 月 4 日），见天津市档案馆编：《天津商会档案·钱业卷》（19），天津，天津古籍出版社，2010 年，第 16207—16208 页。

层次和差异显而易见。正是在门市银号的经营下，铜元得以由集中到分散，实现在市面的广泛流通，门市银号的重要性不言而喻。

但是，门市钱商的逐利性又常常使货币兑换业务存在恶意操纵，囤积居奇，借机获利的行为。门市钱庄经营铜元兑换获利方法就是贱买贵卖，控制与银元之比价，多兑进，少兑出。1924 年，由于铜元价格不稳，商民朱家格专门致函天津商会请求采取措施平抑铜元价格：

> 径（敬）启者，昨闻传言，津郡铜元有作价 112 百枚（一百一十二枚）之举，至笔下见市面上各家均按 112 百枚实行，对于小生意人功德无量，谢谢。而市面上所售米面等不见落价，洋钱亦不多合，此不讲理之一也。此暂亦不论，最不讲理者，这种买卖铜元之小钱铺及钱摊实再恶无可比，甚于土匪。鄙人刻用现洋之急，以铜元换现洋数元，至各钱铺及钱摊，走过了数家，贵贱无有。鄙人无方，用美言美语，伊云若是用现洋非得用铜元 115 百枚（一百十五枚）不可。鄙人之铜元亦不是旧存的，我是今早现卖的。由此观之，小生意人与守这（着）干量（粮）受饿无异。祈贵会长速为设法取蹄（缔）这种奸商，鄙人想咱津郡之人不以押力（压力）实在难办。最好的方法贵会长函通警察厅，训令各总分署用临时兑换之定价，各商号有不遵守者，带署游街示众，以戒不法者。若不然恐于市面有耐（碍）。望求贵会长速为提议，则津郡商民感大德无量矣。敬呈会长大人升安，朱家格谨上，夏历七月廿六日。[①]

可见，门市银号经营货币兑换业务有利于货币市场流通的一面，同时也因逐利性经营造成一定的金融混乱。不过无论是消极影响还是积极意义，都说明门市银号在近代天津金融活动中占据着重要地位。

## 第二节　折交银号与资金市场

存放款业务是近代天津银号的一项核心业务，是中国钱业突破货币经营业务的重要特征。存放款业务普遍发展之后，中国钱业又在存放款的基础上发展出汇兑业务，商业发展所需的存、贷、汇等基本金融功能初步形成。近代天津以存放款为主要业务的银号被称为"折交银号"，其经营风

---

① 《朱家格为请求限定铜元价格事致天津总商会函》（1924 年 8 月 27 日），见天津市档案馆编：《天津商会档案·钱业卷》（21），天津，天津古籍出版社，2010 年，第 18226—18229 页。

格稳健，主要开展对熟识商号的定期放款、往来透支、日常浮存、异地汇兑、过账汇划等商业银号核心业务。在放款上主要是信用放款，形式上主要是通过信用票据支持各外行家到内地的采购活动。近代天津银号通过票据将放款、汇兑、汇划结算的活动结合为一体，具有较高的资金融通效率，这和账局、票庄的放款均有所不同。在存款方面，主要是经营往来商家的日常浮存。在浮存款项的基础上，银号还为往来商家进行银钱拨兑，这和上海钱庄的汇划活动、宁波钱庄的过账具有类似的性质，本质上属于商业资金的汇划清算。此外，汇兑也是折交银号的重要业务内容之一。除直接汇兑外，折交银号还掌握着内汇市场。在近代天津内汇主要是指申汇，同时津汇在内地也产生了重要影响。内汇市场成为埠际资金调拨的重要方式。

## 一、折交银号与存放款的业务定位

晚清至民国时期，天津折交银号的业务经营日益复杂。每家银号都有相对擅长的业务、具有倾向性的业务领域和相对固定的业务对象。这一点在银号的章程中即有明确的规定。例如，1922 年志成银号章程规定其营业范围为：汇兑、买卖银元、买卖生金生银、买卖各国货币、买卖各种证券、各项定期活期存款、信用放款、抵押放款、贴现放款。[①]志成银号的规模较大，业务类别复杂，除存放款外还经营各种"现事"业务。晋丰银号章程中对其业务没有具体规定，但唯独特别强调了对不动产抵押放款的态度。《天津晋丰银号简明章程》规定："本号存放各款其限期久暂不同，临时应由总理经理互商主持，惟以不动产抵押者概不准行。"[②]银号除了在章程中对自身业务进行了详细的定位之外，其一贯形成的业务风格也给同业及社会留下了较为稳固的印象，如 1929 年信义银号清理时，《益世报》载："本埠法租界海大道信义银号……闻该号惟于去年阴历八月间成立，资本定十万元，聘尤相如氏为总理，平日营业以折交为主。"[③]1929 年开业的诚明银号则"专营各种银号业务及存放款等"[④]。1929 年，虽然金融风潮频发，但天津还是新设主营存放款的银号多家，如福东银号开设于"法租界海大道，资本总额十万元，专营存放款等银号业务。""福来地银号，资

① 《志成银号关于银号改为独资扩充资本申请注册给照缮具简章及迁址问题致天津总商会函（附章程）》（1922 年 2 月 14 日），天津市档案馆馆藏，档案号：J0128-3-005453-005。

② 《天津晋丰银号简明章程》（1914 年 2 月），见天津市档案馆编：《天津商会档案・钱业卷》（5），天津，天津古籍出版社，2010 年，第 4072 页。

③ 《信义银号已宣告清理》，《益世报（天津）》1929 年 1 月 9 日，第 13 版。

④ 《诚明银号今日开幕》，《大公报（天津）》1929 年 2 月 15 日，第 6 版。

本额定为五万元，专营银钱交易及存放款等业务"。[①]当然，不同的银号在业务经营的侧重方面也有所不同。1931 年，华兴原银号搁浅，《益世报》载该银号开设在法租界，资本十二万元，经理为纪某，"专以放存、抵押两项为业务"[②]。银号在开业之初即明确本号的业务主营方向，对内而言是一种约束，既使股东安心于投资，又约束了经理人的经营行为。对外而言，则能够取信于同业，增加银号的交际范围，从而便利开展业务。此类以经营存放为主的银号在晚清至民国时期的各个阶段都占有相当的比例，甚至是占据天津银号的主体地位。据 1931 年对天津各大银号的统计，业务登记为存放的银号有 16 家；存放兼营汇兑的有 28 家（其中存放兼申津汇兑的有 21 家）；存放兼营实业的有 5 家；存放兼营"现事"业务的有 7 家；存放、汇兑兼营"现事"的有 1 家，存放兼兑换的有 1 家；"现事"、门市兑换兼少量存放的 2 家；"现事"业务兼营实业的有 1 家。[③]折交银号的优势地位显而易见。

　　银号的存款业务主要分为商号浮存、客户票存及股东积存等。客户票存与股东积存是构建银号基础运营资金的主体部分，而商号浮存则主要体现为银号的业务往来。银号通过浮存与商家建立往来关系，进而建立业务联系。浮存业务主要是指交往家每日经营流水存入银号之款项，属于随时支取的活期存款，按照天津习惯浮存款项例不计息。商家将每日收入流水存入银号，既免去被抢之虞，又可以省却管理之繁，是天津商界的常见做法。例如，1934 年太和银号发生劫案。1934 年 10 月 7 日"日租界秋山街京津洋行内德盛鲜货栈"，"派伙至法租界杨福荫路口太和记银号存款一千元，均系钞票，分为两包，讵入门时，身后随进一人"。[④]银号的交往家数量众多，且相对集中在一个行业，这样便于风险管理。1922 年，晋和银号因经营不善，"银号经理弃铺潜逃"，从债权人追索情况来看，晋和银号涉及欠款的商号有五家，计"收存广恒泰粮栈之陈江大洋二千三百元；又收存聚丰粮栈李少伯大洋三千六百元；又存衡兴义粮栈刘子祥大洋一千二百元；又存广连丰杂货铺陈碧山大洋八百四十元；又存广隆泰同事杨少卿大洋六十三元"。[⑤]可以看出，晋和银号在往来外行家的选择上主要是与粮

①　《钱业界新兴之银号》，《益世报（天津）》1929 年 4 月 2 日，第 13 版。

②　《本市法租界华兴原银号昨日宣告清理》，《益世报（天津）》1931 年 7 月 11 日，第 5 版。

③　参见吴本景：《天津之金融状况与商业情形（二）：天津钱业一览》，《中央银行旬报》1931 年第 3 卷第 18 期。

④　《太和记银号昨发生白昼劫案》，《大公报（天津）》1934 年 10 月 8 日，第 6 版。

⑤　《银号经理弃铺潜逃》，《益世报（天津）》1922 年 9 月 21 日，第 11 版。

栈业往来。银号收存交往家的日常浮存款，是银号的基本业务，在较长的历史时期内这种业务变化不大。1946 年德祥银号被抢，被抢之款有"亨大麻丝工厂取款人石志正三十万元，同和公杂货店交款人董士奇二百六十万元；同义兴织布工厂交款□李宝聚一百四十万元"[①]。从当时报纸披露的信息来看，该号浮存各商日常营业流水，且主要集中在纺织行业。银号收存外行家的浮存款一方面充实了经营资金，另一方面是为了建立与外行家的广泛联系，便于业务的开展。银号对外行家的选择一般倾向熟悉的行业，在该行业内部确定的交往商家也相对稳定，主要是为了降低存放款业务的风险，这是由银号经营中注重人的信用决定的。从行业整体结构来看，这体现了银号对存款业务细分市场的精准化把握。

## 二、银号放款的细分市场

首先，银号的放款业务区分了信用放款和抵押放款。

银号的放款业务向来以信用放款为主，这与中国传统商业习惯中素来注重人的信用有关。银号对外行家的信用放款建立在彼此熟悉及长期的业务往来的基础上，较为稳定的交往关系为存放款业务开展节约了交易成本，同时也降低了债务风险。除往来透支外，银号还对往来家承做活期、定期信用放款，而抵押放款银号则多不愿承做。中国钱业与新式银行放款业务的根本逻辑是不同的，银行的组织方式、资本规模、风险控制等都要求其放款要建立在确实保障的基础上。1928 年，南京国民政府制定并公布了《中国银行条例》，其中对放款业务就明确规定为"有确实担保品为抵押之放款"。除此之外，还在"不得经营"的事业中，规定不得经营"无担保品之各种放款及保证"。[②]1935 年，南京国民政府颁布的《中央银行法》对于放款业务的抵押品进行了明确规定，要求放款为"以生金银为抵押之放款"及"以国民政府发行或保证之公债库券为抵押之放款"。[③]除中央银行之外，地方银行在放款上也主要体现为抵押放款。1914 年，万太昌烧锅以房地契据向吉林官银号天津分号"押借银八千两，月息一分一厘"。在债务出现纠葛之后，吉林官银号天津分号认为"该店契据既系抵押，须将

---

①　《津德祥银号昨被抢》，《益世报（天津）》1946 年 12 月 19 日，第 4 版。

②　《中国银行条例》（1928 年），见天津市档案馆编：《天津商会档案·钱业卷》（1），天津，天津古籍出版社，2010 年，第 842—843 页。

③　《中央银行法》（1935 年 5 月 23 日公布），见天津市档案馆编：《天津商会档案·钱业卷》（2），天津，天津古籍出版社，2010 年，第 1135 页。

敝号本利银如数还清方能赎出，若凭空调取，碍难照办"。①普通商业银行也普遍经营抵押放款业务，如1922年恒益兴洋广杂货庄搁浅，该号前曾以"价值四千两货物"向浙江兴业银行抵押借款三千元。②一般而言，银行放款倾向有抵押物作为保证，这是银行控制风险的重要举措。

银号方面则多倾向信用放款，这和其资金周转倾向小额高效的运作方式有关。对于这一点钱商有着明确的认知。1931年，南京国民政府推行《银行法》，"将钱业视同银行"，天津钱业同业公会认为《银行法》不适用钱业，在条陈意见时明确指出："银行仅设于通都大邑，钱业遍设于各地；银行放款以抵押保证为要著，钱业则凭诸信用，是钱业资助百业之普遍较银行为重要。兹若令依附《银行法》，则钱业必至减其大半，影响于百业者至重且巨，此就业务上之关系观察之。"③可见，在天津钱商的观念中，银号的信用放款是区别于银行的一项显著特点。一般而言，银号不倾向做抵押放款。原因在于抵押放款虽然有抵押信用，但一般放款的数额较大，银号的运行资金较小，难以承担；另外，银号的经营最重视资金的周转效率，抵押放款的周期一般较长，占用资金周转，因此银号一般不乐于承做。近代天津银号中只有少数银号承做抵押放款。④即便在少量的抵押放款中，银号也倾向收存流动性较好的货物抵押，而房地产等固定资产的抵押尤其不容易被银号接受，特别是市面金融趋紧的时候，流通性尤其被银号钱商所重视。虽然银号不倾向承做抵押放款，但世事无绝对。因银号业务定位不同，或放款数额过大，或经营利润极为丰厚，或因涉及政府借款迫于无奈时，银号也存在承做抵押放款的情况，如志成银号章程中就明确规定，业务有"抵押放款"一项。⑤当放款数额较大时，银号也要求借款人提供抵押品。1923年东德盛皮货庄以约价值万元的皮货向"鸿记银号借洋四千

①　《吉林银号天津分号为万太昌烧锅欠款事致天津商务总会函》（1914年12月14日），见天津市档案馆编：《天津商会档案·钱业卷》（5），天津，天津古籍出版社，2010年，第4088页。

②　《天津总商会为恒益兴抵押借款事致浙江兴业银行函》（1922年1月8日），见天津市档案馆编：《天津商会档案·钱业卷》（5），天津，天津古籍出版社，2010年，第4455页。

③　《天津市钱业同业公会为银行法不适用钱业公会请予修正事致天津商会函（附原呈文）》（1931年4月3日），天津市档案馆馆藏，档案号：J0128-3-006495-001。

④　1931年天津61家银号统计，关于银号的业务只有肇华银号1家明确业务中有抵押放款。参见吴本景：《天津之金融状况与商业情形（二）：天津钱业一览》，《中央银行旬报》1931年第3卷第18期。

⑤　《志成银号关于银号改为独资扩充资本申请注册给照缮具简章及迁址问题致天津总商会函（附章程）》（1922年2月14日），天津市档案馆馆藏，档案号：J0128-3-005453-005。

元……言明每月按一分二厘行息"①。再如，1923 年富亚公司王敬铭、马坦斋向永昌银号、泰昌银号"息借商等债款银元二万元，以河东义界王敬铭自置楼房一所为抵押保证"②。1935 年，北平同德银号对实业部放款二十万元，以北平劝业场③为抵押物。北平前门外廊坊头条劝业场是北洋时期筹建，属于北洋政府农商部的官产，"当建筑该场时，曾亏款甚巨，故向施家胡同同德银号以该场房屋押借款项二十万元，自政府南迁，农商部改为实业部后，该款迄今尚无解决办法□。同德银号以该款项于本年九月到期，故于日前呈请市商会请转呈南京实业部，请即设法偿还此项欠款。外传市商会呈请实业部，请拍卖劝业场以偿同德欠款……记者访平市实(业)部所属机关某君，对于此事谈论甚详。据谈，前门外劝业场在北平政府时代，农商部于十二年间即以该场全部房屋抵押于同德银号，原以一年为期，以该场楼房房租，全年除开支外，均作为利息。旋二年期满后，迭经续约，迄未还本。至民十七国都南迁后，该场即被实业部接收，同时该项借款亦即由该部继续负责。顷同德银号以该项欠款本年九月间即行到期，故日前曾转请市商会，呈实业部请即设法还款"④。从 1923 年到 1935 年，同德银号放给农商部（实业部）二十万元之款期限长达 12 年，以劝业场房产做抵押，以房租除开支外之全额为利息，同德银号获利颇丰。虽然利丰，但抵押放款对银号而言，毕竟是少数。银号倾向信用放款，而较少经营抵押放款，这样的制度设计使其与银行在放款业务市场上有所区分。

其次，银号放款区分了本地放款和外地放款。

经营天津本地放款的银号数量占主体地位，也有部分银号倾向专做外埠放款，二者体现了放款区域上的不同选择。银号经营的存放款业务主要是针对天津本地的外行家。天津银号的开设地点具有既"集中"又"分散"的特点。集中是指金融区域的集中，如天津银号最集中的地方为竹竿巷、

① 《东德盛皮货庄经理王淑堂为鸿记银号扣留抵押皮货事致天津总商会函》（1923 年 9 月 24 日），见天津市档案馆编：《天津商会档案·钱业卷》（6），天津，天津古籍出版社，2010 年，第 4538 页。

② 《永昌、泰昌两银号为富亚公司等抵押借款请核准备案事致天津总商会函》（1923 年 7 月 30 日），见天津市档案馆编：《天津商会档案·钱业卷》（6），天津，天津古籍出版社，2010 年，第 4552 页。

③ 北平劝业场 1906 年为京师劝工陈列所，失火后 1908 年劝业场重建，1918 年 4 月 13 日劝业场又失火，后重建扩大。1923 年又重建，建筑保留至今。1928 年改为工商部国货陈列场。1936 年国民政府将其划归给北平市政府，原址重修，正式更名"北京劝业场"，即"北平市国货陈列场"。

④ 《实业部备款将赎回劝业场》，《益世报（天津）》1935 年 9 月 10 日，第 8 版。

估衣街、锅店街、北门外大街、河北大街等地。天津开埠以后，一部分银号又集中在法租界与日租界旭街等处。分散则主要是指银号散布在各个街区，与普通商业商店毗邻而居。银号开设地点呈现这样的特征，最直接的优势就是便于业务的开展。银号每日的业务开展要依靠跑街人员挨家挨户地去跑业务，便于拉来存款以及安放贷款。对于普通商家而言，将每日的经营流水存入银号一方面解决了安全问题，另一方面也便于资金收支管理，更为重要的是因为浮存关系的建立，在缺少头寸的时候可以向有往来的银号借入。一般而言，银号会向交往家发出存折，商家凭折取款及进行信用透支。这是天津银号与交往家建立关系的基本模式，商家将日常流水收入款项存储于银号非常普遍。例如，1934 年锅店街同裕厚银号被抢，报载："本市西头大沟头同孚新斗店内瑞生德大米庄设立多年，生意颇称兴隆，每日所售流水款项，向储蓄于锅店街宏济里七号同裕厚银号，遇有用途，临时提取。昨（十九日）晨十时许，该号将赢（盈）余一千四百元，饬同人于学诚（年十八岁本市人）携赴同裕厚存交。"[1]商家将日常经营收入存入银号不但支取方便，银号更是承担了一部分的会计工作。例如，1936 年，"河北大药王庙后德泰煤厂为黄子杰所设"，"该号素日所售之煤，经某银号从中担保，由井陉矿务局驻津分局供给。不料该号生意不佳，积欠煤款一万七千元。日前该局因积欠甚巨向黄讨要，伊开付某银号支票一张，不料该局前往拨款，始发觉该银号倒闭多日"。[2]德泰煤厂之所以能向该银号发出支票，是因为德泰煤厂在该银号事先有存款，银号在收存该项存款之后，实际上担负了德泰煤厂业务往来款项调拨等会计业务。

存款往来的建立加强了银号与外行家之间的信任，在此基础之上方便银号开展放款业务。例如，1934 年庆林春茶庄受金融波动影响突然倒闭。据《大公报》载："该庄为一福建帮，专营茶叶生意，租赁针市街某货栈为号址，由闽省贩茶来津批发，经营已十余年之久，信用素著，故该号遇有需款时，其交往家率均尽量供给，并未虑及有他。"该号倒闭后"闻亏款达二十万元，多为拖欠各银号者"。[3]庆林春茶庄为福建帮茶商，在天津主要是经营茶叶的批发业务，与其建立往来关系的银号有数家之多，这种交往关系相对稳定。银号与交往家的往来关系越深入，放款的数额

---

① 《同裕厚银号被抢》，《益世报（天津）》1934 年 12 月 20 日，第 5 版。

② 《空头支票》，《益世报（天津）》1936 年 5 月 28 日，第 5 版。

③ 《庆林春茶庄倒闭》，《大公报（天津）》1934 年 11 月 8 日，第 6 版。

越大。1935年，津市鼎记茶庄与义盛银号因商业放款产生债务纠纷。"本
市曲店街鼎记茶庄，经理徐洁臣、张伯鸾，经营有年，营业向称不恶。
每年专以贩运大批红、绿、花茶在华北各处批售，平均每年可做二三十
万元之生意，得利颇丰。去年夏间，徐张二人，又作大批生意，在法租
界四号路义盛银号借得现款四十万元，不料营业亏累，无法偿还，虽经
屡次催索，终未给付。"①从以上两个案例可以看出，两家茶庄的经营资
金在相当程度上依赖银号放款。

　　一般来说，银号的放款对象所属的行业相对集中，主要是一些规模较
大、利润较高、经营稳定的行业，如棉纱、粮食、五金、洋货等。因为这
些行业属于批发行业，业务量大，自有资金不敷使用，有借贷需求；这些
行业本身利润可观，银号对其放款亦能够保证自身的获利。另外，这些行
业因为经营稳定，也能够保证银号的放款安全。1929年，平津金融风潮对
各业的经营都带来较为明显的影响，银号也不能例外。在这样的局势下，
银号将主要的经营方向放在棉纱、粮食及洋行等业。据《益世报》载："银
号平素以老头票买卖及贷放款为主要，老头票在上半年中，尚能活动，下
半年因反日之故，交易遂停。贷放款（即折交）注目方向，多倾于棉纱、
粮食及洋行等业。去岁粮食业状况不佳，棉纱业亦因交通不便，种种关系，
销途不踊。洋行土货输出，在下半年中，虽属活动，但并不十分兴奋，难
能当他业凋敝之余而加以扩展润泽，且津市折交习惯，多尚信用透支，故
银号对其营业范围内设施不能不加以审慎。再就抵押方面而言，华界房屋
土地信仰力已较前蚀损，小部分借款，必其人信用尚孚，并须另加稳固保
证，始肯贷予。"②

　　具体到某一家银号，其放款业务在行业选择上相对集中且较为稳定，
银号在交往家的选择上较为审慎。例如，北平万丰炉房在业务往来上主
要是将款项放给祥字号绸缎庄及各粮栈。1929年，北平万丰炉房倒闭，
"该号迄今已近百年，惟其业务至今仍守数十年前之旧习，故此次该号
倒闭，与银行号关系殊少，近年来专与山东帮所开之祥字绸缎庄及各粮
栈往来，在前数年积成粮栈倒闭，该号即受损失不少"③。万丰炉房在北
平历史悠久，资力雄厚，而作为其业务对象的祥字绸缎庄也是首屈一指的
大生意。万丰炉房在粮栈方面的业务也是与其中的一部分字号交易往来而

① 《鼎记等三茶庄使空头支票被控》，《益世报（天津）》1935年3月3日，第5版。
② 《新春中之津金融界》，《益世报（天津）》1929年2月16日，第13版。
③ 《平百年之万丰炉房》，《益世报（天津）》1929年8月8日，第13版。

非全部。受 1929 年京津金融风潮影响，1930 年北平恒丰银号收歇。据《益世报》载，北平恒丰银号"近年来营业专与绸缎庄、粮行等折交"[①]。可见，银号在交往家的选择上首先就是限定在规模较大、盈利丰厚的行业。

天津的一部分银号与毛商往来甚密，这些银号主要是晋帮银号居多。天津市场上的羊毛主要是来源于西北地区，多数由晋帮毛商经营运津。1933 年，天津羊毛行市低迷，毛商的损失及与之接近的银号经营均颇为困难。《大公报》载："津市羊毛多自绥远、包头运来，经营此业者，全部中晋商实占大多数，而银钱号中亦多晋商，此辈与羊毛业关系亦较密切。近数日来，因羊毛市况不良之故，致有晋商经营之货栈停业者一户，银号停业者两户，亏数尚不甚巨。"1933 年羊毛市况较差，主要是因为行市整体不乐观，"羊毛市况，就全局言积弱已有二年之久。其间货栈、银号所受之货价损失实属不贳，因此倒闭者连续发生数起。直至本年夏秋之交，市况始略有转机，毛商乘此机会，相率从事清理积欠，方期略得喘息，不图形势遽复变化。迄至最近，即以羊毛中主要之西宁毛言，竟复跌为三十二元。外国市场销□亦不踊跃，毛商货栈旧前累尚未全清，多成惊弓之鸟，且经过长久亏耗，资力已形脆弱。况银钱业对此业往来，莫不视为畏途，周转既不灵便，市气一时又无缓转之象，乃致再度发生摇动，其首当其冲者，厥为晋帮毛商"[②]。这些经营晋帮皮毛放款的银号与该业的兴衰紧密联系在一起。一方面，当羊毛市况不佳，毛商亏损大时，银号的经营也会受到损失；另一方面，银号因为市况不佳，收缩对毛商的放款则进一步加剧了毛商经营苦难的处境。

天津银号大部分承做天津本地商人的放款，但也有少部分银号利用在天津筹集的资金向外埠放款。近代天津银号虽然不像票号那样广设分号，但还是有相当数量的银号在外地设有分号，即便没有直接开设分号也会与外埠钱庄建立代理关系。天津作为北方的区域金融中心，资金充裕，部分银号则通过分支联号将款项调拨到外埠进行放款获利。1929 年，黑龙江哈尔滨大昌隆商号因破产清理，其中就涉及河北债权人，大昌隆通过滨江商会函请"所有河北省各商号，素与大昌隆有往来川换者"如涉及债权关系，"向滨江商会声明，以便加入债权团"以便清理债务。[③]无论具体内容是商

---

① 《将近百年之北平恒丰银号因市面萧条前日宣告歇业》，《益世报（天津）》1930 年 1 月 14 日，第 13 版。

② 《羊毛跌弱之影响》，《大公报（天津）》1933 年 11 月 13 日，第 7 版。

③ 《总商会公布大昌隆真相》，《益世报（天津）》1929 年 8 月 6 日，第 13 版。

业信用还是银行信用，都说明天津和哈尔滨之间具有密切的经济往来，其中银号在两地的资金调拨中占据重要地位。

此外，部分银号还专做外埠放款。这主要是因为各地商况不同，物产上市有时间差，所以各地金融市场松紧不同，银号在埠际之间调拨资金，"抽疲转快"以将利润最大化。例如，1931年"钱业中新成立银号一家，字号为泰丰恒，经理邵昌言，主要营业作大连、天津两地存放事宜"。[①]不仅如此，还有银号将注意力集中在乡村放账。1932年，《益世报》载天津明德银号有针对乡村放款收息的业务。明德银号在津市法租界三十号路，"为扩充营业，向在本省各县散放土账，取利极轻，藉广招徕。每届春秋两季，则由天津总号分派委员赴各县收息，本月（三月）初旬，该总号经理张姓，亲赴永清县收息"。[②]

天津银号除对外埠商号放款之外，还存在对外埠钱庄放款的情况。天津作为北方的区域金融中心，各地的资金在一定程度上依赖天津供给。1919年奉天隆泉美倒闭，欠津埠各银号钱商巨额款项。隆泉美为东帮（即东北帮）著名商号，股东王承尧，总号设在奉天，在上海、天津等处设有分号，早年经营金店业务，后兼营钱庄。在天津，隆泉美主要利用天津市面资金从东北转运大批羌帖来津出售。[③]1919年隆泉美倒闭之后，报载："奉天隆泉美字号与天津各银号交易，现在该号倒闭，拖欠永孚银号老头票一万五千元，欠银一千六百七十七元一角，尚有存银二千三百八十两；欠慎昌银号银一百七十三两四钱二分，洋四百三十元；欠钱业毛雅堂七百一十一两三钱二分；欠范钟轩银二十一两三钱九分，欠洋三百四十七元五角三分；欠杨文元银一千八百七十三两九钱六分；欠裕华银号杜善卿洋四千元，又欠老头票五千元，尚存该号银二千一百九十九两七钱一分。"[④]除各类放款之外，"敦昌银号在奉与该号作有申收汇款数万两，此款尚未收到，未悉有无办法"，"津地因该号等有此风潮，银根略紧，所有东帮在津收交各事，甚形困难，此后东帮信用暂时恐难恢复也"。[⑤]

---

①　《泰丰恒银号》，《大公报（天津）》1931年2月20日，第6版。

②　《明德银号经理被绑，因赴永清县催收息金遇匪，该号请省府通令营救》，《益世报（天津）》1932年3月24日，第6版。

③　陈宗彝：《解放前天津金融市场的变迁》，见中国人民政治协商会议天津市委员会文史资料研究委员会编：《天津文史资料选辑》（第五辑），天津，天津人民出版社，1979年，第185页。

④　《银号倒闭纠葛》，《大公报（天津）》1919年4月11日，第7版。

⑤　《各埠金融及商况：天津》，《银行周报》1919年第3卷第13期。

最后，外帮银号在津分号对其本帮放款。

天津银号中以本地帮势力最大，但其他帮派银号也占据一定比例，这些银号主要是外埠钱庄在津设的分号。天津外帮银号主要有山西帮、北京帮（含冀县南宫帮）、山东帮、河南帮、东北帮等。这些外帮银号主要经营对本帮商人的放款与汇兑。例如，天津蚨荣银号是晋帮银号，在业务联系上与晋帮商家来往较多。晋帮蚨荣银号开设在法租界，"成立业已数载，向以存放款为主要业务。股东杨杏邨……闻其平日交往家，以晋帮为多，其他商行，尚少往来"[1]。蚨荣银号将交往对象锁定在晋帮商号，这符合当时的一般商业习惯。其他帮派银号开展业务的模式与此类似。1936年，德庆仁瓷庄与庆瑞银号因债款难清涉讼，两者因同属冀州帮，在业务上过从甚密。德庆仁瓷庄开设在天津河北大街，为衡水人徐梦九经营，属于冀县帮商号。德庆仁瓷庄在津开设三十余年，"资本雄厚，每年营业不下数十万，获利颇丰"。1936年，"因地方迭遭事变，市面萧条，竟一蹶不振，致亏累十余万元，近以实难支于，持业日前宣告歇业"。德庆仁瓷庄倒闭之后欠庆瑞银号四千元。庆瑞银号则是著名的冀县帮银号，"据付洛彬供，年三十一岁，冀县人，现在法租界二十三号路庆瑞银号充当副经理，德庆仁瓷庄前曾欠伊银号债款四千元等语"[2]。外帮银号将放款对象确定在本帮的范围内主要还是因为中国传统商业习惯中注重人的信用在发挥作用。对于银号来讲，一方面在原籍多设有总号，资金往来上较为便利；另一方面因为地缘因素，这些银号与本帮商业之间存在着千丝万缕的联系。

这种交往方式对银号和商号双方都有利，主要体现为在资金上互相调剂，在业务上互相帮扶，即便出现债务或者纠纷，调处的难度与成本也被大大降低。如1929年，平津金融风潮影响巨大。"平市去年八月间，因受时局影响，加以市面萧条，自义兴银号搁浅后，其后连带受其波及者，未及一个月，平津两地联号搁浅，不下二十家之多。"其中宝丰银号之所以能够复业，皆得益于"豫帮各大存户维持，亦系分年还存，并催得某项欠款，以为营业之流动"[3]。宝丰银号搁浅后在豫帮存户的维持下得以渡过难关。1929年，蚨生祥银号倒闭，从欠款的结构来看主要是本帮的存户欠

---

① 《法租界蚨荣银号》，《大公报（天津）》1935年1月5日，第6版。

② 《德庆仁瓷庄倒闭后发生债务纠纷》，《益世报（天津）》1936年3月2日，第5版。按："近以实难支于，持业日前宣告歇业"，原文排版错误，应为"近以实难支持，业于日前宣告歇业"。

③ 《平市去年搁浅之银号》，《大公报（天津）》1930年1月8日，第6版。

款。报载："法租界梨栈大街蚨生祥银号突于昨日下午三时倒闭，共亏空三十余万，内计烟台帮十八万，存户王某十余万，同业间已轧清，故对于街面尚无何等影响。"①除了清理程序较为简便，成本较低外，这样的存放款方式还在一定程度上兼顾了市面安全。

### 三、折交银号与汇兑市场

汇兑是银号的一项重要业务，主要由折交银号经营。银号的汇兑业务和票号利用分支网络开展的直接汇兑不同，内汇业务主要是通过市场交易完成的。在天津内汇市场上最具影响力的是上海的申汇，银号通过申汇的买卖在上海和天津之间调拨资金。近代上海开埠以后，迅速成为中国内外贸易第一大港和商业、金融中心。贸易的发展必然造成大量的资金流动和频繁的款项收解，这就推动了本土金融业的进一步发展，在制度上有所创新，从而为商业活动提供更好的信贷和融资服务。在这样的情况下，到19世纪末期初步形成了一个以上海为中心的全国性的内汇网络，其中发挥关键作用的就是申汇。申汇是对以上海钱庄或商号为付款人，以上海规元为计算单位的汇票的统称。因付款对象不同，申汇分为钱庄汇票、商号汇票和庄客客票。②一般而言，申汇票据的出票人以钱庄为主体，钱庄汇票以其独有的信用保障，在市场上具有较好的流通性。申票流通到外埠以后主要以票据贴现的形式变现，对于外埠钱庄而言进行申票贴现等同于购买外地期票，购买之后可以邮寄到上海抵欠，也可以汇划结算和直接购买货物。伴随近代上海作为全国经济金融中心的地位逐渐稳固，申汇的信用日益得到认可。申汇在市场上可以随时变现，因此各地钱庄、商号都将申汇视为现金，俗称"上海头寸"，借以调剂金融盈虚。申汇具有信贷、汇兑、结算的多重功能，推动了埠际间的交易往来结算，是埠际资金流通的重要工具。上海以外各埠的钱庄和商号对申汇的需求旺盛，在资金有余时则从市场上购入申汇，在资金短缺时则随时可以在市场上出售申汇变现，申汇买卖成为调节资金余缺的一种重要手段，掌握了申汇等同于掌握了现金。另外，申汇的价格随市场供需波动，合理地调配资金经营申汇，还会给钱庄和上海带来额外的金融收益。因此，在各埠就出现了对申汇的动态需求，一些商号要售出申汇变现的同时，另一些商号则需要购进申汇；一些商号对申汇价格看涨，另一些商号则有可能看跌。当需求和供给同时出现时，

---

① 《蚨生祥银号昨又倒闭》，《大公报（天津）》1929年8月6日，第6版。

② 石涛：《汇兑、结算与投机——近代申汇问题探析》，《社会科学辑刊》2008年第3期。

市场就形成了，价格则成为彼此沟通的途径，从而形成了买卖申汇的市场。其中，最为著名的申汇市场有天津、汉口、重庆等，其次申汇在南京、广州、西安、宁波、杭州、青岛、厦门等地均有专业市场，这些商埠和上海之间存在直接通汇的情况。

各埠钱业多代客或者直接参与买卖申汇，申汇行市依据各埠的市场供需进行波动。申汇的行市，本质上就是汇水的价格变动，也即两个商埠之间区域货币兑换的汇率变化。比如，天津的申汇就是天津行化银与上海九八规元的比率，汉口申汇则是用汉口洋例银与上海九八规元核算。申汇行市依据市场供需而发生变化，是埠际间货币关系的价格表现，申汇买卖最根本的是要解决资金供给平衡的问题。

在市场机制的参与下，近代钱庄的内汇业务和票号的汇兑业务在底层逻辑上是完全不同的。票号的汇水是每家票号根据其经营情况自定的，客户可以参与议价，价格的高低受票号支店分布、汇兑业务多寡、资金的紧俏程度、顾客信用，甚至是私人情谊等诸多因素影响，价格是否公允对于双方而言都存在一定的盲目性，而近代钱庄的内汇业务的市场机制得到很大程度的发展，客户需要向外埠调用资金可以直接或间接从市场上通过买卖票据实现。埠际间资金流动费用的市场化，是近代钱庄和票号的重要区别之一。汇兑行市的存在说明了埠际间资金流动的经常性，以票号为载体的直接汇兑体系在效率上已经明显落后。汇兑市场通过价格机制体现供需，是近代钱业变迁的重要内容之一，也是近代钱庄能够代替票号成为中国钱业的最新形态的最根本的原因。

在众多的申汇市场中，天津和汉口最具影响力。通过申汇的买卖，近代天津银号能够通过市场调用上海的资金用以支持天津与腹地之间的贸易结算，申票作为信用工具在内地的商业往来中的影响越发广泛。天津作为华北重镇，商业往来频繁，腹地辐射华北和西北等地区，逐渐成为华北货物集散中枢与金融调剂的中心，同时支配着华北各地方市场，在商业和金融活动中居于承上启下的地位。天津与上海的汇兑极为频繁，天津申汇市场主要经营对象为天津与上海间的电汇，俗称"电报"，它以天津行化银对上海规元的比率计价。在天津经营申汇的机构主要是银号，银行方面则多委托银号代办，1931年天津各主要银号经营申汇情况如表6-1所示。

表 6-1　1931 年天津 61 家银号业务统计

| 序号 | 银号名称 | 资本 | 经理、副经理 | 地址 | 开设时间 | 主要业务 | 附记 |
|---|---|---|---|---|---|---|---|
| 1 | 徐大亨 | 10 万元 | 王晓岩、王檀亭，陈锡三 | 北马路 | 民国元年 | 存款信用放款津申电汇兑 | 初为馀大，后改为馀大昌，去年又改为馀大亨，民国十九年盈余 4 万元 |
| 2 | 同裕厚 | 10 万元 | 杜少田；张奎卿 | 锅店街 | 民国十四年 | 存款信用放款申电汇兑 | — |
| 3 | 聚丰永 | 8 万元 | 崔兰亭；王仲贤 | 法租界四号路 | 民国四年 | 存款信用放款兼营进出口 | — |
| 4 | 晋丰 | 20 万元 | 朱馀斋；马桂山 | 竹竿巷 | 民国二年 | 存款信用放款津申电汇 | 民国十九年盈余 6 万元 |
| 5 | 洽源 | 20 万元 | 张云峰；齐连忖 | 竹竿巷 | 前清 | 存款信用放款津申电汇 | 民国十九年盈余 3 万元，兼汇理账房 |
| 6 | 和济 | 10 万元 | 王景西；冯敬兴 | 竹竿巷 | 民国十七年 | 存款信用放款津申电汇 | 民国十九年盈余 2 万元 |
| 7 | 天瑞 | 10 万元 | 梁绶西；顾筱林，李慰忱 | 针市街 | 民国十四年 | 存款信用放款津申电汇 | 民国十九年盈余 2 万元 |
| 8 | 永源 | 10 万元 | 王松臣；魏绍良，张鲁西 | 针市街 | 民国十八年 | 存款信用放款津申电汇 | 民国十九年盈余 5 万元 |
| 9 | 永昌 | 10 万元 | 孙露亭；桑镜涵 | 北马路 | 民国元年 | 存款信用放款津申电汇 | 民国十九年盈余 4 万元 |
| 10 | 敦庆长 | 10 万元 | 高樾村；张旭堂，王雨孙 | 北马路 | 前清 | 存款信用放款津申电汇 | — |
| 11 | 和丰 | 10 万元 | 刘泽泉；李钰生，李绍川 | 针市街 | 民国十九年 | 存款信用放款津申电汇 | 由永丰改组，民国十九年盈余 3 万元 |
| 12 | 益普 | 10 万元 | 顾益三；邓楚卿，张子仲 | 针市街 | 民国十三年 | 存款信用放款津申电汇 | — |

续表

| 序号 | 银号名称 | 资本 | 经理、副经理 | 地址 | 开设时间 | 主要业务 | 附记 |
|---|---|---|---|---|---|---|---|
| 13 | 中兴 | 10万元 | 王兰舫；张月樵、李鹤亭 | 针市街 | 民国元年 | 存款信用放款申津电汇 | — |
| 14 | 永谦 | 10万元 | 杜幼芝；赵少棠 | 针市街 | 民国十六年 | 存款信用放款申津电汇 | 民国十九年盈余2万元 |
| 15 | 诚明 | 6万元 | 杨郁文；王少安 | 针市街 | 民国十九年 | 存款信用放款申津电汇 | — |
| 16 | 义胜 | 8万元 | 王朴齐；陶锡三、焦世卿 | 估衣街 | 民国元年 | 存款信用放款申津电汇，兼做金单位 | — |
| 17 | 裕源 | 6万元 | 汪少波 | 针市街 | 民国十七年 | 存款信用放款申津电汇 | — |
| 18 | 颐和 | 20万元 | 倪松生 | 法租界四号路 | 民国十四年 | 存款信用放款申津电汇 | 民国十九年盈余5万元 |
| 19 | 永恒 | 10万元 | 小云轩、王馥江、刘滨甫 | 宫北 | 民国十七年 | 存款信用放款申津电汇 | 民国十九年盈余3万元 |
| 20 | 仁昌 | 4万元 | 顾鹤岩；王子久 | 针市街 | 民国十九年 | 存款信用放款申津电汇 | 民国二十年五月二十一日因股东刘仁轩拿办，该号正移并已清理 |
| 21 | 中和 | 20万元 | 王幼高；张泽湘 | 北马路 | 民国十八年 | 存款信用放款申津电汇 | 民国十九年盈余3万元，由道生银行改组 |
| 22 | 全记 | 10万元 | 李冶民；梁鑫峰 | 针市街 | 民国十二年 | 存款信用放款申津电汇 | 北京帮（北京帮） |
| 23 | 鸿记 | 10万元 | 曹子厚 | 北门内 | 民国元年 | 存款信用放款申津电汇 晋各省汇兑附设仓库 | 山西帮，民国十九年盈余4万元 |
| 24 | 祥瑞兴 | 10万元 | 崔寿山 | 针市街 | 民国十二年 | 存款信用放款申津电汇 | 北平帮（北京帮） |
| 25 | 永增和 | 10万元 | 王甲三 | 针市街 | 民国元年 | 代客买卖公债兼存放以兑及老头票 | 北平帮（北京帮） |

续表

| 序号 | 银号名称 | 资本 | 经理、副经理 | 地址 | 开设时间 | 主要业务 | 附记 |
|---|---|---|---|---|---|---|---|
| 26 | 宝生 | 6万元 | 张蕴伯 | 旭街 | 民国十三年 | 存款信用放款兼买卖老头票 | — |
| 27 | 保信 | 4万元 | 张雅泉 | 四面钟 | 民国十八年 | 存款信用放款兼买卖老头票 | — |
| 28 | 永享 | 4万元 | 寇骥田；俞鸿宾、颜润贤 | 宫北 | 民国十五年 | 门市兑换兼存放 | 民国十九年盈余5000元 |
| 29 | 聚泰祥 | 6万元 | 刘浩如 | 针市街 | 前清 | 存款信用放款 | — |
| 30 | 恩庆永 | 6万元 | 赵品臣、郭秋斋、陈幼波 | 小白楼 | 民国十年 | 专买卖外国货币及门市兼少数存放 | — |
| 31 | 福东 | 4万元 | 杨镜波、顾鹤年 | 海大道 | 民国十六年 | 存放 | — |
| 32 | 恩庆厚 | 4万元 | 赵筱平、崔鹤舫 | 英租界菜市 | 民国十二年 | 专买卖外国货币及门市兼少数存放 | — |
| 33 | 永信 | 6万元 | 胡翰卿；安子修 | 法租界四号路 | 民国七年 | 存放兼做老头票 | — |
| 34 | 信源溢 | 4万元 | 陈雅亭 | 四面钟 | 民国十年 | 代客买卖公债老头票及存放 | — |
| 35 | 肇华 | 10万元 | 王少舟；何巨川 | 宫北 | 民国十三年 | 存放抵押申津电汇 | 民国十九年盈余4万元，与金城银行接近 |
| 36 | 永济 | 10万元 | 尚彩臣、刘月亭、沈克卿 | 宫北 | 民国十二年 | 存放东汇买卖老头票 | 民国十九年盈余20万元，与盐业银行接近 |
| 37 | 敦昌 | 10万元 | 范钟轩；卢子林 | 宫北 | 民国元年 | 银楼东汇买卖老头票 | 去年盈余10万两 |
| 38 | 义恒 | 4万元 | 桑萃生 | 东新街 | 前清 | 存放 | — |
| 39 | 益兴泰 | 4万元 | 徐升庵；范雅林 | 东新街 | 前清 | 银楼与存放 | — |

续表

| 序号 | 银号名称 | 资本 | 经理、副经理 | 地址 | 开设时间 | 主要业务 | 附记 |
|---|---|---|---|---|---|---|---|
| 40 | 利和 | 10万元 | 李致堂；幺献臣、李墨臣 | 针市街 | 民国十七年 | 存放申津电汇 | 民国十九年盈余2万元，兼华比账房 |
| 41 | 德源 | 6万元 | 倪岐山；毛敏斋 | 竹竿巷 | 民国十五年 | 存放 | — |
| 42 | 聚盛源 | 6万元 | 刘桂甫 | 针市街 | 民国十七年 | 存放 | 北平帮（北京帮） |
| 43 | 宏利 | 4万元 | 任良任 | 法租界 | 民国十七年 | 存放 | 北平帮（北京帮） |
| 44 | 聚义 | 6万元 | 杨镜波；刘镜如 | 针市街 | 前清 | 存放 | — |
| 45 | 同德 | 4万元 | 吴冀南 | 法租界四号路 | 民国十七年 | 存放 | 北平帮（北京帮） |
| 46 | 谦祉 | 10万元 | 王小石 | 针市街 | 民国十年 | 存放汇兑 | 北平帮（北京帮） |
| 47 | 庆聚 | 10万元 | 李竹贤 | 北马路新民里 | 民国九年 | 存放 | 北平帮（北京帮） |
| 48 | 生生 | 10万元 | 冯耀三 | 北马路新民里 | 民国十三年 | 存放 | 北平帮（北京帮） |
| 49 | 升恒 | 2万元 | 娄秀章 | 针市街 | 民国十五年 | 存放 | 北平帮（北京帮） |
| 50 | 致昌 | 15万元 | 李秉刚；刘信之 | 法租界杨福荫路 | 民国十七年 | 存放 | 北平帮（北京帮），民国十九年盈余6万元 |
| 51 | 广业 | 4万元 | 刘向亭 | 针市街 | 民国十八年 | 存放 | 北平帮（北京帮） |
| 52 | 恒康 | 4万元 | 张雁宾 | 北马路 | 民国十七年 | 存放 | 北平帮（北京帮） |
| 53 | 恒利 | 4万元 | 陈明韶 | 北马路 | 民国十七年 | 存放 | 北平帮（北京帮） |
| 54 | 同兴 | 4万元 | 姚莫川；常辑五 | 法租界四号路 | 民国十九年 | 存放 | 北平帮（北京帮） |
| 55 | 泰丰恒 | 10万元 | 邱昌昌；高叔彝 | 宫北 | 本年（民国二十年） | 存放汇兑东汇 | — |

续表

| 序号 | 银号名称 | 资本 | 经理、副经理 | 地址 | 开设时间 | 主要业务 | 附记 |
|---|---|---|---|---|---|---|---|
| 56 | 元泰 | 8万元 | 毛雅泉 | 官北 | 本年(民国二十年) | 存放汇兑东汇 | — |
| 57 | 益生 | 10万元 | 王松樵 | 法租界六号路 | 民国十七年 | 存放晋省汇兑 | 山西帮 |
| 58 | 同和裕 | 20万元 | 曹澄波 | 法租界四号路 | 民国二年 | 存放豫省及各埠汇兑货栈 | 河南帮，现改天津为总号 |
| 59 | 信昌 | — | 王子峰 | 法租界 | — | 豫省汇兑及存放 | 河南帮分号，总号在开封 |
| 60 | 中权 | — | 王捷之 | 法租界 | 民国十九年 | 豫省汇兑 | 河南帮分号，总号在郑州 |
| 61 | 宏康 | — | 李长俊 | 法租界二十三号路 | — | 豫省汇兑 | 河南帮分号，总号在新乡 |

资料来源：吴本景：《天津之金融状况与商业情形（二）：天津钱业一览》，《中央银行旬报》1931年第3卷第18期

从表 6-1 可以看出，天津银号经营汇兑业务主要是和存放款业务结合在一起的，即主要由西街银号来经营，属于稳健经营风格的业务范畴。其中，明确表示经营津申汇兑的就有 25 家，其他经营汇兑的银号未明确表示的尚不在内。津申电汇主要由银号来经营，其原因在于银号和外行商家交往密切，每家银号都有较为稳定的经营对象，熟知其经营情况与信用状况，这对于以注重人的信用为主的银号来讲节约了交易成本。一般而言，银号经营津申电汇是代客买卖，同时依据行市变动也开展自行经营。

汉口的申汇市场，早在清光绪年间即已开始。1927 年以前一直由当地钱业公会主持，交易时间为每日 10 时左右开始，11 时收盘，由会员钱庄参加，受各业商号委托收交申汇。交易方式分为"现交""对交""到盘"三种。天津的申汇市场在交易模式上与汉口稍有不同，天津没有固定的交易申汇的场所，主要是通过跑合铺的经纪人来兜揽及定价。近代天津先后设立过信记、通记、公记等多家跑合铺，多由钱业中人经营，整体规模大致有经纪人二三十人。跑合铺每日开作申汇交易，由各经纪人分别联系银号从中跑合，除介绍申汇交易外，还要负责议定申汇行市。跑合铺的对象为各银号、银行、棉布庄及各大货商。银号方面也将每天工商户和银行委托代办的汇兑业务算出收支差额，视收交情况决定买入还是卖出，无论哪种情况，都要通过经纪人在市场上寻找对手，最终要使汇票的收交平衡。而市场上的整体平衡是通过价格实现的。跑合铺每日 14 时开始向各号兜揽生意，为收交双方寻找对手，到 17 时左右，跑合铺商订申汇行市。所谓商定行市就是在前一天行市的基础上，根据当天申汇供求的变化使行化和规元的比价上下调整，用以调剂供求（即买汇与卖汇）使其达到平衡，如果收交一致，则按照前日价格不变。如供过于求，即卖出申汇者多时，则酌情降低申汇行市，使上海规元相较于天津行化银贬值，原本计划卖出一方因价格跌落则可以暂时停止卖出，以减少市面申汇的数量；另外，因规元价落，市场上一些原不准备购进申汇者，也可因其价落而乘机购买，这样申汇之需要增多，于是买卖数量，遂相符合。反之，跑合铺开出的申汇行市则提高，通过价格影响收交变化，以追求收交平衡。近代上海是全国的商业与金融中心，天津的进出口贸易和上海保持着密切的联系，因而申汇在天津市面占据重要地位。

在华北地区，天津又处于区域商品和金融中心的地位，因此华北各埠和天津之间又存在着频繁的汇兑往来。津汇在本质上和申汇是一致的，主要是华北各地商埠对天津的汇兑业务，反映华北各埠对天津资金的依赖情况。就现有的资料来看，在北京、张家口、周口、太原等重要商埠，以及华北的一些县域商业中心已经形成了津汇的市场，津汇的价格是依据对津汇兑的供需波动的。1929年6月23日北平钱业公会早市开做拆息及汇兑行市。就整体状况而言，"拆息稍低……津汇略升"，"拆息系银元，成交仅二千元，开为每日每千元一角四分，较前开行市，稍低一分；汇克（兑）系平津洋元，成交有三万元，开为每万交主耗率三元五角，较前日每万又略涨五角"。①张家口作为天津和西北各地的中转站，对津汇兑更是早已形成市场。据《益世报》载，1918年4月张家口"近两星期因银根充裕而鲜用途，致金融甚疲"，按照惯例"本地（张家口）茶业向年于春季汇汉口收款不下百十余万两，均系采办红茶运销俄国。今因俄乱未定及南省军事影响，大多停止办货，此项巨款在口无处调动，故银势异常之疲……近日汉兼做开对交每千两升汇各四十两，刻用办货不旺，已疲至三十两矣。口埠各洋货庄因天津行市太大，无法贪办，迄日津票对交自九百七十五两疲至九百六十八两"。②张家口对天津的汇兑也是由银号来经营的，据报载，1920年张家口的蚨丰银号就有买卖津汇的情况。1920年4月中旬张家口市面清淡，"查本星期口地市面颇形清淡，盖因津申两处有外国洋行数家倒闭消息，影响所及，各商均抱观望主义。刻下口埠四月标期临近，征诸昔年，于标期之前原属无事，故现时恰、库货物，销路均甚停滞。各埠汇兑极少，仅本地蚨丰号做津票二万余两一笔，系阴历三月底津收西公砝（砝）一千两，七月标口交口平一千零零八两"。③张家口蚨丰银号所经营的这一笔津汇为迟期三个月左右，而且已经约定价格为"三月底津收西公砝（砝）一千两，七月标口交口平一千零零八两"，已经带有期货的基本属性，反映蚨丰银号对三个月后天津与张家口之间的汇兑预期。

周口是近代河南著名的商镇，其商业往来既联系申汉，也沟通平津。据1918年4月27日《银行周报》载："本两星期出口货，系麻油二百篓，小米四百石，小麦六百石，芝麻百二十石，皮张三百石，白面一千五百；进口货，竹木十二船，洋广货三十箱，绸缎五箱，纸张一百二十捆，煤炭八船，糖杂货二百包，煤油八十箱，纸烟八箱。至汇款周收申汉交者颇多，而周交申汉收者，为之绝迹。惟津收者尚有零星之数，计汇出汇入共不过五万余元。汉口交每千得水十八元，规元九百五十两，洋厘六钱八分三厘，

---

① 《平银钱公会昨开拆息汇兑市况》，《益世报（天津）》1929年6月24日，第13版。

② 《各埠金融及商况：张家口》，《银行周报》1918年第2卷第17期。

③ 《各埠金融及商况：张家口》，《银行周报》1920年第4卷第18期。

钱价二千一百三十八文。"[①]可见，周口对天津具有直接的汇兑关系。

太原作为山西省会与天津经济联系紧密，出产棉花、杂粮等大宗货物需从天津出口。近代太原和其他重要商埠一样存在津汇行市，这反映了太原一定程度上对天津资金的依赖。据载，1936年初太原银号的经营市况较为低迷，汇兑业务几乎停滞，各家银号勉强开市逐渐转向直接办理各外县大宗货物出口和向内地推销本省物产。在这样的情况下，太原市面的津汇行市停开。"本市各银号钱庄，因值此社会经济奇窘之际，营业萧条，周转困难，已陷频（濒）危状态……全市银号、钱庄三十四家，自今晨勉强开市……今（八日）晨首次行市，只作对月利、满加利、短期利三项，其余汇津等项，已完全停止……至其余各钱庄自汇换处成立后其大部营业如汇兑等业已一律停止，今后营业自须另图他业。"[②]

津汇在区域内发挥的作用和申汇在原理上是一致的，能够直接汇兑的两个商埠间则有明确的汇兑行市，在不能直接通汇的商埠，还可以通过津汇进行周转，即天津可以作为两个没有直接汇兑关系商埠的结算中心，而津汇就是最直接有效的清算工具。1930年9月5日天津《益世报》刊载了束鹿位伯镇[③]源顺昌银号的法律咨询，虽然问题是假设的情况，但却反映了华北腹地县域金融周转的实际情况。据载，源顺昌银号在位伯镇，其因纠纷问题咨询法律方面问题于史可篯。源顺昌就相关问题进行举例。甲乙两商分属不同县域，"乙欠甲货款若干，乙以津汇票照数偿甲；甲即持此汇票至津，不能对（兑）现，甲遂往乙处退汇票，向乙索讨退票款，并退票损失费，乙即偿甲数宗现款"[④]。可见，天津的汇票在石家庄附近的两县之间是具有清算工具地位的。

津汇与申汇在本质上没有区别，申汇流通范围较广，在全国范围内都产生了重要影响，而津汇更多的影响范围还是华北西北等经济交往密切的区域内。"天津为北方之咽喉，华北及西北内地货物之输入输出，均以此为集散之点，与各地账款往来频繁，故通汇地点奄有华北、西北各省之大埠及东三省各地，而与上海、广东、汉口等大埠，亦有密切关系。在昔通汇最密之地为上海、北平、包头、张家口、石家庄、大连、沈阳、营口等地，惟自九一八后，关外各地商业断绝，汇兑亦随之清淡矣。"[⑤]不难看

---

① 《各埠金融及商况：周口》，《银行周报》1918年第2卷第17期。
② 《太原银号钱庄三十四家开市》，《益世报（天津）》1936年2月11日，第4版。
③ 位伯镇原属束鹿，现属于石家庄辛集市。
④ 《答束鹿位伯镇源顺昌银号》，《益世报（天津）》1930年9月5日，第11版。
⑤ 《天津市金融调查》，《中央银行月报》1934年第3卷第9期。

出，内汇市场存在明显的层级，天津的资金供给依赖上海，华北腹地各商埠的资金则由天津来提供，资金的流动是通过申汇和津汇来实现的。津汇的普遍存在体现了天津作为中心金融市场对腹地的资金具有明显的影响力。

内汇市场的发展还体现在商人对汇兑远期价格的投机。伴随中外贸易与埠际贸易的深度发展，近代中国金融市场的结构更加复杂。金融市场中除了较为成熟的基本金融工具外，还逐渐发展出了金融衍生工具，即各类期货、期权的交易在近代中国有所发展。这类衍生金融工具依赖基础金融工具的变动而变化。近代中外贸易及跨区域贸易往来中，除了商品本身的价格之外，商人还要考虑的一个重要因素就是汇率变动带来的风险。是否能够合理有效地处理汇率风险，直接影响商人的经营利润。在近代中国，这种汇率波动的风险不但在中外贸易中普遍存在，即便是内贸，由于结算货币的复杂性，埠际间的交易结算也存在汇率波动的风险。以天津与上海之间的贸易为例，近代上海作为中国最重要的商业和金融中心，20世纪30年代以后天津通过上海转口的商品多以申汇结算，但申汇在天津市场存在价格波动。在交易达成以后，申汇的涨落对天津商人的实际收益会造成直接的影响，因此，天津市场上既存在申汇的现货价格，同时也存在申汇的远期价格。天津商人通过远期申汇的买卖来实现套期保值。申汇的期货投机不仅在天津存在，其他重要商埠也存在"赌申汇"，这在一定程度上给金融市场和社会经济带来一些消极影响。由于申汇价格常随其供求变化而发生波动，这便为各种投机炒作创造了条件。如在重庆，商业经营所面临的环境较为复杂，申渝之间货物进出口的不平衡，加之贸易往来具有明显的季节性特征，这些因素时刻影响重庆银根的松紧，进而造成重庆汇兑市场申票的价格起落较大。因此，货帮在计算贩运盈亏时，必须要将申汇的涨跌估计在内，因而预期买卖申汇为贸易结算做好前期准备以达到套期保值的目的，这成为商人必要的经济活动。申汇的期货交易遂成为一种经常性的融资活动，在这样的基础上重庆形成了申汇投机市场。虽然申汇投机在特殊情况下，会造成金融波动，对经济和金融发展造成冲击，但投机活动却增强了贸易和金融市场的活跃程度，其积极作用远远超过了它的消极作用，这一点是不能忽视的。

## 第三节　"现事"银号与投资市场

银号经营的"现事"业务主要是指老头票、羌帖、足金、标金、金票、公债买卖及普通商品的投机。这里的投机业务不带贬义，而是指利用市场波动中的价格差获利。银号将此类投机业务称为"现事"或者"套市"。①
"现事"银号的经营具有风险大、利润高的特点。近代天津经营"现事"
业务的银号主要为东街银号，这些银号在区域上集中在东门外、宫南、
宫北大街等处。相对于传统的以折交为主要业务的西街银号而言，不但
在区域上二者存在较为明显的界限，主要还是因为业务风格不同，彼此
"敬而远之"。

### 一、"现事"银号的投资业务定位

折交银号主要经营存放、汇兑业务，业务风格上较为稳健，也往往因
此获得了较好的社会声誉，折交业务在社会的普遍认识中被视为是银号的
"正经生意"，而经营"现事"的银号则必须面对更大的风险，但由于利润
丰厚也被一部分钱业中人所青睐。"现事"银号一般来说比折交银号的资
本规模略小，非常重视经理人的聘任，依托其手腕灵活开展业务。经营"现
事"的银号往往不太重视存放款业务，其周转资金主要依靠自有资本及借
入款项，借款则主要来自士绅富户的存款及银行的拆借。"现事"银号的
消极影响体现在投机业务容易给金融市场造成更大的波动性，一旦出现银
号倒闭搁浅往往牵动市面金融周转；而积极方面，在投机交易的驱动下，
市场更富于活力，投机者的适度参与能够促进市场成交，从而更好地发挥
市场机制的作用。"现事"银号因为业务形式多样，经营灵活，因而在天
津市面也颇占据一部分势力。

由表面观之，"现事"银号与折交银号的区别体现在业务范围、经营
风格及风险收益等诸多方面，但本质上是银号行业内部对金融市场的划分，
即存放汇业务与投机业务被分成两个市场，分别由不同业务风格的银号来
经营。一方面由于银号的资力有限，对于各项金融业务不能兼顾；另一方
面从银号行业的整体安全来考虑，由于投机业务风险较大，也应该与密切
联系众多商号存贷业务保持一定的距离。

"现事"银号对其业务范围有着较为精准的定位。近代金融市场上可
供投机的对象种类繁多，天津市面常见的有老头票、羌帖、足金、标金、
公债、股票等。不同的银号在经营对象的选择上存在明显的倾向性与稳定
性，银号常将其自身的业务范围限定在一定的范围内，这主要是和银号经
理人的知识结构与社会背景有关，体现了钱商通过自我约束来进行风险控
制。例如，1921 年天津慎昌银号倒闭，报载，"本埠东门外宫北大街慎昌

---

① 王子建、赵履谦：《天津之银号》，河北省立法商学院研究室，1936 年，第 25 页。

银号，向以卖买日本老头票为业"①。1934 年，永和银号因"现事"业务清理，报载"法租界永和银号，素以经营足金为主要业务"②。以"现事"业务为主银号往往是在开设之初即确定了其营业范围，如天津"日界旭街大康银号，自成立以来，即经营各种杂票及老头票，营业资本现大洋二万元"③。

"现事"银号的资本规模与折交银号相比略小，股本的多寡也不太受重视，其信用主要依赖经理人的经营能力及其在业内口碑。在获得较为优厚收益的同时，"现事"银号也要承担较高的经营风险。此类银号抵御金融风险的能力略逊色于折交银号，一遇金融风潮，倒闭的情况时有发生。开设在天津法租界的永和银号成立于 1934 年春季，资本约三万元，"营业以足金为主要业务"，到 1934 年底即因"金价涨落不定，感觉应付不易，继受某投机商之牵连，以致周转不灵，于昨晨搁浅"。④1936 年大来银号从成立到清理仅存在数月时间，"本市日租界大来银号，成立仅数月，经理人为皮渐达，资本亦不多，营业以足金为主，近以足金市场萧索，买卖不多，该号感觉市场前途维艰，于昨日起，自动宣告清理"⑤。在经营方式上，"现事"银号多不倾向设在闹市之中，即使有的"现事"银号在商业区中设有门面，门禁管理也较为严格。1934 年 9 月 21 日 9 时许，天津"华中路闹市中心大成银号"被抢，"悉该号虽仅设门面一间，但素以买卖标足金行市为业，易招匪徒觊觎，按之本市银钱号规章，不做门市兑换者，门禁最严，门首设生徒一人，非经问明不得入内"⑥。

## 二、"现事"业务的经营对象

从晚清到民国时期，天津"现事"银号投机的对象主要有老头票、羌帖、足金、标金、金票、公债、洋厘等。"现事"银号之所以将这些外国货币、贵金属及债券确定为投机的对象，最根本的原因是其在国际贸易结算中具有较好的流动性。近代中外贸易发展，使中外商人都需要通过市场获取此类被广泛接受的结算货币。天津作为近代华北最大的水旱码头，贸

---

① 《银号倒闭》，《益世报（天津）》1921 年 1 月 11 日，第 10 版。

② 《永和银号搁浅》，《益世报（天津）》1934 年 12 月 11 日，第 7 版。

③ 《金融及实业杂讯：天津近来新张与歇业之银行号》，《东三省官银号经济月刊》1930 年第 2 卷第 5 期。

④ 《永和银号昨晨搁浅》，《大公报（天津）》1934 年 12 月 11 日，第 7 版。

⑤ 《大来银号昨日清理》，《益世报（天津）》1936 年 3 月 27 日，第 5 版。

⑥ 《法租界大成银号昨晨九时被匪抢劫》，《益世报（天津）》1934 年 9 月 22 日，第 5 版。

易发达使老头票、羌帖、足金、标金等在天津的金融市场上产生了巨大的需求。近代天津和上海不同，天津没有类似上海钱业的拆借市场，"津地各商业对于各银行、银号欠款利息，向不随时涨落，均有原定利息，由七厘至一分左右，各家不同"[①]。因此，天津的"现事"业务中没有拆息。

天津金融市场最初投机业务主要以羌帖为对象。19 世纪 60 年代，伴随沙俄对中国经济侵略的加深，华俄道胜银行在中国东北发行纸钞卢布大量流入内地套取真金白银。1896 年，华俄道胜银行在天津设立分行并附设外币交易所，主要以羌帖为交易对象。一方面中俄之间，内地与东三省之间的贸易需要大量的羌帖进行结算；另一方面，投机者利用羌帖价格涨落进行投机，买进卖出之间赚取差价。

1917 年"十月革命"后羌帖失去投机价值，很快就淡出市场。天津的投机市场遂转向老头票。老头票也称"日金"，是朝鲜银行发行的不兑现日金纸币。"金票"主要是指日本正金银行在华发行的纸币，"正金票为中国人存款于彼而后发行，或向彼借款而后以该票代现洋"[②]。老头票流入中国市场以后，在东三省、河北、山东等地逐渐形成一定的影响力。老头票在中国金融市场上的影响力持续时间较长，银号之所以将老头票作为投机对象，最基本的原因是"天津商务与日本关系极为密切，故老头票在津之需要甚殷"[③]。"老头票之用项，在京津方面止于往日本汇兑，或携往青岛、东三省、朝鲜、日本等处而用之，不能市面上通行。"[④]正金票主要用于各金融机构与日本正金银行之间的交易结算，因此在市场上也具有较为稳定的价值。老头票交易在最初形成市场以后，很快就成为投机业务。特别是 1929 年后，金银比价，涨落无常，日金盛极一时。九一八事变以前，每日成交一二百万元，多至千万元。盈亏之大，风险之巨，不亚于沪市标金。直到九一八事变以后，天津钱商曾一度停止老头票交易"而以足金代之，同时日货进口亦锐减，日金市场之营业，一落千丈"。到 1936 年前后，伴随中日贸易的恢复，日金交易在天津逐渐恢复，日成交额平均五六十万元，最高达二三百万元。1935 年，国民政府进行法币改革之后，"沪市标金及外汇价格日趋安定，日金市价亦因之而稳定，投机者无利可图，又复趑趄不前，每日成交额，复降而为二三十万元矣。""日金市场最初

---

①　《各埠金融及商况：天津》，《银行周报》1921 年第 5 卷第 6 期。

②　中一：《银号被罚之研究》，《大公报（天津）》1919 年 12 月 19 日，第 7 版。

③　王子建、赵履谦：《天津之银号》，河北省立法商学院研究室，1936 年，第 26 页。

④　中一：《银号被罚之研究》，《大公报（天津）》1919 年 12 月 19 日，第 7 版。

附设于钱业公会内，民国十七年以后始移设于今址日租界平井洋行内"。①

天津金融市场商人除投机日金之外，还大量投机足金。"此（足金）市场系由本市银号及金店中人与日商平井洋行联合组成。最初设在日租界荣兴公司内，九一八以后，日金营业黯淡，投机者群趋足金买卖，一时营业大盛，英租界之永盛洋行，因以继起。其后二者合并，改组为天津商业经济所，以荣兴为第一市场，永盛为第二市场。（民国）二十四年十一月政府实施通货管理后，金市趋于稳定，市场营业衰落。（民国）二十五年三月起，两市场合并，由永盛一家开做，荣兴则停止拍板。自六月一日起，足金市场更因永盛移设于平井洋行，与日金市场合并为一。当足金市场营业鼎盛时，金店、银号之参加者在六七十家以上，今则仅余三十余家。在法币制度实行前，每日成交数目平均约五六千两，多至五六万两；现在则降为二三千两矣。足金之涨落，一视上海标金为转移，标金市况既不振，足金买卖，自难独存，此一定之理也。""经营足金之银号，多有附带买卖标金者，盖足金之价格随标金而转移，设一方买进足金，一方卖出标金，或颠倒行之，均可以收套市之利，而避免意外之风险。惟天津无标金市场，银号买卖标金，例须委托上海代理人为之经营。""且不独标金为然，即有价证券中之公债买卖，以天津无交易市场，亦均委托上海联号或代理人经营之。银号买卖公债之种类及价格，一随上海之市况以为转移。天津本地帮做公债交易者殊少，买卖公债最多者为京帮之敦泰永及永增和二家。""股票买卖不为天津银号所重视，经营此种业务者为数极少，有之，仅裕大、孚庆等数家耳。"②

此外，天津还有洋厘行市，银元价格涨落依据市场需求而定。1921年，北京市场的申汇买卖及商人在北方地区的购粮活动造成天津市面银元紧俏。"本星期银元行市由六钱八分二厘二毫五，涨至六钱八分三厘五，因有作京收银元申交规元之款（北京收，也影响天津，因二者关系密切——笔者注），银元需用较多，是以行市少涨。如无此项交易，刻下津地银元，似难看涨，现在价值六钱八分三。津地汇出之款，以粮款占多数，因北省荒旱，向各处购买粮石之故。汇入之款，以东省各处占多数，对于市面银根不无小补。"③近代天津的金融市场繁荣可见一斑。到1936年，天津市面上投机的对象主要有"日金、足金、标金及有价证券等数种"①，羌帖和银元在投机市场已成为历史。

近代中国各类金融机构，如银行、官银号、商业行号等都或多或少经手此类投机业务，经营"现事"的银号更是专门以此为业。例如，1919年永衡官银号在道胜银行存款就有以羌帖开户的存折，1919年据《大公报》载："永衡官银号失去道胜银行存得取银折，计存羌帖洋四十万元，日昨被人窃去，将洋一律取去。"②从19世纪60年代以后，伴随沙俄对中国的侵略，沙俄在中国的东北、内蒙古、新疆等地发行了大量的卢布纸币，中东铁路开通以后，铁路运费、与俄人交易，以及铁路地段内的税捐缴纳，羌帖都被强制使用，使羌帖在中国的市场中流通总量进一步发展。《东三省经济调查录》载："北满一带卢布流通额，共为四万万。第就滨江一埠而言，据一般人之观察，其数约有二万万。"③同样，老头票也因在商业往来结算中被广泛使用而具有投机价值。例如，1935年《大公报》载天津厚记纸庄与和丰银号之间以老头票为对象的存款，"本市北门外缸店街厚记纸庄，成立有年，营业尚佳，并在日租界设有联号一处，名裕记纸庄。该号与法租界六号路和丰银号，素有银钱川换，并以裕记号名义，曾在该银号存有老头票五万元"④。老头票作为一种货币，在实际流通中发挥作用，也是实际上存款的记账主体，其涨落也可以给厚记纸庄带来利益上的变化。在津埠使用老头票、金票的行业还有洋布、棉纱庄，因与日本之间有棉布、棉纱的大宗交易往来，津埠各家棉布、棉纱庄在特定时间需要大量的老头票、金票用以清结货款。因此，老头票、金票等纸币的价格伴随市场供需，其价格涨落不定。据记载1920年天津的金融市况，"再洋布、棉纱庄所受影响尤重，去年今春所定之货，均至五、六、七、八月到期，此间日金、老头行市大涨，货价又落，各货均不畅消（销）。照此行市，该帮约亏千余万两，所自新开字号，均属亏本，将来到期结先令冲帐时，如何情形尚难逆料也"。正是因为商业往来中有这种对外币买卖现实的需要，以及羌帖、老头票买卖所带有的投资价值，为数众多的银号以其为营业的主要对象。20世纪20年代，虽然营业情形不佳，但天津将近半数的银号从事老头票的买卖。据载，"津埠银号经营老头、日金生意者，约居

---

① 王子建、赵履谦：《天津之银号》，河北省立法商学院研究室，1936年，第26页。

② 《银号失逃巨款》，《大公报（天津）》1919年5月23日，第10版。

③ 转引自中国人民银行总行参事室编：《中华民国货币史资料（1912—1927）》（第一辑），上海，上海人民出版社，1986年，第942页。

④ 《北门外厚记纸庄老头票五万元被骗》，《大公报（天津）》1935年8月25日，第5版。

半数，而代客买卖者，又占多数。刻下日金、老头票行市大涨，所有卖空之家，亏本甚巨。倘遇客家到期不能冲帐之时，诚恐各银号受连带之累"。①老头票、金票等外国纸币的价格除受供需影响外，还受其他因素的干扰，比如金价、国际汇兑的涨落等。同时，老头票等价格的波动也会对其他货币的价格产生影响。例如，1920 年沈阳日金的价格受中日贸易的影响，围绕金价涨落进行波动。据载，"奉市本星期他项货币，较上星期略有伸缩。查日本金票稍见低落，其原因由于金价暴涨，后又渐落，故该币随之而渐下落，此亦自然之势。当前次金票低落时，商界以该币跌落为期已久，均有看涨之望，未几果见先令步缩，金票陡涨。所有业日货之商号，因日人催取货价之紧迫，急欲购交货款，均提前购买金票，遂致价格高出金价之上。近日货价既已交清，购者自然减少。故金票微见缩小，与金价不相上下，正金钞票因之步涨，市上现大洋之价，亦相随而提高"②。各类"现事"业务的交易是通过市场完成的，1934 年天津各银号参与足金交易的买卖细节举例如下：

> 昨日本市足金市价，转呈坚势，以大条回落，美银仅持平象，美股趋昂，美英汇率仍平，人心尚佳。惟以时值星期日，进出冷落，市况颇显萧索，开盘低价一百一十八元七角半，旋即徐徐上游，午刻收盘升至大价一百一十八元九角半，结果每百两较十五日收盘（一一八·三〇）涨六十五元，市况寥落，半日仅销二千五百两。兹将经过述左：
>
> 昨晨九时三十分，开盘低价一百一十八元七角半，天源卖与永安，旋呈停滞；十时半，次盘升为八元八角，卖户有天源、恒兴、敦昌、谦生，进户有永立、大康、永和，市况尚佳；俄顷，升为八元八角半，弘远、永余出来，永和提进，供求两平；十一时二十分，升至一百一十八元九角，继至大价一百一十八元九角半，恩庆永、聚丰永、义生卖出，肇源购买，该市妥后，即无进出；午刻仍按一百一十八元九角半价收盘，下午休市，兹将开盘收盘最高最低价列左：开盘最低一一八七五元；收盘最高一一八九五元。③

价格机制是市场机制的核心，老头票、羌帖、足金等业务对象正是通

---

① 《各埠金融及商况：天津》，《银行周报》1920 年第 4 卷第 18 期。

② 《各埠金融及商况：奉天》，《银行周报》1920 年第 4 卷第 18 期。

③ 《津足金气昂市清》，《大公报（天津）》1934 年 6 月 18 日，第 7 版。

过市场的自由竞争与交换实现定价，进而实现资源的优化配置。

### 三、"现事"业务与金融投机

银号的"现事"业务分为两类，即现货收交与买空卖空。第一种属于现货收交；第二种则是具有投机性质的买空卖空。现货买卖即在买卖完成后立即交割，或者约定在较短时间内完成交割，而期货交易则不进行实物的交割，只是在交易到期后彼此结算买卖的差价。金融期货市场是正常金融活动的衍生市场。"现事"银号的业务经营实际上维持着期货市场的存续。期货市场的存在体现了近代中国金融市场逐渐走向成熟，期货交易在市场运作中起到价格发现、规避风险、套期保值的作用。商人参与金融期货交易，是对正常金融活动的补充。在各类交易所出现之前，现代意义上的金融市场功能一定程度上是通过银号经营来实现的，羌帖、老头票、足金、标金、公债等有价证券很大程度上依赖银号的交易才得以在市场上流通。在交易所成立之后，天津各"现事"银号一方面代客买卖，另一方面也构成交易所较为活跃的参与主体。

近代天津各类金融市场起步较晚，但发展速度较快。各类金融市场兴起以后，成为商人投机套利的重要途径，银号参与投机业务的数量众多。据 1933 年《大公报》载，"本市钱业各商，原以折交、汇兑、抵押等为主要业务，老头票及洋厘市场各商亦颇重视。年来以国际市场不振，进出口业一落千丈，该业营业顿感萧条。九一八后，钱业同业公会通知各钱商停止老头票营业，各商益感市场清淡。同业中遂起而组织荣兴公司，经营足金市场，各商纷纷加入该市场内交易。厥后政府实行废两改元，取消洋厘市场，另组证券市场代之。惟以营业不佳，终于宣告停拍。继又由荣兴公司在英租界再设证券市场，但不久仍告倒闭。上星期复创设标金市场，全市钱商在足金、标金两市场营业者，每市场各有六七十户之多。据钱业方面之调查，自足金市场开幕迄今，新成立之银钱号有和丰、益亨、敦颐、源达、大福、大成、利昌、信义、震益、建益、顺康、裕丰、福泰、久恒等十数家，其中福泰、久恒两户因经营足金亏累业已倒闭，其余各家以和丰、敦颐、益亨、源达规模较大，且兼营折交抵押等项业务。现全市所有钱业，首推泰丰恒、裕津、和丰等三五家为最有地位云"[①]。

近代天津经营"现事"业务的银号大量存在，说明天津的金融市场较

---

① 《津市钱业概况》，《大公报（天津）》1933 年 12 月 26 日，第 7 版。

为发达。近代中国全国性市场即便有所发展，其程度也较为有限。[①]各地之间的贸易往来，不得不面对较为庞杂的货币体系与繁复的资金清算系统。作为市场交易主体的商人，除了要处理好商品交易本身以外，还要时刻评估金融波动带来的成本与风险。因此，更深层次的金融需求伴随近代商品交易发展而逐渐扩大，其中最基本的一项内容就是商人要依赖金融市场的投机活动实现套期保值的目的。套期保值是期货市场产生的原动力。无论是土产出口还是洋货进口，商人都需要面对结算货币价格波动带来的盈亏风险。基于套期保值的目的，商人开始购买远期结算货币，以冲抵贸易结算中存在的隐形成本。也正因如此，银元、羌帖、老头票、足金、标金等投机买卖都是将其作为实现套期保值衍生金融工具使用的。另外，商人还利用金融市场的波动进行套利操作。套利是指同时等量买进和卖出同一市场中两种不同金融产品，或者不同金融市场中的同一金融产品。在未来价格波动过程中通过对冲以减少风险。近代天津的金融市场虽然不甚成熟，但是商人及银号经营的投机买卖却已经基本实现了套利的功能。例如，"经营足金之银号，多有附带买卖标金者，盖足金之价格随标金而转移，设一方买进足金，一方卖出标金，或颠倒行之，均可以收套市之利，而避免意外之风险"[②]。此外，还有投机获利。投机一词的本义是指利用市场出现的价差进行买卖从中获得利润的交易行为。在证券、期货交易中投机一词并不能简单地视为贬义，单纯地只是为了利用价格差赚取利润。根据买卖周期的长短，这种投机交易分为长期交易和短期交易。投机者的存在，对于期货市场非常重要。投机者是期货市场的重要组成部分，是期货市场必不可少的润滑剂。投机交易增强了市场的流动性，承担了套期保值交易转移的风险，是期货市场正常运营的保证。

## 第四节　银号的商业金融定位

晚清至民国时期，中国金融发展既表现为金融功能的进步，也体现在金融结构的深化。一方面，钱业自身金融功能逐渐完善，在商业往来中满足各类金融需求；另一方面，受政府财政需求、商业发展模式、产业经济规模等因素的影响，钱业和银行在近代中国金融体系中也存在市场的分化

---

① 李伯重：《中国全国市场的形成，1500—1840 年》，《清华大学学报（哲学社会科学版）》1999 年第 4 期。

② 王子建、赵履谦：《天津之银号》，河北省立法商学院研究室，1936 年，第 26—27 页。

与定位的差异。总的来说，银号自始至终都属于商业金融的范畴，这一定位决定了其发展路径。

**一、钱业的细分市场与结构优化**

19 世纪末 20 世纪初，各地钱庄业先后开启了行业结构分化调整的序幕。从整体来看，一些规模较大的正式钱庄倾向发行"庄票"等信用票据为商业往来提供资金支持，而门市小钱庄则仍然发行铜元票、银角票等可兑现纸币，或者以资产、票据抵押领用银行券，定位于辅助市面小额流通。经营"现事"业务的钱庄、银号则参与组织并运行各类专业金融市场，主要通过投机获利。

近代中国钱庄业结构分化在各重要商埠均有体现。上海钱庄按照是否参加钱业公会分为"大同行"与"小同行"。"大同行"钱庄亦称"入园者"或"汇划庄"，一般资本较为雄厚，经营范围较广，互通汇划，同业收解不用现金，概在汇划总会转账。"小同行"钱庄资本较汇划庄薄弱，经营范围也不如汇划庄。[①]"小同行"钱庄按其业务规模之大小，又分为"元""亨""利""贞"四类。元字庄票据收解委托汇划庄代理；亨字庄规模小于元字庄，亦称"小挑打庄""关门挑打"；利字庄俗称"拆兑钱庄"，不经营存放款，主要业务为货币的成批兑换，兼做零星交易。贞字庄即零兑庄，经营零星兑换，大多兼卖零星杂物，有"现兑钱庄""门市钱庄""烟纸钱庄"等名称。[②]杭州钱庄情况与上海极为类似，可分为汇划同行、过账同行、兑换庄。北平的银号按照业务侧重可以分为专营存放汇兑、主营有价证券兼存放、专营兑换银钱及买卖外国货币三类。[③]天津银号主要分为"折交""现事""门市"三类。"小规模的是门市，大规模的是内局"，折交即交际商号及外客存放款，"现事"即买卖公债、老头、足金、关金，门市则主营货币兑换及买卖外省票、残洋，卖马票等。[④]汉口钱庄向有"门面"与"字号"之分。"字号"钱庄类皆资本较大，不营小宗存放款及兑换业务，而以信用作大宗交易，且不设门面于闹市或正街，俗称"巷子钱铺"；"门面"钱庄则恰与之相反。[⑤]20 世纪 30 年代，南京钱庄分为汇划庄、钱庄、兑换店三类。1936 年前后，江西南昌、景德

---

① 孙卫国主编：《南市区志》，上海，上海社会科学院出版社，1997 年，第 542 页。

② 叶世昌等：《中国古近代金融史》，上海，复旦大学出版社，2001 年，第 245—246 页。

③ 《北平银号调查录》，《银行周报》1929 年第 13 卷第 43 期。

④ 《津市银钱业学徒生活调查》，《益世报（天津）》1935 年 7 月 13 日，第 12 版。

⑤ 张克明：《汉口金融机关概况》（上），《银行周报》1933 年第 17 卷第 48 期。

镇、九江等地钱庄等级分为汇划庄、钱号及零兑庄三种。宁波钱庄亦有大小之别。据 1925 年《申报》记载："甬埠近年金融业颇称发达，故新组大钱庄如同慎，小钱庄改组者如信源等三家，现共有三十四家。"①汕头的钱业主要分为汇兑庄、收找业。汇兑庄主要经营香港、上海及汕头本地的汇票买卖。收找业的营业范围有找换铜钱、铜仙、毫银、毫券、银元、大洋、纸票、各港货币、公债票券、已倒闭庄号纸币、次银和旧金等，还经营当地或外港汇兑，或发行七兑票、保证纸等纸币。1920 年，汕头收找业的投资已不亚于汇兑庄，因此正式成立银业公所。银业公所与汇兑公所成为并驾齐驱的两个商人组织。晚清至民国时期学界对钱庄行业结构分化已有认识。1936 年王子建、赵履谦在讨论天津银号时提及正式银号与门市钱庄之间的显著差异："严格言之，银钱号不属于银号范围，因两者之间并不发生金融上之联系，且前者在系统上属于兑换业同业公会，与后者之属于钱业公会者截然二事也。"②近代中国各埠钱业结构的进一步分化，既体现了金融市场的逐步成熟，也反映了中国商业金融领域为了满足各类需求形成了复杂的金融结构。

## 二、分庭抗礼：金融需求差异与钱业、银行的分流

现代银行制度是为适应现代社会化大生产的要求而建立起来的。马克思认为："银行制度，就其形式的组织和集中来说……是资本主义生产方式的最精巧和最发达的产物。"③银行体系的形成有赖于一系列经济社会条件的成熟，其中以工业发展为代表的实体产业发展需求具有决定意义。④但由于近代中国产业经济发展水平有限，银行制度被引入到中国以后发展也面临诸多困境。外资银行资本雄厚，在业务上最初主要为本国洋行提供贸易上的汇兑，同时发行纸币，并广泛开展存、放、汇业务，逐渐加大对华投资。19 世纪末，西方各国加大对中国的资本输出，通过银行经收对清政府的债款，控制中国财政。华资银行的兴起较晚，到 1897 年中国通商银行开设之前，外资银行已经在中国开展业务长达半个世纪之久。甲午战争以后，中国的民族危机日益加深，清政府在财政上进一步捉襟见肘，遂有

① 《甬埠又一大钱庄成立》，《申报》1925 年 11 月 30 日，第 9 版。
② 王子建、赵履谦：《天津之银号》，河北省立法商学院研究室，1936 年，第 8 页。
③ 《资本论》第三卷，中共中央马克思恩格斯列宁斯大林著作编译局译，北京，人民出版社，2004 年，第 685 页。
④ 王国刚：《马克思的银行理论及其实践价值》，《教学与研究》2021 年第 8 期。

筹设银行之意。盛宣怀认为"铁路收利远而薄，银行收利近而厚"[①]。清政府在内忧外患的局面下，希望借筹设银行来缓解财政、经济困难，利用银行的金融功能发行纸币，调剂并汇解官款，加强对金融领域的干预。到20世纪初，华资银行逐步发展起来，特别是在第一次世界大战前后中国工商业发展迎来难得的历史机遇，华资银行也开始加速发展。一方面，中国民族工商业的发展，对资金的需求迅速增加；另一方面，从事政府放款和公债投机给当时的华资银行带来丰厚的利润。从历史发展角度看，中国近代银行的创办在其初始就带有政府提倡、辅助产业经济发展、构建现代金融体系的使命。但是，从经济发展角度看，银行业的早期发展并不是完全建立在中国近代产业经济的基础之上的，二者的关系在清末民初并非十分紧密。可以说，从中国通商银行的筹设到20世纪初，中国华资银行的发展皆处于幼年时期，即便是在第一次世界大战前后中国银行业的快速发展也是建立在公债投机的基础之上的。到20世纪二三十年代，中国银行业的发展仍在相当大的程度上依赖政府公债和地产投资，对于近代工矿业的投资和工商业发展的推动作用仍有很大局限。这样的金融发展路径，当然和中国近代产业经济不发达有关。"银行是一种与更高的生产力发展水平、新的社会生产方式相适应的金融业态"[②]，显然清末民初的中国缺少现代金融业深入发展的经济土壤。

与中国产业经济发展迟滞相比，商品贸易的发展则较为显著。从1882年到1931年的50年间，中国进出口贸易增长了15倍。[③]在近代天津进出口贸易发展过程中，中国传统金融机构、华资银行及外资银行共同为之提供了金融支持。时人记载："天津市面，凡关于存款、放款、外埠汇兑、银元买卖等事，昔年皆由银号办理。此等银号之组织，与商号大致相同，并与各商均有连带关系，故营业夙称殷盛。近二十年来，银行次第成立，其会计制度，及营业方法，多取法欧美日本；且资本雄厚，于发展工商业，咸有相当之贡献。至国外汇兑，从前悉归外国银行办理。"[④]无论是作为进出口中枢的上海，还是天津、汉口等区域商业中心市场，中国传统票号、钱庄在进出口贸易中的作用皆极为重要。虽然中外银行发行了大量的纸币，但这些货币的周转流通需各埠钱庄体系的支持。在存放款方面，钱庄的对

①　转引自刘惠吾编著：《上海近代史》（上），上海，华东师范大学出版社，1985年，第332页。

②　周建波、曾江：《银行、票号兴替与清末民初金融变革》，《中国社会科学》2020年第8期。

③　吴松弟：《近代中国进出口贸易和主要贸易港的变迁》，《史学集刊》2015年第3期。

④　宋蕴璞辑：《天津志略》，蕴兴商行1931年铅印本，第134页。

人信用仍然在发挥重要作用，商人乐于向钱庄存款，借此撬动钱庄的信用支持。在汇兑方面，钱庄更是在一定时期内占据着内汇业务的主导地位，在上海、天津一定时期内都存在银行借助钱庄体系进行结算的情况。中国钱业的优势得益于其内生于商品经济水平的发展。在明清以来漫长的演变过程中，中国钱业缔造了自身发展的逻辑。自明中期以后中国钱业虽然发展缓慢，但其业务经营逐渐覆盖了货币供给、金融机构、资金市场及埠际之间的清算活动。中国钱业的形态不断发展演变，先后经历了主营货币兑换的钱桌、钱铺，主营存放款业务的账局，汇兑业务催生的票号，以及通过汇划结算为贸易提供信用支持的近代钱庄。中国钱业内部的谱系演变本质上是金融制度的不断创新。近代中国工商业发展中现代化程度不足与进出口贸易在世界市场中的边缘地位，并不意味着近代中国传统金融发展停滞不前。

近代银行的运行逻辑是西式的，在业务上银行既有负债业务、资产业务，也有中间业务，这得益于银行掌握的巨量资本，以及构建了广泛的分支行体系。而近代中国的钱庄、银号则与之根本不同。在业务运作上，中国钱业更多的是以行业整体的面貌承担并完成存款、放款、汇兑、清算、信托、证券及主持金融市场等金融活动。钱业作为一个行业具有较为完备的金融功能，既能吸纳社会定存、商业浮存，又能为外行商家提供信用、抵押放款；既能通过广泛的代理关系通汇全国，又能通过汇兑市场完成埠际资金调拨；既为市场提供广泛的金融服务，又利用与普通商业存在广泛联系而经营"现事"业务；钱业广泛参与的金融市场既包含货币市场、资金市场、公债市场、股票市场等直接市场，又包括各类通过金融衍生工具维系的期货市场，以实现商人套期保值、套利与投机的需要。钱业是一个复杂的行业体系，具体到每家钱庄在业务上则各有侧重。钱业所具备的这些金融功能是从传统商业发展中内生出来的，钱业的价值是构建并维系了中国近代金融基本的市场化运行空间。

钱业和银行的经营存在较大不同。在盈利方式上银号注重"小而快"，即在经营中保持资金较高的周转率；而银行则比较注重规模效应，即便在资金周转率较低的情况下仍保持着相当数量的规模性盈利。在经营风格上，银号的经营方式灵活，风险高利润大；银行则在一定程度上追求稳定与安全。所以，不论投资人还是储户决定其资金流向银行还是银号的根本因素是风险收益比。从宏观来看，近代银行业的发展是建立在产业经济的基础之上的；而钱庄则与之不同，虽然有不少钱庄对近代工矿业有业务往来与投资，但整体上钱庄的金融活动更多的是立足于商业范畴。这个特征与其说是钱庄"现代化"不足,毋宁说是钱庄的商业定位使然,即以信用支持商业往来,通过内汇网络进行资金清算,主持金融市场调配供给与需求。近代中国钱业与银行业之间不存在绝对的传统与现代之分,更不存在绝对的制度优劣之别。近代钱庄和银行长时间并存是基于市场的不同层次需求而产生的差异性金融供给。

近代中国的金融需求极为复杂,无论是新式银行还是传统钱业都无法完全独立承担起全部的金融供给。因此,近代中国金融供给市场在不同层次上不断实现细分。清末民初以后,银行与钱业共存;钱业内部各类规模大小不一的钱庄依据金融需求各自寻求生存空间;即便在同一类型的细分市场中银号之间也保持着彼此的势力范围,它们按照交往对象谨慎地维持着自己业务的疆界,目的是在利润和安全之间寻求一种动态中的平衡。

在近代天津的各类金融机构中,最具实力的就是银行与银号,储蓄会、邮局、保险公司等金融机构的发展非常有限,且业务上也不占主要地位。银号内部以折交银号和"现事"银号资力较厚,而门市钱庄的影响力较弱,在业务上也主要是经营货币兑换业务,辅助金融货币流转。近代天津各类金融机构分别扮演着不同角色。概言之,银行的主要功能是融资,担任资金供需之间的中介,在一般社会存款之外银行还通过民众储蓄广泛吸纳资金。在放款方面,银行除经营各类抵押、信用放款,还要在一定程度上依赖银号通过同业拆借将资金转放市面。对于银号与银行的关系,李洛之、聂汤谷认为,"由本质上看,银号、银行是演着同一样的职务,如果勉强的区别起来,银行就是扩大其机能的银号,银号假比是零卖商,那么银行就处于批发商的地位"[①]。票号在未完全衰落之前,也发挥类似银行的作用,也与银号的清算网络相结合。"自票号兴起,商业随盛,津地金融调节之需要亦日迫,本地换钱铺逐渐发展。斯时商家往来,于本地经营以银号为外库,于埠际贸易,恃票号为调节,票号与银号营业乃并称鼎盛。"[②]

银号虽然也经营存、放、汇等商业银行业务,但在具体运行层面则和银行存在明显不同。银号的存款主要来自商人存款,特别是商业往来浮存的款项。这些资金对于银号的经营固然重要,但银号则更重视通过往来浮存建立与商家的往来关系。另外,银号并不倾向广泛吸纳民众的零散储蓄,在银号开办之初的章程或者所立之合同之中几乎均将储蓄业务排除在业务之外。例如,1929年《中和银号章程》规定:"本号营业范围,汇兑、买

---

①　李洛之、聂汤谷编著:《天津的经济地位》,天津,南开大学出版社,1994年,第116页。

②　吴石城:《天津之银号》,《银行周报》1935年第19卷第16期。

卖银元、买卖外国货币、买卖有价证券、收进浮存、收进定期存款、放出信用放款，放出抵押放款，惟不动产不准抵押。"①中和银号业务范围中提到的"浮存"与"定期存款"均不是民众储蓄的概念，而是专指商人的活期货款及各类定期票存。银号之所以对民众储蓄采取此类限制，主要是防止挤提的发生。银号的金融周转最看重调度灵活，银号资金周转效率较高，一旦发生挤提，不但该号面临搁浅倒闭的风险，还有可能在同业间产生连锁反应。同理，在放款上银号不倾向抵押放款，尤其是不动产抵押最不乐于接受，根本上还是出于资金周转效率的考虑。折交银号核心功能是为商业往来提供汇划结算，同时维持内汇市场的正常运转。"现事"银号则将业务重点放在货币市场与资金市场，通过期货交易满足商人套期保值、套利与投机的需要。门市钱庄则主要服务于小额商品交易中对货币兑换的需求，在政府、造币厂、银行等金融机构之间，围绕货币开展兑换经营与投机获利。银行、银号、门市钱庄三者有机结合，通过各自的业务领域满足整个市场对于资金、货币不同层次的需要。

近代以后，中国政局动荡及金融风潮频发，各类银号之所以能够长久维持其经营，一方面是金融市场发展给其留下了生存空间，另一方面也是和银行、票号等在业务上形成了稳定的结构。时人评论："泪（泊）后中外银行相继设立，庚子、辛亥变乱，票号倒闭殆尽，银号虽亦经一度之恐慌，终以其适应现实经济背景，旋即恢复旧观。至今银号在天津金融界之势力，虽较前稍替，顾迄仍与华商银行及外商银行分庭抗礼，势力仍未可厚诬也。"②

## 第五节　功能与效率：近代中国钱业的制度创新

明清至近代，中国钱庄从基础的货币兑换业务，逐渐发展成为具有兑换、存放、汇兑、信用发行、贸易结算与资金清算等综合业务体系的商业金融行业，各项金融功能的发展完善具有显著的阶段性。19世纪末20世纪初是中国钱庄业加速发展的重要转折期，通过优化制度体系、调整行业结构、完善细分市场，各主要商埠的钱庄业均逐步发展成为一个结构复杂、功能健全、多元供给的金融体系。近代钱庄最主要的金融创新是信用创造与资金清算，而庄票发行、区域记账货币的统一，以及过账制度、汇划制

---

① 《中和银号章程》（1929年4月），见天津市档案馆编：《天津商会档案·钱业卷》（14），天津，天津古籍出版社，2010年，第12195—12196页。

② 吴石城：《天津之银号》，《银行周报》1935年第19卷第16期。

度的形成是钱庄业实现系列金融功能的制度保障。

## 一、庄票及其信用属性

近代钱庄庄票被翻译为 native bank order 或 native order，是中国本土钱庄为便利商业往来而发行的一种商业票据。潘子豪认为，"庄票为钱庄所出之凭券，允许到期兑款于持票人之票据"[①]。从形制与发出方式角度，杨荫溥提出，"庄票者，钱庄因放款或商家之请求，而发出之无记名式，付款与持票人之票据也"[②]。从票据性质角度，魏友棐指出，"庄票者，钱庄以自己名义不附条件约付之票据也，故其性质同于本票。又以凭票付款，不载受款人姓名，其性质又同于银行兑换券"[③]。钱庄庄票分为即期票与期票两种。即期票，见票即兑；期票，票上注明日期，未到期前不能向钱庄兑款，但可以请求钱庄贴现。由于信用卓著，在近代各主要商埠，钱庄庄票被视为现款而被广泛使用。其中，以上海钱庄庄票影响最大，不但能在上海本地流通，还作为申汇的重要组成部分广泛流通于天津、汉口、重庆、青岛、郑州、长沙、杭州、宁波等地。庄票作为一种钱庄发行的本票大致起源于清乾隆年间，1863 年上海钱业公会在一份公启中谈及"上海各业银钱出入行用庄票盖已百余年矣"[④]。道光年间上海县颁刻了关于钱庄庄票的告示碑[⑤]，说明钱庄庄票在道光时期已经畅通无阻。据《北华捷报》记载，太平天国运动兴起以后，由于市面交易缺少现银，普遍采用钱庄庄票作为支付手段。[⑥]时局影响只是庄票发展的次要因素，根本上还是贸易规模的增长对资金的流通与清算提出了更高的要求。

清中期以后，钱庄向商人提供的信用放款很少使用现金，多开给本庄迟期庄票。商人以此庄票支付货款，待庄票到期后，卖方可持此庄票要求钱庄兑现或收账，而买方则需要按照约定日期向钱庄偿还本金及利息。在此期间，商人如将货物转售，收回货款即可以与钱庄将该项放款冲抵。对于客商而言庄票为其减少或免除了资金占用，使其获得商业利润；对于钱庄而言，单凭信用开写票据，即获得了利息与汇水。可见，庄票是钱庄通

---

① 潘子豪：《中国钱庄概要》，上海，上海华通书局，1931 年，第 132 页。

② 杨荫溥编纂：《上海金融组织概要》，上海，商务印书馆，1930 年，第 46 页。

③ 魏友棐：《庄票信用问题之研究》，《钱业月报》1933 年第 13 卷第 11 期。

④ 《北华捷报》1863 年 3 月 7 日，转引自中国人民银行上海市分行编：《上海钱庄史料》，上海，上海人民出版社，1960 年，第 20 页。

⑤ 现保存于上海内园（豫园）。

⑥ 张国辉：《晚清钱庄和票号研究》，北京，中华书局，1989 年，第 61 页。

过自身信用创造的可以用于支付、流通的信用票据，钱庄通过庄票以自身信用实现对商人的资金支持，这对加速贸易往来中的资金周转意义重大。

早期钱庄庄票和银钱帖具有同源性，但庄票的数额较大，使用范围多在商业之间划转清算，而银钱帖一般为数额较小的定额小票，在市面日常交易中普遍流通。清末，在私帖挤兑与政府限制的双重影响下，各地钱庄逐渐减少银钱帖的发行，庄票成为钱庄信用发行的主要工具。例如，近代汉口钱庄发行的庄票分为两种，一种是约兑券，一种是钱票。汉口钱庄发行的钱票，俗称"花票"，"每张票面一串文，凭票兑换"。早期汉口钱庄大量发行小额本票"在市场流通，作为现金使用"。由于其信用卓著，汉口万镒钱庄发行的钱票甚至缴厘金、关税时都可以通用，早期钱庄利用发行钱票为其资金周转提供了很大的便利。到清末，汉口钱庄发行钱票的情况逐渐减少。"因没有官厅临督，（汉口钱票）任性滥发。到光绪三十四年，三怡钱庄破产，一般人始稍注意。所以，宣统元年，汉关道有严禁钱票的明令。宣统二年，度支部划一纸制，咨行各省，所有钱票一律限六个月收回。汉口各钱庄发行钱票一致收回，从此就没有钱票发现。"[1]"今所行用惟约兑券一种而已。"[2]福州情况类似，1929 年福州"流通多属钱庄庄票。兹因兑现困难，各庄陆续将一、二、三、五元花栏票收回。向用之向单，则加盖'此单专作转账'字样，面额至少五十元，乃不兑现纸币之变相"[3]。近代汉口的"约兑券"与福州的"向单"，其性质均为钱庄庄票。

## 二、虚银两与过账制度

清中期以后，中国的银两制度有所发展，各重要商埠先后出现了区域性虚银两。虚银两并不存在实银，而是一种记账单位。例如，上海的规元银、汉口的洋例银、天津的行化银、营口的过炉银、沈阳的抹兑银、芜湖的拨账银、张家口和沙市的拨兑银、山东周村的拨账银、山东龙山的抹账银、芝罘的拨兑银、宁波的过账银等。实际流通中的银两、银元需要按一定比例折算成虚银两，以进行登账和拨兑活动。虚银两的出现，反映出商业发展要求区域统一通行标准货币。由于各地经济发展水平不一，虚银两出现的时间存在差异。1857 年，上海外商银行与商界公议，货币收付一律

① 迈进篮：《汉口金融业之过去与现在》，《汉口商业月刊》1935 年第 2 卷第 9 期。
② 转引自《武汉金融志》办公室、中国人民银行武汉市分行金融研究所编：《武汉钱庄史料》（内部资料），1985 年，第 24 页。
③ 《印制消息：福州》，《中央银行旬报》1929 年第 18 期。

改以规元为计算标准。19 世纪 60 年代以后，天津在化宝银 992 成色标准和行平平砝标准基础上形成了行化银。①营口的"过炉银"制度大体形成于 19 世纪七八十年代。②沈阳的抹兑银则成熟于清末民初。因为对平码、银色有严格的规定，所以虚银两币值稳定，"其面值因之也常能与实值相等，因此能成为商界通行的计算本位"③。虚银两是庄票等信用票据发展的前提。例如，营口开埠后，商业往来中以营口宝银为主要流通货币。银炉在收到从各地流入的白银后，扣除工耗各项费用，折算成营口宝银，出具凭条。凭条可以代替营口宝银在当地市面流通，由于随时兑现，信用卓著，被视同现银。其后，客户遂在银炉开立往来账户，以凭条作为商业往来的结算工具。此项凭条即以营口宝银为本位的信用票据。因经由银炉代为过付，故称"过炉银"。

此外，虚银两还是商人开展转账、汇划活动的制度基础。目前学界普遍认为过账制度为宁波帮于清中期前后创设。④所谓过账，就是指各业商人间的各种商业往来，不以现款结账，而是由相关的钱庄通过过账方法完成账款的清算和资金的转移。具体而言，商人如有钱款收支，分别在与其有业务往来的钱庄处进行交易登记，次日由各该钱庄与对方相关钱庄进行彼此间的结算。此种往来过账，不用现款的结算方式起源于清咸丰年间。据宁波钱庄会馆碑文记载："当乘前清咸丰之季，滇铜道阻，东南患钱荒，甬市尤甚，市中流转之钱庄大减，民生日困，汹汹谋为乱。有谋以善其后者，法令钱庄凡若干家，互通声气，掌银钱出入之成。群商各以计簿书所出入，出界（界）某庄，入由某庄，就钱庄中汇记之。明日各庄互出一纸，交相稽核，数符即准以行，应输应纳，如亲授受，彼此赢绌，互相为用。自此法出，数月而事平，厥后市场交易，遂不以现银相授受，一登簿录，视为左券，亦不虞其他也。"⑤过账制度在清中期是重要的金融制度创新，对便利商业流通、扩大货币供给，均发挥了重要作用，宁波码头因此成为著名的"过账码头"。过账有账簿过账、经折过账、信札过账、盖印过账、

①　荣晓峰：《近代天津行化银两制度研究》，《中国经济史研究》2020 年第 2 期。

②　燕红忠、高宇：《清末时期的过炉银危机与制度调整》，《中国经济史研究》2017 年第 2 期。

③　洪葭管、张继凤：《近代上海金融市场》，上海，上海人民出版社，1989 年，第 265 页。

④　吕建锁、陈发雨：《甬商钱庄与晋商票号的信用制度比较研究》，《宁波大学学报（人文科学版）》2009 年第 1 期；张守广：《论宁绍帮商人经营的钱庄业》，《宁波大学学报（人文科学版）》2009 年第 4 期；陈铨亚：《宁波钱庄与中国本土商业银行的产生》，《宁波大学学报（人文科学版）》2011 年第 4 期。

⑤　转引自〔日〕有本邦造：《宁波过账制度之研究（一）》，陶月译，《银行周报》1931 年第 15 卷第 35 期。

同过账、轧字过账等多种形式。①商人之间业务往来款项通常使用账簿过账，这也是最常见的一种过账方式。钱庄在每年开业时即将账簿分送各往来存户，存户的各项收支均登记在往来簿中。个人存户通常采用经折过账，各乡镇与宁波之间的往来采用信札过账，信札成为过账的凭证，已经初步具有票据的含义。无论是哪种形式，商业往来与个人款项支取，都成为一种存款货币。宁波的过账制度由于具有较高的资金清算效率，其影响逐渐向外传播至其他地区，晚清及民国时期已经成为中国各埠钱庄普遍通行的一种常见制度，如上海的汇划制度、天津的拨码制度等都建立在过账制度的基础之上，它们的基本功能都是辅助商人资金清算。过账制度的局限在于，商人要首先在钱庄存款，然后才能转账，信用发展的程度尚存在局限。

### 三、汇划制度与资金清算效率

票据清算是现代银行业的一项基本业务。票据清算又称票据交换，指同一城市的各银行将代收、代付的票据进行交换并完成资金清算的一种制度。从世界范围看，票据交换组织最早出现在18世纪的英国伦敦，随后欧美各国相继仿行，金融周转，殊多利便。近代上海钱庄为辅助贸易往来凭借信用发行了大量庄票。据陆兆麟估计，1919年上海"钱庄发出之庄票，年约80万枚（平均每家出票1万号）……大约每庄发出票面金额每年最少者约1500万两，最多约3500万两，平均约2000万两，其总额约十六七万万两"②。到20世纪20年代末30年代初，包括钱庄庄票在内，上海市面流通中的各类票据约在20亿两以上。③近代上海贸易繁盛，"凡各业汇票之解付，货物之买卖，均以庄票为替代现银之用"，这就必然会产生钱庄间庄票的频繁收付，因此票据交换成为必然趋势。1890年，上海成立汇划总会，标志着汇划制度正式产生。在汇划总会成立之前，各家钱庄间的票据划拨冲销是分散进行的，"各家划账的人并没有集会的地方，时常挟着'总汇簿'在路上寻或在弄堂口等，以便寻到或等到别家的'汇银子的'进行轧汇"。1890年上海钱庄设立了汇划总会，开始以公单方式计数进行集

①　张守广：《论宁绍帮商人经营的钱庄业》，《宁波大学学报（人文科学版）》2009年第4期。

②　转引自中国人民银行上海市分行编：《上海钱庄史料》，上海，上海人民出版社，1960年，第551—552页。

③　转引自中国人民银行总行金融研究所金融历史研究室编：《近代中国的金融市场》，北京，中国金融出版社，1989年，第24页。

中清算，成为票据交换所的雏形。[①]汇划制度的形成稳固并强化了上海钱庄在金融往来中的地位。1932 年 12 月，上海全市的票据收付数字，银行只有 2 亿 2 千余万元，而钱庄则达 12 亿 2 千余万元。[②]在 1933 年票据交换所成立之前，上海钱庄通过汇划制度控制着整个上海华商金融业的票据清算，进而掌握着洋厘、拆息，控制着资金市场、利率市场，这些因素都在一定程度上巩固了钱庄在上海金融界的地位。

汉口钱庄的庄票早期是以现银兑付，交割非常不便。1890 年，汉口创立了汇划所，开始进行票据交换。汇划制度的创立，使钱庄成为武汉金融业的结算中心，在 1948 年中央银行汉口分行开展票据交换之前，汉口钱庄控制着全埠金融业款项的收解。宁波钱庄的同城清算制度与上海、汉口直接使用庄票清算不同，宁波钱庄代客清算与同业往来以转账为基础。宁波各行商铺一应交易款项，多是通过钱庄过账的办法划拨清算。"各商店过帐，统于当天晚上抄录清单，第二天一早，由进帐钱庄向出帐钱庄校对，收付相抵，甲庄应解付乙庄的，就开出庄票一张，也就是欠人发出庄票，人欠收入庄票。多缺轧抵后，由各庄自行拆借，或解交现金。"[③]天津银号代客转账不使用庄票而使用拨码。拨码是近代天津钱业所独有的用于同业之间转账清算的票据。银号日常代客户划拨款项进行资金清算，互相开出拨码用于计数，晚间兑账无误之后，其差额会于次日以现金或银行支票进行冲算。拨码的性质与支票类似，但与支票不同的是拨码不需要预先在同业存款，基于同业信用，银号间均得代为转账。为了保障拨码的信用，拨码不能取现，即使收入对方账户后亦不能即时取现，需要待次日银号之间用现金或银行"番纸"（支票）进行轧账之后转账程序才最终完成。因此，拨码是一种不完全的清算手段，主要用于银号同业间往来拨账计数。

晚清至民国时期，福州钱庄间的清算实行归坪制度。福州钱庄发行纸币和本票，十元以上的大额纸币作为本票，"只供商业之间同业之间划拨转帐，不在市面行使，晚上归坪回归本庄"。福州钱业在鼎盛时期，城台（内城与南台）钱庄有 50 多家，划分为五路：直路（中亭街）、横路（三保、潭尾街）、城内（南街）、大街（上下杭街）、桥南（观音井、大岭下）。发行票张在 500 万元左右，为相互监督，公议各路每日"行坪"一

① 中国人民银行上海市分行编：《上海钱庄史料》，上海，上海人民出版社，1960 年，第 494、544 页。
② 洪葭管：《略论山西票号、上海钱庄的性质和历史地位》，《近代史研究》1983 年第 2 期。
③ 中国人民银行总行金融研究所金融历史研究室编：《近代中国的金融市场》，北京，中国金融出版社，1989 年，第 322 页。

次。五路每晚将行坪清算结果，汇集于上下杭街三家清算中心。这三家即泉裕、恒和、祥康。三家中尤以祥康为核心。清算包括所有票据，清算结果，短额的庄号必须以现洋支付归坪支现。①与此类似，汕头钱庄实行"换纸"制度。为了避免汇兑庄同业滥发纸票，汕头汇安庄陈春波提出"换纸"（或称"抽纸"）办法，即每日由一家庄号轮流为司事，其他庄号于收付终结后将所存同业纸票提交司事，由司事按庄号分别算出存、欠款数。存、欠数额由司事分别配置合圆后，欠者应于第二天早晨备款向其配定的存者换回纸票，如无款换回须按当天市场利率贴还存者利息。

　　综上所述，可以发现近代钱庄的核心价值是信用发行与作为清算中枢。近代钱庄一方面以自身信用为商品交易提供筹码，另一方面又为商业往来提供结算与清算服务。这和早期钱铺的银钱兑换赚取、账局的现银放款、票号的汇兑等阶段性的业务偏重都存在显著区别。晚清至民国时期，中国的钱庄业是一个功能完整的体系，门市钱庄主要经营兑换并兼售纸烟、彩票、袜子等小商业，一些规模稍大的钱店批量从市面收兑铜元、银元，而大钱庄中部分侧重经营各往来商号的活期存放及信用透支，部分则发行庄票支持各行批发商业的资金往来并买卖内汇，还有一些大钱庄侧重投机业务，买卖公债、证券、股票、外币及生金银。各类钱庄在业务上既各有侧重，又没有绝对的业务界限；既存在细分市场，又彼此紧密关联，共同满足商业往来中的各项金融需求。

---

　　① 任仲泉：《略谈福州钱业的兴衰》，《福建金融》1986 年第 2 期。

# 第七章 近代中国金融转型与钱业式微

工业化是世界近代经济发展的核心内涵，是社会整体转型的物质基础。中国的产业经济起步较晚，但伴随世界经济发展的浪潮，中国的工业化进程也成为历史发展的必然。从传统农业社会向近代工商业社会转变的历史进程，决定了中国需要建立完整的工业体系，建立并完善国家公共信用，同时加强国家对经济的干预以弥补后发国家市场作用的不足。因此，是重新构建与产业经济相适应的现代金融体系，还是在原有的商业金融的基础上进行改良，成为中国金融发展中的两个选项。清政府曾尝试邀约票号组建银行，但因为各种主客观原因未能如愿。19 世纪末 20 世纪初，清政府先后成立了中国通商银行和户部银行，标志着中国近代金融转型的大方向基本确定。从明清到民国，票号、钱庄的定位始终是商业金融，而不是为国家财政与产业经济服务。一方面，从整体上完善与优化中国的金融结构超出了钱业的承载能力；另一方面，政府亟待通过对银行体系的控制掌握货币发行，募集公债，以及为各项政府的军政活动筹措临时垫款。因此，晚清至民国时期，历届政府都将金融改良的政策倾向于银行，对钱业则采取了抑制的态度。南京国民政府成立之后，更是加快推进银行体系的建设，完善中央银行制度，颁布各类银行法规，并最终通过废两改元和法币改革引导中国的金融行业与世界接轨，转向以现代银行作为金融主体的发展道路。

## 第一节 财政诉求与政府对金融发展的干预

银号作为商业金融机构，与政府财政的关系较为疏远，这一点与票号存在明显不同。清中期以后，票号逐渐兴盛，其资本雄厚，在与地方当权官僚相互利用的基础上进行利益勾结，低息或无息吸纳巨额公款，并承汇清政府大量的外债和赔款，这使票号手中汇聚了大量的运营资本。当票号处于鼎盛时，潜伏的危机也正在悄然形成。晚清票号对清政府的放款难以收回，是票号衰落的原因之一。进入 20 世纪以后，票号逐渐衰落，钱庄、银号取代票号的地位成为中国钱业中最主要的金融机构形态。一方面，钱庄的资本小，具有区域性、分散性，经营的重心集中在商业领域。这些特点就决定了钱庄、银号没有办法在制度安排上与政府的财政诉求步调一致。另一方面，社会经济的繁荣给钱庄、银号的发展提供了外在环境，因此对政府的财政性放款在银号的业务经营中不占重要地位。在政府方面，财政问题越发突出，着手筹设银行以解决财政金融问题势在必行。

## 一、银行的设立与清政府的财政诉求

中国的经济现代化是从传统的封建农业社会中逐步发展而来的，在传统的自然经济条件下，商品的生产和贸易水平低下，整个社会生产、流通领域都缺乏必要的资金积累。近代以后，中国在国际交往中所处的被动地位，又加剧了中国早期资本积累的困难。因此，中国在步入现代化的开端，就面临显著的资金短缺问题。无论是中国政府还是社会生产、流通中的经济部门都缺乏必要的资金准备。在近代中国社会经济中工商业的自由发展缺乏动力，即便是政府在推动产业进步过程中，财政方面也时常捉襟见肘。洋务运动中官督商办、官商合办企业的窘境，也逐渐促使清政府重新认识财政方面的刚性需求。中国传统经济中资金积累匮乏，政府巨大的军政支出和税收严重不足之间的矛盾，在近代以后更加凸显。为了打破这一困境，清政府将解决财政问题的路径从单纯地依赖税收，逐渐转向以银行为基础的金融体系。清政府希望通过银行代理国库、发行货币，代销公债、代收税款、吸纳社会储蓄等功能来满足财政和社会资金的运转。清政府组建银行系统，视银行为筹集财政资金的重要来源，为中国近代银行业的发展奠定基调，这种发展的趋势向后一直延伸到南京国民政府时期。

晚清，中国政府对银行的认识是一个逐步深入的过程。19 世纪 60 年代，洋务运动开启了中国发展新式工业的进程。早期洋务企业面临的资金困难使洋务派较早地认识到金融对国家经济发展的重要性。为了解决资金困难，洋务派率先提出创办银行的要求。同时，大量的军事费用支出及巨额赔款使清政府的财政窘境雪上加霜。举借外债不但利息高昂，而且镑亏损失极大，清政府的财政危机陷入恶性循环。因此，清政府也逐渐认识到创办银行的重要性，并提出："方今事势急迫，厝火积薪，势难终日。此时仓猝聚亿万之财收亿万之利，舍钞法外无良图，欲行钞法，舍银行无以取信。"[1]

---

① 中国人民银行总行参事室金融史料组编：《中国近代货币史资料》第一辑《清政府统治时期（1840—1911）》（下册），北京，中华书局，1964 年，第 1032 页。

　　1876 年，轮船招商局的唐廷枢向福建巡抚丁日昌提出，由中国纠集股份设一大银行，并在英国、日本设立分支机构，为发展海外贸易和远洋航运服务。[①]1885 年，李鸿章提出拟设官银行并希望与外商合作："若由户部及外省委员开设，恐信从者少，资本尤缺，须纠合中外众商之力，着实办理，可期经久。"1887 年美国人米建威向李鸿章提出了华美银行计划，但由于受到诸方抵制，特别是地方官僚的钳制，最终归于失败。在当时洋务派眼中创办银行之利有三："有了银行，一可以便于借外债，二可以发行货币，三可以解决洋务企业的资金需要。"[②]1895 年甲午战争以后，社会舆论中和知识界创办银行的呼声日高。一部分洋务官员如盛宣怀等为了解决洋务企业的资金问题，极力鼓吹创建银行。光绪二十二年（1896 年）九月督办铁路总公司事务大臣太常寺少卿盛宣怀奏请开设银行，他在奏折中说："银行仿于泰西，其大旨在流通一国之货财，以应上下之求给。立法既善于中国之票号钱庄，而国家任保护，权利无旁挠，故能维持不敝……近来中外士大夫灼见本末，亦多建开设银行之议。商务枢机所系，现又举办铁路，造端宏大，非急设中国银行，无以通华商之气脉，杜洋商之挟持。"[③]光绪二十三年（1897 年），中国近代第一家自办银行——中国通商银行在上海设立。通商银行招商股 500 万两，先收半数即现银 250 万两，并商借户部库银 100 万两，于 1897 年 5 月 27 日正式成立中国通商银行，总行安设在上海，同年即在北京、天津、汉口、广州、汕头、烟台、镇江等地设立分行。随后，一部分清政府的官员，出于划一币制维持财政需要的目的，纷纷要求创办国家银行，最终推动户部银行的建立。可以清楚地看到，清政府在内部各级官员的推动之下，从解决财政与金融危机出发，创办银行的认识逐渐趋于一致，从 19 世纪末期到 20 世纪初，创办银行的节奏骤然加快。

　　户部银行正式成立于 1905 年，是中国最早由官方开办的国家银行。清光绪三十年（1904 年）春，户部认为中国向无国家银行，"国用盈虚，不足资以辅助"，加之清政府正在筹划改革币制，需要银行担任推行新币制的枢纽，故而奏设户部银行。对于银行优势，清政府在当时已经形成了一定的认识："查国家银行之设，所以维持财政，整齐圜法，有流通银铜币

①　《中国拟设银行》，《申报》1876 年 3 月 18 日，第 1 版。
②　洪葭管：《在金融史园地里漫步》，北京，中国金融出版社，1990 年，第 116、118 页。
③　转引自杨端六编著：《清代货币金融史稿》，北京，生活·读书·新知三联书店，1962 年，第 348 页。

之责，有发行纸币之权。"①可见，清政府除借试办银行来维持财政之外，还有志于整顿全国金融，其中"流通银铜币之责"及"发行纸币之权"的定位，已经具有现代中央银行的意味。光绪三十年（1904年）三月，清政府草拟试办银行章程三十二条。1904年3月29日，清政府批准设立户部银行。其后，户部奉旨试办户部银行，拟从京师、天津、上海等处先行试办。光绪三十一年（1905年）大清户部银行在北京设立，在天津设立分行。②户部在给清政府的奏折中深入阐述了设立户部银行的初衷，以及户部银行与国家财政金融的关系：

> 谨奏为遵旨试办银行，拟从京师、天津、上海等处先行开设，仅将筹办情形并酌拟现行章程六条恭折具陈仰祈圣鉴事。窃臣等前经奉旨试办户部银行，当即恭拟章程三十二条并遴派总办等员于上年三月间奏照在案。伏查国家银行之设，所以维持财政，整齐圈法，有流通银铜币之责，有发行纸币之权，臣等奉命以来，即督饬该经办等员，尽心筹划，现当整饬财政之际，天津造币总厂业经试铸，必须有官行收发，方可免市侩把持，则户部银行之设，势难延缓，臣等公同商酌，商股一时未能骤集，拟先由臣部银库拨银五十万两先行开办，以后再随时筹济。京师设立总行，天津、上海设立分行，即于本年秋间择吉开办，督饬该总办等认真经理，一面仍由臣等设法厚集资本，延访通晓财政商情之人，逐渐推广，总期各省各埠遍行开设，以维权利而便商民，兹谨将酌拟试办现行章程六条，缮具清单，恭呈御览，又蒙俞允，即由臣部行知各省遵照办理，所有臣部银行拟从京师、天津、上海等处先行开设，并酌拟现行章程缘由理合恭折具陈伏乞皇太后、皇上圣鉴训示，谨奏。③

光绪三十年（1904年）正月，户部奏请设立户部银行，主要是由于当时的货币制度已经成为制约清政府财政的主要因素，清政府要求设立银行

---

① 《直隶总督袁世凯为转银行章程事致天津商务总会札》（1905年7月29日），见天津市档案馆编：《天津商会档案·钱业卷》（1），天津，天津古籍出版社，2010年，第3页。

② 1908年户部银行改称大清银行。1912年中华民国成立以后，大清银行改为中国银行，行使中央银行职能。

③ 《大清户部为呈报试办银行情形并所拟现行章程事的奏折》，《直隶总督袁世凯为转行转户部奏折事致天津商务总会札》（1905年8月9日），见天津市档案馆编：《天津商会档案·钱业卷》（1），天津，天津古籍出版社，2010年，第3—5页。

以推行银币、发行纸币、整理币制。清政府设立银行体系首先从国家银行入手，创设户部银行担任国家银行的职能，"所以维持财政，整齐圜法，有流通银铜币之责，有发行纸币之权"。晚清时期政府控制造币厂以获得"铸息"，而以铸币利润直接接济财政。国家银行的创设正是基于控制全国的铸币体系，"天津造币总厂业经试铸，必须有官行收发"。户部拨款五十万两作为户部银行的开办资本，并严格控制户部银行的管理权，在筹设的过程中"督饬该总办等认真经理"。①虽然清政府已经意识到设立银行有诸多的积极意义，但事实上仍缺乏整顿全国金融，划一币制的能力。

光绪三十二年（1906 年）四月，度支部奏请各种银行则例，进一步明确了银行的作用及银行与清政府的关系。据度支部奏称：

> 银行者，流通圜法之枢机，维持商务之根本。东西各国有中央银行，复有普通劝业、储蓄各项银行，考其制度约有两端：一为国家银行，由国家饬令设立，与（予）以特权，凡通用国币，发行纸币，管理官款出入，担任紧要公债，皆有应尽之义务；一为民立银行，为商民之所请立，必由政府批准然后开设，大旨皆与商民交易。凡其集股数目、营业宗旨以及一切办法，均当呈明于户部，而款项、营业情形仍须随时报告。以上各种银行，户部皆有统辖查考之权，且各设专例以监督之。诚以银行为通国财政所关，实户部之专责。中国现当整饬财政之时，凡画（划）一国币，办理公帑、洋款，银行尤关紧要。②

度支部明确表示国家银行应由国家直接设立，并享有发行通用国币与发行纸币特权，要求由银行来担任筹集紧要公债的财政重任。对于民营银行，度支部也明确了国家的管理权限。对于民营银行，国家要求严格管理，对银行实行注册并进行监督。清政府创设银行体系，以整顿财政金融为着眼点，对银行体系抱有实用性的目的，认为在划一国币、办理国库公款及筹借外债等事务中"银行尤关紧要"，而这些内容无一不是与清财政紧密联系的。度支部在户部银行创立以后，逐步完善银行的各项条例，以便于管理，先后筹划了《大清银行条例》《银行通行则例》《殖业银行则例》

---

① 《户部奏呈户部银行筹办情形折》（1905 年），见天津市档案馆编：《天津商会档案·钱业卷》（1），天津，天津古籍出版社，2010 年，第 3—4 页。

② 《直隶总督为转发各种银行则例致天津商务总会札》（1908 年 2 月 2 日），见天津市档案馆编：《天津商会档案·钱业卷》（1），天津，天津古籍出版社，2010 年，第 98 页。

《储蓄银行则例》。参照外国银行的规章仓促制定了各项银行则例，这是因为清政府担心"若无管理之规条，恐各项银行必致自为风气，则财政仍无整齐之日"①。清政府有意识地将大清银行作为"国家银行"进行建设，除经理国库、管理度支部各项公款及部分地方官款之外，还逐渐扩展经理赔还洋款、盐款、捐款、关税及地方藩库，银行体系由此获得了大量资产和业务。辛亥革命后，大清银行停业清理。1913 年，改组为中国银行。晚清施行新政，金融改革不但是新政中的重要组成部分，而且整顿金融财政，也是为其他新政改革提供必要的经济基础，所以清政府对于金融改革非常重视。户部银行的成立主要是为了整理币制，铸造发行货币、代理国库等特殊业务，是第一家中国的中央银行，也是继中国通商银行之后的第二家中国自办新式银行。

## 二、政府对银行的政策倾斜

在货币与财政方面，清政府通过各地造币厂试铸新币，借发行货币来整顿财政。但就当时中国的整体情况来说，关于货币的发行与流通，社会方面具有很大的话语权，反而是政府对货币的控制缺乏有效的机制。正是因为这样，清政府设立由政府控制的银行也是希望借助银行体系发行银元与铜币，兼发行纸币。这一举措改变了中国有史以来的货币发行及流转方式，在货币的发行与流通方面政府加大了控制力度，原有的社会发行流通货币的机制被政府强制改变，商人私人信用受到限制。清政府设立户部银行只是这一进程的一个起点，在以后的几十年中，筹设并完善银行体系贯穿了清政府、北洋政府、南京国民政府等不同阶段金融政策的始终，是中国近代金融结构发展演变的中心脉络，在金融制度变革中体现了"国进民退"的特征。户部在奏折中也提到，"现当整饬财政之际，天津造币总厂业经试铸，必须有官行收发，方可免市侩把持，则户部银行之设，势难延缓"②，明确表达了由国家控制全国金融之意。金融领域的话语权由此开始由"社会"转向"国家"。基于上述构想，光绪三十一年（1905 年）由户部拨款 50 万两，在北京、天津、上海三处先行试办户部银行。

无论是在各种银行章程、则例的制度设计上，还是在银行发展实践中，

---

① 《直隶总督为转发各种银行则例致天津商务总会札》（1908 年 2 月 2 日），见天津市档案馆编：《天津商会档案·钱业卷》（1），天津，天津古籍出版社，2010 年，第 98 页。

② 《大清户部为呈报试办银行情形并所拟现行章程事的奏折》，《直隶总督袁世凯为转行转户部奏折事致天津商务总会札》（1905 年 8 月 9 日），见天津市档案馆编：《天津商会档案·钱业卷》（1），天津，天津古籍出版社，2010 年，第 4 页。

晚清以后的历届政府都极力拉近银行与财政的关系。光绪三十一年（1905年），在户部银行正式成立之前，由户部所拟定的《试办银行章程》中就明确规定了户部出入款项由户部银行办理。[①]光绪三十四年（1908年），户部改为度支部以后，度支部厘定各种银行则例。其中《大清银行则例》第六条明确规定："大清银行得由度支部酌定，令其经理国库事务及公家一切款项，并代公家经理公债票及各种证券。"[②]进入民国时期以后，国民政府将大清银行改为中国银行，延续了清政府赋予大清银行的特殊地位，明确中国银行就是中央银行。民国初年，财政部公布了《金库出纳暂行章程》委托中国银行暂行代理现金出纳保管义务。此外，中国银行成立后，马上就继承了大清银行的收税处，负责清收各银行号代收的商税。"中行之所以能支撑门面，并使业务获得迅速发展，这是与中行接收金库和享有种种特权分不开的。"[③]

1914年3月4日，天津商会接到直隶省行政公署的指令，国民政府财政部进一步要求各"中央政府"机关公款的存储均归中国银行统一出纳，并逐渐将这一办法推延到各地方政府。财政部函载："查各国会计法中均规定各官厅不得另有储金，盖其现金出纳均以国库为集中之地，乃节约泉货流通金融之法也。现在我国会计法虽未通过，亦应仿照办理，以树国库之先声。自本月起各衙门所领款项，均应存放中国银行。每月购置物品在五元以上者，均应由各衙门会计科开具支票交与商人，以便向银行领款。即俸给薪水，亦由各衙门会计科开支票交给各该官吏，向银行换取支票簿，随时支取。至存款账目，仍由各衙门与各该银行核算。"财政部的这一举措得到了国库局的支持，并通函京内各机关请其协同赞助。中国银行称："现在各衙门领款大都存放本行，随时支用，均称便利。查各省分库代理国库为日已久，信用昭著。所有该省各机关领款，亦为仿照京师前项办理，迅即通告本省各机关并妥为接洽，遵照部缄与本行存款章程办理，以期京外一律。"[④]

---

① 《试办银行章程》，《直隶总督袁世凯为转行转户部奏折事致天津商务总会札》（1905年8月9日），见天津市档案馆编：《天津商会档案·钱业卷》（1），天津，天津古籍出版社，2010年，第7页。

② 《直隶总督为转发各种银行则例致天津商务总会札》（1908年2月2日），见天津市档案馆编：《天津商会档案·钱业卷》（1），天津，天津古籍出版社，2010年，第103页。

③ 邓先宏：《中国银行与北洋政府的关系》，见《中国社会科学院经济研究所集刊》第11集，北京，中国社会科学出版社，1988年，第286页。

④ 《直隶省公署为各衙门所领款项均应存放中国银行事训令天津商会》（1914年3月23日），见天津市档案馆编：《天津商会档案·钱业卷》（12），天津，天津古籍出版社，2010年，第10608—10610页。

　　南京国民政府成立以后，也相应地进行了一系列的金融改革，颁布了更为全面的银行法律法规。1928年正式建立了中央银行，支持银行代理国库与省库，坚持财政性放款与筹款的宏观政策一应旧惯，逐渐形成以中央银行、中国银行、交通银行为核心的银行体系。国民政府通过中央银行、中国银行、交通银行三行开始对其他银行进行干预。1931年初，新华商业储蓄银行将总行迁移至上海，承继"新华商业储蓄银行旧有规模，由中国、交通两银行招添资本，积极改组，扩充业务"①，改称新华信托储蓄银行。南京国民政府建立之后国都南迁，加上上海金融中心地位的日益突出，吸引了不少商业银行将总行南迁至上海。在此过程之中，南京国民政府通过国家银行强有力的经济手段，加紧控制了商业银行，同时也使银行系统的整合加快了速度。

### 三、地方银行体系与区域金融转型

　　中国古代没有官设金融机构的传统。近代以后，清政府迫于财政压力，强制推行了一系列金融改革与改革币制，借以缓解财政压力。咸丰年间，清政府为了发行纸钞及推行大钱，下令地方政府设立官银钱号，但在当时并没有产生明显的效果。甲午战争以后，伴随地方财政权力的下放，以及兴办洋务企业的需要，各地方政府逐渐认识到控制金融的必要性，开始主动兴办地方官银钱号。山西、奉天、吉林、甘肃、湖北、福建、贵州、直隶、山东、陕西、湖南、江苏、浙江、广西、四川、广东、黑龙江、安徽、江西等省区相继办理地方官银钱号经理省库。地方官银钱号的资本由省库拨给，在管理上由地方督抚派遣官员经理。官银钱号隶属地方督抚，而中央几乎没有能力进行干预。到光绪末年，部分官银钱号经理省库现金出纳、发行钱票、经理省债、俨然成为各地方的"中央银行"。各官银钱号的业务存款中对于官款的存放占有绝大部分，1908年奉天86.7%、1911年黑龙江47.6%、1907年湖北99.17%、1908年湖北98.80%、1908年福建100%、1908年江西91.64%、1909年江西54.78%。②这些官银钱号由于经理省库，业务上受到各地方政府财政的支持，进入民国以后大多数官银钱号就转变为地方银行。如天津官银号于宣统二年（1910年）改称直隶省银行。宣统

---

① 《新华商业储蓄银行为通告总行迁移至上海事致天津总商会函》（1931年1月12日），见天津市档案馆编：《天津商会档案·钱业卷》（14），天津，天津古籍出版社，2010年，第12373页。

② 谢杭生：《清末各省官银钱号研究（1894—1911）》，见《中国社会科学院经济研究所集刊》第11集，北京，中国社会科学出版社，1988年，第239页。

元年（1909 年）吉省官贴局改设官银钱号，"省属长春、营口、宁古塔、密山府、珲春、延吉等处已设分号"明确表示吉林官银号之设"为流通财政维持市面起见"。除吉林省内及东三省范围内各分号之外，"拟先就上海、天津、哈尔滨三处各设分号以为推行各埠之基础"。①天津官银号创设于光绪二十八年（1902 年），是袁世凯在庚子事变之后一方面为了稳定市面金融，另一方面作为省库的经营机关，通融行政经费。天津官银号在设立之初就与地方财政建立了紧密的联系，被定位为"官款存储机关"。②由于官银号和地方财政与地方官款存储之间的特殊关系，实际上官银号的性质就是地方银行。宣统二年（1910 年）直隶总督陈夔龙札开："天津银号为官款存储机关，现当统一财权，该号事务重要，且现拟筹议扩充，期臻发达，应委派财政实缺大员督理一切，以资规画（划），即派布政司、盐运司为该号督理。"③直隶布政使司和长芦盐运使司都是晚清直隶省管理财政的重要机关。

在管理上，天津官银号的人事任命均掌握在直隶总督的手中，由其派遣政府要员督理官银号的业务开展。1906 年，原督理天津银号孙多鑫因病去世，改派四品衔开缺兵部正郎席滏接替孙多鑫，并由道员孙多森会同办理。④管理天津官银号的官员多为筹办实业多年的实权派，直隶补用道孙多森担任天津官银号会办，几乎在会同办理天津官银号的同时，还担任启新洋灰公司协理一职。1907 年，督理天津官银号席滏因病开缺，督理天津银号一切事宜改派直隶试用道刘炳炎接替。⑤1910 年直隶总督陈夔龙为了统一财政问题，拟就天津银号整顿扩充筹设直隶省银行，仍"为官款出纳

①　《直隶总督为转东三省总督和吉林巡抚关于吉省官帖局在津设分号请一致保护事致天津商务总会札》（1909 年 11 月 10 日），见天津市档案馆编：《天津商会档案·钱业卷》（12），天津，天津古籍出版社，2010 年，第 10416—10417 页。

②　《督理北洋天津银号直隶布政司、长芦盐运司为委派刘炳炎充任天津银号总理事致天津商务总会移文》（1910 年 3 月 8 日），见天津市档案馆编：《天津商会档案·钱业卷》（1），天津，天津古籍出版社，2010 年，第 52 页。

③　《督理北洋天津银号为直隶总督委派布政司凌、长芦盐运司张为天津银号总理、协理人员事致天津商务总会移文》（1910 年 3 月 8 日），见天津市档案馆编：《天津商会档案·钱业卷》（1），天津，天津古籍出版社，2010 年，第 52 页。

④　《督理天津银号为本号四品衔开缺由席滏、孙多森接任事致天津商务总会咨文》（1906 年 12 月 13 日），天津市档案馆馆藏，档案号：J0128-2-002633-001。

⑤　《督理天津银号为本号席滏久病开缺由刘炳炎接替督理事呈文天津商务总会》（1907 年 2 月 4 日），天津市档案馆馆藏，档案号：J0128-2-002633-002。

机关"，并派花翎三品衔候选道袁滢担任天津银号协理一职。[1]正是因为这样，晚清以降原存储于各商号、银号、钱庄的政府公款及社会机构的公款才逐渐转存于地方银行。银号、钱庄的经营失去了一部分重要的资金依靠。

光绪三十二年（1906 年）志成银行设立，志成银行属于官商合办银行。直隶总督袁世凯为解决市面的停滞问题，由天津银号调拨资本 20 万元，再向天津本地富绅召集股本开设。在管理上由直隶总督"派委杨绅俊元充该行总董，石绅元士、卞绅煜光、王绅文郁、李绅士铭充该行董事"，虽然总董与董事由富绅担任，但委派天津府知府及督理天津银号孙多鑫随时稽查。[2]晚清地方银行的发展速度较快，随着地方官银号、官帖局的发展，各主要省份建立了相对完整的地方银行体系。清政府对其控制较为严格。

虽然晚清以降政府鼓励银行发展，但实际上中国的银行发展存在区域上的不平衡。直到民国时期这种局面仍没有得到明显改善，"银行事业虽发达，但均集中于都会商埠，地方县邑比较为少，此即金融不普及之明证。故吾国金融之现状，以都会商埠为繁昌，以地方县邑为落漠（寞）。患在组织银行者，均群集于都会商埠，从不推广银行于地方邑县，此实一不良之现象也，银行界曷加之意焉"[3]。地方银行体系的发展，一方面侵夺了原存于银号的官款，另一方面由于居于地方"中央银行"的地位，对市面商办钱庄、银号施加间接影响。

## 第二节　银行法律框架下的钱业困境

晚清以降，伴随银行体系的逐步建立，政府相继颁布了一系列法律法规，对银行的性质、组织、业务、权利与义务、运行规则等进行了详细的规定，一方面奠定了银行发展的基础，另一方面将钱庄、银号等商业金融组织纳入银行体系，对钱庄、银号的业务、资本、管理，以及与政府的关系等做出调整与限定。这样的变化反映了中国近代金融转型的内在要求，但对钱庄、银号等商业金融组织的发展造成了一定的困扰。

---

[1]　《协理北洋天津银号为本号整顿扩充筹设直隶银行事致天津商务总会移文》（1910 年 7 月 7日），天津市档案馆馆藏，档案号：J0128-2-002633-005。

[2]　《直隶总督为开办志成银行事札饬天津商会》（1906 年 10 月 7 日），见天津市档案馆编：《天津商会档案·钱业卷》（12），天津，天津古籍出版社，2010 年，第 10284—10285 页。

[3]　《吾国银行业之统计（续）》，《益世报（天津）》1922 年 10 月 24 日，第 10 版。

### 一、《银行法》与钱庄身份之辨

晚清以前，钱庄、银号、账局、票号等都是由商人自发经营，为社会提供金融服务的商业金融组织。政府对其经营内容、运作方式、监督管理几乎不做任何要求，更没有形成系统的法律法规和专门的行政管理制度。钱庄、银号作为适应中国商业发展自发运营的商业性内生金融机构，在很大程度上游离于封建政府对经济的管理之外。清末，清政府从财政角度出发，把建立银行体系视为解决财政危机和改革货币制度的关键。户部尚书鹿传霖等在倡办银行时多次指出："银行为财政之枢纽，而纸币又为银行之枢纽。各国银行之设，平时发行纸币，收集金银现款，遇有缓急，则本其纸币之信用，为国家发行公债票，而复以所集现款首先认购，以为商民之倡。"[1]当时，财政困境和货币危机是清政府面对的首要难题，大多数主张创兴办银行的人都聚焦于通过发行钞票为日益窘迫的晚清财政开辟财源。这就决定了中国的近代金融转型重点在发展银行体系。光绪三十四年（1908 年），清政府颁布了一系列银行章程、条例，如《银行注册章程》《银行通行则例》《储蓄银行则例》《殖业银行则例》等。清政府开始加强对金融机构的管理，干预社会金融发展。1908 年清政府颁布的《银行通行则例》是近代中国第一部银行通行法规，标志着中国银行立法的开端。这些章程、条例成为清政府通过国家立法的形式干预金融发展的早期依据。

从内容来看，清政府颁布的银行法规将中国本土钱庄、银号一律视为银行，这模糊了银行与钱庄的界限，忽视了钱业的特殊性。《银行通行则例》第一条明确规定："凡开设店铺经营左列之事业，无论用何店名牌号，总称之为银行，皆有遵守本则例之义务。一，各种期票汇票之贴现；二，短期拆息；三，经理存款；四，放出款项；五，买卖生金银；六，兑换银钱；七，代为收取公司银行商家所发票据；八，发行各种期票汇票；九，发行市面通用银钱票。"[2]《银行通行则例》非常明确地将传统的金融机构钱庄、银号、票号等都纳入银行的范围。对于上述规定，度支部进一步予以解释："本部上年奏定银行则例第一条规定，此业之范围不独称名银

---

① 中国人民银行总行参事室金融史料组编：《中国近代货币史资料》第一辑《清政府统治时期（1840—1911）》（下册），北京，中华书局，1964 年，第 1036 页。

② 《钦差大臣办理北洋通商事宜头品顶戴陆军部尚书都察院都御史直隶总督部堂杨为各银号注册日期等事致天津商会札》（1908 年 6 月 29 日），天津市档案馆馆藏，档案号：J0128-2-002607-002。

行者应爰稽查，即从前票庄、银号、钱庄等亦应遵守此项则例。"①晚清时期，虽然《银行通行则例》明确规定票庄、银号、钱庄等一律遵守，但由于清政府的治理能力有限，该项规定并没有得到很好的执行，在票庄、钱庄、银号等的经济活动中，传统商业习惯仍然发挥重要作用。

1931 年，南京国民政府重新修订的《银行法》对钱庄的规定延续了晚清时期的金融政策。《银行法》规定："凡营左列业务之一者为银行：一，收受存款及放款；二，票据贴现；三，汇兑或押汇。营前项业务之一而不称银行者，视同银行。"1931 年《银行法》不但将钱庄、银号仍划为银行范畴，并且规定愈趋严格。《银行法》第二条规定："银行应为公司组织，非经财政部核准，不得设立。"第三条规定："应订立招股章程呈请财政部或呈由所在地主管官署转请财政部核准后，方得招募资本。"除了开办手续，《银行法》规定银行采取公司制，并对钱庄、银号资本的下限予以限制。《银行法》第五条规定："股份有限公司、两合公司、股分（份）两合公司组织之银行，其资本至少须达五十万元；无限公司组织之银行，其资本至少须达二十万元。前二项规定之资本，在商业简单地方得呈请财政部，或呈由所在地主管官署转请财政部核减。但第一项所规定者，至少不得在二十五万元以下，第二项所规定者至少不得在五万元以下。"②按照《银行法》规定的标准去衡量，许多钱庄、银号均不符合规定，均面临着增资、改组的负担。除此之外，《银行法》还对银行、钱庄、银号的监管提出了新的具体要求。按照《银行法》的规定，政府要求钱庄与银号公布股东与资本的详细情况，以及每年的营业情况，按年呈报财产负债表、损益计算书等，甚至对于利润分配都要求接受政府监管。《银行法》的规定完全仿照西方新式银行制度，基本上没有考虑到钱庄、银号经营的特殊性。

1931 年《银行法》公布以后，天津市钱业同业公会向南京政府立法院、行政院、中央党部、财政部、实业部等呈请，陈述钱业难以适用。1931 年4 月 4 日，天津市钱业同业公会致函天津市商会商讨办法：

敬启者，报载立法院通过之银行法将钱业视同银行。查钱业对于

---

① 《钦差大臣办理北洋通商事宜署理直隶总督部堂兼管长芦盐政军机大臣署外务部会办大臣东阁大学士那为转度支部咨文事致天津商会札》（1909 年 6 月 3 日），见天津市档案馆编：《天津商会档案·钱业卷》（1），天津，天津古籍出版社，2010 年，第 159 页。

② 《银行法》，《天津市商会为送银行法事致天津市银行公会函》（1931 年 6 月 29 日），见天津市档案馆编：《天津商会档案·钱业卷》（2），天津，天津古籍出版社，2010 年，第1016—1018 页。

银行法条文之规定，实有碍难适用者。敝公会迭经开会讨论，公同表决，将钱业碍难适用银行法之要点备文呈请中央立法党政各机关鉴核。兹将该项呈文誉印送请查阅。事关钱业全体，敬请贵会大力协助以资维持，是所感盼，此致。天津市商会。①

在给商会公函后，钱业同业公会详细陈明了钱业不能适用《银行法》的理由。对《新银行法》第一条规定，钱业同业公会首先提出不同意见。《新银行法》第一条规定：凡经营收受存款及放款、票据贴现、汇兑或押汇等业务之一者即为银行，并且"不称银行者视同银行"。②钱业同业公会认为银行、钱业其业务虽有相同之点，而实质却不相同，此次通过之《银行法》，钱业难以适用之处很多。钱业陈述的理由有以下六条。

第一，天津的银号经营向来以信用交易为根本，往来贷放款项皆凭信用而行，银号股东对于银号承担无限责任，资本数额大小对于营业没有根本影响。银号之所以能调剂金融资助各行商业，维系社会民生发展，信用交易在其中发挥了重要作用，"兹若依照银行法规定其资本数额，重形式而不重精神，与历来社会民生之信仰不相符合"③。

第二，《银行法》第二条规定："银行应为公司组织，非经财政部核准，不得设立。"因《银行法》第一条将钱庄、银号包括在银行的范围之内，则意味着天津银号如继续经营，需改为公司制。钱业同业公会认为，改为公司制度，与"津埠凡百商业均取信用主义为历来之普通习惯"不符，如强制银号采取公司的组织形式，恐怕会造成各业的不安，进而影响市面稳定。④

第三，按照《银行法》，银号不仅需要呈报字号名称、组织形式、资本额、股东姓名地址等信息，还要呈报股东财产证明书，而这些内容正是银号经营习惯中最为注意保密的内容。银号依靠股东的身份和声誉维持信用，银号的资本及实际掌握的资金未必丰厚，遇有急需款项支出时，则可以靠拆借和股东临时垫付来解决。故而钱业同业公会认为"将财产数额呈

---

① 《天津市钱业同业公会为送呈中央立法党政机关文稿请协助事致天津市商会函》（1931 年 4 月 3 日），见天津市档案馆编：《天津商会档案·钱业卷》（9），天津，天津古籍出版社，2010 年，第 7741 页。

② 《天津市钱业同业公会为〈银行法〉不适用钱业公会请予修正事致天津商会函（附原呈文）》（1931 年 4 月 3 日），天津市档案馆馆藏，档案号：J0128-3-006495-001。

③ 《天津市钱业同业公会为〈银行法〉不适用钱业公会请予修正事致天津商会函（附原呈文）》（1931 年 4 月 3 日），天津市档案馆馆藏，档案号：J0128-3-006495-001。

④ 《天津市钱业同业公会为〈银行法〉不适用钱业公会请予修正事致天津商会函（附原呈文）》（1931 年 4 月 3 日），天津市档案馆馆藏，档案号：J0128-3-006495-001。

报于官府……资本家狃于旧习，一时恐不易实行，若强令钱业财东备具财产证明书，窃恐资本家生疑惧心，皆不欲经营钱业生意，如果演成事实，市面状况必受重大之影响"①。

第四，钱业同业公会对要求银号采用公司制度提出异议。钱业同业公会认为，银行制度是"特别业"，一切制度乃属新创，而钱业作为商业中一部分，其运行机制重于习惯，性质上完全不同。若强制银号更改公司制度，亦未必有所收效，认为公司制度未必比钱业的独资经营或合伙经营更具信用的保障。钱业同业公会的提议虽有道理，但只是其中原因的一方面。另一方面，钱业同业公会反对采用公司制度，主要还是因为《银行法》对采用公司制度的组织方式有最低资本额的限制。有限公司至少50万元，无限公司至少20万元，这种资本规模对于大多数天津的银号来说，都难以达到。如若强制执行，银号难免面临增资。

第五，钱业同业公会认为强制按照《银行法》执行，必然会造成一部分银号的破产。由于银号遍布城乡各地，一旦银号倒闭形成规模，势必对金融秩序造成破坏性的影响。

第六，钱业同业公会认为银号的历史悠久，在未设立银行之前，银号已经成为调剂金融、资助百业的主要金融机构。虽然当时银行林立，但银号所发挥的作用并没有减小。银号与社会民生相联系，不仅具有悠久的历史，而且长时间以来未见有弊端出现。若一旦按照《银行法》进行改革，容易造成社会的不稳定，社会经济生活可能受到影响。

最后，钱业同业公会提出建议，银行、银号因为性质有别，适用之法律规定最好加以区分。钱业同业公会认为："银行业为特别业，自当采用欧美之成规，订立新法。钱业为普通业仍应依从地方之习惯，适合商情，二者各营各业，各行各法，庶与社会民生两有裨益。"进一步提出将"《银行法》第一条末段文字酌为修改，以示钱业与银行业有所区别"，"至于钱业一业，或另定适宜法规，或依从历来之普通习惯，并不明定限制办法"。②天津钱商希望摆脱《银行法》的约束，最好沿用商业惯例，不予限制。

1931年4月6日，天津商会将钱业同业公会呈报的《银行法附入钱业窒碍难行，请转电准予修正或对钱业另订适宜法规，或依历来习惯并不明

---

① 《天津市钱业同业公会为〈银行法〉不适用钱业公会请予修正事致天津商会函（附原呈文）》（1931年4月3日），天津市档案馆馆藏，档案号：J0128-3-006495-001。

② 《天津市钱业同业公会为〈银行法〉不适用钱业公会请予修正事致天津商会函（附原呈文）》（1931年4月3日），天津市档案馆馆藏，档案号：J0128-3-006495-001。

定限制》予以转呈："南京立法院院长邵、财政部部长宋、实业部部长孔钧鉴，顷据本市钱业同业公会函称，窃读报载立法院第一百三十三次院会通过之《银行法》，第一条载有凡营左列业务之一者为银行云云。"天津商会的态度基本和钱业同业公会一致，天津商会表示："敬请贵会迅予电请院部准将《银行法》第一条酌为修改，以示钱业与银行业有所区别。至对钱业，或另定适宜法规，或依历来普通习惯，并不明定限制，以安社会而利民生，实韧公谊等情，查该会所陈确属实在情形，理合电呈钧院、部，伏望准如所请以资维持，并乞训示，无任感祷。"[1]天津市商会对于钱业同业公会的建议也基本持默认态度。1931 年 5 月 2 日，天津商会接到实业部的复电："天津市商会览，蒸代电悉，前准中央政治会议秘书处来函，据上海钱业公会呈称钱庄附丽《银行法》中诸多窒碍，业经本部陈述意见函复在案，兹据来电事同前情，应俟办法决定后再行饬遵可也。"[2]可见，上海钱业同业公会与天津同业钱业公会几乎同时呈报《银行法》不适宜钱业的实际情况，但并没有取得明显的效果。从晚清到民国，政府从财政角度对金融发展进行了顶层设计，使中国本土金融机构的发展处于不利地位。

## 二、强制银号照章注册

晚清至民国时期，政府对钱庄、银号的管理是一个逐渐加强的过程。明清以来，钱业完全是民间自发的金融组织，政府除了收税并不对其进行过多的管理。清中期，上海、天津等地的钱业公所均是钱商为了维护自身利益自发形成的商人组织，实行自我管理，并与政府进行沟通。新银号的开设与停业均由钱商自行决定，是否参加同业公会和商会等商业组织也几乎完全自愿。加入同业公会或商会组织的手续也极为简便，只需向同业公会及商会呈文备案，再向商会注册，并没有其他强制措施。

晚清以后，政府希望加强对基层社会的管理。在商业领域，清政府要求商号实行注册制度。按照清政府的要求，钱庄、银号在开设之时应填具呈报表，由商会转行政府到度支部注册。虽然清末对赴部注册有明文规定，但在实际操作过程中多有宽纵，并没有严格执行。

---

① 《天津市商会为〈银行法〉不适用钱业公会申请修正事致南京立法院财政部实业部代电》（1931 年 4 月 6 日），天津市档案馆馆藏，档案号：J0128-3-006495-002。

② 《实业部为〈银行法〉附入钱业公会不适用事致天津市商会代电》（1931 年 5 月 2 日），天津市档案馆馆藏，档案号：J0128-3-006495-003。

　　清末，政府颁布了《银行通行则例》，将银号、钱庄视同银行，要求钱庄、银号按照则例进行注册。光绪三十四年（1908年）六月，度支部行文直隶总督要求"出示晓谕，并饬令此项官商各行号，按期遵章赴部注册，以凭核给执照"，按照要求"无论官办商办各种银行及票庄、钱庄、银号，凡有银行性质者，均须赴部注册"。①但当时按照清政府要求赴部注册的银行、银号数量极为有限，截至光绪三十四年（1908年）六月，天津各银行号"业经检查历年注册总簿，其为银行呈请注册者四家，其关于银行性质若票庄、银号、钱庄等十三家"②。可见，当时清政府对银行、银号、钱庄的监管活动尚处于初始阶段，但加强监管的趋势无疑是明确的。

　　随后，清政府将监管的细则逐渐推出，如要求各官私银钱行号须先行到部注册，由度支部发给执照之后才准其开办。《银行通行则例》规定："凡欲创立银行者，或独出资本，或按照公司办法合资集股，均须预定资本总额，取具殷实商号保结，呈由地方官查验，转报度支部核准注册，方可开办。"③注册之后由度支部颁发的执照，成为正式开办的必要手续。《度支部银行注册章程》第三条规定："凡银行注册后，即由本部给予注册执照以昭信守。"第四条规定："凡设立银行必赴本部注册核予执照后方准开办。官办或官商合办各行号，除由各该省具奏外，必须预咨本部注册，核予执照后方准开办。"《银行通行则例》还对未按期注册的银钱行号规定了罚则："以前各处商设票庄、银号、钱庄等各项贸易，凡有银行性质即宜遵守此项则例，其遵例注册者度支部即优加保护。其未注册者统限三年，均应一体注册。倘限满仍未注册者，不得再行经理汇兑、存放一切官款。"④

　　从整体来看，清政府推动银号注册的效果不好。宣统元年（1909年）八月初八日"度支部咨开，通阜司案呈，本部奏定《银行通行则例》第二条内开，凡欲创立银行者，或独出资本，或按照公司办法合资集股，均须

---

①　《钦差大臣办理北洋通商事宜头品顶戴陆军部尚书都察院都御史直隶总督部堂杨为各银号注册日期等事致天津商会札》（1908年6月29日），天津市档案馆馆藏，档案号：J0128-2-002607-002。

②　《农工商部为转饬洽源银号赴度支部注册事致天津商务总会函》（1908年6月20日），见天津市档案馆编：《天津商会档案·钱业卷》（12），天津，天津古籍出版社，2010年，第10303页。

③　《度支部银行注册章程（附奏定〈银行通行则例〉）》（1905年8月），见天津市档案馆编：《天津商会档案·钱业卷》（1），天津，天津古籍出版社，2010年，第23页。

④　《度支部银行注册章程（附奏定〈银行通行则例〉）》（1905年8月），见天津市档案馆编：《天津商会档案·钱业卷》（1），天津，天津古籍出版社，2010年，第12—13、28页。

预定资本总额，取具殷实商号保结，呈由地方官查验，转报度支部核准注册方可开办等语，通行在案。乃现在各省开设者，竟有不候核准给照，或甫经呈验资本未据地方官报部，或已经报部未奉部覆核准即先行开办，殊与定章不符。嗣后均应遵守奏定则例，如各省开设银钱各行号，呈由地方官体查该处情形，先行据情报部。俟部咨覆准其设立，再行呈由地方官验资。查验明确，取具殷实商号保结报部，经部核准，发给执照后方可开办，以昭慎重。各地方官如遇呈请报部立案或查验资本等事，务宜遵章迅速办理，不得迟压，庶免吏胥上下其手，致出弊窦。相应咨行直隶总督转饬各地方官切实遵照可也"①。可见，清政府对于将银号视为银行要求进行注册一事一再重申，但注册管理的推进非常缓慢。

民国以后，度支部取消，改设财政部，但对于银钱行号的注册管理却几乎完全继承了晚清的做法，仍然执行《银行通行则例》《银行注册章程》，并明确要求"在新条例未经公布以前，所有银行事宜，除发行市面通用银钱票一节业经废止不得援引外，应仍遵照该则例办理"②。但推动钱庄、银号赴部注册的效果仍然有限。

国民政府财政部关于钱庄、银号到部注册的要求大多停留在纸面。1916 年 12 月，天津钱商公会接到由商会转函的财政部咨文："查各种银钱行号等金融机构皆应遵照《银行注册章程》禀请本部核准注册，上年四月间，曾将未经注册各行号开单咨请转饬遵办在案，现在历时已久，仍未禀请注册殊属不合，应请查照前咨转行严饬各该行号迅即照章办理。"天津钱商公会当即转通知各号照章注册，事后钱庄公会复函，"兹据各该号声称，金以现在津埠各钱业银号执行之营业性质，自与他项银行、汇庄、票号不同，其注册应按何项等次，援照何项章程，自行在于何处呈请，以及应交注册费若干，均未奉有详细规则，无凭遵办"。③天津钱商认为钱商的业务性质与银行不同，拒绝按照《银行注册章程》进行注册，否认钱庄性质等同于银行。1917 年 4 月 3 日，直隶天津县行政公署为津市各钱业银号营业性质等事咨行天津商务总会，财政部对于天津商会转呈的关于银

---

① 《直隶总督为转度支部饬令按照〈银行注册章程〉赴部注册事札饬天津商会》（1909 年 8 月 24 日），见天津市档案馆编：《天津商会档案·钱业卷》（12），天津，天津古籍出版社，2010 年，第 10484—10486 页。

② 《直隶天津县行政公署为津市各钱业银号营业性质等事致天津商务总会咨文》（1917 年 4 月 3 日），天津市档案馆馆藏，档案号：J0128-2-001322-014。

③ 《天津钱商公会为各种银钱行号应遵照〈银行注册章程〉注册事呈文天津商务总会》（1916 年 12 月 28 日），天津市档案馆馆藏，档案号：J0128-2-001322-007。

号与银行性质不符一事进行答复："查《银行通行则例》第一条凡开设店铺经营各种期票、汇票之贴现，短期拆息，经理存款、放款，买卖生金生银及发行各种期票、汇票、市面通用银钱票等，无论用何店名牌号，总称之为银行等语。在新条例未经公布以前，所有银行事宜，除发行市面通用银钱票一节业经废止不得援引外，应仍遵照该则例办理。倘津埠各钱业银号营业性质与该条相符，自应依据前项则例暨《银行注册章程》呈请本部核准注册。"①财政部的解释和措施说明国民政府仍延续了清政府的政策。

1915 年 5 月 9 日，天津县行政公署转财政部函，要求津埠地方银钱行号按照《银行注册章程》到部注册，并在此附件中开列未注册金融机构的名单：计开"启盛钱铺、永康银号、殖业银号、敦庆长银号、敦昌银号、汇大银号、兆丰银行、益兴钱局、慎昌银号、益盛源银号、福和真银号、义聚永银号、晋丰银号、万聚银号、中兴银号、福和兴银号、益兴银号、阜通银号、德庆恒银号、溢源银号、汇康元、启泰银号、益兴钱局、裕生银号、馀大银号、兆丰银号、德瑞银号、永昌银号、元利亨钱局、瑞生银号、志通银号、义成银号、义胜银号、永祥银号、永成银号、裕康银号、华盛银号、义恒钱局"等共 38 号。②1917 年 2 月又一次要求注册的名单中显示，1915 年没有注册的 38 号之中，尚有 33 号仍没有注册，其余 5 号情况是已经注册或是歇业，情况不明。1917 年 3 月，直隶省财政厅开列了一份直隶省已经注册银钱行号名单："津海道尹属天津县：裕源永记、天德隆记、聚顺发、福成海记、豫通钱号、汇恒同、瑞生祥银号、锦生润、新泰厚、义成谦、蔚泰厚、蔚丰厚、世义信、日升昌、蔚长厚、大海通、蔚盛长、协成乾、大德玉、大德恒、协同庆、志成信、合成元、百川通、存义公、永利总银号、厚德银号、洽源银号、大盛川。"③不难发现，其中以票号居多。银号对于注册一事仍多抵触。

除了要求注册以外，财政部还依据《银行通行则例》要求各票号、钱庄、银号与银行一并呈报财产目录和出入对照表。1915 年 12 月，财政部

---

① 《直隶天津县行政公署为津市各钱业银号营业性质等事致天津商务总会咨文》（1917 年 4 月 3 日），天津市档案馆馆藏，档案号：J0128-2-001322-014。

② 《直隶天津行政公署为转财政部咨开各种金融机关应遵照〈银行注册章程〉到部注册事致天津商务总会咨文》（1915 年 5 月 9 日），见天津市档案馆编：《天津商会档案·钱业卷》（1），天津，天津古籍出版社，2010 年，第 490—491 页。

③ 《直隶财政厅为催督天津钱商公会各银号注册事致天津商务总会函》（1917 年 3 月 16 日），见天津市档案馆编：《天津商会档案·钱业卷》（1），天津，天津古籍出版社，2010 年，第 523—525 页。

咨行津海关道尹转天津县行政公署，"案查私立银行财产目录及出入对照表式各一种，于本年八月间由本部咨送贵巡按使查照转饬各道尹责成所属县知事通饬银行、银号、票号、钱庄遵照《银行通行则例》，每半年按式填列，由该管官厅转报一次，并将本年上半年应造各表迅速补送"①。财产目录、出入对照表、损益计算书等都是近代从西方引进的新式会计方法，实际上相当于钱庄、银号的月报清册和年终红账。按照中国传统商业习惯，这些内容是商家最为重视并希望保密的。政府的管理和金融业长久以来形成的商业习惯存在冲突。

民国以后，政府一再要求按照《银行通行则例》规范钱庄、银号，并使之依附于银行，对钱庄、银号的正常营业造成了一定影响。1929 年，南京国民政府对于《银行注册章程》进行了修订，并且在 1929 年 4 月 20 日颁布了《银行注册章程施行细则》。其中仍将钱庄、银号划归银行范畴，并要求其进行注册。天津特别市财政局还专门为办理银行、银号、钱庄注册事宜致函天津总商会，要求各银钱行号按照《银行注册章程》进行注册，"查本市各银行及银号、钱庄关系金融至为重要，亟应遵照部令注册，以符定章。除分函并布告外，相应函请贵会查照，通知各银钱号一体遵照定章，限于四月内来局呈报，以凭审查转呈注册，是为至要"②。

1929 年 5 月，当注册要求又一次下达到天津钱商手中之后，遭到钱商的明确反对。天津各钱商"到会声称，现在之银号即是当日之钱庄，其营业组织及规模均系依照旧时习惯，较银行局格迥不相同。国民政府财政部公布《银行注册章程》，内载条款有与钱商事实不合，并有碍难遵办者"③。此外，天津各钱商还另提出理由书，并向天津总商会提交减少注册费、通融办理注册一事的公函。天津钱商逐条呈明银号与银行性质之不同：其一，"津地钱商开设生意时，向系财东约请经理，订立合同或红账以为根据。其营业开始并无创办人之名义，与银行组织迥不相同。该注册章程第二条第七项云云，钱商不能适用"。其二，"天津总商会、钱商公会向无担负责

<hr />

① 《天津县行政公署为转财政部督饬私立银行呈报财产目录及出入对照表事致天津商务总会咨文》（1915 年 12 月 6 日），见天津市档案馆编：《天津商会档案·钱业卷》（25），天津，天津古籍出版社，2010 年，第 21656—21657 页。

② 《天津特别市财政局为办理银行银号钱庄注册事致天津总商会函》（1929 年 4 月 5 日），见天津市档案馆编：《天津商会档案·钱业卷》（1），天津，天津古籍出版社，2010 年，第 866 页。

③ 《天津钱商公会为减注册费事致天津总商会函（附理由书等）》（1929 年 5 月 15 日），天津市档案馆馆藏，档案号：J0128-2-002592-011。

任出具保结之办法，该注册章程第三条第四项云云钱商碍难遵办"。其三，"津地钱商，其组织以旧习惯为标准，向系无限责任，每有财东欲作生意者，约请经理订立合同或红账，必须邀请当地有声望之商人作中为证，其意义即是证明某为财东，某为经理，资本实在若干，此习惯使然也。兹若写具出资人财产证明书，似有碍难遵办之处，该注册章程第四条第二项云云，请暂为缓办。于钱商之资本者，兹工商部规定《普通商业注册章程》注册费以十元为最高限度，财政部规定《银行注册章程》注册费以五十元为最低限度，钱商既非银行可比，又不能与极大资本之外行商相等，注册费一项，自应特别低廉，以示体恤而昭公允"。①

根据钱庄所陈述的三条银号与银行区别，可以看到钱商提出的困难主要是：一是钱商不愿呈报创办人姓名、籍贯、住址；二是在呈报注册的文件中不愿出具"所在地银行公会或商会之保结"；三是钱商不愿公布"出资人财产证明书"（第三条是钱商最大的顾忌）。这些内容的提出是钱商出于历来经营习惯的考虑。无论是银号、钱庄还是稍早的票号，其经营都依赖其在社会上的声誉，声誉即是信誉，因此在经营过程中各银号非常重视向外界昭示股东财力丰厚，建立稳妥可靠的形象。这一点与银行不同，近代新式银行则需要切实的资产来证明其资本丰厚。关于信用的组织方式，新式银行与中国本土钱庄在底层逻辑上存在差异。

天津银号自行草拟《注册呈请书》，将注册应行声明事项分别开列。计开："一，商号；二，组织；三，资本总额；四，营业地点；五，营业范围；六，出资人姓名籍贯住址；七，经理人姓名籍贯住址；八，设立年月；九，存立年限；十，曾否入本埠商会及本业公会，并从前曾否在官厅注册。"钱商公会认为，"注册一事必须手续简单易于履行，商人方踊跃从事。兹冒昧草拟呈请书格式，钱商同业各字号依式填写似较简便，易于履行，合并陈明"。②天津钱商对于注册一事虽然有所妥协，但在自行草拟的《注册呈请书》中对于钱业习惯多有所保留。

1931 年，南京国民政府正式公布了《银行法》，对于银行的定义，其第一条就规定，"凡营左列业务之一者为银行：一，收受存款及放款；二，票据贴现；三，汇兑或押汇。营前项业务之一而不称银行者，视同银行"。

---

① 《天津钱商公会为减注册费事致天津总商会函（附理由书等）》（1929 年 5 月 15 日），天津市档案馆馆藏，档案号：J0128-2-002592-011。

② 《天津钱商公会为减注册费事致天津总商会函（附理由书等）》（1929 年 5 月 15 日），天津市档案馆馆藏，档案号：J0128-2-002592-011。

可见，国民政府将钱庄、银号等中国本土金融机构视为银行的政策没有丝毫松懈。这种政策取向一方面是对晚清以来的政策的延续；另一方面，进入 20 世纪 30 年代以后变幻莫测的国内外政治经济形势及"统制经济"政策的制定，必然导致南京国民政府不会放松对钱庄、银号的管制，只能继续加强，这一点在 1932 年的废两改元和 1935 年的法币政策实施后更加明显。

从晚清到南京国民政府时期，政府对银钱行号的金融管理逐渐加强。作为被管理的对象银钱行号也相应采取了一些措施争取权利，体现了二者的博弈过程。政府要求对钱庄、银号进行注册并以银行条例准则对其进行规范，而钱商方面在力争无果之后，往往采取消极拖延的办法。例如，银号在开办时往往不一次将股本缴足，以先行试办的状态应对政府的注册要求。1914 年，晋丰银号成立，其章程规定："设立天津晋丰银号合资无限公司系绅商同志组织，凡一切试办章程应先具报天津商务总会立案，俟有成效，股本收足，再行遵章报部注册。"[1]1926 年，津孚银号呈报设立，先于"三月十三日呈奉天津警察厅批准给照在案"[2]，其后将筹备经过的详细过程呈报商会，请商会注册备案。晚清以后，政府希望加强对钱庄、银号等金融组织的管理，希望通过银行立法统一对其进行约束，以达到掌控社会金融的目的，但遭到钱庄、银号的激烈反对，在从清末到民国的数十年间，钱商始终为了保障钱庄的特殊利益与政府进行抗争。

### 三、限制钱庄、银号的纸币发行权

除颁布《银行法》和设立中央银行之外，清政府还开始控制纸币发行权。1906 年，清政府将户部改为度支部。1908 年，户部银行改为大清银行。同年，清政府颁布《大清银行则例》，这是中国首部银行法，其中规定"大清银行有代国家发行纸币之权"，"经理国库事务及公家一切款项，并代公家经理公债票及各种证券"。[3]但由于当时尚不具备实行政府垄断纸币发行的条件，清政府并没有立即将发行纸币的权利收归大清银行，而是不得不暂时承认其他银行的纸币发行权。例如，《银

---

①　《晋丰银号简明章程》（1914 年 2 月 11 日），见天津市档案馆编：《天津商会档案·钱业卷》（5），天津，天津古籍出版社，2010 年，第 4066 页。

②　《津孚银号经理张钰为设立银号恳祈鉴核准予入会事呈文天津总商会》（1926 年 3 月 16 日），见天津市档案馆编：《天津商会档案·钱业卷》（2），天津，天津古籍出版社，2010 年，第 1540 页。

③　《度支部奏厘定各银行则例折（附则例四种）》，《东方杂志》1908 年第 5 卷第 5 期。

行通行则例》第一条中就有明确规定："纸币法律未经颁布以前，官设商立各行号均得暂时发行市面通用银钱票，但官设行号每月须将发行数目及准备数目，按期咨报度支部查核，度支部并应随时派员前往稽查。"①

清政府虽然允许银钱行号暂时发行纸币，但在管理上越发严格。例如，清政府要求官设行号每月造报发行数目及准备情况，官钱局造报一切出入款目及所出银钱凭票若干。对私营银钱业纸币发行的管理虽然难以一蹴而就，但也逐渐加大干预力度。光绪三十四年（1908 年）八月，天津商会"遵奉道宪照会，筹议津埠各钱店出使银元票办法"。天津商会经过商议后拟定的管理银元票办法得到清政府的认可，天津县的移文中称天津商会"所筹办法甚善，自应照议会县详办，以维市面。嗣后务令各钱商所出银元纸币，均须备足资本，勿得架空为害"。②可见，清政府对社会组织私发银元票的管理愈趋严格。

到宣统初年，清政府开始通过大清银行垄断纸币的发行，对原有官私银钱行号自由发行纸币的政策，由默许转为限期收回。宣统元年（1909年），对于官私设银钱行号的纸币度支部提出要停止发行新币，对于市面流通领域的旧币，限期收回。直隶总督在给天津商会的札文中强调："查《银行通行则例》第一条第二项，纸币法律未经颁布以前，官设商立各号均得暂时发行通用银钱票等语，本系一时权宜之计。现在本部筹办划一现行银币，此项银钱票若颁发过多，恐于画（划）一银币不无妨碍，亟应限期停发。以接到部咨之日起算，半月为限，凡各省官商行号未发行之银钱票不得再行增发，已发行之银钱票尤应逐渐收回，以示限制而昭统一。"③随后，度支部还专门制定了《通用银钱票暂行章程》，据度支部奏称，"为官商银钱行号滥发票纸，流弊无穷，亟宜厘定专□，设法限制以维国法而保市面"。度支部参照东西各国发行纸币的大致情况，认为纸币发行之权应由"中央政府"掌握，委托国家银行代为发行国家

---

①　《银行通行则例》（1905 年 8 月 9 日），见天津市档案馆编：《天津商会档案·钱业卷》（1），天津，天津古籍出版社，2010 年，第 23 页。

②　《天津府为筹议津埠各钱店出使银元票办法事致天津商务总会移文》（1908 年 8 月 23 日），见天津市档案馆编：《天津商会档案·钱业卷》（1），天津，天津古籍出版社，2010 年，第 154 页。

③　《钦差大臣办理北洋通商事宜署理直隶总督部堂兼管长芦盐政军机大臣署外务部会办大臣东阁大学士那为转度支部咨文事致天津商会札》（1909 年 6 月 16 日），见天津市档案馆编：《天津商会档案·钱业卷》（1），天津，天津古籍出版社，2010 年，第 196—197 页。

纸币，即使采用多家银行共同发行纸币的政策，也需"印刷必由官厂，准备必交国库"，并且按期由政府进行抽查监督。对于市面常见票据，如支条、期票、汇票等，则设立专门法律法规"以示与纸币之区别"。在法律规定允许的票据范围之外，则一律禁止，认为"以一纸空据，代表金银，既侵纸币之特权更滋架空之弊害，于国计民生关系甚大"。晚清时期，发行纸币作为一种业务，其自身也发生了明显的变化。在晚清以前，商人发行纸币不多，主要是因为经济发展水平有限，市面周转所需筹码不多，现银与制钱足敷流通。但晚清以后，"行号林立，票纸日多，官视为筹款之方，商倚为谋利之具"，无论是政府还是商人都认识到发行纸币的利益所在，纸币发行遂趋于复杂。这种情况给国计民生带来一定困扰，度支部认为"倘不设法限制，将官款收放几无现银，市面出入惟余空纸，物价腾贵，民生困穷，其危害何堪设想"。度支部首先从各省督抚所设官银钱号入手，率先进行整顿，要求列表呈报各地官银钱号发行纸币数量以及准备金情况。1909 年度支部咨行各省"嗣后官商银钱行号发行票纸，未发者不准增发，已发者逐渐收回"，并制定《通用银钱票章程》二十条，开始普遍限制各省官商银钱行号所发纸币。这一政策在清政府之后也相继得以延续。[①]

宣统元年（1909 年），度支部对于官私设银钱行号的纸币提出停新收旧，但对于民间商号发行的纸币并没有严禁，其原则大致以"分别种类，责成担保，限制数目，严定准备，随时抽查，限期收回，使银钱行号等力于存放汇兑之正业，所以保信用、固银根"为标准。例如，《通用银钱票暂行章程》第三条规定："通用银钱票必须有殷实同案五家在保担任赔偿票款之责，方准发行"，甚至"凡挂幌钱铺发行小钱票及其他纸票者，如有殷实商号五家出具保结担任赔偿票款之责，暂准照旧发行"，要求用同行互保的方式加强商发纸币的信用。在这基础之上逐渐开始实行限制商人纸币发行的政策，并对商号是否为金融业加以区分。第六条规定："本章程未经颁发以前，有非银钱行号发行此项纸票者，限至宣统二年五月底，陆续将金（全）数收回，其有于限期内不能金（全）数收回者，准其另设银钱庄号，照奉注册，援照此项章程一律办理。"即使属于金融行业的商号，"本章程颁发后已照章准发此项纸票，各行号只能照现在数目发行，不得逾额增发"，并且"自本章程颁发后，再行新设之官商银钱行

---

① 　《度支部为厘定〈通用银钱票暂行章程〉事的奏折》（1909 年），见天津市档案馆编：《天津商会档案·钱业卷》（1），天津，天津古籍出版社，2010 年，第 204—206 页。

号，概不准发行此项纸票"。①这种区别对待，一方面是一定程度上不得不承认市场流通中存在为数不少的私人纸币的既成事实，只能采取逐步收回的政策，另一方面又以《通用银钱票暂行章程》的颁布为界，禁止以后新设银钱行号再发行纸币。

对于商号所发纸币停新收旧，商界果断做出反应。京师商会首先表示，收回市面纸币应以十年为期。宣统元年（1909 年）四月二十五日，北京商会接到度支部关于纸币的禁令，"准度支部咨开通阜司案呈，查《银行通行则例》第一条第二项，纸币法律未经颁布以前，官设商立各行号均得暂时发行通用银钱票等语，本系一时权宜之计。现在本部筹办划一现行银币，此项银钱票若颁发过多，恐于画（划）一银币不无妨碍，亟应限期停发。以接到部咨之日起算，半月为限，凡各省官商行号未发行之银钱票不得再行增发，已发行之银钱票尤应逐渐收回，以示限制而昭统一"。对于此项禁令，北京商务总会首先表示，市面商业流通对于纸币确有需要，"查京师各银行以及票庄、银钱各商号行用银钱票为日已久，加以近年银根紧迫，此项银钱票市面尚借以流通，其在支持之商号，一经此次限制，不准票纸发行，势必至周转不开，每多关闭。其在殷实之商号，银钱各票久已取信于人，或带出远省，或存于临邑，骤予以收回限制，恐在五七年内，未易办竣。今使之全数收回，虽有逐渐办理之谕，窃恐此言一播，凡持有银钱票者无甚远见，必将纷纷取现，揆度情势，深惧银钱慌乱必转甚于去年，关系大局良非浅鲜。前车在迩，实深杞忧。现因端节在即，市面尚赖银钱各票以资周转"。其次，北京商务总会表示如将市面商人发行纸币尽数收回，容易造成洋商银行发行纸币侵夺利权，"若大部令出惟行从，商民无敢不遵，而各洋行，如道胜、汇丰、德华、汇理、正金等号之银票洋钱票则不能禁其不用，是使华商立遭危险，彼洋商之银钱票转得立行发达，操我利权，众论若斯，顾虑更属详密"。正是因为以上两点顾虑，北京商务总会对于财政部的禁止商人纸币的命令暂时压下，"当蒙内外城总厅宪深为首肯，谕令熟筹万全之策，毋得操切宣布，贻我市面之忧，是以本会奉到札，于各行商董，至今未敢知照"。②北京商务总会对于商发纸币的停新收旧的政策予以抵制。

---

① 《度支部为厘定〈通用银钱票暂行章程〉事的奏折》（1909 年），见天津市档案馆编：《天津商会档案·钱业卷》（1），天津，天津古籍出版社，2010 年，第 206、209、211 页。

② 《京师商务总会为转度支部督饬各省官商行号停止发行银钱票事禀度支部》（1909 年 5 月 4 日），见天津市档案馆编：《天津商会档案·钱业卷》（1），天津，天津古籍出版社，2010 年，第 374—376 页。

天津方面也表示将市面流通纸币收回颇具困难："窃查划一银币为整顿财政要义……惟津埠系流行纸票之区，骤然饬令各行号逐渐收回，势必互相拥挤，已属万分可虑，而局外误会或即指为禁用，各票一时罗取，其事尤险……且津埠租界林立，各国银行亦多发行各项纸票甚多，若全数收回，一时周转不灵，特似为渊驱鱼，外人得利，尤与津埠全局关系甚巨。"①天津商会还专门致电北京商会，商讨"部饬收回纸票事"，请求北京商会"将尊处拟定办法速抄示以便参酌筹办"。②北京商会函复其已经采取一定措施，先后通过顺天府尹转函度支部请求从缓办理，此外"敝处已禀明农工商部，蒙商之度支部，此事须从长计议，暂缓办理，现仍须开会筹议妥善办法，俟有端绪再行奉布"③。令商号限期收回纸币一事并非仅影响京津地区，宣统元年（1909 年）五月十三日，天津商务总会收到陕西财政厅来函，询问天津如何应对。陕西财政局张毅覃表示："顷奉度支部咨，现在筹办划一现行银币，所有官设商立各行号银钱票应限期停发。今以咨到之日起算，半月为限，未发者不得再增，已发者逐渐收回等因。陕省为畅行钱票之区，骤议停发收回，市面必扰，且多窒碍，未识尊处是否同限举办，卓裁如何，务祈电复是祷。"④

为了应对度支部限制纸币发行并逐渐收回纸币的禁令，天津商会首先借助商会和同业公会自身所能发挥的作用，整顿天津商号所发纸币，加强限制，以保障信用。宣统元年（1909 年）五月二十五日，天津商会要求钱商公会严定纸币章程："现查纸币流通，有关市面商业，自宜整齐划一，以免牵累。兹闻市面行使银元票实属庞杂不一，各外行小钱铺以及钱桌等类均出钱票，支许不付者有之，藉端荒闭者有之。若不及早查办，将来酿成意外之虞，市面恐有摇动。则贵公会为钱行领袖，亟应严定纸票章程函

① 《天津商务总会为请缓收回官商行号发行纸币情形的节略》（1909 年 5 月 14 日），见天津市档案馆编：《天津商会档案·钱业卷》（1），天津，天津古籍出版社，2010 年，第 370 页。

② 《天津商务总会为收回纸票办法请抄示事致北京商务总会电稿》（1909 年 5 月 21 日），见天津市档案馆编：《天津商会档案·钱业卷》（1），天津，天津古籍出版社，2010 年，第 166 页。

③ 《京师商务总会为抄附关于收回纸票办法事致天津商务总会复函》（1909 年 5 月 21 日），见天津市档案馆编：《天津商会档案·钱业卷》（1），天津，天津古籍出版社，2010 年，第 168 页。

④ 《陕西财政局张毅覃为收回支票办法事向天津商务总会征询意见函》（1909 年 5 月 13 日），见天津市档案馆编：《天津商会档案·钱业卷》（1），天津，天津古籍出版社，2010 年，第 171 页。

送敝会，以凭查照核办。事关大局，幸勿轻视切要。"①钱商公会拟依据其章程规定拟定办法："所有入公会之家所出银条钱帖银元票，准其一体通用。其偏僻之地开设无根基之小钱铺，不得滥入公会。倘有开写银条钱帖银元票一概不准使用。"天津钱商公会呈请天津商务总会将上述办法"遍示印谕"，凡无根基之小钱铺、小外行铺、挂钱幌钱桌等"所出各票一概不得使用，倘因卖货收受，亦应立时支取，不得积存"，并要求严格执行商号所发纸币在倒闭清理过程中具有优先受偿权的规定。②此后，钱商公会将已入会各钱商的清单开列给天津商务总会，请其遍示津埠各商家周知，以慎重收受商号纸币。

进入民国以后，基本承袭了清政府限制商人发行纸币的政策。北洋政府时期继续限制各银钱行号发行纸币，以维护银行纸币。据财政部电称："前清政府任令各官私立银行自由发行，漫不加限，遂致供过于需，价值日落。军兴而后，政费浩大，官立银行又复任意滥发，在当时各省罗掘已穷，固属万不得已。然近据各处报告，票面价值无不较低，甚至如皖钞票，一圆只值一二角，多人在沪收买，南京亦有多人贱价收买各种钞票一案。倘再不严加禁阻，将见外人坐收巨利，国计民生两受其害。"1912 年 6 月大局初定，署理直隶布政使司布政使曹移会天津商务总会，转行财政部电令："转饬各官立银行，凡已发行者当设法收回，以后如有加印钞票者，税关决不给照放行。请令各私立银行钱号一体遵照。"将官私银钱行号所发行的纸币一体予以限制。③

1912 年 9 月 13 日直隶劝业道照会天津商务总会转财政部电令调查各省官银钱号，以及商立银钱行号发行纸币情况，认为"发行纸币与金融机构有密切关系。现在民国肇基，亟须改良币制，欲改良币制，必先实地调查。贵省官立银行银号所发纸币及准备金数目，务请查明电复，其他商立银钱行号发行之数及准备金情形，亦请详细调查陆续报部"④。调查纸币

---

① 《天津商务总会为查办各外行小钱铺发行纸币事致钱商公会函》（1909 年 5 月 25 日），见天津市档案馆编：《天津商会档案·钱业卷》（1），天津，天津古籍出版社，2010 年，第 362 页。

② 《天津钱商公会为小钱铺不得滥入公会倘有开写钱条钱帖银元票一概不准使用等事禀商务总会（附入会字号）》（1909 年 6 月 14 日），天津市档案馆藏，档案号：J0128-2-001320-009。

③ 《署理直隶布政使司布政使曹为转财政部电重申限制纸币事致天津商务总会咨文》（1912 年 6 月 17 日），见天津市档案馆编：《天津商会档案·钱业卷》（1），天津，天津古籍出版社，2010 年，第 339—340 页。

④ 《治理全省劝业道董为转财政部要求调查官商各银钱行号发行纸币数量及准备情况事照会天津商务总会》（1912 年 9 月 13 日），见天津市档案馆编：《天津商会档案·钱业卷》（17），天津，天津古籍出版社，2010 年，第 14752 页。

的目的就是进一步予以限制,可见民国初年对于社会组织发行纸币问题非常关注。

1914年,财政部第一百三十二号训令内开:"查官私立银钱行号私发纸币业经本部禁止在案。现在迭据各处税关报告,搜获私印纸币已有多起,各省官银钱行号监理官报告,各省官银行亦有未经本部核准,私行订印各情事,殊无法纪,亟应严申告诫,设法取缔。除通令外,令仰该民政长通告官私立银钱行号,嗣后不得私印私发,自干咎戾。"对于此次限制纸币,天津钱商公会也略有抵制。对于财政部要求的调查,钱商公会函复:"敝会当即详查,前次单开之本埠商立银钱行号发行纸币者七家,均系前以未见禁令明示自行订印者,发行虽属为数无多,然已流通街市,商民辗转行使,势难即将收回。兹经公同核议,拟俟各省纸币一律取消后,则各该银钱号发行之币,即可陆续全行收消,俾免群疑,而安商业。"①1922年9月,财政部训令直隶财政厅,颁布发行纸币的新规定:"近准币制局整理纸币办法四端,对于整理一途,甚为合宜。今特抄传各省,一体遵照以重信用。(一)新商号未经商会注册,不得发行纸币;(二)准案有特别规订(定)者,须有八成准备金;(三)更换新票,须该局印刷;(四)未准各商限今岁一律完全收回。以上倘有违犯情事,即严行罚办。"②

除了财政部屡次发文禁止商号发行纸币之外,地方政府出于不同的目的,也开始着手禁止商号私自发行纸币的活动。1929年,天津总商会接河北省党务指导委员会函件,据称:"案查各公司、商号发行纸币之权,律有明文。乃今兹各地公司、商号林立,并不履行,私自滥发纸币,或因利害之冲突互相倾轧,或因时局变乱倒闭相循,影响所及地面之金融,顿生紊乱,民间之财富一罄无遗,险象环生,诚有言不堪设想者。凡兹种种俱足以免(危)害国计民生。若不知亟早为谋,贻患则将不知伊于胡底。兹经本会第六十次常会决议,函请贵省政府将各地商号、公司之滥发纸币者,澈(彻)底考查,严行取缔,以杜流弊而免害民,相应函达即希查照办理。"③虽然文中称公司、商号,实际上还是主要暗指各地钱庄、银号。

---

① 《天津商务总会为报津埠商立发行纸币各银号资本及发行数目等情形事与钱业商业公会的往来函》(1914年3月23日),天津市档案馆藏,档案号:J0128-3-003375-006。
② 《发行纸币之新规定》,《益世报(天津)》1922年9月18日,第11版。
③ 《天津县政府为转河北省党务指导委员会关于调查各地公司行号之滥发纸币情况并严行取缔事致天津总商会函》(1929年2月7日),见天津市档案馆编:《天津商会档案·钱业卷》(21),天津,天津古籍出版社,2010年,第18303—18304页。

进入 20 世纪 30 年代以后，对于商号发行纸币的禁止愈趋严格。1934 年 1 月 6 日，天津市社会局训令转知财政部禁令，严格禁止钱庄商号私自发行纸币："窃为发行纸票，法有规定，自由印发，律所宜禁。查各省市县地方纸票流行，无处无之。典铺商家，一家一户，随意印发，额数亦无考核，基金多属虚空。故一经发出，即多流为废纸，扰乱金融，影响民生，莫此为甚。长此以往，匪特社会经济不堪设想，即国家财政亦蒙其祸……查各省市县地方钱庄商号，私自发行兑换银元、铜元、制钱纸币，扰乱金融，贻害地方。本部于十八年一月间，曾经分别通令禁止，并布告取缔各在案。嗣有私擅发行者，或被人民告发，或由本部查悉，亦迭经严令查禁，不稍宽假。乃本部监督虽严，而地方官厅奉行不力，以致数年以来，未能禁止绝迹。每有地方私发纸币商号，一户周转不灵，发生全市挤兑风潮，甚至因挤兑践踏，伤害生命，扰乱金融，贻害社会，莫此为甚。滥发者，固罪无可逭；而地方官厅，未能恪遵功令，严厉取缔于事先，其责任亦异常重大。准函前因，自应重申禁令，严密取缔。其有现尚私发纸币各钱庄商号，应即严定限期，勒令现收回销毁，并随时监视各庄号以后不得再发，务于最短期内，彻底禁绝，以惟金融，而重币政。"①

近代历届政府都从划一币制，辅助财政的目的出发，限制社会商号发行纸币，对于钱庄、银号发行纸币的限制尤为严格，而对于银行纸币则多方维护。1922 年 1 月，直隶省公署训令各个机关，通过行政命令推行直隶省银行纸币，"前此中交两银行停兑风潮顿起，独直隶省银行未受影响，是其准备充足，信用昭著，久为社会所共知。该银行现在代理省库，各县知事及征收机关，对于民人完纳赋税捐款，除现洋不计外，其以纸币交付者，应先尽省行纸币行用，以期活动金融。至尚未通行之处，应准参用其他殷实银行纸币，以免窒碍"②。

晚清至民国时期，由于"中央政府"和地方政府关系的疏离，地方政府往往从地方金融稳定出发，甚至是基于地方财政的考虑，在特殊的情况下又不得不默认地方官私银钱行号暂时发行纸币，这一特点在从清末到民国时期的文献中均有体现。因此，政府虽然对银钱行号私发纸币的行为多有限制，但效果非常有限，区域性的货币流通是维持地方经济发展不可或

---

① 《天津市社会局为转发财政部关于禁止各地方私自发行纸币事训令天津市商会》（1934 年 1 月 6 日），见天津市档案馆编：《天津商会档案·钱业卷》（19），天津，天津古籍出版社，2010 年，第 16406—16408 页。

② 《省令推行省银行纸币，以期活动金融》，《益世报（天津）》1922 年 1 月 21 日，第 10 版。

缺的因素。当时，因国家缺少完善的全国性的银行体系，很多社会经济发展产生的金融需求仍需要社会商业金融机构进行补充。总之，近代中国的金融发展水平有限，使钱庄、银号发行纸币的活动在一定程度上存续了较长时间。

## 第三节　废两改元、法币改革中的天津银号

20 世纪 30 年代,中国金融领域发生了两次重要的制度变革，一是 1933 年的废两改元，二是 1935 年的法币改革。两次改革都围绕货币展开，意义重大，一定程度上完成了中国的币制统一，确定了银本位，而且使商品货币转向国家信用纸币。与晚清、北洋时期相比，这两项改革代表着南京国民政府在金融发展中取得的巨大成就。但与西方国家相比，近代中国的金融转型则显得尤为艰难。除了缺少经济发展原始资本积累的过程外，中国在世界经济体系中还处于边缘地位，内部经济发展差异很大，现代产业经济与小农经济并存，商业活动在很大程度上独立于产业经济之外，这些要素从不同角度制约着中国的金融发展，中国的金融发展模式可选择的空间非常小。南京国民政府成立之后，经济的进一步发展与政局的相对稳定，使金融改革具有了更好的外在条件。作为后发国家想要完成工业化，国家力量与政府主导几乎成为不可或缺的制度条件。这个底层逻辑决定了从清政府至南京国民政府都采取了扶植银行、抑制钱庄的宏观金融政策。南京国民政府成立后，先后着手规范金融机构、整顿金融秩序、建立完整的国家金融统制体系，相继颁布了包括《银行法》在内的一系列金融法规，实施了废两改元、法币改革等多项金融改革措施，开始主动介入到银行与钱庄关系的演进过程。这就决定了代表自由金融市场的钱庄，必然走向衰落的历史命运。

### 一、废两改元与天津银号的因应

废两改元之前，中国的货币流通非常混乱，各地使用的货币种类各异，标准单位纷繁，有银两、银元、铜币、纸币和各种外国铸币等。明清时期，政府只对国库收支所用的银锭重量、成色进行规定，商品交易与民众生活中所使用的货币基本处于放任状态。因此，银号、钱庄等金融机构可以自由铸造银锭，造成各地银锭的成色、重量不一。银两是以银锭为主要形式的秤量货币单位，它不仅有实银、虚银之分，各地在重量、成色、秤砝、单位上都有很大差别。为了便于贸易结算，各地都出现了区域性统一货币——虚银两，如上海的"规元"，天津的"行化"，汉口的"洋例"，

也都有各自的成色折算方法。币制的混乱，造成各地之间货币流通不畅，限制了全国性商品市场的进一步发展。

与银两相比，银元有固定的模式、重量和成色。明代万历年间，国外的铸造银元开始流入中国。晚清时期，中国各省开始自铸银元，辛亥革命以后"银元需要既繁，流通亦广"，"南北各省，以及通商巨埠，城市乡镇，无不以银元为通用之唯一货币"。①晚清时期，开明官僚由于接触洋务，较早地认识到了银元的便利，陶澍、林则徐等先后向清政府建议采用银元，但都没有被采纳。开埠以后，内外贸易发达，银元流入我国日趋增多，西班牙本洋、墨西哥鹰洋、英国站人洋、日本龙洋等在中国东南沿海一带广泛流通。受此影响，中国也逐渐开启自主铸币时代。光绪八年（1882年），吉林机器局开铸的厂平（吉林通用）银一两币，是中国最早用机器铸造的银元。清政府正式批准的铸造银洋为1889年广东省所铸"龙洋"。1910年清政府颁布《币制条例》，1914年北洋政府也出台《国币条例》，规定使用银本位。但在实际商业活动中，银两与银元一直并用。1928年南京国民政府也曾推动专以银元为货币的措施，但未见实施。这一方面由中国的经济发展水平所限，另一方面商业领域的记账单位各埠都为银两，各地钱业仍有较大势力，掌握"洋厘""银拆"之利益，很难轻言改革。

1932年，南京国民政府为推动货币改良，7月在上海组建由银行家构成的"废两改元研究会"，针对银元的重量、成色，银两与银元的兑换比率等问题加以研究。国民政府财政部于1933年3月8日公布《银本位币铸造条例》，规定银元的重量为26.6971克，纯度为88%，每元合含纯银23.493 448克，以上海为中心逐渐向全国推进。在天津方面，自1932年开始与上海商会及银钱两业的文书往来不断，商讨废两改元。1932年8月6日，天津商会转发上海商会征询废两改元意见函，令天津银钱两业妥议具复："案准上海市商会宥代电开，查废两改元问题，近因财政部正在研究实施步骤云云，无任翘企等因。准此，查废两改元关系金融变更，诚应妥慎研究，期臻完善。准函前因，除令钱业同业公会、银行业同业公会外，合亟令仰该会妥为拟议迅速具复为要，此令。"②商讨意见发给银钱两会之后一月

---

① 马寅初：《统一国币应先实行废两改元案》，见陈度编：《中国近代币制问题汇编·银两》，上海，瑞华印务局，1932年，第153页。

② 《上海商会通过天津商会向天津钱业银行业同业公会征询废两改元意见函》（1932年8月6日），天津市档案馆馆藏，档案号：J0128-2-000763-002。

有余，天津银钱两会都没有针对废两改元提出意见。九月十六日，天津商会致函两业督催，"案查前准上海市商会宥代电，以废两改元问题，财政部正在研究实施步骤。此事关系国计民生、社会经济，开列意见三项，请即函复等因。当以事关重要，曾经令行该会妥议具复在案，迄已月余尚未据复。除令钱业公会、银行公会外，合亟令催该会查照前次令文，迅速拟议，克日呈复，以凭汇转，切勿再延，是为至要"①。随后，九月二十四日天津市钱业同业公会将《废两改元意见书》答复商会，"查废两改元一事与国计民生、社会经济均有重要关系，本公会迭经征询会员各号意见并详加讨论，兹依据会员陈述之意见公同表决缮具意见书，送请钧会查核施行，实为公便"②。在政府和商会的督催之下，钱业同业公会提出了自己的意见。

天津市钱业同业公会草拟《废两改元意见书》，首先对废两改元本身持赞成态度：

> 财部当局筹议废两改元，以谋币制之统一，法良意善，至所赞同，况当兹银元集中，洋厘狂落之际，实行废两改元，尤为绝好时机。第以我国各地情形不同，银元银两种类不一，实行之先，必须通盘筹画(划)，妥切准备，方不致发生窒碍。令幸财部当局与沪地各行业详密商讨，期得尽美尽善之道，其锐意改良之决心，已可概见。查我津市为华北贸易中心，对于斯项筹议，似应详加研究，以为实行时之准备。③

天津市钱业同业公会意见书主要有以下内容④：

第一，必须保证新币的重量及成色，按照 1914 年《国币条例》银元规定重量应为七钱二分，对于市面旧币收回改铸的费用虽然负担沉重，但不能减轻币制重量成色以填补。

第二，银元、银两折中比价。施行废两改元之后，对于之前产生的契约及债务，要妥善折中办理，免生偏颇。关键之点在于以新币成色重量为根据，

---

① 《天津市商会催办废两改元意见事训令银行钱业同业公会》（1932 年 9 月 16 日），天津市档案馆馆藏，档案号：J0128-2-000763-005。
② 《天津市钱业同业公会为〈废两改元意见书〉事复天津市商会意见书》（1932 年 9 月 24 日），天津市档案馆馆藏，档案号：J0128-2-000763-006。
③ 《天津市钱业同业公会为〈废两改元意见书〉事呈复天津市商会意见书》（1932 年 9 月 24 日），天津市档案馆馆藏，档案号：J0128-2-000763-006。
④ 《天津市钱业同业公会为〈废两改元意见书〉事呈复天津市商会意见书》（1932 年 9 月 24 日），天津市档案馆馆藏，档案号：J0128-2-000763-006。

"兹姑定新币重量为七钱二分，纯银六钱四分八厘，以千元新币真价值计合津行平银六六八·八六五六，按津市通用之行平化宝银，系九九二成色计，合津行平银六七四·二一六五二四八"，此折中比价作为新的标准，在新币推广中交易双方按照合理的方式处理契约及债务关系，避免由此产生纠纷。

第三，欲使社会了解及信任政策，措施如下：

（1）造币厂应邀请商界领袖组织委员会，永久执行监督或化验职能。

（2）造币厂长以官商公认在社会素孚众望者充任。

（3）建立全国统一造币厂以供给全国统一银币之需要，但此点仍须深切研究者有二：一是此统一造币厂应注意其是否有供给全国银币需要之能力；二是倘遇非常事变致统一造币厂不能开铸时如何施以救济，避免陷入恐慌状态中。

（4）统一纸币发行权。

（5）新国币及银两运输于各省应予人民绝对自由。

（6）准许人民随时按照法价向国家造币厂自由请求铸造。

天津钱业在《废两改元的意见书》中，并没有从与银号自身利益有关的"洋厘"与"银拆"的角度去考虑，而是从全局的角度切合实际地提出了很多建设性的意见。对于废两改元天津钱业非但没有任何阻挠，而且表示，"我国币制应加改革，实属刻不容缓之图。惟欲树立良好币制，必须有完善之币制条例，既有良善条例，尤须切实履行，苟履行不以其道，无论任何币制等同虚设。其愿废两改元之议，切实研究于前，严格遵行于后，统一币制之目的，庶几可达，而美满之结果不难预期，否则徒增纷扰，裨益毫无矣"[1]。1932年9月28日，天津市商会将银钱两业公会废两改元的意见转函致上海市商会。

1933年3月1日，国民政府财政部部长宋子文训令天津商会，规定银元换算比率，"本部为准备废两，先从上海实施，特规定上海市面通用银两与银本位币一元或旧有一元银币之合原定重量成色者，以规元七钱一分五厘合银币一元，为一定之换算率"[2]。自1933年3月10日起施行，所有该市各商店以后申汇款项均应以银币为本位，不得再用银两。

1933年，由于南京国民政府处于划一银币伊始，很多问题尚没有考虑

---

① 《天津市钱业同业公会为废两改元事呈复天津市商会意见书》（1932年9月24日），天津市档案馆馆藏，档案号：J0128-2-000763-006。

② 《国民政府财政部部长宋子文训令天津商会规定银元换算比率》（1933年3月1日），见天津市档案馆编：《天津商会档案·钱业卷》（2），天津，天津古籍出版社，2010年，第1097页。

周全。自 3 月 10 日实行新制度以后，新银币由中央造币厂开铸并托由上海中央银行、中国银行、交通银行合组兑换机关办理兑换，而天津由于没有造币厂直接铸造新制银币，给天津的金融带来一定的困难。1933 年 3 月 22 日，银钱两公会联衔向天津市商会提出新银币的供给问题，据银钱两会呈报，"惟查津市为华北商业枢纽、金融中心，华北各内地所需现洋向由本市供给。此次财政部规定之新本位币，系由中央造币厂集中铸造，津埠造币厂既不开铸，复无兑换此项新币机关，将来本市及华北各处所需前项新币，未知由何处供给。如须将现银运沪兑换，其所需往返运费等项是否归财政部担任，抑应如何办理，俾免华北商民担受损失。又津沪交通虽属便利，但现银现币往来运送，亦须费相当时日，在平时原无问题，倘值金融吃紧，市面急需巨额现币之际，赴沪兑换即苦缓不济急。以上各节与本市及华北金融关系颇重，似应预为筹及以免临时发生困难"①。很显然，新银币的铸造和兑换在当时都集中于上海，天津市面既没有造币厂开铸，亦没有兑换机关，如到上海兑换新币，所产生的费用又没有办法解决。天津银钱两公会希望财政部给出解决办法。1933 年 4 月 7 日天津商会接到南京政府财政部电令：

　　总商会鉴，本部兹定四月六日起，所有公私款项之收付与订立契约票据及一切交易，须一律改用银币，不得再用银两。其在是日以前原订（定）以银两为收付者，在上海应以规元银七钱一分五厘折合银币一元为标准，概以银币收付。如在上海以外各地方，应按四月五日申汇行市先行折合规元，再以规元七钱一分五厘折合银币一元为标准，概以银币收付。其在是日以后新立契约，票据与公私款项之收付及一切交易者，仍用银两者在法律上为无效。至持有银两者，得依照《银本位币铸造条例》之订定，请求中央造币厂代铸银币或送交就地中央、中国、交通三银行兑换银币行使，以资便利。除布告并分行外，合亟电仰遵照。财政部。歌。②

该项电令对于 4 月 5 日以后的契约订立、票据及一切商业交易都详示

① 《天津市银行业钱业公会为津市所需本位币如何供给事呈文天津市商会》（1933 年 3 月 22 日），天津市档案馆藏，档案号：J0128-3-008922-026。
② 《财政部 1933 年 4 月 5 日电》，见天津市档案馆编：《天津商会档案·钱业卷》（2），天津，天津古籍出版社，2010 年，第 1090—1092 页。

了办理方法。随即 4 月 26 日财政部令饬天津市商会，关于运输银两及可供铸币的各色银料，须请领执照，否则一经查获尽数充公：

> 查废两以后，一切款项之收付，不得再用银两，各地方早经依限实行……本部为保存币材，防范内地私铸，并明了银两运输状况起见，嗣后凡有运输银两及其他可供铸币银类者，应先将运输数量、运送地点及作何用途，详细呈明，经本部核准发给护照，方得起运。若无本部护照，私行装运者，各关卡查获，一律充公……中华民国廿三年四月廿六日。部长孔祥熙。[①]

国民政府对白银运输加以限制，主要是为了保障废两改元的政策得到落实。废两改元的实施对天津银行、银号的金融业务造成了一定影响。白银不能在各地往来调拨使用，实际上减少了市面的货币供应量，市面货币流通受到限制。"银拆""洋厘"废除后，天津作为华北的金融中心，不能再继续利用白银、银元的价格机制吸纳周围商埠的余资，其调剂金融的整体功能下降。

非但如此，在实行废两改元之后，连银元的直接供给都存在困难。1933年 4 月 28 日，天津市银行业同业公会、天津市钱业同业公会联衔呈报商会，新币供应存在困难。该两公会提议将天津造币厂改为中央造币分厂，在津铸造新币，以供应天津市面需求：

> 窃查废两改元实行后，凡持有银两者，得依照《银本位币铸造条例》之规定，送交就地中央、中国、交通三银行兑换银币，业奉财政部令饬遵照在案。惟查该项新币，商民虽可向三银行请求兑换，但新币来源须由中央造币厂供给，刻下中央造币厂日出新币至多二十万元，以之供给全国需用自属不敷。闻财政部已将原有之杭州造币厂改为中央造币分厂，一致开铸银元，以应需要，硕尽良规，至深钦佩。惟查华北各处每届秋令，内地土货登场，需用银元甚多，向须由津埠供给。废两以后银元用途益广，虽可由各商向三行请求兑换，但遇需要浩繁，或待用殷切之际，中央总分两厂所出银元，诚恐有不敷接济或缓不济急之虞。查天津造币厂开铸有年，机器现均存在，略加整理即可照常

---

① 《财政部为运送银类需请领执照事致天津市商会函》（1934 年 4 月 26 日），见天津市档案馆编：《天津商会档案·钱业卷》（16），天津，天津古籍出版社，2010 年，第 13549—13551 页。

开铸。兹为便利供给华北各处所需银元起见，拟请贵会呈请财政部援照杭州造币分厂例，将津埠原有之造币厂改为中央造币分厂之一，一律开铸银币，俾津市及华北各处之需用银币者，就近得有充分之供给，于华北金融裨益实多。①

天津作为北方最重要的金融中心，除了本埠交易所需货币供应量大之外，还需要以天津为中枢向华北、东北乃至西北部分地区供应现币，所以天津遂于新铸银币需求量大。1933 年 7 月 10 日，银钱两公会第二次联衔呈请将天津造币厂改为中央造币分厂，"拟请贵会察照敝会前呈，再行呈请河北省政府，转咨财政部一致主张，以期早日核准施行"②。

废两改元是中国近代史上比较重大的一次金融改革，与以往的币制调整不同，禁用银两，改用银元，对于革新中国近代以来混乱的币制具有非常重要的意义。在整个废两改元的过程中，天津钱业同业公会及各银号都表现出积极配合的态度，并为之提出了较好的建议。废两改元对于天津银号业务上虽然具有一定的影响，但非常有限。"洋厘""银拆"取消之后，确实对银号的收益造成一定的影响，但单从这两项来说，尚不能对银号的经营以及获利造成根本的冲击。银号往来划拨，开展资金结算，兼营信用放款，仍然可以给天津银号带来收益，维持其正常运转。废两改元对钱庄、银号的影响主要体现在货币兑换业务上。银号作为中国传统的金融机构，其早期发展一定程度上依赖混乱的币制，在银两、银元及各种货币的兑换、流通过程中银号可以获得经营利益。废两改元之后，币制统一的进程取得了显著进展，基于银钱兑换的刚性需求降低，钱庄、银号地位难免受到影响。废两改元之成功，代表以钱庄为首之"银两圈"势力减弱，以银行为首之"银元圈"势力加强。③废两改元对于币制的统一，为金融体系的发展铺平道路，二者互相促进。这种潜在的影响在其后的金融体系发展中愈趋明显。

---

① 《天津市银行业同业公会天津市钱业同业公会为将天津造币厂改为中央造币分厂事呈文天津市商会》（1933 年 4 月 28 日），天津市档案馆馆藏，档案号：J0128-3-008918-007。

② 《天津市银行业钱业同业公会为将天津市原有造币厂改为中央造币分厂事致天津市商会函》（1933 年 7 月 11 日），天津市档案馆馆藏，档案号：J0128-3-006856-001。

③ 王承志云："银两系一种封建性货币，而在钱庄及商号中，有绝对的优势地位，钱庄为其领导者；与新式银行之本票以元为单位，成对立形式。此种货币形态，可谓'银两圈'与'银元圈'，二者即代表两种不同的社会经济势力。"转引自郑亦芳：《上海钱庄（一八四三—一九三七）——中国传统金融业的蜕变》，《"中央研究院"三民主义研究所丛刊》（7），台北，台湾"中央研究院"三民主义研究所，1981 年，第 182 页。

## 二、法币改革与天津银号等钱业地位的降低

法币改革是继废两改元之后，中国近代金融史上又一次重大的币制改革。1935 年 10 月中国面临的金融局势非常紧迫。社会上传言中央银行、中国银行、交通银行发行的纸币将停止兑现，三行面临挤兑的风险，市面上投机盛行，标金价格迅速攀升，市面不稳。1935 年 11 月 4 日南京国民政府发布政令实行法币改革，其主要内容有以中央银行、中国银行、交通银行（后增中国农民银行）所发行的纸币为法币；禁止白银流通，并将白银收归国有，移存国外，作为外汇准备金；规定汇价为法币 1 元等于英币 1 先令 2.5 便士，并由中央银行、中国银行、交通银行无限制买卖外汇。

法币政策的实施，一个重要的原因就是限制白银的外流。20 世纪 30 年代以后，西方资本主义国家先后放弃金本位制，推行纸币。1933 年美国放弃金本位制，颁布《白银法案》，提高世界市场白银的价格，刺激一些银本位国家的购买力，以促进美国产品外销，缓解其经济危机。这种政策的实施，牵动世界范围内白银价格上涨，中国被卷入其中。中国内陆城乡现银多向上海、天津等港口城市集中，转而流出国外，各埠现银紧张，货币供应不足，物价下跌，一些银行、银号、工商企业先后歇业。明清以后，中国逐渐形成"银钱兼行"的货币格局，导致政府在经济波动中无法有效使用货币政策进行经济调节。作为货币的白银和铜钱，其供应量无法在短时间内迅速增加，同时私人信用的分散性也导致私人纸币难以承担扩大货币供应的任务。国民政府推行法币改革，一方面是控制现银外流，另一方面则希望以银行钞票创造信用，提高货币供应数量，刺激物价上涨，维持社会经济繁荣。

在这样的金融状况之下，1935 年初南京国民政府加紧对货币的监控和加速推进币制改革。1935 年 9 月，李滋罗斯来华，对中国的货币改革提出建议。1935 年 10 月，中国紧张的金融形势推动了法币改革的步伐。11 月 2 日，中央银行、中国银行、交通银行的挤兑风潮达到顶点，人们争相向中央、中国和交通银行提取存款或要求兑现，金融局势之紧，迫在眉睫。11 月 3 日晚国民政府财政部颁发实行法币布告，规定：

> （一）自本年十一月四日起，以中央、中国、交通三银行所发行之钞票，定为法币。所有完粮、纳税及一切公私款项之收付，概以法币为限，不得行使现金，违者如数没收，以防白银之偷漏。如有故存隐匿，意图偷漏者，应准照危害民国紧急治罪法处治。

（二）中央、中国、交通三银行以外，曾经财政部核准发行之银行钞票，现在流通者，准其照常行使。其发行数额，即以截止十一月三日止流通之总额为限，不得增发。由财政部酌定限期，逐渐以中央钞票换回，并将流通总额之法定准备金，连同已印未发之新钞，及已发收回之旧钞，悉数交由发行准备管理委员会保管。其核准印制中之新钞，并俟印就时，一并照交保管。

（三）法币准备金之保管及其发行收换事宜，设发行准备管理委员会办理，以昭确实而固信用，其委员会章程，另案公布。

（四）凡银钱行号商店及其他公私机关或个人，持有银本位币或其他银币、生银等类者，应自十一月四日起，交由发行准备管理委员会或其指定之银行，兑换法币。除银本位币按照面额兑换法币外，其余银类，各依其实含纯银数量兑换。

（五）旧有以银币单位订立之契约，应各照原定数额，于到期日，概以法币结算收付之。①

法币政策实施以后，财政部考虑到中国货币用银的习惯为时已久，并且民间贮藏银两、银元的情况非常普遍，另外远离城市的偏僻乡村一时难以调换法币。遂通令各银行、银号等金融机构代为兑换法币。1935 年 11 月 20 日，天津市商会接到全国商会联合会的快邮代电："兹特函令三银行、各银行、各钱庄、各公会、各税收机关及国营事业机关，如邮政、电报、铁道、招商各局，一律代为收换，藉谋一般人民之便利，并为剀切说明以祛疑惑，而利施行。"②毫无疑问，在当时的情况下，利用分散各地的钱庄、银号、银行分行，以及邮局等社会机构调换法币是最为便捷的。

法币政策实行之后，天津商会致各洋商银行禁止将现银外运，"案查财政部自实施新货币政策后……通令全国将所有现洋限期集中分存就近所在地设立之保管库，以重币信……兹奉市政府饬知，准津海关公署通知，本市各洋商银行有将现洋私行外运之事，实殊深诧异。饬即劝告各洋商银行，将应换法币之现银，即在当地兑换，勿使现金外溢，以维当地金融等因。查现银禁止外运原系民众之公意，为使纸币价格得以维持，以坚法币

---

① 《国内要闻：财部布告三行钞票定为法币》，《银行周报》1935 年第 19 卷第 43 期。

② 《全国商联会为转财政部训令各地方机关代兑法币事致天津市商会函》(1935 年 11 月 20 日)，见天津市档案馆编：《天津商会档案·钱业卷》(19)，天津，天津古籍出版社，2010 年，第 16430 页。

信用"①。虽然法币政策实施，以中央银行、中国银行、交通银行纸币为法定货币，但纸币的信用需要现金来保障，将白银留在天津当地是最为稳妥的办法。

法币政策实施以后，对于津市金融市面造成一定影响。主要体现在银元贬值，铜元价格上涨。"窃查近日铜元行市，每洋一元兑换铜元由五百六十余枚涨至四百六十枚，时间不过旬日，而相差竟达一百枚。"②对此，商会要求社会局、公安局严格查禁并采取措施亟图补救。铜元的价格上涨与法币改革有关，政府用纸币收兑现金，难免造成社会波动，铜元作为金属货币，其价值及信用度相对纸币要有所保障，所以在民众眼中，铜元一时成为良币。民间的铜元有进无出，商人借机囤积居奇，致使市面铜元数量下降，价格涨高。对此，天津商会致函钱业、斗店业、三津磨坊业、兑换业等同业公会："查比日本市铜元行市骤然低落，影响商业实匪浅鲜。本会曾经呈请社会局设法维持，并函请公安局遇有私贩铜元及有意居奇垄断者，严予查拿惩办各在案。"③表面上请各业协助维持铜元行市，实际上暗指严禁各业囤积铜元。为了缓解铜元危机，天津市商会还提议由中央银行天津分行、中国银行天津分行、交通银行天津分行发行铜元票。上述提议未得到三行的积极响应。1935 年 11 月 23 日，天津市商会"主席纪仲石偕同本市钱业公会主席王晓岩前往北平，迭于本月二十三、二十四、二十五等日与平市商会、银行公会、钱业公会暨本市银行公会代表等开会讨论救济办法，通过铜元票发行章程十九条"④。随后，11 月 29 日，京津商会、银行、钱业等六团体联衔拍发电报，向南京国民政府请示，"南京财政部钧鉴，平津一带自法币实行后，铜元及铜元票均告匮乏，影响平民生计小本商业甚巨。日前平津市商会、银行、钱业公会等六团体一再讨论救

①　《天津市商会为法币政策实施后禁止洋商外运白银事致各洋商银行函》（1935 年），见天津市档案馆编：《天津商会档案·钱业卷》（19），天津，天津古籍出版社，2010 年，第 16438 页。

②　《天津市商会为铜元价格上涨事致社会、公安两局函》（1935 年 10 月 29 日），见天津市档案馆编：《天津商会档案·钱业卷》（21），天津，天津古籍出版社，2010 年，第 18337 页。

③　《天津市商会为禁止垄断囤积铜元事致各业同业公会函》（1935 年 11 月 1 日），见天津市档案馆编：《天津商会档案·钱业卷》（21），天津，天津古籍出版社，2010 年，第 18345—18346 页。

④　《天津市商会为报铜元券发行准备库章程致天津市政府函》（1935 年 11 月 27 日），见天津市档案馆编：《天津商会档案·钱业卷》（21），天津，天津古籍出版社，2010 年，第 18357—18358 页。

济办法，金以非发行少数铜元票不可，经决定办法，苦无基金，并决议速请大部饬中、中、交三行筹款二十万元，作为发行铜元票基金，以应急需。是否可行谨请电复祗遵。北平天津市商会同叩△艳"①。12 月 2 日，天津市商会为筹集二十万元发行铜元票准备金，致函中国银行天津分行、中央银行天津分行、交通银行天津分行，"请贵行等即行垫借国币二十万元，作为该发行准备库之基本金。该项基本金及准备金将来一并存入贵行等，酌结利息，以备开支之用，并希于河北省内地，贵行等设立分行之处，代发代兑，以资便利"②。

　　天津市商会筹办发行准备库，可谓法良意美。但是天津市商会筹备发行铜元券需要时间，难济急需。天津商会等呈请河北省政府"速饬省行尽现有铜元券先为发行，以济眉急"。河北省银行随即应允："本行为救济市面起见，暂将前存十枚、二十枚、四十枚、六十枚、一百枚铜元券五种，定于十二月五日开始发行，以法币十足准备，充分兑换。经各法团议决，暂以四百六十枚作为国币一元之标准价格，出入一律兑换，平津及各县均可通用。"③法币政策的实施，天津银行同业公会及钱业同业公会方面基本予以配合，但客观上，法币改革给天津市的金融稳定带来了一定的问题。在天津市商会及银钱两业公会的维持之下，天津市面才能转危为安。

　　不难发现，在实施法币政策的过程中，银行的重要作用逐渐体现出来了。国民政府也有意在解决社会危机的过程中提升银行的地位，通过银行较为雄厚的资金在遇市面紧急之时，向钱庄、银号提供资金支持，收取抵押品，按照银行的办事习惯与银号进行业务往来，逐步瓦解传统金融业的习惯，逐渐以银行制度影响钱庄、银号。在钱庄、银号方面，因白银集中于国库，钱庄现银买卖之利益逐渐丧失。各地以钱庄、银号为代表的传统金融机构，部分根基在于中国经济形态的落后以及币制紊乱。20 世纪 30年代以后，国民政府的一些经济举措加强了政府对社会经济的干预，对部

---

①　《京津商会为拨款救济市面金融事致南京财政部电稿》（1935 年 11 月），见天津市档案馆编：《天津商会档案·钱业卷》（21），天津，天津古籍出版社，2010 年，第 18366 页。

②　《京津商会等为设立发行准备库发行铜元券救济市面事致天津中国、中央、交通三行函》（1935年 12 月 2 日），见天津市档案馆编：《天津商会档案·钱业卷》（21），天津，天津古籍出版社，2010 年，第 18368—18369 页。

③　《河北省银行为暂拨旧发铜元票救济市面事致天津市商会函》（1935 年 12 月 4 日），见天津市档案馆编：《天津商会档案·钱业卷》（21），天津，天津古籍出版社，2010 年，第 18372—18373 页。

分产业逐渐开始实施统制，币制改革也卓有成效，这在一定程度上确实削减了钱庄、银号的势力，使其主导地位逐渐丧失，在整体金融格局中从属于银行业。此外，20 世纪 30 年代以后，钱庄、银号赖以生存的自由经济环境逐步恶化，丝茶贸易衰颓，各地土产外销滞塞，天灾不断，各地农村经济破产，世界范围内的经济恐慌频繁波及中国，这些因素也一定程度上加速了钱庄、银号的衰落。

# 结　语

晚清至民国时期，无论是上海、天津、汉口等在全国具有重要影响的通商大埠，还是各省中枢城市、重要市镇，乃至乡村都广泛分布着本地钱业机构。不同区域、不同层次结构的市场中钱业在机构形态上难免存在差异，但在货币供给、商业融资、汇划结算、投机获利等核心金融功能上却发挥着相似的作用，基于金融功能差异而形成的市场细分与钱业结构的发展也逐渐趋同。中国本土钱业的发展是近代中国金融发展的重要组成部分。近代天津是华北的商业中心和金融中心，其影响力辐射西北、东北各地的重要商埠。天津银号的性质与上海钱庄没有本质区别，二者在商品贸易中的功能、地位及运作机制均极为相似。天津银号为考察近代中国钱业发展的性质、形态、功能，以及行业结构的阶段性演变提供了新的视角。近代中国金融发展的本质问题是金融功能与金融结构的不断优化。

## 一、天津银号与近代华北商业金融的发展

清末至民国时期，天津的本地金融业获得了较大发展。单个银号的资本规模与钱业的整体投资都有所增长。银号的资本来源主要由商业、地主富户、军政界投资及高利贷资本的转化，其中最重要的变化是来自商业的投资份额明显加大。以钱商为核心的本地社会关系网络在银号资本的组织与资金运作中发挥重要作用，本地帮银号的资本规模与资金动员能力明显超过外帮钱庄。资本组织方式的本地化对增进商人之间的信用关系及在建立业务往来中发挥重要作用。银号组织方式由独资转向合股经营，合股经营的优势不仅体现在扩大资本来源，而且体现在形成利润分配依据、分担风险、扩大社会网络以及构建信用平台。与票号、账局相较，银号的资本规模相对较小。天津银号的资本规模多数在 5 万—10 万两，而票号资本规模多在 20 万—30 万两，账局的资本也多在 15 万—20 万两。这从侧面说明兴起时间较晚的银号，其资金周转效率高于票号、账局。较高的资金周转效率主要得益于银号的信用发行，包括早期的私人纸币及商业票据。银号通过信用发行为社会提供财富和交易媒介。据马俊亚的研究，上海钱庄通过庄票以信用支持商品交易，1922—1931 年，上海向内地仅运出银元 6.8

亿多元，而每年的商品交易额就高达数十亿元，两者的差距系通过信用交易弥补。①信用票据的使用使银号的资金运用得非常灵活，在自有资本较少的情况下，银号可以完成大规模的资金动员，形成远大于资本的资力。1935 年前后，天津银号行业的资力大约是资本的 10 倍。

近代天津银号的业务主要包括货币兑换、存放款、汇兑、信用发行，以及带有投机性质的"现事"业务，部分银号还兼营普通商业。在市场主导下，近代天津银号形成了较为完备的业务体系，其中通过信用方式辅助商业结算是其最核心的业务定位。不同银号在业务侧重上具有明显倾向性，本质上反映了钱业的内部结构与市场细分。根据银号的不同业务倾向，可以将近代天津银号大致分为三类：一是门市银号。门市银号以货币兑换为主要业务，部分还兼营纸烟、棉袜等日用杂货。二是折交银号。折交银号是主要经营存放款业务的银号，亦称"做架子"。三是"现事"银号。"现事"银号是主要经营投机业务的银号，以买卖有价证券、生金银、标金、羌贴、老头票等为业。"现事"银号的业务基础是商人套期保值、套利及投机等金融需求。近代天津银号行业内部通过多元化经营，不断推进行业结构优化，按照金融需求的层次性构建细分市场，以增进金融效率并减少金融风险。除此之外，银号与票号、银行的不同也体现了金融市场的结构化特征。晚清到民国时期，票号、外资银行、华资银行都曾作为银号资金拆借的重要对象。对于银号来说，通过市场进行资金拆借有效弥补了银号自有资本有限的问题；而对票号、外资银行、华资银行而言，钱庄、银号是其重要的资金投放渠道。钱庄、银号的信用是票号、银行放款能够如期收回的重要保证，这种制度设计降低了资金供需的交易成本。

## 二、近代中国商品经济发展与钱业金融功能、结构的演进

明代中叶以后，中国钱业开启了有序发展的序幕并体现了明显的阶段性，商品经济发展水平的提高是钱业发展的内在动力。明清至近代，商品贸易的不断扩大加速了钱业的演变进程。商品经济条件下，阶段性的金融需求推动了金融功能的阶段性发展，并塑造了与其相匹配的金融业态。中国金融发展从简单到复杂，伴随商品交易的发展金融领域先后出现货币兑换、存放款、汇兑、信用发行、汇划结算等功能。钱桌、钱铺、账局、票号、钱庄只是中国钱业机构的外在表现形式，其本质是金融功能的发展演变。明朝中期以后，中国的商品经济进一步发展，银两和制钱的共同流通，

---

① 马俊亚：《近代国内钱业市场的运营与农副产品贸易》，《近代史研究》2001 年第 2 期。

形成了最早的兑换需求，基于金、银、钱的兑换而产生的早期钱店、钱肆、钱桌等已广泛见于明末文献记载；至迟到明末清初，有证据显示钱业开始揽收存款并开始经营放贷，但存放款业务还处于草创时期，利率较高、局限很大。清前中期钱业存放款业务专业化水平提高，并以商业交易放款为主要对象。在北京、张家口、山西等地由于对蒙贸易的特殊性，产生了专门经营放账业务的账局；清中期前后，国内跨区域长途贩运贸易的兴盛，催生了异地结算的现实需要，票号以汇兑业务为核心的制度体系满足了这一要求；近代开埠以后，国内外商品交易的扩大对金融活动提出了更高的要求，各埠钱庄、银号构建了以网络为依托、以清算为目的、以信用为载体的钱业体系。钱业的汇划体系比票号的汇兑体系具有明显的制度优势，同城清算与异地结算结合在一起，金融市场在资金配置中发挥更重要的作用。内外贸易的兴盛使各地先后出现高效的资金清算方式，其中具有代表性的如宁波钱庄的过账制度、上海钱庄的汇划制度、天津银号基于川换关系的拨码制度等。新的资金清算方式建立在近代钱庄的信用支持的基础上。"庄票""拨条""拨码"等信用工具，在商品的内外贸易中起到了重要作用。

晚清至民国时期，钱庄取代票号的地位成为钱业发展的新趋势。与票号相比，银号具有金融业务多样化、行业结构体系化、金融功能信用化的特征。近代中国经济与贸易的快速发展要求钱业多角度满足商业的金融需求。除货币、存款、贷款、汇兑、保管等基本金融服务外，商人要求钱业提供支付结算、财富收益、资金避险等深层次的金融需求。需求创造供给，晚清至民国时期，钱业内部各项金融功能逐渐发展完善，基本上能够满足内外贸易发展与城市经济运行的需要。钱业内部通过结构优化整合，使各类银号通过市场细分，均能获得相应的业务空间及获利方式。从侧面看，不同类型的银号业务上各有侧重，但整体上作为一个行业又具备了非常完整的金融功能。近代钱业的发展朝着功能健全、机构协调、分工明确、业务互补的业态迈进。在此基础之上，以钱业为载体的金融制度创新有所发展，货币市场、资金市场、汇兑市场、期货市场等各类金融市场更加完善，具有现代意义的金融工具和金融衍生工具在商业融资中发挥了更大的作用。商人通过钱庄与各类金融市场建立广泛的联系，从而获得更高的融资效率和更强的分散金融风险的能力。因此，钱庄代替票号成为钱业新的主体，这是信用发行、转账结算、汇划清算等具有现代意义的金融功能发展与创新的结果。

### 三、近代中国社会转型与商业金融的历史局限

近代中国金融发展的内容是金融功能的优化与金融制度的创新，金融演进的动力来源于商品经济的发展，金融发展的进程与方向则受社会转型的影响。近代中国经济社会转型的大趋势是在政府主导下逐步构建完整的工业体系，建立国家公共信用，加强国家对经济的干预。因此，晚清至民国时期历届政府或多或少都有出于解决财政危机的目的试图推动金融改革。从晚清开始，政府先后构筑中央银行与地方银行体系，从而为发行货币、整顿财税、发行公债、举借外债及临时借垫款项等提供便利。同时，政府尝试制定《银行法》，将钱庄纳入《银行法》的约束范围，同时在管理上要求钱庄要同银行一样遵章注册并接受政府监督。从晚清到民国时期，在政府主导下的银行体系构建始终隐含着国家的财政诉求。从近代中国的国情来看，在政府主导下发展以产业经济为基础的银行体系具有明显的积极意义。但这种发展路径却拉大了银行与钱业的差距，造成钱业与新式银行业的发展长期不能合流。也正因如此，学界在探讨近代中国金融发展问题时，常将钱庄、银号视为传统金融组织，而突出强调新式银行的资本主义属性，进而形成银行优于钱庄的认识，忽视了对钱业的近代发展的考察。而实际情况是，在近代中国，银行与钱庄各有优势与局限。清末，无论是筹设国家银行还是构建地方银行体系，清政府的最初目的不是为社会经济发展提供资金，而是通过银行负债业务为财政提供支持。因此，中国近代银行在一定程度上围绕国家财政开展业务，而为社会经济发展融资的能力有限。不但产业经济发展未能得到银行的足够支持，即便商业中的短期贷款，银行的作为也较为有限。由于产业经济发展不充分，近代中国的银行未能真正成为社会储蓄和实业之间的桥梁，未能按照市场的供需对资金进行有效配置。从这一角度来看，中国近代银行发展路径和西方国家存在较大差异。近代美国的银行业"在 1837 年恐慌之前，有证据表明商业银行正在把其业务从对贸易提供短期融资扩展到对制造业和农业发放较长期贷款"①。而近代中国在很长时期内缺少将银行从贸易短期融资者转向制造业资本提供者的外在条件。

与近代中国银行业相比，钱庄则具有自己独特的优势。银行注重资本丰厚，信誉与资本规模成正比，注重储蓄，实行高兑现准备金率，依靠发钞和票据扩大资力，贷款重视抵押物的信用，债务清理重视法律支持，款

---

① 〔美〕杰里米·阿塔克、彼得·帕塞尔：《新美国经济史：从殖民地时期到 1940 年》（上），罗涛等译，北京，中国社会科学出版社，2000 年，第 112 页。

项盈虚依赖中央银行制度的拆借和贴现；而钱庄、银号不倾向拥有丰厚股本，反而在可能的情况下尽量压缩，营业的根本是股东信用，依赖同业川换，注重资金流通灵便，不注重储蓄，存放款项曾存在担保制度，放款注重信用放款，不乐于接受不动产抵押，兑现储备率低，不倾向发行纸币。银号资金可以最大限度地在市面流通，而债务清理和经营稳定则对商会及同业公会组织的依赖程度高。近代的钱庄、银号是从中国传统商业活动中逐渐分离出来的内生金融模式，与晚清以降银行体系的发展是两条平行线索，无论是业务方向，还是资金的运作模式，乃至发展路径都有所不同。钱庄、银号与银行的长期并存，是适应中国近代经济发展水平的二元金融结构。正是由于近代钱庄、银号具有独特的经营特点和运作机制，才造就了晚清至民国时期其在近代金融结构中的重要地位，并且在近代金融风潮的频繁冲击之下，仍能保持一定的发展。

当然，近代钱庄业亦有不足，其局限表现为与近代中国社会经济转型趋势不甚匹配。近代中国经济社会转型的大趋势是逐步建设完整的工业体系，建立国家公共信用，加强国家对经济的干预，即走国家干预下的产业经济发展之路。在近代中国经济社会转型框架下，近代中国金融结构的完善与优化既是重要内容，同时也是经济现代化的重要条件。社会储蓄向产业投资的转化是一个国家工业体系发展的重要因素之一。美国学者刘易斯1954 年在他的《劳动力无限供给条件下的经济发展》一文中认为："经济发展的中心事实是迅速的资本积累。"[①]美国经济家沃尔特·罗斯托认为，一个国家经济起飞的前提是生产性投资要占到国民收入的10%以上。为达到这一目标，必须增加储蓄。纵观世界各国工业化运动发展的历史，可以看出，以银行为主体的金融性筹资活动是资本形成的一个重要方面。[②]而从明清到民国，钱庄的定位始终是商业金融，而不是为国家财政与产业经济服务。钱业的资本来源、业务对象、融资方式、制度框架都主要围绕商业活动开展。钱业的商业属性与国家整体经济转型之间存在匹配上的巨大差异，与国家财政相联系并将社会储蓄转化为产业投资的需求，超出了钱业的承载能力。因此，清末袁世凯、鹿钟麟、李宏龄等多次尝试将票号改组为银行，最终均以失败告终；同样，20 世纪 30 年代学界与社会舆论一致呼吁钱庄改组银行，亦鲜有实质性的进展。在不同层级的金融需求面前，

① 转引自〔美〕威廉·阿瑟·刘易斯：《二元经济论》，施炜等译，北京，北京经济学院出版社，1989 年，第 15 页。
② 转引自赵津主编：《中国近代经济史》，天津，南开大学出版社，2006 年，第 290、299 页。

曾经对钱业"墨守成规"的批评，其解释力则略显苍白。钱业的近代演变代表了商业金融发展的新高度，在业务体系、金融功能、行业结构、制度构建等方面均体现了明显的"进步性"。作为商业金融，钱业的进步是近代中国金融发展的重要组成部分，但不是全部。市场经济条件下，多元化的金融需求决定了金融的多层次供给。

# 参 考 文 献

## 一、资料汇编

财政部财政科学研究所、中国第二历史档案馆编：《国民政府财政金融税收档案史料：1927—1937》，北京，中国财政经济出版社，1996年。

郭凤岐主编：《〈益世报〉天津资料点校汇编》，天津，天津社会科学院出版社，1999年。

洪葭管主编：《中央银行史料（1928.11—1949.5）》，北京，中国金融出版社，2002年。

黄鉴晖等编：《山西票号史料》（增订本），太原，山西经济出版社，2002年。

季啸风、沈友益主编：《中华民国史史料外编——前日本末次研究所情报资料》，桂林：广西师范大学出版社，1997年。

交通银行总行、中国第二历史档案馆合编：《交通银行史料第一卷（1907—1949）》，北京，中国金融出版社，1995年。

金融史编委会编：《旧中国交易所股票金融市场资料汇编》，北京，书目文献出版社，1994年。

林士清、刘继增：《中国银行天津分行行史资料》，中国银行天津分行国际金融研究所，1991年。

彭泽益主编：《中国工商行会史料集》（全二册），北京，中华书局，1995年。

天津市档案馆、天津社会科学院历史研究所、天津市工商业联合会：《天津商会档案汇编（1903—1911）》，天津，天津人民出版社，1989年。

天津市档案馆、天津社会科学院历史研究所、天津市工商业联合会：《天津商会档案汇编（1928—1937）》，天津，天津人民出版社，1996年。

天津市档案馆编：《天津商会档案·钱业卷》，天津，天津古籍出版社，2010年。

汪敬虞编：《中国近代工业史资料第二辑（1895—1914年）》，北京，中华书局，1962年。

严中平、徐义生、姚贤镐，等编：《中国近代经济史统计资料选辑》，北京，科学出版社，1955年。

殷梦霞、李强选编：《民国金融史料汇编》，北京，国家图书馆出版社，2011年。

张研、孙燕京主编：《民国史料丛刊·经济·金融》，郑州，大象出版社，2009年。

中国第二历史档案馆、中国人民银行江苏省分行、江苏省金融志编委会合编：《中华民国金融法规档案资料选编》，北京，档案出版社，1990年。

中国第二历史档案馆编：《中华民国史档案资料汇编》第三辑《金融》，南京，江苏古籍出版社，1991年。

中国人民银行上海市分行编：《上海钱庄史料》，上海，上海人民出版社，1960年。

中国人民银行上海市分行金融研究室编：《金城银行史料》，上海，上海人民出版社，1983年。

中国人民银行总行参事室金融史料组编：《中国近代货币史资料》第一辑《清政府统
　　治时期（1840—1911）》（下册），北京，中华书局，1964 年。
庄建平主编：《近代史资料文库》，上海，上海书店出版社，2009 年。

## 二、地方性文献

天津市地方志编修委员会编著：《天津通志·金融志》，天津，天津社会科学院出版
　　社，1995 年。
中国人民政治协商会议天津市委员会文史资料研究委员会编：《天津文史资料选辑》
　　（第二十辑），天津，天津人民出版社，1982 年。
中国人民政治协商会议天津市委员会文史资料研究委员会编：《天津文史资料选辑》
　　（第四十辑），天津，天津人民出版社，1987 年。

## 三、著作类

本局大辞典编纂委员会编：《大辞典》，台北，三民书局股份有限公司，1985 年。
陈明光：《钱庄史》，上海，上海文艺出版社，1997 年。
杜恂诚：《民族资本主义与旧中国政府（1840—1937）》，上海，上海社会科学院出
　　版社，1991 年。
杜恂诚：《中国金融通史》第三卷《北洋政府时期》，北京，中国金融出版社，1996 年。
杜恂诚：《近代中国钱业习惯法——以上海钱业为视角》，上海，上海财经大学出版社，
　　2006 年。
复旦大学中国金融史研究中心编：《近代上海金融组织研究》，上海，复旦大学出版
　　社，2007 年。
洪葭管：《20 世纪的上海金融》，上海，上海人民出版社，2004 年。
洪葭管：《中国金融通史》第四卷《国民政府时期（1927—1949 年）》，北京，中国
　　金融出版社，2008 年。
洪葭管主编：《中国金融史》，成都，西南财经大学出版社，2001 年。
郎仙洲：《银钱业撮要》，天津，漪澜社，1933 年。
李权时、赵渭人：《上海之钱庄》，上海，东南书店，1929 年。
李一翔：《近代中国银行与企业的关系（1897—1945）》，台北，东大图书股份有限
　　公司，1997 年。
李一翔：《近代中国银行与钱庄关系研究》，上海，学林出版社，2005 年。
刘云柏：《近代江南工业资本流向》，上海，上海人民出版社，2003 年。
潘子豪：《中国钱庄概要》，上海，华通书局，1931 年。
彭信威：《中国货币史》，上海，上海人民出版社，1958 年。
施伯珩：《钱庄学》，上海，上海商业珠算学社，1931 年。
汪敬虞：《外国资本在近代中国的金融活动》，北京，人民出版社，1999 年。
王承志：《中国金融资本论》，上海，光明书局，1936 年。
王方中：《中国经济通史》（第九卷），长沙，湖南人民出版社，2002 年。
王子建、赵履谦：《天津之银号》，河北省立法商学院研究室，1936 年。
魏建猷：《中国近代货币史》，合肥，黄山书社，1986 年。
吴景平主编：《上海金融业与国民政府关系研究（1927—1937）》，上海，上海财经

大学出版社，2002 年。

萧清编著：《中国近代货币金融史简编》，太原，山西人民出版社，1987 年。

杨荫溥：《杨著中国金融论》，上海，黎明书局，1931 年。

杨荫溥编纂：《上海金融组织概要》，上海，商务印书馆，1930 年。

杨荫溥等编：《中国之银行史料三种》，台北，学海出版社，1972 年。

叶世昌等：《中国古近代金融史》，上海，复旦大学出版社，2001 年。

张国辉：《晚清钱庄和票号研究》，北京，中华书局，1989 年。

张九洲：《中国旧民主主义时期的经济变迁》，开封，河南大学出版社，1999 年。

张忠民：《前近代中国社会的商人资本与社会再生产》，上海，上海社会科学院出版
    社，1996 年。

郑亦芳：《上海钱庄（一八四三——一九三七）——中国传统金融业的蜕变》，《"中央
    研究院"三民主义研究所丛刊》（7），台北，台湾"中央研究院"三民主义研究所，
    1981 年。

中国通商银行编：《五十年来之中国经济》，上海，六联印刷股份有限公司，1947 年。

周葆銮编纂：《中华银行史》，上海，商务印书馆，1919 年。

卓遵宏：《中国近代币制改革史（一八八七——一九三七）》，台北，台湾国史馆，1986 年。

〔美〕罗斯基：《战前中国经济的增长》，唐巧天、毛立坤、姜修宪译，杭州，浙江大
    学出版社，2009 年。

〔日〕滨下武志：《中国近代经济史研究：清末海关财政与通商口岸市场圈》，高淑娟、
    孙彬译，南京，江苏人民出版社，2006 年。

〔英〕哈耶克：《货币的非国家化》，姚中秋译，北京，新星出版社，2007 年。

Frank M. *Tamagna, Banking and Finance in China*. New York: International Secretariat,
    Institute of Pacific Relations, 1942.

McElderry A L. *Shanghai Old-Style Banks(Ch'ien-Chuang),1800-1935*. Ann Arbor:
    University of Michigan Press, 1976.

## 四、论文类

陈东：《近代福建与江浙钱庄发展比较》，《闽江学院学报》2003 年第 6 期。

陈敏：《民国时期的重庆钱庄业》，《中华文化论坛》2002 年第 3 期。

陈敏：《民国时期的重庆钱庄业》，四川大学硕士学位论文，2003 年。

陈勇：《汉钞兴衰与武汉近代金融变迁（1908—1935）》，华中师范大学硕士学位论
    文，2005 年。

程尚瑞：《解放前宁波钱庄业的讨帐制度》，《浙江金融研究》1983 年第 Z2 期。

戴建兵：《上海钱庄庄票略说》，《档案与史学》2002 年第 2 期。

杜恂诚：《中国近代两种金融制度的比较》，《中国社会科学》2000 年第 2 期。

杜恂诚：《纳入新型融资体系的钱庄》，《银行家》2002 年第 12 期。

杜恂诚：《近代上海钱业习惯法初探》，《历史研究》2006 年第 1 期。

樊继福：《鸦片战争后的清代钱庄》，《陕西师范大学学报（哲学社会科学版）》2002
    年第 3 期。

樊如森：《天津港口贸易与腹地外向型经济发展（1860—1937）》，复旦大学博士学
    位论文，2004 年。

冯正为：《萧山县钱庄业始末》，《浙江金融研究》1984 年第 12 期。

高福美：《清代沿海贸易与天津商业的发展》，南开大学博士学位论文，2010 年。

高海燕：《近代外国在华洋行、银行与中国钱庄》，《社会科学辑刊》2003 年第 2 期。

高海燕：《外国在华洋行、银行与中国钱庄的近代化》，《浙江大学学报（人文社会科学版）》2003 年第 1 期。

郭志芹：《上海钱庄的弊端及其资本主义化》，《苏州大学学报（哲学社会科学版）》1997 年第 1 期。

何益忠：《变革社会中的传统与现代——1897—1937 年的上海钱庄与华资银行》，《复旦学报（社会科学版）》1998 年第 3 期。

洪葭管：《山西票号、上海钱庄的性质和历史地位》，《金融研究》1982 年第 8 期。

洪葭管：《略论山西票号、上海钱庄的性质和历史地位》，《近代史研究》1983 年第 2 期。

黄鉴晖：《也谈山西票号和上海钱庄的性质——与洪葭管同志讨论》，《金融研究》1983 年第 1 期。

黄逸平、袁燮铭：《晚清中国钱庄的资本主义化》，《学术月刊》1988 年第 1 期。

李秀伟：《战后汉口钱庄研究（1945—1949）》，华中师范大学硕士学位论文，2005 年。

李耀华：《上海近代庄票的性质、数量与功能》，《财经研究》2005 年第 2 期。

李一翔：《传统与现代的柔性博弈——中国经济转型过程中的银行与钱庄关系》，《上海经济研究》2003 年第 1 期。

李政：《天津城市商业体系和规划布局结构发展研究》，天津大学博士学位论文，2006 年。

刘俊峰：《民国汉口钱业组织研究（1919—1938 年）》，华中师范大学硕士学位论文，2007 年。

刘露：《天津城市空间结构与交通发展的相关性研究》，华东师范大学博士学位论文，2008 年。

吕建锁、陈发雨：《甬商钱庄与晋商票号的信用制度比较研究》，《宁波大学学报（人文科学版）》2009 年第 1 期。

南阳市《金融志》编写组：《宛城钱庄（银号）业的盛衰简况》，《河南金融研究》1984 年第 6 期。

沈升良：《论宁绍帮与上海钱庄》，《宁波经济（财经视点）》2003 年第 11 期。

石涛、张军：《上海钱庄汇划制度探析》，《人文杂志》2004 年第 2 期。

孙继亮：《民国时期杭州钱庄业述论（1912—1936 年）》，《浙江万里学院学报》2005 年第 1 期。

孙建华：《近代钱庄的投机性和金融脆弱性：原因与反思》，《黑龙江史志》2009 年第 2 期。

孙建华：《抗战前十年传统银行业进一步衰落的原因及启示》，《黑龙江史志》2009 年第 10 期。

陶水木：《论浙江帮钱业集团》，《史林》2000 年第 1 期。

陶水木：《近代旅沪绍兴帮钱庄研究》，《绍兴文理学院学报（哲学社会科学版）》2001 年第 1 期。

童丽：《近代银行家：中国金融创新思想的先驱（1912—1949）》，复旦大学博士学位论文，2004 年。

王恭敏：《关于绍兴钱庄业兴起的几则史实》，《浙江金融》1986 年第 12 期。

王恭敏：《浙江的商业信用与钱庄业》，《浙江金融》1986 年第 7 期。

王苏英：《近代宁波钱庄业的发展历程及其经营特色》，《浙江万里学院学报》2006
　　年第 3 期。

王信成：《嘉兴的钱庄业概况》，《浙江金融》1986 年第 3 期。

吴景平：《评上海银钱业之间关于废两改元的争辩》，《近代史研究》2001 年第 5 期。

吴景平：《上海钱业公会与南京国民政府成立前后的若干内债——对已刊未刊档案史料
　　的比照阅读》，《近代史研究》2004 年第 6 期。

夏皓、吴春茂：《浅谈中国钱庄业的地位与作用——兼与郭彦岗同志商榷》，《陕西金
　　融》1994 年第 10 期。

肖丽梅：《近代福建钱庄业研究（1840—1949）——以福州、厦门地区为中心》，福建
　　师范大学硕士学位论文，2004 年。

杨天宏：《钱庄票号与银行并存的近代中国金融业——基于部分"自开商埠"所作分析》，
　　《中华文化论坛》2002 年第 1 期。

尧秋根：《制约与创新：近代中国银行市场化（1905—1949 年）》，中国社会科学院
　　博士学位论文，2003 年。

姚会元：《近代汉口钱庄性质的转变》，《武汉师范学院学报（哲学社会科学版）》
　　1984 年第 2 期。

姚会元：《国民党统治时期汉口钱庄的衰败》，《中南民族学院学报》1986 年第 4 期。

姚会元：《近代汉口钱庄研究》，《历史研究》1990 年第 2 期。

姚占伟：《同和裕银号的兴衰考察》，河南大学硕士学位论文，2011 年。

佚名：《宁波港与宁波钱庄业》，《浙江金融研究》1985 年第 9 期。

尹振涛：《从历史数据看上海钱业的发展与证券投资行为》，《西北师大学报（社会
　　科学版）》2009 年第 2 期。

张艳国、刘俊峰：《晚清本土钱庄和外商银行的互动性分析》，《中南民族大学学报
　　（人文社会科学版）》2007 年第 6 期。

张跃：《论中国本土商业银行的发轫——宁波钱庄过帐制度研究》，宁波大学硕士学位
　　论文，2009 年。

张峥嵘：《浅析近代镇江钱庄业的兴衰》，《金融经济》2009 年第 8 期。

章乃器：《金融业之惩前毖后》，《银行周报》1932 年第 16 卷第 19 期。

浙江金融史话编写组：《杭州钱庄业的兴衰和特点》，《浙江金融研究》1985 年第 11 期。

郑备军、陈铨亚：《中国最早的金融投资市场：宁波钱庄的空盘交易（1860—1920）》，
　　《浙江大学学报（人文社会科学版）》2011 年第 3 期。

周小榆：《清代贸易变革与上海钱庄的兴起》，华东师范大学硕士学位论文，2009 年。

周杨：《浅论晚清民初银钱业的会计变迁——以晚清钱庄和早期新式银行为中心》，河
　　北师范大学硕士学位论文，2009 年。

朱荫贵：《抗战前钱庄业的衰落与南京国民政府》，《中国经济史研究》2003 年第 1 期。

庄维民：《贸易依存度与间接腹地：近代上海与华北腹地市场》，《中国经济史研究》
　　2008 年第 1 期。

邹晓昇：《上海钱业公会研究（1917—1937）——以组织和内部管理制度的演变为中心》，
　　复旦大学博士学位论文，2006 年。

〔韩〕林地焕：《30 年代的金融环境变化与中国钱庄业的更生》，《贵州社会科学》1999
　　年第 1 期。

〔韩〕林地焕：《论 20 世纪前期天津钱庄业的繁荣》，《史学月刊》2000 年第 1 期。

〔韩〕林地焕：《20 世纪初中国钱庄汇划制度和汇划公单收付情形考察》，《历史教学》2002 年第 3 期。

Ma J Y. Traditional finance and China's agricultural trade, 1920-1933. *Modern China*, 2008, 34(3): 344-371.

# 附录　近代天津钱业人员姓名、别名对照表

| 姓名 | 别名 |
|---|---|
| 朱嘉宽 | 朱馀斋 |
| 马蓉 | 马桂山 |
| 张玉珍 | 张云峰 |
| 王晓岩 | 王凤鸣 |
| 沈梦兰 | 沈雨香 |
| 么宝琛 | 么献臣 |
| 赵恩第 | 赵品臣 |
| 毛文榕 | 毛敏斋 |
| 尚云书 | 尚采臣 |
| 王堃 | 王少舟 |
| 曹如麟 | 曹祉厚 |
| 高增荫 | 高樾村 |
| 顾育华 | 顾筱林 |
| 桑春澎 | 桑镜涵 |
| 卢文荃 | 卢子林 |
| 王士珍 | 王幼斋 |
| 倪绍埔 | 倪松生 |
| 胡维善 | 胡翰卿 |
| 张泽湘 | 张召兰 |
| 朴劢铭 | 杜幼芝 |
| 敖钺 | 敖金波 |
| 王文骏 | 王华甫 |
| 冯聘臣 | 冯国瑞 |
| 王学源 | 王子清 |
| 孙家昌 | 孙瑞安 |
| 张铎 | 张家驹 |

续表

| 姓名 | 别名 |
|------|------|
| 李恒德 | 李子赫 |
| 高焕章 | 高少湘 |
| 金国瑞 | 金辑五 |
| 周永年 | 周少甫 |
| 王成林 | 王少珊 |
| 翁林溪 | 翁莲溪、翁菱溪 |

注：民国时期商业人士有姓名与字、号交相使用的情况，在档案中记载颇不一致，特作此表进行对照

# 后　记

本书是笔者对自己博士学位论文的进一步修订，是笔者主持的 2018 年国家社会科学基金后期资助项目（项目编号：18FZS045）的结项成果，也是对笔者近十年来关注近代中国商业金融发展问题的一个阶段性总结。时至今日，书稿即将付梓，心中五味杂陈。

从博士论文选题算起，关注钱庄业的问题已在十年开外。敝帚自珍，人之常情。当自己多年来的一些思考结集成书时，难免心中有些欣喜。但是，当下更多的是忧虑。文字印在纸上，便定格为历史。一方面，自己学识浅陋，尤其是金融学理论的欠缺，导致在研究中难免存在很多不足；另一方面，近代中国商业金融发展是个庞大的课题，以天津银号作为研究对象，还有很多方面的工作没有完成。因此，在书稿即将出版之时，反而感觉到另一份沉重，一些遗憾只能在未来的研究中努力弥补。

近年来，关注的问题往大了说是近代中国金融发展的结构与功能，具体到本书，核心的问题是"近代钱庄是什么？"或者说，中国商业发展孕育的本土金融机构在近代发生了哪些变化？这本身不是一个新问题，学界前期研究取得了丰硕的成果，但仍存在有待进一步挖掘的空间。例如，多年来，论者多笼统地将当铺、票号、钱庄视为"传统金融机构"或"旧式金融机构"；对不同历史时期，钱庄性质、业务、功能、结构的阶段性发展与演变研究不足；对于同一时期，同一区域市场中，钱庄的行业结构、细分市场、功能层次缺乏深入探讨。

20 世纪 80 年代初，洪葭管、黄鉴晖、张国辉等先生围绕钱庄资本属于"货币经营资本"还是"借贷资本"的问题做了很好的研究，他们的思想为后来钱庄性质问题的讨论奠定了坚实的基础。钱庄资本所发挥的职能及其与产业资本的关系，在推动对钱庄的认识上给了我们很大的启发，但却不能完全由此来界定钱庄本身的性质。钱庄性质问题的本质是其金融功能及实现此项金融功能的结构与制度。功能金融理论认为金融功能的扩展与提升即金融演进，金融功能的演进即金融发展。从金融功能角度考察，中国钱庄的发展从未停滞，业务是功能的体现，机构是功能的载体，商品交易需求决定了金融的结构与制度，创新与竞争的本质体现为融资效率。

所以，明清时期，伴随商品经济进一步发展，商业金融逐渐活跃，钱业内部，钱铺、账局、票号、钱庄等金融机构不断发展演进，本质上是商业金融功能与制度的不断完善。

明清至近代，中国金融发展具有鲜明的阶段性，金融机构的性质、形态及行业结构的演变，本质上是金融功能的不断优化。例如，封建经济条件下，流通中的货币数量有限，资金融通必然以抵押借贷的形式出现，因此典当是中国封建经济条件下最重要的金融机构之一。早期钱铺起源于货币经营性业务，这在世界不同区域都具有一定共性。账局虽然存在于北京、山西、张家口等个别区域，但其主要是以自有资本经营放款业务。明清时期，长途贩运贸易中商人普遍使用会票完成异地结算，因此，道光初年山西票号的出现是汇兑功能不断深化的结果。到了清中后期，钱庄的核心功能是通过私帖的发行扩大商业信用，为社会提供更多的交易媒介，同时创造了更多的商业资本。从长时段去观察钱铺、账局、票号、近代钱庄等，本质上就是兑换、存放款、汇兑、信用发行等金融功能的外化。

从明代的钱铺，到清代的账局、票号，再到民国时期各类钱庄，所有的发展与演变本质是钱业内部商业金融功能的新陈代谢。到晚清及民国时期，钱庄逐渐成为一个较为完善的商业金融体系。横向来看，不仅上海、天津、汉口等重要商埠存在数量众多的钱庄，即便是在偏远的乡村，货币兑换、银钱存放、异地汇兑、信用往来、交易结算等各种金融需求，彼此之间均能通过钱庄网络完成交易。纵向来看，同一城市中的钱庄，按照规模、业务、帮别形成了各类较为精准的细分市场。汇划钱庄经营存放，在贸易往来中协助客户进行信用结算；"现事"钱庄侧重投资；门市钱庄则围绕货币的兑换、流通进行深度经营。这一结构特点，在民国时期各重要商埠都有所体现。从明代至民国，钱业的演进中所闪现的"现代性"，体现了中国商业发展的内生需求与本土逻辑。

多年的思考，用一两段话即概述完毕，感慨良多。博士毕业之后，参加工作已经有近十年的时间，无奈天资不敏，教学上要完成本职工作，生活上很多问题也要妥善安排，科研兴趣的坚持略显支绌。十年间，伏案工作的日日夜夜难以计数，但学术生命仿佛尚在褓褓，蹒跚学步。十年间，世事变幻，聚散离合，因工作调动举家南迁，父母亲人远隔千里之外。十年间，褪去青涩，放下羁绊，在新的地方遇到新的人生，保持真我，与良善同行。

这些年，如果说还取得了一点成果，首先要感谢我的博士生导师朱英教授。2011 年，因保定商会档案的整理与老师结缘。在读博期间，老师对笔者学位论文的悉心指导自不待言，先后发表的三篇期刊论文，都凝聚着老师的辛劳。毕业离校这十年，每次遇到困惑，踌躇迷失之际，老师的耐心解答，理解宽慰，几乎成为笔者唯一的依靠。师母为人朴实，待人以诚，生活上事无巨细，给予笔者很多的关怀。

笔者还要感谢河北大学刘敬忠教授、刘秋根教授，南开大学龚关教授。刘敬忠先生是笔者的硕士生导师，最早引领笔者进入学术研究的门径，先生待人宽厚，治学严谨，一丝不苟的治学精神对笔者影响尤深。刘秋根教授从本科阶段就是笔者的授课老师，研究方向主要是高利贷资本、中国古代合伙制，笔者最初对钱庄业问题发生兴趣就是受到刘老师的影响。2009年，刘老师就天津银号问题，介绍笔者到南开大学向龚关老师请教，龚老师毫无保留地将自己多年的研究体会倾囊相授。近十年来，在后续的具体研究中，刘老师和龚老师给予笔者很多思想的启发和实际的帮助，在此一并表示感谢。

2020年9月，笔者调入安徽大学徽学研究中心工作。徽学研究中心是教育部人文社会科学重点研究基地，感谢徽学研究中心为笔者提供了良好的学术研究平台和新的起点。感谢安徽大学及徽学研究中心的各位领导、各位老师、同事的关怀、支持与帮助。本书的出版受到安徽省徽学"高峰"学科立项资助，为安徽高校协同创新项目（项目编号：GXXT—2020—027）阶段性成果之一，在此一并致谢。

此外，本书从项目申报到出版，得到了科学出版社的大力支持，尤其要感谢出版社几位编辑老师在本书的史料校对、语言表达、内容编排等方面付出的辛苦和努力，没有他们的支持，本书的出版不可能如期完成。

由于笔者水平有限，书中难免存在不足，敬请学界同仁和广大读者批评指正。

左海军

2024年5月于徽学研究中心